郑大史学文库

中国文化史探研

戴庞海◎著

大象出版社

图书在版编目(CIP)数据

中国文化史探研/戴庞海著. —郑州:大象出版社,
2012.1
ISBN 978 – 7 – 5347 – 6322 – 9

Ⅰ.①中… Ⅱ.①戴… Ⅲ.①文化史—研究—中国
Ⅳ.①K203

中国版本图书馆 CIP 数据核字(2011)第 086613 号

郑大史学文库
中国文化史探研

出 版 人	王刘纯
责任编辑	杨天敬
责任校对	张迎娟　裴红燕　张　涛
封面设计	高银燕
版式设计	张　帆
监　　制	杨吉哲

出版发行	大象出版社(郑州市开元路18号　邮政编码450044)
	发行科　0371 – 63863551　总编室　0371 – 63863572
网　　址	www.daxiang.cn
印　　刷	河南省瑞光印务股份有限公司
经　　销	各地新华书店经销
开　　本	787×1092　1/16
印　　张	21
字　　数	429 千字
版　　次	2012 年 1 月第 1 版　2012 年 1 月第 1 次印刷
定　　价	82.00 元

若发现印、装质量问题,影响阅读,请与承印厂联系调换。
印厂地址　郑州市二环支路35号
邮政编码　450012　　　电话　(0371)63956290

本书的出版得到了郑州大学三期"211"重点学科建设项目"考古学与中原文化"及历史学重点学科经费的资助

"郑大史学文库"编辑委员会

主　编　韩国河

编　委（以姓氏笔画为序）
　　　　王星光　安国楼　张民服　张旭华
　　　　张国硕　谢晓鹏　韩国河

总 序

  郑州大学历史学科创建于1956年,1976年增设考古学及博物馆学专业。1981年中国古代史、专门史、世界史专业获得首批硕士学位授权点,1996年中国古代史专业获得博士学位授权点,2003年考古学及博物馆学专业获得博士学位授权点,并获得了历史学博士后流动站,2006年获历史学一级学科博士学位授予权。2007年,中国古代史专业被确定为国家重点(培育)学科。历史学为国家级特色专业,也是河南省一级重点学科。历史文化遗产保护研究中心、中原文化资源与发展研究中心为河南省普通高校人文社会科学重点研究基地。

  50多年来,历史学科名师荟萃。嵇文甫、秦佩珩、荆三林、史苏苑、刘铭恕、张文彬、高敏、李民、戴可来等知名教授学者曾在此执教。目前,历史学科已形成年龄、职称、学历、学缘结构相对合理的学科及师资队伍。现有教授24人,副教授21人,讲师9人;具有博士学位者25人,多来自国内著名高校;有博士生导师15人,省特聘教授2人,"百千万人才工程一二层次入选者"1人,国务院政府津贴获得者2人,省管专家4人,省优秀中青年骨干教师12人。

  近几年来,历史学科先后承担并完成的主要科研项目有:国家"十五""211"工程重点学科建设项目"中国古代文明与考古学""考古学与中原文化";国家"十五"重点科技攻关项目"中华文明探源"工程子课题"登封南洼遗址的发掘与研究";面向21世纪教育振兴计划中国古代史学科建设等。在研与完成国家社科基金项目十余项,横向科研项目15项,科研总经费达2000余万元。

  经过50多年的积累和发展,历史学科已凝练成相对稳定并具有各自优势特色的研究方向。如在先秦思想史、秦汉史、人口史、魏晋南北朝史等领域取得了突出成就;在田野考古、陵寝考古、城市考古、科技考古、中原考古等方面形成了自己的特色;在三礼及郑注研究和整理、出土古文字整理与研究方面,有深厚学术积淀;在中国近代思想文化史、近代妇女史、港澳史等方面的研究颇具影响,同时与河南地方史研究相结合,显示出学科实力;在明清经济史、区域经济史、宋代民族史、移民经济文化等方面的研究,产生了较大的学术影响;在东南亚史尤其是越南史,以及犹太史、欧洲文化史方面,取得了不少高水平成果;在中原历史及古代文明、中原历史文化遗产、中原科技史等方面进行了较为系统的研究,为弘扬中原文化、推动河南省文化事业发展做出了自己的贡献。

  目前,历史学院的基本定位是依托中原地区丰富的历史文化资源,充分发挥师资力量雄厚、科研成果丰硕、学科实力较强的优势,以培养厚基础、宽口径、高素质、创新型专业人才为目标,以本科教育为基础,积极发展研究生教育,努力把历史学院建设成为在全国有重要影响的学术研究型学院。办学思路是以教学工作为中心,以学科建设为龙头,以人才质量为生命,不断加强对学生综合能力和基本素质的培养,努力造就系统掌握专业理论知识,并适应现代化建设需要的高级专门人才。具体来讲,历史专业要大力弘扬中原文化,积极为河南省的"文化强省"建设和"中原经济区"战略提供智力支持。考古专业要充分利用河南文物大省的优势地位,积极开展田野考古实习与文化遗产的保护与研究工作,注重培养学生的实际工作能力。人文科学实验班(国学方向)在推行"2+2"培养模式上,积极构建文史哲交叉融合的一体化教育平台,强化学生的人文素质和综合能力。

为了实现历史学院又好又快地发展,我们必须抓住国家"千人计划"和河南省"百千万工程"的机遇,实施新一轮高层次人才引进计划。历史学院一贯认为:人才是学院兴盛的保障。一是尊重知识、尊重人才,尤其是要发挥老专家、老学者的传承与帮带作用。二是积极引进名校毕业的博士,改善人员梯次和年龄结构。三是注重人才成长与学科建设、科学研究的关系。四是平衡郑大人才固有传统和新兴学科人才群的关系,达到人才和谐、共同进步的最佳状态。

为了实现学术研究型学院的目标,我们必须切实提高教学水平和人才培养质量。历史学院一贯主张:专业建设需要突出专业的特色和优势。首先是加大教授为本科生授课的力度,突出专题研究教学内涵,引导学生对历史考古研究的学术兴趣。其次是突出实践教学环节,加大中原历史文化的教育特色以及国学教育的内容,搭建嵩阳书院的教学平台,达到厚基础、宽口径的学术探索目的。再次是培养一支优秀的中青年教师队伍,彰显教师个人的研究领域和水平,形成"黄金教学研究链条"。

为了实现各研究方向的可持续发展,必须倡导顶天立地抓科研,努力提高科研水平和成果转化能力。历史学院的一贯做法是:科学研究是立院根本。一是营建科学研究的人文氛围,建立科学研究的奖惩机制。二是加大重点学科的建设力度,出原创、出精品。三是充分发挥学科带头人的科研引导作用,努力承担国家、省部级项目以及社会服务工作。四是正确引导学生(本科及研究生)对科研对象、领域的选择,包括大学生的假期实践活动,也要贯穿科研意识和能力的培养。

"郑大史学文库"系列著作的出版,就是基于以上的历史积淀和现实考虑,一方面是展示郑州大学历史学院教师的学术研究成果,另一方面也是学者自己对学术研究的一个深层总结与回顾,在此基础上,选择和坚持更加明确的学术研究方向,瞄准学术前沿问题,开展更为深入的科研工作。

司马迁说过:"欲以究天人之际,通古今之变。"这是我们大家共同的追求。

是为序。

韩国河

2011年4月7日

目 录

礼仪篇

略论中国古代冠礼的教育功能 …………………………………… 3
略论西周时期的礼仪教育 …………………………………………… 12
冠礼起源于母系氏族时期考 ……………………………………… 23
"君子行礼,不求变俗"
　　——析先秦时期冠礼的"特例" ……………………………… 29
论中国古代冠礼的特征属性 ……………………………………… 37
成人礼的类型与特征 ………………………………………………… 44
冠礼研究文献综述 …………………………………………………… 50
先秦时期的主要发式 ………………………………………………… 58

典制篇

中国科举考试制度的萌芽 …………………………………………… 67
科举考试制度的创立 ………………………………………………… 70
科举考试制度的发展 ………………………………………………… 74
科举考试制度的衰亡 ………………………………………………… 77
明清时期的封赠制度与诰敕档案浅述 …………………………… 79

地理篇

北宋政府治理汴河的措施及其启示 ……………………………… 87
北宋政府治理黄河的主要措施 …………………………………… 97
北宋时期的洛阳与中西交往 ……………………………………… 106

宋都开封至广州的内河航线考 …… 116
北宋开封至广州内河航线的经济意义 …… 122
北宋东京的行会与商人的经营理念 …… 133
戴姓的起源与播迁略考 …… 142
颛顼帝喾时期已进入文明时代 …… 149
中原古代移民的流向、成因与影响 …… 155
中国大陆重要老子遗迹的地域分布 …… 164

文献篇

《史记》导读 …… 183
《三国志》导读 …… 188
《资治通鉴》导读 …… 191
杭世骏著述考 …… 195

人物篇

刘秀传 …… 207
袁绍传 …… 214
陈蕃传 …… 221
何进传 …… 228
袁术传 …… 233
范滂传 …… 237
周磐传 …… 241
应奉传 …… 243
服虔传 …… 245
杨伦传 …… 248
桥玄传 …… 250
樊宏传 …… 253
种暠传 …… 256
许慎传 …… 259
郅恽传 …… 262
韩棱传 …… 265
骁勇善战的宦官秦翰 …… 268
"苗刘之变"的罪魁宦官康履 …… 275

资源开发篇

南阳市历史文化旅游资源开发 …… 283

原阳县历史文化旅游资源的特色与开发条件分析 …………… 290
固始县移民文化资源开发利用设想 …………………………… 304
旅游策划创新中所存在的问题及对策探讨 …………………… 311
精心打造华商之都,大力发展文化旅游 ………………………… 317

礼仪篇

略论中国古代冠礼的教育功能

【摘要】 冠礼,是给跨入成年人行列的20岁男子加冠以示成年的礼仪,在魏晋以前备受重视,被称为"礼之始",有相当繁琐的礼仪。冠礼的功能众多,教育是其中最重要的功能之一。文章重点论述了冠礼教育的目的、内容、过程、主客体及方法,并对冠礼的教育功能做了客观评价,认为它在提高全民族的文化素质、礼仪水平,增强团体成员的社会、家庭责任感等方面都有积极的作用。

【关键词】 中国;古代冠礼;教育功能

冠礼属"五礼"中的嘉礼,是给跨入成年人行列的男子加冠以示成年的礼仪,即古代华夏族的成人礼。冠礼在历史上曾享有很高的地位,有完整而又繁琐的礼仪。魏晋以后,逐渐简化,并逐步走向衰落。冠礼的功能众多,如标志受冠者成人,让受冠者取得婚姻、治人、参加祭祀等权利以及参加军事行动的义务,等等。但是,它的核心功能是教育,这一点尚未引起学术界的足够重视。

一、中国古代冠礼概述

《礼记·冠义》曰:"冠者,礼之始也。"认为冠礼是礼的始源。据研究,冠礼是从原始社会的"成丁礼"(即成年礼)演变而来的。在氏族社会,男女青年发育成熟时都要参加"成丁礼",通过后才能成为本氏族的正式成员,享受应有的权利,如参加氏族会议、选举和罢免酋长等,还要履行应尽的义务,如参加生产劳动和对外战争等。在行礼之前,通常"需要在连续几年内,受到一定程序的训练和考验,使具有必要的知识、技能和坚强的毅力,具备充当氏族正式成员的条件"[1]。世界上比较原始的民族和部落,普遍都有成丁礼。我国华夏族后来的成年礼是男子冠礼、女子笄礼。根据《仪礼·士冠礼》和《礼记·冠义》等文献,一场完整的冠礼仪式应包括以下几部分:

(一)行礼前的准备工作

1. 筮日、戒宾　筮日,就是通过卜筮的办法,选择一个吉日作为行礼的日子。《士冠礼》说:主人和各位有司都要"玄冠朝服","筮于庙门"。对此,《礼记·冠义》解释说:"古者冠礼筮日,筮宾,所以敬冠事。"又说:"古者重冠,重冠故行之于庙,行之于庙者,所以尊重事。尊重事而不敢擅重事,不敢擅重事,所以自卑而尊先祖也。"可见,古人对冠礼是极为重视的。如果所卜日子不吉,则需重新占卜选择一个吉日。戒宾,是指主人把举行冠礼的日期告诉宾,请他届时参加。

2. 筮宾、宿宾　《士冠礼》云:"前期三日,筮宾,如求日之仪,乃宿宾。"所谓筮宾,就是挑选在冠礼仪式上为受冠者加冠的来宾。按照中国传统礼俗,冠礼由受冠者的父或兄主持,但真正为这个青年加冠的则是一位德高望重或者是有福气的来宾。筮宾在冠礼日的前三天举行,其仪式和筮日相同。然后,主人亲自去邀请被卜选出来的宾,这就是宿宾。"宿",通"速",约请、邀请的意思。

3. 为期　即冠礼前一日在祢庙确定行礼的时辰,由宰代主人说"质明行事",也就是天亮时开始行礼。同时,"告兄弟及有司"[2]。

(二)冠礼正礼

1. 陈服器　即准备加冠所需的各种东西,并在仪式开始前陈列出来。用品主要有三类:一是冠及衣服,有爵弁、纁裳、纯衣、缁带、皮弁、素积等;二是与修饰头发有关的,主要有栉、纚、笄等;三是与敬神及敬祖有关的东西,如醴或酒、勺、觯、柶、脯、醢等。

2. 就位与挽髻　行礼之日,主人在祖庙阼阶(即东阶)偏北的位置设好受冠者的席位,这就是《礼记·郊特牲》所说的"嫡子冠于阼"。阼阶乃主人之阶,在阼阶上举行冠礼,就意味着他已成为可以代父行事的成年人了。只有嫡子才能享受在阼阶行冠礼的权利,若是庶子就只能在房外行冠礼。冠礼开始时,主人和宾都在门外台阶上站好,而受冠者则"采衣,紒,在房中,南面"[3]。郑玄《注》云:"采衣,未冠者所服。《玉藻》曰:童子之饰也。……紒,结发。"可见,中国的传统文化体系,是以衣服和修饰等外在特征作为标志来区分幼童和成年人的。受冠者从房中出来后,由赞冠者(帮助主宾加冠的人)用栉为他梳头、挽髻、加簪,再用丝绸把头发系好,以便加冠。

---

[1] 杨宽:《"冠礼"新探》,《中华文史论丛》第 1 辑,1962 年;又见《古史新探》,北京:中华书局,1965 年。

[2] 杨天宇:《仪礼译注·士冠礼》,上海:上海古籍出版社,2004 年。

[3] 杨天宇:《仪礼译注·士冠礼》,上海:上海古籍出版社,2004 年。

3. 加冠　这是冠礼的中心环节,由主宾为受冠者加三次冠,受冠者须相应地改换三种服装。初加缁布冠,穿玄端、缁带、赤而微黑的蔽膝。再加皮弁,穿素积、缁带、素蔽膝。最后加爵弁,穿熏裳、纯衣、缁带等。每次加冠后都有祝辞,如初加曰:"令月吉日,始加元服。弃尔幼志,顺尔成德,寿考惟祺,介尔景福。"①

4. 宾礼冠者　即主宾以甜酒款待受冠者。筵席设于房屋西边,受冠者坐在西边,朝南;宾则在房子东边将甜酒授给受冠者。受冠者在西边下拜,然后接受;与此同时,宾客也要在东边答拜。

5. 拜见母亲　受冠者从筵席上下来,到房子北面取些肉脯,然后自西边台阶走下,到东边的小门外拜见母亲。"母拜受,子拜送,母又拜。"②

6. 命字　命字由宾主持。宾云:"礼仪既备,令月吉辰,昭告尔字。爰字孔嘉,髦士攸宜。宜之于假,永受保之,曰伯某甫。"③

(三)正礼后诸仪

1. 见兄弟、赞者及姑姊　取字后,主人将宾送出庙门,并提出宴请宾。宾许。之后,受冠者见兄弟、赞者,入内见姑姊。

2. 拜见国君、卿大夫和乡先生等　受冠者改穿玄冠、玄端、赤而微黑的蔽膝,带着礼物去见国君、卿大夫、乡先生。玄冠是当时通行的礼帽,在祭祀、上朝之类的正式场合使用。受冠者戴玄冠去见亲属及国君、卿大夫等,表明已正式"成人"。

3. 酬宾、送宾　主人用醴招待宾,又以一束帛、两张鹿皮酬谢宾,最后将宾送到大门外。另外,主人还要派人将招待宾用的牲肉送至宾家。

以上是一场完整冠礼的全部过程。当然,并不是所有的冠礼都要严格遵循此程序,甚至在《士冠礼》便规定了诸多例外,如"冠者母不在,则使人受脯于西阶下","若孤子,则父兄戒、宿(再戒)……",等等。而且,由于社会地位、经济水平等的差异,冠礼程序也可繁可简。据《大戴礼记》等书记载,诸侯的冠礼是"四加",即在三加之外又加一玄冕。天子则为"五加",是在诸侯"四加"的基础上,加衮冕。当然,普通百姓一加缁布冠也就足够了。

与男子冠礼相对应,女子的成年礼是笄礼。《礼记·丧服小记》云:"许嫁笄而字之,死则以成人之礼。"《公羊传·文公十二年》亦云:"妇人许嫁,字而笄之,死则以成人之丧治之。"可见,在中国传统社会中,笄礼的功能和冠礼一样,都是标志成年的。《礼记·内则》云:女子"十有五年而笄"。女子通常在15岁许嫁之时行笄礼,结发加笄,同时取字。行礼时,由主妇为笄者结发着笄,由女宾以酒醴礼之。然后,还要对此女进行妇德教育,使她能为人妻。女子到20岁,即使还未许嫁,也要行笄礼,表示今后要以成人相待。此礼至明代即废而不用,但民间女子婚嫁时将头发挽

---

① 杨天宇:《仪礼译注·士冠礼》,上海:上海古籍出版社,2004年。
② 杨天宇:《仪礼译注·士冠礼》,上海:上海古籍出版社,2004年。
③ 杨天宇:《仪礼译注·士冠礼》,上海:上海古籍出版社,2004年。

束成髻,用簪子固定,与婚前发式明显不同,尚有古笄礼之意。

二、冠礼的教育功能

(一)礼教的本质功能

冠礼是中国礼教的一部分,要探究冠礼的教育功能,就必须先了解一下中国传统"礼教"的本质功能。礼教,并不总是"吃人"的,它植根于礼的本质之中,所强调的是"敬"。"敬"有"对己"和"对人"之分:对己是尊重自己,对人则是尊重他人,其目的是求得人与人之间的和谐相处。从本质上说,礼教乃是一种行为规范,要求人们"非礼勿视、非礼勿听、非礼勿言、非礼勿动",也就是要将人的视、听、言、行制约在礼教之中。礼教又叫礼法,对人们的行为具有强制性,但是它发挥作用的方式却不同于法律。司马迁说:"夫礼禁未然之前,法施于已然之后。法之所为用者易见,而礼之所为禁者难知。"①可见,前者主要是用以预防的,而后者主要是用于救治的。无论是古代还是今天,群体生活中的许多偏差行为都不受法律的制裁,但人们一般都不会胡作非为,这就是礼教发挥作用的结果。

礼教具有明显的教化作用,冠礼作为中国礼教的重要组成部分,自然也具有教化功能。

(二)冠礼教育的目的

德国教育家布雷岑卡说:"在规范概念的意义上,教育目的意指一种规范,它描述了一种设想和有关一个或多个受教育者的人格状态或者人格特征,它们不仅应该变成为现实,而且受教育者还应该通过教育而有助于它们的实现。"②也就是说,教育目的是教育者对受教育者可能性、不确定性的一种假设和设想,是认为受教育者可能会达到的人格状态、人格特征的一种预设。这意味着教育目的要么是一种主观的心理现象,要么是这些主观心理现象客观化表现的文化现象。它形象直观地表明教育目的是教育者把自己的希望、意愿和理想通过教育作用于受教育者③。

冠礼作为成年礼的一种,其教育目的自然是要让受冠者"成为一个人",即成人。那么,具备什么条件的人才能算是成人呢? 孔子说:"若臧武仲之知,公绰之不欲,卞庄子之勇,冉求之艺,文之以礼乐,亦可以为成人矣。"④这样的"成人"几为"完人",显然不是成人礼中所说的"成人"。成人礼中的成人,是名词,指成年人;或者是动词,指成年,成为人。前者在古代有种种标准。这些标准主要有以下几项:(1)年龄。

---

① 司马迁:《史记·太史公自序》,北京:中华书局,1959年。
② (德)沃尔夫冈·布雷岑卡著,胡劲松译:《教育科学的基本概念:分析、批评和建议》,上海:华东师范大学出版社,2001年。
③ 吴晓蓉:《教育,在仪式中进行》,重庆:西南师范大学出版社,2003年。
④ 《论语·宪问》,《十三经注疏》本,北京:中华书局,1980年。

礼制上一般以男子20岁为"成人","男子二十,冠而字"①。当然,还有其他看法,如"十二岁说"②、"十五岁说"③、"十九岁说"④等。(2)生理上的成熟。20岁之所以被定为成人的年纪,是因为此时男人已有生育能力了。(3)学会并掌握一定的劳动技能。(4)心智的发达。这是一个连续成长的过程,要经过十多年才能完成。(5)对伦理与社会生活准则的自觉认同。这就是《礼记·冠义》中所说的"凡人之所以为人者,礼义也。……成人者,将责成人礼焉也;责成人礼焉者,将责为人子、为人弟、为人臣、为人少者之礼行焉。"⑤

(三)教育的过程与内容

冠礼非一朝一夕之事,而是一个长期的过程,因而冠礼教育同样是一个长期的过程,大致分为仪式前、仪式中和仪式后三个阶段,每个阶段都有不同的教育内容。

冠礼仪式前的教育活动。《礼记·内则》云:"子能食食,教以右手;能言,男'唯'女'俞';男鞶革,女鞶丝。六年,教之数与方名。七年,男女不同席,不共食。八年,出入门户及即席饮食,必后长者,始教之让。九年,教之数日。十年,出就外傅,居宿于外,学书计,衣不帛襦袴,礼帅初,朝夕学幼仪,请肆简、谅。十有三年,学乐,诵《诗》,舞《勺》。成童,舞《象》,学射御。"同书《学记》篇也说:"比年入学,中年考校。一年视离经辨志,三年视敬业乐群,五年视博习亲师,七年视论学取友,谓之小成;九年知类通达……谓之大成。"若8岁入小学,则"小成"应在15岁,"大成"应在17岁。上述学习内容,有与生产实践相关的,如射箭、驾车、书写、计算等;更多的则是文化规则,如经书、礼仪、文学、舞蹈等。当这些学业完成以后,就表明此人已能按照这种文化体系来规范自己的言行,可以作为本社会的正式成员,这一转变的标志就是冠礼。从实质上看,冠礼仪式就是儿童期这十多年学习效果的终期考核和验收。在中国传统社会中,礼是一切之首,而冠礼则是"礼之始也",一个人一旦加冠,就要自觉地遵循成人的礼仪,所以古人说:"冠则成男女之德也。"⑥

女孩的教育与男孩相比有很大不同。《礼记·内则》云:"女子十年不出,姆教婉娩听从,执麻枲、治丝茧、织纴组紃,学女事,以共衣服。观于祭祀,纳酒、浆、笾、豆、菹、醢,礼相助奠。"这里,"十年"是指十岁,"姆"是指女教师。郑玄注《仪礼·士昏礼》云:"妇人五十无子,出不复嫁,以妇道教人者,若今时乳母矣。""婉娩听从"之类就是所谓的"妇道",后世更明确为妇德、妇言、妇容、妇功,从行为修养、性格脾气、

---

① 杨天宇:《礼记译注·曲礼上》,上海:上海古籍出版社,2004年。
② 《左传·襄公九年》,北京:中华书局,1984年。
③ 杜佑:《通典·嘉礼》,北京:中华书局,1984年;又见应劭:《风俗通义》,北京:中华书局,1981年。
④ 荀子:《荀子·大略》,上海:上海古籍出版社,1986年。
⑤ 胡发贵:《中国古代的"成人"观念》,《文史知识》1995年第1期。
⑥ 孙诒让:《周礼正义·春官》,北京:中华书局,1987年。

语言谈吐、穿着打扮到生活操作等方面都对女性作出了明确而严格的规定。经过数年的教育,到15岁左右时,女孩就可以举行成年礼(笄礼),之后便可以谈婚论嫁了。

冠礼仪式中的教育活动,可以说贯穿于冠礼的全过程。从冠礼举行前的筮日、筮宾,戒宾、宿宾,器物陈设,到仪式过程中来宾和父兄的一举手、一投足,无一不是对年轻人的礼仪教育,而宾在每次加冠、行醴礼或醮礼及命字时对受冠者所说的祝辞,冠礼后卿大夫、乡先生的赠语,显然都包含有道德和理想教育的内容。如要求受冠者"弃尔幼志,顺尔成德","敬尔威仪,淑慎尔德"[1],"成人在始与善,善进善,不善蔑由至矣"[2],等等。

冠礼教育活动并没有随冠礼仪式的结束而结束,而是在继续进行着,并且持续了相当长的一段时间。如《礼记·内则》云:"二十而冠,始学礼……舞《大夏》,惇行孝弟,博学不教,内而不出。三十而有室,始理男事,博学无方,孙友视志。"

(四)冠礼教育的主体与客体

1. 冠礼教育的主体

冠礼是一个长期的过程,因而冠礼教育的主体(即教育者)也不是一个人,而是由许多人在不同的时间、不同的地点以不同的方式进行的。其中最重要的有:

(1)父母及家族中其他尊长。从儿童呱呱坠地,甚至在孩子降生之前,父母及其他尊长就开始了对新生命的教育,这就是古代的胎教。如文王之母大任,"及其有身,目不视恶色,耳不听恶声,口不出恶言,以胎教也"[3];成王之母"立而不跛,坐而不差,独处不踞,虽怒不罩"[4];孟子之母"席不正不坐,割不正不食"[5];等等。其实,孩子出生后,父母在门上悬挂弧或帨,也是对子女的一种礼俗教育。至于前文所引《礼记·内则》中关于幼儿期教育的内容,显然施教者都是以父母为主的家人。当然,在幼儿的教育过程中,保姆和兄长也是不可缺少的角色。若是孤儿,则孩子的祖父、诸父、诸兄等亲属将义不容辞地承担起教育职责,这在《士冠礼》和《礼记·内则》等文献中都有反映。在冠礼仪式上,父母等尊长的一举一动、一言一行,当然更是对子女的礼仪教育。

(2)专职教师。《礼记·内则》载:孩子出生三月后由父亲命名时,"子师辩告诸妇、诸母名";到孩子十岁时,须"出就外傅……"。《学记》云:"古之教者,家有塾,党有庠,术(遂)有序,国有学。……一年视离经辨志,三年视敬业乐群,五年视博习亲师。""学"有小学与大学之分。所有这些学校都各有专职教师负责传道、授业、解

---

[1] 杨天宇:《仪礼译注·士冠礼》,上海:上海古籍出版社,2004年。
[2] 《国语·晋语六》,上海:上海古籍出版社,1998年。
[3] 刘向:《列女传·周室三母》,《中国学前教育史资料选》,北京:人民教育出版社,1989年。
[4] 王聘珍:《大戴礼记解诂·保傅》,北京:中华书局,1983年。
[5] 韩婴:《韩诗外传》,四部丛刊正编本.

惑。两周以后,随着公、私学校教育的日益发展,有条件人家的子弟纷纷入学学习,教师的作用就更加突出,后世甚至有老师亲自为学生行冠礼的。如南朝梁时,著名学者范缜就是由其恩师刘瓛行冠礼的①。

(3) 冠礼仪式中的各位来宾,尤其是主宾和赞者等。在冠礼举行的过程中,其一言一行,都是受冠者及其他参与者学习有关礼仪知识的活教材。青少年通过一次又一次地观看别人的冠礼过程,感受了民族的文化传统,学习了有关知识。

(4) 国君、卿大夫、乡先生等。《士冠礼》记载:受冠者行过礼后,要"奠挚见于君,遂以挚见于乡大夫、乡先生"。这里,"乡大夫"的"乡"字,为"卿"字之误。依惯例,在新冠者拜见时,作为尊长的卿大夫、乡先生都要说些祝福、鼓励或告诫的话,如春秋时晋国的赵武在行冠礼后,先后拜见了栾武子、中行宣子、范文子、郤驹伯和韩献子等人,被拜访的每个人都说了一番赞美或告诫的话。其中,范文子说:"而今可以戒矣。夫贤者宠至而益戒,不足者为宠骄……"韩献子教导说:"戒之!此之谓成人。成人在始与善,善进善,不善蔑由至矣。人之有冠,犹宫室之有墙屋也,粪除而已,又何加焉!"②

2. 冠礼教育的客体

教育客体指受教育者,是教育实践活动的作用对象。希望"成人",这并不是一个人的追求,而是整个群体共同的追求。

(1) 受冠者本人。受冠者是冠礼的主角,是主要的受教育者,整个冠礼仪式都围绕着他来进行,这是显而易见的,无须多费笔墨。

(2) 受冠者的兄弟。在受冠者接受父母、老师及其他尊长教育之时,其兄弟们往往也是受益者。在举行冠礼前,随着"好日子"的临近,他们同样充满了期待,其兴奋、激动程度常常不亚于受冠者本人。在冠礼仪式举行的过程中,他们作为参与者身临其境,在庄重严肃的气氛下实实在在地上了一堂礼仪观摩课。这就是《仪礼·士冠礼》所说的:"兄弟具在,以成厥德。"《宋史·礼志》也说:"授尔元服,兄弟具来。"③仪式结束之后,受冠者及教育者的言行,仍然对受冠者的兄弟们具有相当大的影响。

(3) 参加冠礼的其他人。参加冠礼仪式的其他人,包括作为教育者的成年人,通常也是接受教育的对象。他们借助冠礼仪式强化、加深并修正自己对冠礼等礼仪的认识。

(五) 教育方法

冠礼教育中所使用的方法是多种多样的,主要包括父母及家人言传身教,教师精心讲授,理论与实践相结合;嘉宾、卿大夫、乡先生谆谆告诫,现场演示和情景教

---

① 姚思廉:《梁书》卷四十八《范缜传》,北京:中华书局,1973 年。
② 《国语·晋语》,上海:上海古籍出版社,1998 年。
③ 脱脱:《宋史》卷一一五《礼志》,北京:中华书局,1977 年。

育;等等。通过这些无声和有声的教育方法,将教育主体、教育内容与教育客体结合在一起,形成一个有机的整体。冠礼教育,特别是冠礼仪式上的教育,具有情景性、生动性、形象性和直观性的特点,给受教育者留下的印象是非常深刻的。它与受冠者的向往、期待、憧憬、兴奋和盼望等情感相互交织在一起,又与冠礼的其他参与者的张罗、期待、盼望和兴奋交织在一起,个体、群体以至现场的器物摆放、庄重气氛、每个人的仪表言行等因素之间的互动,构成了整体的教育方法。

三、中国古代冠礼教育功能评价

(一)可以有效地提高国民尤其是贵族集团的文化素质

每个受冠者都要经过多年的全面教育,学习各种相关知识,待一一通过严格的考核后才能参加最后的验收——冠礼,这显然有利于提高全体国民尤其是作为统治者的贵族集团的文化素质。

(二)有利于提高整个民族的礼仪水平

冠礼教育非常重视礼仪方面的内容,在孩子还很小的时候就开始学习简单的礼仪知识,如谦逊礼让、尊敬师长、团结同学等;一直到冠礼仪式举行以后,还要继续学习礼仪知识。可以说,礼仪知识是一个人必须长期甚至是终生学习的内容。由于冠礼是一种具有很强普适性的礼仪,几乎涉及全社会每一个成员,即使是在冠礼仪式日趋简化的时代,人们仍然十分注重礼仪的学习和成人意识的培养。如此代代相传,中国便成为举世闻名的文明之邦、礼仪之邦。

(三)有助于增强社会成员的生活和生存能力

受冠者在成年前学习和掌握了大量的生活和生产技能,如天文、地理、算术、书写、驾车、射箭等。这些知识和技能在未来的人生旅途中都是不可或缺的,可以大大增强个体的生活和生存能力。

(四)有助于社会秩序的稳定

长期的成年教育,能够有效地强化社会成员的成人意识,增强其对家庭与社会的责任感和义务感,从而有助于社会秩序的稳定。

(五)有利于民族文化的传承

受冠者在接受了十多年本民族的文化知识教育之后,才能参加本民族特有的成年礼仪式——冠礼,由此取得作为本民族(或部族)正式成员的各种权利和义务,如婚姻、治人、参加祭祀与战争、了解本家族或氏族的历史以及秘密等,特别是有权享有富有本民族特色的成人标志——挽髻戴冠,显得非常典雅,所以古时华夏族人总是以"衣冠礼乐"自居,而瞧不起其他民族的成人标志如拔牙、染齿、文身、披发左衽等。这从一个侧面反映了华夏族人的民族自豪感,也反映出华夏民族文化传承的成功。

当然,中国古代冠礼的教育功能方面也存在着一些不足或缺陷,如欠缺锻炼未成年人意志力、培养创造性思维等方面的教育内容,教育的形式、内容与冠礼仪式本身具有明显的男尊女卑色彩,等等。

  总之,冠礼是古代人生礼俗的关键内容,是人生道路上的重大里程碑。在冠礼的诸多功能中,教育是其中最重要的功能之一。深入研究冠礼特别是它的教育功能,弄清不同历史时期冠礼教育的目的、主客体、内容、过程、方法以及其发挥作用的机制等方面的变化,认真地吸取其中的经验教训,对于继承和发扬博大精深的中华传统礼仪文化,改进当今的青少年教育,解决青少年教育中所遇到的一些难题,具有重要的意义。

(原载《郑州大学学报》2005 年第 2 期)

略论西周时期的礼仪教育

【摘要】 西周是中国奴隶社会礼制建设的顶峰,又为封建社会礼制奠定了坚实的基础,在礼仪制度史上占据至关重要的位置。周礼对中华传统文化的影响甚大,是中国成为"礼仪之邦"的重要原因之一。西周之所以能在礼制建设上取得如此辉煌的成就,与其高效率的礼仪教育制度密不可分。西周的礼仪教育早在灭商之前就开始了,灭商后又进一步系统化、制度化,其形式主要有家庭教育、学校教育和社会教育三种,其特点主要有:王室高度重视,从娃娃抓起,家庭、学校与全社会共同参与,重视情景教育与实践教育,等等。其中有不少做法对当今的青少年教育仍有重要的指导与借鉴意义。

【关键词】 西周;礼仪教育;特点;启示

礼,是"周人为政之精髓","文武周公所以治天下之精义大法"[1]。在"以礼治国"思想的指导下,西周王朝对夏商礼制加以损益,形成比较完善的制度,被孔子赞为"郁郁乎文哉"[2],是我国奴隶社会礼制史上的鼎盛期。西周灭亡后,其礼仪制度的主体和精神,被儒家学者所继承,并随着儒家政治地位的提高和学说的广泛传播而备受重视,影响极为深远。西周之所以能在礼制建设上取得如此辉煌的成就,除了圣贤的制礼作乐之功外,完善、有效的礼仪教育制度

---

[1] 王国维:《殷周制度论》,《观堂集林》卷十,北京:中华书局,1959年。
[2] 《论语·八佾》,中华书局影印阮校《十三经注疏》本,1980年。

起了至关重要的作用,这也是西周实现"以礼治国"目标的重要条件。关于此问题的研究,迄今除了一些教育史的著作中略有提及之外,学术界尚无专文论及。笔者不揣浅陋,撰此文以求教于方家。

一、西周礼仪教育的发端

在西周时期,"礼"和"仪"是两个不同的概念:"'礼'是抽象的,是由一系列的制度、规定及社会共识构成的,既作为人际交往时应遵守的伦理道德标准,又作为社会的一种观念和意识,约束着人们的言谈举止。而'仪'则是'礼'的具体、有形的表现形式,严格遵循和依据'礼'的规定及内容,形成了一套系统且完整的程序和形式","礼仪所涉及的范围十分广泛,渗透到社会生活的各个方面"①。

周人的礼仪教育,早在灭商之前就已经开始了。《史记·周本纪》载:古公亶父在豳(今陕西旬邑县西),"积德行义,国人皆戴之。熏育戎狄攻之,欲得财物,予之"。尝到甜头的熏育又来进攻,"欲得地与民。民皆怒,欲战。古公曰:'有民立君,将以利之。今戎狄所为攻战,以吾地与民。民之在我,与其在彼,何异?民欲以我故战,杀人父子而君之,予不忍为。'乃与私属遂去豳,度漆、沮,逾梁山,止于岐下"。此举实际上是一次非常成功的"礼让教育",其结果是"豳人举国扶老携弱,尽复归古公于岐下。及他旁国闻古公仁,亦多归之"。于是,古公亶父"贬戎狄之俗,而营筑城郭室屋,而邑别居之"。而且古公亶父还"作五官有司",以处理政务,教化百姓。"民皆歌乐之,颂其德"。

文王继位后,"笃仁,敬老,慈少。礼下贤者,日中不暇食以待士,士以此多归之"。伯夷、叔齐、太颠、闳夭、散宜生等人即在此时投奔周。由于文王公正廉明,连诸侯们也"皆来决平",即请文王评理。如"虞、芮之人有狱不能决,乃如周。入界,耕者皆让畔,民俗皆让长。虞、芮之人未见西伯,皆惭,相谓曰:'吾所争,周人所耻,何往为?只取辱耳。'遂还,俱让而去"。《史记正义》引《括地志》云:"毛苌云:'虞芮之君相与争田,久而不平,乃相谓曰:"西伯仁人,盍往质焉。"乃相与朝周。入其境,则耕者让畔,行者让路。入其邑,男女异路,斑白不提挈。入其朝,士让为大夫,大夫让为卿。二国君相谓曰:"我等小人,不可履君子之庭。"乃相让所争地以为闲原。'"文王礼仪教育的效果由此可见一斑。

武王即位,"祭于毕","观兵至于盟津",又先后举行了泰誓与牧誓,这些既是盟誓礼典,同时也是对民众的礼仪教育。而灭商之后的大规模献俘礼和分封诸侯,更是声势浩大的礼仪演示会。当时,周人按照名位、官阶品级制定了一整套礼仪等级制度,相应配套有一系列的礼节规范和仪礼容态,统称为礼数。正如《左传·庄公十八年》所说:"王命诸侯,名位不同,礼亦异数。"

---

① 朱筱新:《从"礼仪"谈中国古代的家庭教育》,《北京教育学院学报》2001年第2期。

二、西周礼仪教育的形式

(一)家庭教育

周人对家庭教育极为重视,认为是治国平天下的基础。《礼记·大学》说,"古之欲明明德于天下者,先治其国;欲治其国者,先齐其家;欲齐其家者,先修其身……心正而后身修,身修而后家齐,家齐而后国治,国治而后天下平","其家不可教,而能教人者,无之"。

家庭教育主要是针对学龄前婴幼儿及青少年的,教育的主体是父母、祖父母及兄长、家庭教师等。对于这类教育活动,《礼记·内则》有详细记载。书中说:"子生,男子设弧于门左,女子设于门右。三日始负子,男射,女否。……子能食食,教以右手;能言,男'唯'女'俞';男鞶革,女鞶丝。六年,教之数与方名。七年,男女不同席,不共食。八年,出入门户及即席饮食,必后长者,始教之让。九年,教之数日。十年,出就外傅。"对青少年在家中的日常行为礼仪也有明确规定,"男女未冠笄者,鸡初鸣,咸盥漱,栉,縰,拂髦,总角,衿缨,皆佩容臭。昧爽而朝,问何食饮矣,若已食,则退;若未食,则佐长者视具。凡内外,鸡初鸣,咸盥漱,衣服,敛枕簟,洒扫室、堂及庭,布席,各从其事。……父母、舅姑将坐,奉席请何乡。将衽,长者奉席请何趾。少者执床与坐,御者举几";"父母有过,下气怡色,柔声以谏。谏若不入,起敬起孝,说则复谏";"凡男拜,尚左手。……凡女子拜,尚右手"。

女孩的教育与男孩相比有很大不同。《内则》云:"女子十年不出,姆教婉娩听从,执麻枲、治丝茧、织纴组紃,学女事,以共衣服。观于祭祀,纳酒、浆、笾、豆、菹、醢,礼相助奠。"这里,"十年"是指十岁,"姆"是指女教师。郑玄注《仪礼·士昏礼》云:"妇人五十无子,出不复嫁,以妇道教人者,若今时乳母矣。""婉娩听从"之类就是所谓的"妇道",后世更明确为妇德、妇言、妇容、妇功,从行为修养、性格脾气、语言谈吐、穿着打扮到生活操作等方面都对女性做出了明确而严格的规定。

周人还注意到胎教的重要性。如文王之母大任,"及其有身,目不视恶色,耳不听恶声,口不出恶言,以胎教也"[1];成王之母"立而不跛,坐而不差,独处不踞,虽怒不詈"[2];孟子之母"席不正不坐,割不正不食"[3];等等。

家长是孩子的首任教师和学习榜样,家长的一言一行、一举一动都有可能成为孩子注意的焦点。在礼仪方面,家长遵礼守仪,孩子才会遵礼守仪。《礼记·文王世子》云:"文王为世子,朝于王季日三。鸡初鸣而衣服,至于寝门外……及日中又至,

---

[1] 刘向:《列女传·周室三母》,《中国学前教育史资料选》,北京:人民教育出版社,1989年。

[2] 王聘珍:《大戴礼记解诂·保傅》,北京:中华书局,1983年;又见贾谊:《新书·胎教》。

[3] 韩婴:《韩诗外传》,四部丛刊正编本。

亦如之。及莫(暮)又至,亦如之。……食上,必在视寒暖之节。食下,问所膳,命膳宰曰:'末有原。'应者曰:'诺。'然后退。"这里,"末",犹勿;原,再。"末有原",即不要把剩下的食物再进献给王。受文王身教的影响,"武王帅而行之,不敢有加焉。文王有疾,武王不说冠带而养"。句中"说",通"脱"。由武王的做法,足见身教的效果。

在家庭教育中,家庭教师的作用也不可忽视。《礼记·内则》载:(子生后)"择于诸母与可者,必求其宽裕、慈惠、温良、恭敬、慎而寡言者,使为子师,其次为慈母,其次为保母,皆居于子室",三个月后,父亲为孩子举行命名仪式,然后"子师辩告诸妇、诸母名"。这里,"辩",通"遍";"师",即家庭教师。

此外,家庭中经常举行的各种礼仪活动,如冠、婚、寿、丧、飨以及节庆、祭祀等,也都是对青少年的礼仪教育。

(二)学校教育

1. 西周的学校

文献记载,三代时期已经出现了学校。如《孟子·滕文公上》说:"设为庠序学校以教之。庠者,养也;校者,教也;序者,射也。夏曰校,殷曰序,周曰庠;学则三代共之,皆所以明人伦也。人伦明于上,小民亲于下。"《史记·儒林列传》载:"三代之道,乡里有教,夏曰校,殷曰序,周曰庠。"教、序、庠都是指的地方学校。《礼记·学记》载:"古之教者,家有塾,党有庠,术(遂)有序,国有学。"

夏代的学校,尚未得到实物证实。至于商代的学校,则"不仅有文献上的记载,而且得到地下出土文物特别是殷墟甲骨文的佐证。商朝的学校名称,除'庠'、'校'、'序'以外,还出现'学'、'大学'、'瞽宗'等称谓。关于'学',这在甲骨卜辞中已得到了证实,写作'𭅠'"。该字的构形意义是师生双方"在特定的房屋——'介'中进行有关筹算知识——'爻'的教学活动"。此外,卜辞中还发现了"大学"二字[①]。

西周的学校教育在商代的基础上逐渐形成比较完善的制度。西周的学校分为国学和乡学两种。国学又分为小学和大学两个阶段。小学分两种:一种是设在宫廷附近的贵胄小学,另一种是设在郊区的一般小学。西周时期的"大盂鼎"等青铜器上都有关于宫廷小学的记载,证明《礼记·王制》"小学在公宫南之左"的说法不无道理。

西周的大学也有两种情况:一种是周天子都城所设的大学,称为"辟雍",又叫"学宫"、"射庐"、"西雍"等,建于京城南郊(一说西郊)的开阔地上,四面环水,在中间岛形陆地上建学宫。学宫的四面还有4座教学建筑:东为东序,西为瞽宗,北为上庠,南为成均。这些建筑都在辟雍的四门,所以又叫四门学,是辟雍的组成部分。大学同时是养老、祭祀和举行各种典礼的场所。天子有时也来这里射箭或泛舟,所以又叫"射庐"或"大池"。另一种情况,是诸侯国都城中所设的大学,称为"泮宫",即

---

① 张岂之:《中国传统文化》,北京:高等教育出版社,1994年。

《王制》所说的"诸侯曰泮宫",形制与辟雍相同而略小。

关于西周的乡学,有多种说法。如《周礼》曰:"乡有庠,州有序,党有校,闾有塾";《礼记·学记》曰:"家有塾,党有庠,术(遂)有序,国有学";而《孟子》只提到"周曰庠"。无论历史的真实情况如何,可以肯定的是,西周时期在天子、诸侯国都和郊区都设有各级学校。

2. 西周学校礼仪教育的主体——教师

西周时,由于实行"学在官府"的制度,教师均由官员兼任。"国学中的教师由大司乐、乐师、师氏、保氏、大胥、小胥、大师、小师、龠师等官吏担任。"①如《周礼·地官司徒·师氏》曰:"师氏掌以美诏王。"同时"以三德教国子"。

乡学的教师,主要由各级行政长官兼任,包括大司徒、乡师、乡大夫、州长、党正、父师、少师等,而致仕居乡的乡老、乡先生等人,则可能带有专职教师的性质。

3. 西周学校礼仪教育的客体与教育内容

西周时期的各级学校,基本上都是供贵族子弟读书学习用的,也就是说,教育的客体主要是贵族子弟(包括所谓的世子与国子),以及部分平民子弟。有时,天子也要到大学"承师问道"②。奴隶们没有进学校受教育的权利。世子,指周天子及诸侯国的太子。国子,即"公卿大夫子弟"。郑玄注《周礼·春官宗伯·大司乐》"而合国之子弟焉"曰:"国之子弟,公卿大夫之子弟当学者,谓之国子。"这里的"学"是指大学。《周礼正义》云:"大司乐通掌大小学之政法,而专教大学,与师氏、保氏、乐师教小学,职掌互相备。"又云:"周制,大学所教有三:一为国子,即王太子以下至元士之子,由小学而升者也。二为乡遂大夫所兴贤者能者,司徒论其秀者入大学……三为侯国所贡士。此三者,皆大司乐教之。"③

关于学校礼仪教育的内容,《师氏》曰:"(师氏)以三德教国子:一曰至德,以为道本;二曰敏德,以为行本;三曰孝德,以知逆恶。教三行:一曰孝行,以亲父母;二曰友行,以尊贤良;三曰顺行,以事师长。"又"掌国中失之事,以教国子弟。凡国之贵游子弟皆学焉"。郑玄《注》云:"中,中礼者也。失,失礼者也。"《周礼·地官司徒·保氏》曰:"保氏掌谏王恶,而养国子以道。乃教之六艺:一曰五礼,二曰六乐,三曰五射,四曰五驭,五曰六书,六曰九数。乃教之以六仪:一曰祭祀之容,二曰宾客之容,三曰朝廷之容,四曰丧纪之容,五曰军旅之容,六曰车马之容。"其中,"射"也是一种礼仪。"五礼",即吉、凶、宾、军、嘉五种礼仪。《王制》说:"司徒修六礼以节民性。""六礼",即冠、婚、丧、祭、飨、相见六种礼仪。教授礼仪知识的还有国老(大夫以上退休者)和庶老(大夫以下退休者)。

---

① 张岂之:《中国传统文化》,北京:高等教育出版社,1994年。
② 王聘珍:《大戴礼记解诂·保傅》,北京:中华书局,1983年;又见贾谊:《新书·胎教》。
③ 孙诒让:《周礼正义》卷四二,北京:中华书局,1987年。

行礼离不开乐,二者关系密切,相辅相成。《礼记·文王世子》云:"乐,所以修内也;礼,所以修外也。礼乐交错于中,发形于外,是故其成也怿,恭敬而温文。"乐师系统的官员如大司乐、大胥、小胥等人,都负有在学校教国子乐舞的职责。如《大司乐》载:"大司乐掌成均之法,以治建国之学政,而合国之子弟焉。凡有道者、有德者,使教焉,死则以为乐祖,祭于瞽宗。以乐德教国子中、和、祗、庸、孝、友,以乐语教国子兴、道、讽、诵、言、语,以乐舞教国子舞《云门》、《大卷》、《大咸》、《大韶》、《大夏》、《大濩》、《大武》。以六律、六同、五声、八音、六舞大合乐,以致鬼、神、示,以和邦国,以谐万民,以安宾客,以说远人,以作动物。"上述这些都是大学教师。掌管小学教育的是乐师。《春官·乐师》曰:"乐师掌国学之政,以教国子小舞。"郑玄《注》云:小舞"谓以年幼少时教之舞"。

关于入学年龄及学习内容,《礼记·内则》说:"(儿童)十年,出就外傅,居宿于外,学书计,衣不帛襦袴,礼帅初,朝夕学幼仪,请肄简、谅。十有三年,学乐,诵《诗》,舞《勺》。成童,舞《象》,学射御。二十而冠,始学礼,可以衣裘帛,舞《大夏》,惇行孝弟,博学不教,内而不出。三十而有室,始理男事,博学无方,孙友视志。"可见,儿童在最初几年学的是一些简单的知识技能和礼仪,13岁以后就要开始循序渐进地学习乐舞等较难的内容。先秦时期,15岁是"成童"的年龄,因而学习的内容有所加重,到20岁行冠礼之后,才开始学习吉、凶、军、宾、嘉等专门的礼仪制度,同时继续学乐,还要做到"博学不教,内而不出"。这种随着学生年龄的增长而逐步增加学习内容、逐步提高学习难度的做法是符合教育规律的。

《大戴礼记·保傅》对入学年龄有不同说法:"古者八岁而出就外舍,学小艺焉,履小节焉;束发而就大学,学大艺焉,履大节焉。"朱熹解释说:"人生八岁,则自王公以下,至于庶人之子弟,皆入小学,而教之以洒扫、应对、进退之节,礼、乐、射、御、书、数之文;及其十有五年,则自天子之元子、众子,以至公卿大夫元士之适子,与凡民俊秀,皆入大学,而教之以穷理、正心、修己、治人之道。"[1]又说:"古者小学教人以洒扫、应对、进退之节,爱亲、敬长、隆师、亲友之道,皆所以为修身齐家治国平天下之本,而必使其讲而习之于幼稚之时,欲其习与智长,化与心成,而无扞格不胜之患也。"[2]可见,小学教育的主要内容,就是要让少年儿童学会洒扫、应对、进退之节,懂得一些事君、事父、事兄、处友之道,了解一些礼仪之则、衣服之制、饮食之节以及简单的文化基础知识。这种礼仪教育,具有很强的实践性。所谓"履小节",就是学习和实践洒扫、应对、进退等待人接物的礼仪,这种做法是正确而有效的。

除了礼和乐之外,《诗》、《书》、射、御等也都是国子们必须学习的内容,学习时也须循序渐进。

世子学习的内容与方式和国子相比有所不同。《礼记·文王世子》说:"立大傅

---

[1] 朱熹:《大学章句序》,文渊阁四库全书本,上海:上海人民出版社,1999年。
[2] 朱熹:《题小学》,《晦庵朱文公文集》卷七十六,四部丛刊本集部。

少傅以养之,欲其知父子君臣之道也。大傅审父子君臣之道以示之;少傅奉世子以观大傅之德行而审喻之。大傅在前,少傅在后,入则有保,出则有师,是以教喻而德成也。师也者,教之以事,而喻诸德者也。保也者,慎其身以辅翼之,而归诸道者也。"

天子每年一度要到学宫中举行视学之礼,其目的:一是检查世子、国子们的学习进度,二是举行释奠养老之礼。

乡学的教学内容与国学差不多。毕业时达不到要求的,须受到一定的惩罚。

4. 教学方法

(1) 课堂教学

西周的学校有不同的层次、不同的科目、不同的教学场所,学制又长达10年左右,而且还要定期考核学业,显然须有比较正规的课堂教学。早在商朝时期,甲骨文中的"学"字,反映的就是课堂上师生相对进行教学的情景,西周当然不会例外。《礼记·王制》曰:"(乐正)顺先王诗书礼乐以造士。春秋教以礼乐,冬夏教以诗书。"《学记》曰:"大学始教……入学,鼓,箧,孙其业也。……幼学听而弗问,学不躐等也。""箧"是书箱,这里指打开书箱发给学生教材、书籍。初入学者还应多听少问。

(2) 实践教学

在西周的各级学校中,要讲授礼、乐(含舞)、射、御、书、数等课程,这些课程的性质和特点,要求学员必须进行大量的实习、实践活动,才能掌握有关的知识和技能。如《周礼·春官·大胥》载:学员"春入学,舍采,合舞。秋颁学,合声。以六乐之会正舞位,以序出入舞者。"

(3) 情景教学

为了进一步增强教学效果,西周时期的各级学校非常重视情景教学法,使学员们能身临其境真实地感受有关的礼仪知识。其主要表现为学校定期或不定期举行的各种典礼,如入学(含释菜、释奠等)、敬师、射、乐舞、飨宴、养老、献俘等,无论这些典礼是学校举办的还是各级政府举办的,也无论其与学校日常教学活动是否直接相关,其客观结果都是为学生们提供了一种生动、直观甚至是亲身参与的礼仪教学形式。如《文王世子》载,养老礼中,有"乞言合语之礼",即学生们向老人请教"嘉言懿行",实际上就是传授历史知识和道德伦理的过程。

(4) 循序渐进

从前文所引用《内则》与《学记》的记载可以看出,西周时期的学校在进行礼仪教育时,是按学生的年龄和接受能力,从易到难、由浅入深、循序渐进进行的。这种做法与现代教育学的观点不谋而合。

5. 教学管理

学校对国子们的教学管理非常严格。《礼记·学记》说:"比年入学,中年考校。一年视离经辨志,三年视敬业乐群,五年视博习亲师,七年视论学取友,谓之小成;九年知类通达……谓之大成。"若8岁入小学,则"小成"应在15岁,"大成"在17岁。

《王制》曰:"司徒论选士之秀者而升之学,曰俊士。升于司徒者……凡入学以齿。将出学,小胥、大胥、小乐正简不帅教者,以告于大乐正,大乐正以告于王。王命三公、九卿、大夫、元士皆入学;不变,王亲视学;不变,王三日不举,屏之远方:西方曰棘,东方曰寄,终身不齿。""不举",谓用膳不奏乐。《周礼·春官·小胥》载:"小胥掌学士之征令而比之,觵其不敬者。巡舞列,而挞其怠慢者。"觵,用兽角制的酒器,此处指罚酒。对于那些在学习和训练中不按时到达的学士,小胥要罚他们饮酒;对于那些在舞蹈队列中不够严肃认真的国子,小胥则要进行鞭笞挞罚。当时还有专门用以体罚的教鞭,即《礼记·学记》所说的"榎、楚二物,收其威也"。可见,政府对不认真学习者的惩罚是相当严厉的。

(三)社会教育

社会教育,主要是指官府通过政令及所行礼仪向社会训谕、诱导,以达到教化民众的目的。其中,有些礼仪与学校礼仪教育密切相关,既是学校礼仪教育的延伸,又是社会生活对学校礼仪教育的影响,二者互相渗透。事实证明,这种学校教育与社会教育密切结合的形式,具有明显的优越性。

1. 官府教谕

西周时,凡天帝、周王和官府向下发布的言论政令都称为"教",这在《尚书》中很常见。如《酒诰》曰"文王诰教小子有正有事";《洛诰》曰"朕教汝于棐民彝"、"文武勤教";《无逸》曰"古之人犹胥(相)训告,胥保惠,胥教诲";等等。这些"教"当然包括教育,其中不乏礼仪教化方面的内容。

《周礼·大宰》曰:"大宰之职,掌建邦之六典,以佐王治邦国。一曰治邦……二曰教典,以安邦国,以教官府,以扰万民。三曰礼典,以和邦国,以统百官,以谐万民。四曰政典,以正百官,以均万民。""扰",郑玄《注》曰:"犹驯也。"同书载大司徒的一部分职责是"以乡三物教万民,而宾兴之"。所谓"三物"是"六德"(知、仁、圣、义、忠、和)、"六行"(孝、友、睦、姻、任、恤)、"六艺"(礼、乐、射、御、书、数)。大司徒还要根据山林、川泽、丘陵、坟衍、原湿五种地区居民不同的生活习惯,施行十二种教育:"以祀礼教敬"、"以阳礼教让"、"以阴礼教亲"、"以乐礼教和"、"以仪辨等"、"以俗教安"、"以刑教中"、"以誓教恤"、"以度教节"、"以世事教能"、"以贤制爵"、"以庸制禄"。每年正月初一,还须向王畿和各诸侯国宣布教典,"正月之吉,始和布教于邦国都鄙。乃悬教象之法于象魏,使万民观教象,挟日而敛之。乃施教法于邦国都鄙,使之各以教其所治民"。小司徒的职责是"掌建邦之教法",每年正月,率领属官观览悬挂在象魏上的教典,并督促执行。

《周礼》中,地官系统的官员基本上都负有教育民众的职责,因而被统称为"教官"。春官系统的官员,则被统称为"礼官",如大宗伯"掌建邦之天神、人鬼、地示之礼,以佐王建保邦国"。

在西周的宫廷中,还设有专门教育妇女(嫔妃)的女官——九嫔。《周礼·天官冢宰·九嫔》载"九嫔掌妇学之法,以教九御妇德、妇言、妇容、妇功",教她们如何按"礼"侍奉天子等。

2.频繁的典礼

西周时,除了在学校时常举行的各种典礼外,在学校之外也不断有不同规模的典礼仪式。这些典礼主要有以下几种:(1)射礼。西周举行的射礼有四种:乡射、燕射、宾射和大射,其层次高低不同,举行的地点有的在学校,有的不在。《礼记·射义》说:"天子将祭,必先习射于泽。泽者,所以择士也。已射于泽,而后射于射宫,射中者则得与于祭,不中者不得与于祭。"泽,指泽宫。射宫,在都城中,近于公宫。(2)军礼。包括出征前的告庙、授兵,出师时的类祭、宜祭、受脤于社,出城后的郊天之祭,踏上征途时的祃祭,行军途中的向庙主和社主祷告,凯旋归程中的一系列祭祀活动,入太庙告成时的献俘、饮至、赏功等典礼。(3)军事教育与训练。西周有经常化的军事教育与训练,包括普通的军事演习和专门的训练。前者如周王的"大蒐",民间的"蒐于农隙"、"狝于既烝,狩于毕时"等①,后者主要是指射手和御者的训练等。(4)祭祀礼仪。包括祭祀天地、山川、日月星辰、鬼神等。(5)人生礼仪。包括诞生礼、冠礼、婚礼、寿礼、丧葬礼等。

三、西周礼仪教育的特点

(一)政府高度重视,定为治国之本

周人对教育非常重视。《礼记·乐记》曰:"地之道,寒暑不时则疾,风雨不节则饥。教者,民之寒暑也,教不时则伤节。"在各种教育中,礼仪教育最为重要。《礼记·曲礼上》云:"夫礼者,所以定亲疏、决嫌疑、别同异、明是非也。……道德仁义,非礼不成;教训正俗,非礼不备;分争辨讼,非礼不决;君臣、上下、父子、兄弟,非礼不定;宦学事师,非礼不亲;班朝治军,莅官行法,非礼威严不行;祷祠祭祀,供给鬼神,非礼不诚不庄……是故圣人作,为礼以教人","人有礼则安,无礼则危。故曰:礼者不可不学也"。《左传·隐公十一年》说:"礼者,经国家,定社稷,序人民,利后嗣者也。"强调的都是以"礼"固定人的名分,维护上下尊卑的社会秩序。因此,在进行礼仪教育时,不惜动员全社会的力量,使之成为家庭、学校、社会共同承担的一个系统工程。各部门间既有分工,又有协作、配合,而且彼此渗透,形成一个有机的整体。

(二)养正于蒙,坚持不懈

人在年少之时,性情未定,可塑性很强,是受教育的大好时机。此期对幼儿进行礼仪教育不但有必要,而且意义重大,很可能会影响他的一生。周人对孩子的礼仪教育,早在孩子出生前就开始了。母亲在怀孕期间,其言行举止及饮食、视听都与平日不同,其目的就是为了让胎儿健康发育,将来能够成长为有修养、懂礼仪、成大器的人才。在孩子出生以后,礼仪教育更是贯穿于日常生活的方方面面,一天也不能

---

① 《国语·周语上》,上海:上海古籍出版社,1990年。

松懈,并将持续到成年以后。而且,在一个孩子受教育的同时,家族中的其他孩子及成员也受到了教育。

(三)内外兼修,全面发展

西周时期不仅重视礼仪教育的外在形式,而且重视其内在道德要求。礼仪本身是一种既具有内在道德要求,又具有外在表现形式的行为规范。没有内在的修养,外在的形式就失去了根基。同样,没有外在的表现形式,内在的高尚品质、文化修养也就失去了实际的意义和作用,并成为无本之木、无源之水。正如《礼记·乐记》所说:礼的最高境界是"德辉动于内,礼发诸于外"。德是礼的源泉和动力,推行礼仪教育,最根本的是要提高人的素质,让礼成为人们的自觉行为,达到内外兼修、文质彬彬的目的。

(四)礼乐结合,提高学员综合素质

礼与乐密不可分。西周时,绝大多数礼仪活动都须配有相应的乐。而且,乐与礼一样,在人们的家庭和社会生活中发挥着极为重要的作用。所以,周人在重视礼仪教育的同时也非常重视乐教以及射(体育)、御(实践)、书、数等。此举在客观上提高了青少年的综合素质,是一种相当成功的素质教育模式。

(五)礼仪教育的客体以贵族子弟为主

西周是我国奴隶社会的鼎盛期,又实行"学在官府"的制度,无论是学校教育还是社会教育,其目的都是为奴隶主贵族服务的,而严格的家庭教育也是上层社会的专利,奴隶和一般平民是没有这种条件的。所以,无论是在家庭、学校还是社会上,礼仪教育的客体都是以各级贵族子弟为主。当然,平民和奴隶们也须掌握必要的礼仪常识,但内容仅局限于尊上和服从等少数礼仪,繁杂的贵族礼仪他们是没有资格学习的。春秋时期,私学兴起后,接受教育的平民子弟才逐渐增多。

(六)重视情景教学,理论与实践并重

西周时期不仅重视"礼"的教育,也十分重视"礼"的实施,即知识灌输与行为实践融为一体。在礼仪教育中,学生们不仅要懂得各种礼仪知识,而且还要亲自"演礼",使自己的行为举止合乎礼仪。这种将礼仪知识的传播与礼仪的训练相结合的方法,对当时社会风气的影响非常大。

四、西周礼仪教育对当今教育的启示

西周以礼仪文化为核心的"六艺教育",是居于当时世界先进水平的课程体系[1],对今天的青少年教育和国民素质教育,都有重要的借鉴和指导意义。其对今日的启示主要有:(1)国家和政府应高度重视礼仪教育的重要性和必要性,及时出台相关政策,建立健全礼仪教育制度,以动员全社会的力量,积极营造人人学礼仪、人人讲礼仪的良好社会风气。(2)从娃娃抓起,实行终身教育。礼仪教育是一项系统

---

[1] 夏昭炎:《中国文化概论》,海口:南方出版社,1999年。

工程,理应从娃娃抓起,并贯穿于从幼儿园、小学、中学直到大学的全过程。政府应对各级各类学校的礼仪教育做出全面的规划和统筹安排,形成一个完整的体系。学生大学毕业后,还要接受各种形式的再教育,使礼仪教育真正成为提高国民素质的终身教育项目。(3)礼仪教育应与道德教育密切结合,内外兼修,绝不可以只重视礼仪的形式而忽视人的内在修养。(4)礼仪教育要有较强的可操作性和实践性。礼仪教育绝不是单纯的知识教育,学生掌握了礼仪的规范和要求后,就应该严格地按要求去做,使之成为自己的自觉行动。(5)弘扬"家教"传统,重视家庭文化建设,将礼仪教育置于家庭教育的核心地位。

(原载《郑州大学学报》2006年第3期)

冠礼起源于母系氏族时期考

【摘要】 学术界普遍认为,冠礼起源于父系氏族时期。但是,这种观点并不正确,因为成人礼在母系氏族时期就已经产生了,其证据主要有:成人礼是适应族外群婚制的需要而诞生的,仰韶文化时期先民已有成人观念,大汶口文化早期已有拔牙以标志成年的习俗,上古时期人人都须通过成人仪式,《士冠礼》中有受冠者见母与姑姊的环节却没有见父的规定以及近现代民族学资料,等等。

【关键词】 冠礼;起源;母系社会

被称为"礼之始",名列"八纲"和"六礼"之首的冠礼,作为华夏族人的成人礼,对个体的人生历程有重大影响,对整个社会也有不容低估的影响。学术界普遍认为它起源于父系氏族时期,似乎已成定论,如持此论的代表人物杨宽先生说:"西周、春秋时代贵族所应用的'周礼',其由父系家长制时期的'礼'转变而来,是无可否认的事实。其'冠礼'之由氏族制时期的'成丁礼'变化而来,就是个显著的例证。"[1]冯天瑜主编的《中华文化辞典》也说:"'冠礼'系由氏族社会父系家长制时期的'成丁礼'转变而来。"[2]当然,也曾有学者提出不同看法,但未展开论述,影响很有限。实际上,成人礼起源于父系氏族时期的说法,是值得商榷的。笔者认为,成人礼在母系氏族时期已

---

[1] 杨宽:《"冠礼"新探》,《中华文史论丛》第1辑,1962年。
[2] 冯天瑜:《中华文化辞典》,武汉:武汉大学出版社,2005年。

经产生了,其依据主要有以下几点。

一、成人礼是适应族外群婚制的需要而诞生的一种礼仪活动

在旧石器时代晚期,人类历史逐步进入氏族社会,婚姻形式也发展为族外群婚制,也就是本氏族的成年男女必须到另外一个氏族选择配偶。这种做法有利于人口质量的提高。但是,最初的族外婚仍然是群婚,而且不分班辈,一个氏族实际上就是婚姻的一方,经过若干代之后,这种族外群婚实际上又陷入一种新的近亲结婚的境地。为了进一步避免近亲繁殖和与未成年人发生性关系而生出不健康的后代,先民在择偶时,需要标明、区分他(她)是否成年或是否为本氏族成员,于是人们在身体的某个部位画一个纹饰或加一个特殊的标志,并举行一个仪式,这就是成人礼。陈科华说:"到旧石器时代晚期,随着氏族的产生,(人类婚姻关系)进一步发展为族外群婚。……在长期的生活实践中,原始人发现,与未成年的异性发生性关系,会有不良的生育后果。于是便萌生了禁止与未成年异性发生性关系的规范,这就是成年礼。"① 普列汉诺夫说:"在原始民族中间存在着一套决定两性间相互关系的复杂的规矩。要是破坏了这些规矩,就要进行严格的追究。为了避免可能发生的错误,就在达到性成熟时期的人的皮肤上作出相同的记号。"② 而且,"各氏族的文身图案都是不同的,在族外婚的条件下,男子只要看到女子的文身图案即能确定可否通婚,这在群婚时代极为重要"。③ 可见,成人礼是与族外群婚制相伴随而产生的,而族外群婚制是与母系氏族公社的诞生相适应的婚姻形式。所以说,成人礼至迟应当起源于母系氏族公社时期。

二、仰韶文化时期人们已有成人观念

仰韶文化时期流行陶棺葬。陶棺,又称瓮棺,多以陶瓮、陶罐和陶钵等组成。当时的陶棺组合主要有鼎与豆形器,两个尖底瓶,直筒罐与尖底瓶,陶缸与器盖,陶瓮与陶钵,等等。据不完全统计,在长江流域、黄河流域、台湾、两广、云南、甘青等地80多处史前遗址中都发现了陶棺葬,共有1000多座,其中仰韶文化陶棺有700多座,陶棺组合50多种。"这些陶棺的共性是体型较小,因为它们是小孩的葬具,多埋于住处附近,表明对小孩的关切,也说明未成年的孩子在死后还不能进入公共墓地"。而且,"在棺盖和底部留孔,显然是灵魂出入之所,可知当时已有灵魂信仰"④。列维·布留尔说:"成年礼仪式的目的是要使个人成为'完全的'人,使他能够执行部族

---

① 陈科华:《孔子思想研究》,北京:人民日报出版社,2002年。
② (俄)普列汉诺夫:《论艺术》,北京:三联书店,1961年。
③ 宋兆麟:《中国风俗通史·原始社会卷》,上海:上海文艺出版社,2001年。
④ 宋兆麟:《中国风俗通史·原始社会卷》,上海:上海文艺出版社,2001年。

的合法成员的一切职能。"①陈戍国说:"先夏文化如半坡遗址里幼儿的瓮棺葬,绝大部分埋在住房附近,可能就是因为那些夭折的孩子没有成人,所以不能进入氏族的墓地。"②

在仰韶文化时期,成人与孩童死后所用的饰品也有明显区别。在众多遗址中,各种陶、石、骨、蚌、牙、贝、玉质人体装饰品层出不穷,主要有环饰、璜饰、珠饰、坠饰、节形饰、方形饰、片状饰、管状饰以及动物造型饰等。不过妇女和儿童用串珠作颈、胸、腰部装饰似乎更为流行。下王岗遗址 M426 墓内一青年女性,颈、胸部有 382 枚骨珠连接成的项链,从上到下作两行均匀排列。姜寨遗址 M7 墓内一 16~17 岁少女,颈、胸、腰、肱骨部位遍置骨珠 8577 枚,有的还粘连成串,头侧另有玉坠饰。女子十六七岁已属成人,故装饰品甚多。相反,M22 墓内有一孩童,头部只有骨笄 2 枚,腰部有骨珠 14 枚。半坡遗址 M152 墓内一孩童的头部有青白色玉耳坠 1 枚,腰部缠石珠 69 枚。显然,因性别和年龄不同,人体装饰亦有区别③。由此可见,仰韶文化时期,人们已有了成人观念,未成年者不能享有氏族正式成员的所有权利。既然如此,那么就必定会有一个年龄标准,达标的死后可入公共墓地,不达标的就只能埋在住房附近,所用饰品也少得多。

三、大汶口文化早期已有拔牙以标志成年的习俗

大汶口文化为新石器时代晚期文化,距今约 6250~4500 年,分布于以泰山周围地区为中心的山东、苏北地区。大汶口文化墓葬所发现的拔牙者,年龄一般在 15~20 岁之间的性成熟期,也有 25 岁左右的。到大汶口文化后期拔牙习俗衰退,拔牙年龄增大,有的遗址拔牙者的年龄提高到 30~35 岁。大汶口文化末期的二里河遗址,在 30 例可检的标本中,只发现 3 例。尽管如此,拔牙习俗在大汶口文化中延续的时间还是很长的,至少在 1000 年以上。在大汶口文化的遗址中,拔牙是一种普遍可见的习俗。例如,安徽亳州富庄新石器时代遗址的大汶口文化层,在 7 座骨架保存完好的墓葬中,18 具骨架的死者生前都曾拔过牙,尤其是拔除过下牙。专家推测,上古拔牙习俗可能与氏族时代的婚姻状况有关系,凡是拔牙的氏族成员,一般表示其已经获得婚姻资格,同时也是一种成丁的表示④。

拔牙习俗在古代文献里也有记载,如《山海经·海外南经》中关于"凿齿"的记载就是比较著名的一例:"羿与凿齿战于畴华之野,羿射杀之。在昆仑虚东。羿持弓矢,凿齿持盾。"郭璞《注》云:"凿齿,亦人也,齿如凿,长五丈六尺,因以名云。"《淮南子·本经训》也有类似记载:"尧乃使羿诛凿齿于畴华之野。"后羿是东夷族首领,东

---

① (法)列维·布留尔:《原始思维》,北京:商务印书馆,1981 年。
② 陈戍国:《中国礼制史·先秦卷》,长沙:湖南教育出版社,2002 年。
③ 宋镇豪:《夏商社会生活史》,北京:中国社会科学出版社,1992 年。
④ 晁福林:《原始时期的人生礼俗初探》,《民俗研究》1996 年第 3 期。

夷族生活在今山东、苏北一带,那么,与后羿作战的"凿齿"之族应当距此不远,这与大汶口文化的分布地域正相吻合。从郭璞《注》推测,当时的人在拔牙后,可能装有形状如凿的长形饰物,以表示自己的勇武。

宋兆麟先生说:"拔牙是一个人成年的标志,'以别处子',同时也是过婚姻生活的开始,所以拔牙也是招引异性的手段。……对于一个欲成年的人来说,拔牙是一种严峻的考验,也是一个人勇敢的标志。装饰的目的是取悦异性,拔牙装饰就有这种作用。"[①]晁福林先生说,"上古有些地区之民,在 14 岁左右有将某些牙齿拔除的习俗。这种习俗的意义可能在于表示拔牙者已经长大成人","就现有的考古资料看,拔牙之俗最早起源于大汶口文化早期,以后渐次分布在今山东和苏北一带的新石器文化中,再以后则向西南方向流传,这种远古时代的习俗便长期保存在我国西南地区的云南、贵州、四川的一些少数民族中。另一个传布方向是向南到达珠江流域,并且传到了台湾"[②]。如广东石峡文化遗址曾发现一些牙遗骨,距今 5000 年左右[③]。福建昙石山遗址第 13 墓,墓主为男性,上颌骨缺两侧门齿,齿槽萎缩,后凹入较深,为拔牙所致[④]。昙石山遗址为新石器时代晚期至商周的氏族墓地,其下层距今 5000 年左右。

"大汶口文化早期属于母系氏族社会的后期,中晚期则是父系氏族社会时期"[⑤],《新中国的考古发现和研究》也说:"可以初步认为大汶口文化早期处于母系氏族社会末期,开始向父系氏族社会过渡;中期进入父系氏族社会。"[⑥]所以说,至迟在母系氏族社会末期,神州大地上已出现以拔牙示成年的习俗。我们有理由相信,这并不是最早的。因为受到考古发掘范围和数量的限制,可能一些年代更久远的证据尚未被发现。从情理上推测,比较残酷的凿齿拔牙不可能是最早的成年标志,在此之前应有更为简便易行的标志,如绘面、绘身、文身等。

四、上古不分贵贱,人人都须通过成年仪式

在夏末之前,从士以上直至诸侯、夏王之子都须行冠礼,才能获得相应的权利,否则,即被视为非礼。《仪礼·士冠礼·记》说:"无大夫冠礼,而有其昏礼。古者五十而后爵,何大夫冠礼之有？公侯之有冠礼,夏之末造也。天子之元子犹士也,天下无生而贵者也。"可见,在古礼中没有大夫、诸侯冠礼,是因为大夫、诸侯是年长以后

---

① 宋兆麟:《中国风俗通史·原始社会卷》,上海:上海文艺出版社,2001 年。
② 晁福林:《原始时期的人生礼俗初探》,《民俗研究》1996 年第 3 期。
③ 宋兆麟:《中国风俗通史·原始社会卷》,上海:上海文艺出版社,2001 年。
④ 韩康信等:《闽侯昙石山遗址的人骨》,《考古学报》1976 年第 1 期。
⑤ 林丙义:《中国通史》第一编《中国原始社会》,北京:高等教育出版社,2001 年。
⑥ 中国社会科学院考古研究所:《新中国的考古发现和研究》,北京:文物出版社,1984 年。

因为有功绩才得到封号的,在行冠礼之前不可能获得这种待遇。但是,从夏朝末年开始,封侯封爵及世袭祖先封号的情况日益增多,于是出现了为诸侯行冠礼的现象。《礼记·郊特牲》也有相似论述。这种观点显然带有儒家民本思想的色彩,但也从一个侧面证明,冠礼的起源甚早。因为只有在氏族社会中才能真正实现社会全体成员的平等,这时的酋长没有任何特权,也不能世袭,任何成员只有经过成人礼(冠礼)之后,才能成为社会的正式成员,享有各项权利并承担各种义务。在中国的古礼系统中,天子及诸侯之子的冠礼与士冠礼纳入同一体系,虽然仪式有繁简之别,但过程大体类似,反映出中国冠礼的初始形态的确是氏族社会的一种成年礼,而非统治者为其"治人"方便而臆造的一套文化体系。成人礼为统治者"治人"服务,是在后来才逐渐具备的功能。

这种不分贵贱、人人平等的成人礼,只能是行于母系社会时期的,因为进入父系社会以后,随着生产力水平的提高,物质财富越来越丰富,氏族成员的贫富分化日益加剧,婚姻形式也由对偶婚逐渐发展为一夫一妻制,家庭、私有制随之出现,最终由部落联盟的首领们建立了国家政权。在这样的历史阶段,人与人之间越来越不平等,不可能有真正平等的成人礼。真正能够做到人人平等的,只能是在母系氏族时期。

五、《士冠礼》中有受冠者见母、见姑姊的规定,却无见父的条文

清人张尔岐已经注意到受冠者在冠礼中只拜见母亲却不拜见父亲的怪现象,他说:"然醴毕见于母,仪节相承,则见父见宾于何时?"①但未做进一步的研究。今人邹昌林也注意到此问题,并试图解释:"在母系制度下,父亲不是本氏族的成员,所以,也就不必与他行礼。而且,他也根本不会参加子女的成年礼……到了父系社会以后,成丁礼虽然加上了父亲和他所属氏族的众宾参加的内容,但在受冠者加冠行醴之后,成年礼的第一次行礼,却没有与父亲和众宾行礼的节目,说明冠礼还保留有母系社会成丁礼的古意。"②此种看法颇为深刻。在母系社会,女性处于主导地位,母亲及祖母才是成人礼的主持者,即将成年者理应向她们行礼。进入父系社会,男子的地位上升,成为社会的主导力量,而女子则处于从属地位。在这种新的历史条件下,成人礼的仪式当然要相应地发生一些变化,于是父亲成为仪式的主人,却将先前的主人——母亲及祖母挤出行礼现场。但是,长期以来所形成的传统是不可能在短期内完全改变的,它总是表现得十分顽强。因此,母亲作为仪式主人的地位虽然不存在了,只能站在东墙的闱门外静候,但习惯的力量仍使得受冠者不得不出来拜见母亲,而近在眼前的父亲却没有这种礼遇。这是一个奇怪的现象,或者说是个矛盾,但事实确实如此,因为不同时期的礼仪习俗积淀在一起,相互交织,在礼仪史上

---

① 张尔岐:《仪礼郑注句读》,文渊阁四库全书版。
② 邹昌林:《中国礼文化》,社会科学文献出版社,2000年。

是很正常的现象。

还有一个细节值得注意,那就是受冠者不仅出庙东门拜见了母亲,而且又去拜见了姑姊。姑和姊都是女流之辈,地位卑微,故只能待在寝中,无资格到现场观礼,受冠者尚且要"不辞劳苦"地出庙门,到另外一个院(即寝)中去见她们,这更加有力地证明女性亲属的地位虽然大不如前,但传统习惯的影响仍是不容忽视的。再看近在咫尺的父亲却被如此明显地"漠视"了,这难道不是很好的证明吗?有人认为,冠礼中本有见父的仪式,只是《士冠礼》未记而已,如贾公彦《疏》曰:"不见于父与宾者,盖冠毕则已见也。不言者,从可知也。"也有人认为《士冠礼》原文可能有亡佚。这些都是推测之词,并无确凿的证据。事实上,如果真有见父这样重要的仪节,《士冠礼》却一字不提是根本说不过去的。而且,书中记载冠礼的程式十分详细,环环紧扣,内容脱漏的可能性极小。

六、民族学资料表明,现代母系村落的成丁礼仍以母亲为仪式的主人

母系社会中,成丁仪式的主人是母亲或祖母,父亲只能旁观,甚至根本不参加,这从现代民族学资料中也可以得到证明。例如,云南泸沽湖畔的摩梭人和四川木里县屋脚蒙古族乡利家嘴母系村落的成丁礼都是这样。"对每个摩梭人来说……'成年礼'是一件非常严肃、隆重的庆典活动。除了请来诵经的喇嘛和母系家庭中的直系亲属外,外人是不让涉足的"①。利家嘴限制稍宽,在这里,"成丁礼是原住民儿童成长过程中最重要的一种礼仪,一般在13岁举行,女孩穿裙子,叫穿裙礼;男孩穿裤子,叫穿裤礼","成丁礼放在每年正月初一早上……母亲一边给女儿穿裙子,一边对女儿进行道德教训……男孩则由舅舅给他脱去昔日的长布衫,穿上短衣、宽腿裤,扎上彩色腰带……在旁的亲生父亲只能站边看着,却不能上前帮助。换过衣服之后,受礼者首先要给祖母磕头,接受祖母的祝福和教诲,然后给妈妈和舅舅磕头"②。

基于以上六个方面的理由,可以认定,冠礼起源于母系氏族时期,而不是父系氏族时期。

(原载《河南师范大学学报》2006年第3期。《高等学校文科学术文摘》2006年第4期摘编,《新华文摘》2006年第19期题录)

---

① 狄华:《在摩梭人家见识成年礼》,《华人时刊》2002年第2期。
② 钱钧华:《利家嘴:母系村落的古老传承》,西安:陕西师范大学出版社,2000年。

"君子行礼,不求变俗"
——析先秦时期冠礼的"特例"

【摘要】《仪礼·士冠礼》详细、系统地记载了冠礼正礼的仪节。但是,冠礼仪式在正礼之外,还有一些特殊情形,主要有:用醮、庶子冠礼、孤子冠礼、是否用乐、冠者母不在、将冠而遇丧事、天子诸侯加冠等,反映了当时的礼制具有一定的弹性和地域差异、身份差异,而不是整齐划一的。

【关键词】 先秦;冠礼;特例

《仪礼·士冠礼》详细、系统地记录了冠礼正礼的仪节。但是,冠礼仪式在正礼之外,还有一些特殊情形,或称"特例",在《仪礼》、《左传》、《礼记》等文献中都有记载,反映了当时的礼制尊重各地旧俗,具有地域差异和身份差异,在实施时也有一定的弹性,绝非一刀切。

一、用醮

钱玄先生说:"各种礼仪,往往会因时代或地区不同,或者遇到一些特殊情况,而在仪节上也有所不同。"①《士冠礼》所记冠礼正礼,三次加冠后,宾醴冠者是用"醴"。但某些地区,却沿袭旧俗,不用醴而用酒,这就叫做"醮"。《士冠礼》曰:"若不醴则醮,用酒。"郑玄《注》曰:"若不醴,谓国有旧俗可行,圣人用焉不改者也。《曲礼下》曰:'君子行礼,不求变俗。祭祀之礼,居丧之服,哭泣之位,皆如其国之

---

① 钱玄:《三礼通论·礼仪编·冠礼通例》,南京:南京师范大学出版社,1996年。

故,谨修其法而审行之。'"(案:"醴"是一种酿造一宿即成的、未滤去酒糟的甜酒,"酒"则是已滤去酒糟的清酒。从酒的发展历史看,醴的出现应当更早一些。)

据《士冠礼》记载,醮的方法是:在东房门与室门之间的地方设置两甒,一甒盛酒,一甒盛玄酒。玄酒,实际上是一种洁净的水,在仪式中没有实际的用途,但又不可缺少。郑玄《注》曰:"不用,犹设之,不忘古也。"甒放在"禁"(一种承酒樽的器皿,形如方案,因有酒戒而名为禁)上,盛玄酒的甒放在酒甒的西边,甒上放勺,勺柄朝南。在庭东洗的西边放有篚,篚的首端朝北。第一次加缁布冠后宾就向冠者行醮礼。为此,宾下堂,准备从篚中取爵涮洗。主人也随着下堂。宾洗爵毕,升堂,酌酒授给冠者,并致醮辞曰:"旨酒既清,嘉荐亶时。始加元服,兄弟具来。孝友时格,永乃保之。"冠者行拜礼后从宾手中接过爵。宾回到西序南端,面朝东回礼答拜。冠者升席,在席正中的位置坐下,左手拿爵,右手取放在席前的脯、醢祭奠先人,又用酒祭奠先人,祭毕起身,来到筵席西端坐下,尝一尝酒,尝毕下席向宾行拜礼致谢。宾回礼答拜。冠者把爵放在席前脯、醢的东边,然后在席西端站立。宾赞者撤下脯、醢和爵,而留下席和甒不撤。

加皮弁后也要行醮礼,为此,要"摄酒",即将甒中的酒搅动一下,以示整理一新。其他礼仪都和初醮时一样,只是醮辞改为:"旨酒既湑,嘉荐伊脯。乃申尔服,礼仪有序。祭此嘉爵,承天之祜。"

加爵弁后第三次行醮礼,有干肉折俎进到冠者席前,冠者要尝一尝俎上的牲肉。三醮的醮辞曰:"旨酒令芳,笾豆有楚。咸加尔服,肴升折俎。承天之庆,受福无疆。"其他礼仪都和初醮、再醮时一样。三次醮礼完毕,冠者要到筵席的南边面朝北坐下取脯,然后从西阶下堂,到东墙出闱门去见母亲。

如果为行醮礼而杀牲的话,就杀一头小猪,一定要将猪身剖为两半,从放入鼎中烹煮到置于俎上都是两半合用,还有割而未断的肺,也放入鼎中。鼎的两耳贯以横杠,并用茅草覆盖在鼎上。第一次加缁布冠后行醮礼,礼仪和当初一样。第二次加皮弁后行醮礼,要上两豆:一豆盛葵菹——用葵菜做的酸菜,另一豆盛蠃醢——用蜗牛肉做的酱;还要上两笾:一笾盛粟,一笾盛脯。第三次行醮礼,须重新"摄酒",如同第二次行醮礼时一样,并且要进上俎牲,冠者要用俎上的肺祭奠先人,如同用脯、醢祭奠先人一样,然后尝一尝肺。三醮完毕,冠者要从笾中取脯下堂出闱门去见母亲,礼仪同前。

醴与醮这两种仪节,归纳起来,大约有以下几点不同。

1. 用醴,酒樽等酒具设在东房中,而且仅有一甒醴;用酒,则酒具设在堂上房与户之间的地方,且设有二甒:一甒盛酒,一甒盛玄酒。另外,在向冠者舀酒时用爵,而不用觯。

2. 用醴,只在三加之后进行一次醴冠者;用酒,则在每加之后行一次醮礼,共三次;初加、再加,均荐脯、醢;三加,荐脯、醢,并设俎,若杀牲,则一豕,左右两半均载于俎。

3. 用醴,每次加冠时都有祝辞,宾醴冠者时也有祝辞。如果用酒,则三加时没有祝辞,但是在每次行醮礼时,都有祝辞,其用语与醴辞不同,不过,意思基本相同。

4. 宾醴冠者用醴,则主人醴宾也用醴;如果宾礼冠者改用醮,则主人礼宾,也必改用醮。

从上述醴与醮的对比中可以清楚地看出,用醴与用酒这两种仪节是有很大不同的。很明显,用酒的仪式盛于用醴的。

历史上有许多学者都认为醴质而简,醮繁而文,其实并非完全如此。例如,用醴,则每次加冠时都要致祝辞,行醴礼时还要致醴辞,共四次;如果用醮,则加冠时不致祝辞,只是每醮均有醮辞,共三次。假若只看致祝辞的次数,一种四次,一种三次,那么,哪一种更"质"哪一种更"文"呢?再看,用醴时,是赞冠者酌醴授给宾;行醮礼时则宾亲自酌酒。从酌酒、进酒的人数上看,行醴礼时用二人,行醮礼时用一人,究竟哪一种更简哪一种更繁呢?当然,如果从所用食品的种类、质量和相关的用具来看,的确可以说醴"质"而醮"文"。

前人对于醴"质"而醮"文"问题论述颇多,但是醴与醮这两仪节究竟是如何起源的?有什么用途?有什么特殊含义?对此,学者们众说纷纭,莫衷一是。这里略举几例:

1. 郑玄注《士冠礼》"若不醴则醮,用酒"说:"谓国有旧俗可行,圣人用焉不改者也。"

2. 贾公彦《疏》曰:"自此已上说周礼冠子之法,自此已下至'取笾脯以降如初',说夏殷冠子之法。云'若不醴,则醮用酒'者,案上文适子冠于阼,三加讫一醴于客位是周法。今云'若不醴,则醮用酒'非周法,故知先王法矣。故郑云'若不醴,谓国有旧俗可行,圣人用焉不改者也',云'圣人'者,即周公制此《仪礼》,用旧俗则夏、殷之礼是也。"

显然,贾《疏》在郑《注》的基础上,直接将用醴判定为周代礼制,而将醮法判定为夏代、商代的礼制。

3. 孔颖达疏《礼记·曾子问》篇"于斯乎赐乎有冠醮,无冠醴。父没而冠",有意阐发郑玄《注》的观点,又因《士冠礼》中有"若庶子,冠于房外,南面,遂醮焉"的说法,于是下结论说:"周礼,适子以醴,庶子以醮;或旧俗行先王之礼,虽适子亦用醮,则因行不改也。"

4. 敖继公的观点与上面几位都不同,他认为:"盖冠礼之始,惟醴而已,然少近于质,故后世圣人又为醮礼与之并行焉。言'若'者,文质在人用之惟所欲耳。"[①]

5. 刘敞认为:"醴"与"醮"是"圣人"为了"分别嫡庶"而定的礼仪,醮乃"谓庶子也",反对醴为周法,醮为夏、殷法的观点。

---

① 敖继公:《仪礼集说》卷一《士冠礼第一》文渊阁四库全书本,上海:上海古籍出版社,2002年。

6. 朱熹说:"不醴而醮,乃当时国俗不同,有如此者,如鲁卫之幕有缯布,衬(祔)有离合,皆周礼自不同,未必夏殷法也。庶子一醮以酒,亦安得有若此及杀牲之盛。"

7. 林乔荫认为,"《礼记·曾子问》曰:'因丧服而冠,除丧不改冠乎?'孔子曰:'天子赐诸侯大夫冕弁服于大庙,归设奠,服赐服,于斯乎有冠醮,无冠醴'",乃是"不醴而醮之明文,可据也"。清代礼学家黄以周则旗帜鲜明地说:"以周案:从林说。"①

比较以上诸说,笔者认为,郑《注》与贾《疏》的说法更符合情理。因为礼制风俗都是经过长期的历史积淀形成的,而且具有明显的地域差异,它不可能随着一个新王朝的建立,一夜之间就在全国范围内彻底移风易俗。至于说庶子用醮,嫡子用醴,那就更没道理了。正如钱玄先生所说:"庶子冠礼绝不可能反而盛于嫡长子冠礼。这两种冠礼仪式,嫡长子和庶子都能用,是时代或地区的习俗不同而已。"②

二、庶子冠礼

《仪礼》所记冠礼正礼,是指父亲在世的嫡长子的冠礼。如果是庶子举行冠礼,则具体仪节并不完全相同。庶子,是指嫡妻的次子及妾所生的孩子。庶子与嫡长子冠礼的不同之处主要有:

(一)冠席位置不同

嫡长子加冠之席设于阼阶上,东序前。《仪礼·士冠礼·记》曰:"适子冠于阼,以著代也。"适,通"嫡"。阼阶上是主人之位。在宗法制社会里,只有嫡长子才有权继承父亲的爵位和财产,所以能冠于主人之位。如果是庶子行冠礼,那就只能设席于堂北偏东之处,面朝南。《士冠礼》曰:"若庶子,则冠于房外,南面,遂醮焉。"郑玄《注》曰:"房外,谓尊东也。不于阼阶,非代也。不醮于客位,成而不尊。"酒樽的位置在房、户之间,《士冠礼》记行醮礼时,"尊于房户之间,两甒,有禁"。庶子行礼的地点是在樽(即两甒)的东边,既不是主人之位,也不是客位。

(二)宾礼冠者的席位不同

宾礼冠者,嫡长子之席设于堂的正中位,南面,这是客位,是堂上最尊之处。《士冠礼·记》曰:"醮于客位,加有成也。"这里指用醮,故云"醮于客位"。说冠者已成人,所以尊之。庶子之冠,是宾礼冠者之席,即加冠之席,在堂北偏东,不是客位。难怪郑玄《注》说:"不醮于客位,成而不尊。"言庶子虽已成人,但地位不尊。

以上两点是庶子冠礼与嫡长子冠礼最主要的不同之处。贾公彦《疏》曰:

上已言三代适子冠礼讫,此经论庶子加冠法也。周公作经,于三代之下言之,则三代庶子冠礼皆于房外同用醮矣,但不知三代庶子各用几醮耳。今于周

---

① 黄以周:《礼书通故》卷五《冠礼通故》,《续修四库全书》本,上海:上海古籍出版社,2003年。
② 钱玄:《三礼通论·礼仪编·冠礼通例》,南京:南京师范大学出版社,1996年。

之适子三加一醴，夏殷适子三加三醮，是以下文祝辞三醴一而醮三，皆为三代而为言。至于三代，庶子皆不见别辞，则周之庶子宜依适子用一醴，夏殷庶子亦依三醮。三代适子有祝辞，言庶子则无，故下文注云："凡醮者不祝。"

贾公彦在此问题上的看法有一些揣测的成分：他一方面说"周之庶子宜依适子（的'一醴'）用一醴，夏殷庶子亦依（适子之三醮用）三醮"；另一方面又说"适子有祝辞，若庶子则无，故下文（郑氏）注曰'凡醮者不祝'"。贾氏的这两种主张，都源出于周朝嫡子只用醴，庶子只用醮的臆见。他的第二种主张，又误解了郑《注》"凡醮者不祝"的说法，郑玄所说的包括嫡子和庶子，并非专指庶子，无论是嫡子还是庶子，行醮礼时都是致三次醮辞，加冠时并无祝辞。嫡子和庶子冠仪上的差别，在《士冠礼》文中已分出尊卑了。

敖继公说："言'遂'者，见其因冠席也，冠醮同处可以不必别布席。《经》惟言冠而遂醮，略无异文，则三加三醮皆与上文适子礼同。惟以冠醮在房外为异。若不醮而醴，其位亦如之。《经》不言醴者，盖见其文者耳。此言庶子指父在者也。父在而冠，宜别于适子没，则其礼同矣。凡冠者于庙。"①

黄以周不同意敖继公的说法，他说："庶子之冠在房外，统父在殁，旧说本通。《士昏》：庶妇不馈、不飨，则庶子之冠何得一同適庶？庶妇有醴醮之别，则庶子之冠亦不得同适子用醴。敖说殊谬。"②

在这里，敖继公的说法是对的，而黄以周说庶子的冠礼不能与嫡子完全相同，也是正确的。但是，他又说"庶子之冠亦不得同适子用醴"，则不正确，因为用醴与用醮并不取决于嫡庶，而是取决于原来的礼俗。

三、孤子冠礼

孤子，指父亲已经亡故的嫡长子。孤子与非孤子的冠礼略有不同，这是必然的，因为孤子在行礼之日，具有双重身份：一方面是将冠者，另一方面又须代替父兄作为仪式的主人。孤子与嫡子冠礼的不同主要表现在以下几个方面：

第一，行冠礼前的戒宾、宿宾等工作，都请伯父、叔父或堂兄代劳。

第二，到了行礼的日子，将加冠的孤子束发作髻，以主人的身份亲自迎接宾的到来。见宾后，要向宾行拜礼，又经过三揖、三让之礼而后升堂，站在东序端。这些礼仪，都同父亲作为主人时的做法相同。此时的孤子，虽然还是未成年人的装扮，但不能穿彩衣，因为孤子的衣服镶素边而不镶彩边。《礼记·曲礼上》曰："如孤当室，冠，衣不纯采。"《礼记·深衣》曰："如孤子衣纯以素。"

---

① 敖继公：《仪礼集说》卷一《士冠礼第一》，文渊阁四库全书本，上海：上海古籍出版社，2002年。

② 黄以周：《礼书通故》卷五《冠礼通故》，《续修四库全书》本，上海：上海古籍出版社，2003年。

第三，三次加冠以后，宾在阼阶上东序稍北的地方向孤子行醴礼，这就是"醴于阼"。郑玄《注》曰："孤子礼于阼，今文作'醴'。"如果父在，则加冠于东序，行醴礼的地点却是在堂上的正中位，即《士冠礼》所说的"筵于户西"，然后"宾受醴于户东，加柶面枋，筵前，北面。冠者筵西拜受觯。宾东面答拜"。孤子举行冠礼，是加冠于东序前，行醴礼也在东序前，若当地有用醮的传统，则行醮礼自然也在东序前，与父在者的冠礼明显不同。《礼记·曾子问》："父没而冠，则已冠，扫地而祭于祢。已祭，而见伯父、叔父。而后飨冠者。"郑玄注："飨，礼之。"此处的"冠者"指宾。"飨冠者"，即礼宾。行冠礼是在父庙，仪式结束之后，将行祭礼，故扫地刷新，祭后先见伯父、叔父，然后行礼宾之礼。显然，《曾子问》可补《仪礼》之阙。

第四，孤子举行冠礼，凡是与宾相拜时，冠者都是在堂上东序端（即阼阶上）行礼，宾则在堂上西序端（即西阶上）行礼，二人皆面朝北而拜，如同正常情况下主人与宾相拜之礼一样。可见，行拜礼时，孤子又是以主人的身份行事的，所以才在阼阶上面朝北拜。

第五，如果孤子行冠礼而杀牲的话，需要把盛牲肉的鼎抬到庙门外，放在北对东塾的地方，并使鼎面朝北。郑玄《注》云："孤子得申礼盛之。父在，有鼎不陈于门外。"贾《疏》曰："凡陈鼎在外者，宾客之礼也；在内者，家私之礼也。是在外者为盛也。今孤子则陈鼎在外，故云'孤子得申礼，盛之'也。"也就是说，孤子行冠礼时，陈鼎于门外，是为了显示主家对宾的敬意。此说颇有道理。

四、冠礼用乐问题

在冠礼中是否用乐，从很早的时候起就有不同的说法：《仪礼·士冠礼》中只字未提用乐的事；《大戴礼记·公冠》明确地说"无乐"；《左传》中却有完全相反的记载，说"必以祼享之礼行之，以金石之乐节之"。

《大戴礼记·公冠》曰："飨之以三献之礼，无介，无乐，皆玄端。"卢辩《注》云："亦飨时也。冠者，成人代父始，宜尽孝子之感，不可以欢乐取之。孔子曰：'娶妇之家，三日不举乐，思嗣亲也。'然则，冠礼不举乐同也。《春秋左传》曰'以金石之乐节之'，则冠之时为节也。"卢辩《注》所引的孔子语，源出于《礼记·曾子问》："嫁女之家，三夜不息烛，思相离也。娶妇之家，三日不举乐，思嗣亲也。"在这里，卢辩显然是想"折中"、"和稀泥"，故认为"无乐"是指享时不用乐，即宾醴冠者、主人醴宾时不用乐；而《左传》说的是在加冠时，须以乐节之。

《左传·襄公九年》载："君冠必以祼享之礼行之，以金石之乐节之，以先君之祧处之。"又载："（鲁襄公）冠于成公之庙，假钟磬焉，礼也。""五经无双"的东汉经学大师许慎认为冠礼应该举乐。他在《五经异义》中说："谨案：人君饭有举乐，而云冠无乐，非礼义也。"

黄以周的《礼书通故·冠礼》在总结前人观点的基础上，提出了自己的见解。他说：

《左氏传》云:君冠必以祼享之礼行之,以金石之乐节之;《士冠礼》无享庙作乐之文;《曾子问》云:父没而冠,则已冠,扫地而祭于祢庙,是享庙为父没而冠之礼也。其文承上诸侯大夫而言,则节以金石之乐,亦惟诸侯大夫父没之礼有然。郑注《士冠礼》谓"孤子得申礼盛之",亦此意也。许说自当,亦未见郑有驳文。

钱玄先生认为:"儒家以为冠礼、昏礼,表示子继代父位,不宜举乐,这种说法,不一定可信。似以《左传》所言为近乎情理。士冠、士昏不言举乐,或以省俭不备而已。"又说:"据礼书所载,天子、诸侯、大夫、士的各种礼都是不同的,怎么会大夫以上都一律用士冠礼呢?这也恐非事实。"[1]

在上述各种观点中,笔者认为黄以周的看法最值得高度重视。他认为:士阶层的冠礼无乐,而地位较高的诸侯、大夫在父殁之后行冠礼时则可"节以金石之乐"。此说较合情理。其实,不但诸侯、大夫如此,天子行冠礼也有不同于其他阶层的内容。

五、冠者母不在

冠礼的正礼,是让冠者的母亲站在祢庙东墙的闱门外等候,到三加完毕并行过醴礼之后,冠者就要拿脯出东门外,"北面见于母。母拜受,子拜受,母又拜"。但是,如果母亲因故不能出席儿子的成年仪式,就须另外派人代替自己到庙中的西阶下接受儿子献脯。《仪礼·士冠礼》曰:"冠者母不在,则使人受脯于西阶下。"

贾公彦《疏》云:"案《内则》云:'舅没则姑老。'若死,当云没,不得云'不在',且母死则不得使人受脯。今言不在者,或归宁,或疾病也。使人受脯,为母生在,于后见之也。"即母不在并非因为不在人世,而是因为有病或回娘家省亲无法参加,只好派人代替自己受脯于西阶下。若此说成立,则见母一节,看重的是仪式本身,也就是形式,而不在乎受脯者是否是母亲本人。

当然,贾《疏》之说尚有值得商榷之处。试想,冠礼乃是儿子一生中最重大的事情之一,是人生历程中的一个转折点,亲朋好友尚且要参加,更何况是将冠者的母亲呢?她怎么会因为回娘家省亲而不参加儿子的冠礼呢?这种可能性实在是太小了,也不合乎情理。患病倒是很有可能的。

六、将冠而遇到丧事

冠事属嘉礼,而丧事属凶礼,二者本应当"井水不犯河水",但是,万一二者不期而遇怎么办呢?《礼记·曾子问》中有一段话正好回答了这个难题:

曾子问曰:"将冠子,冠者至,揖让而入,闻齐衰、大功之丧,如之何?"孔子曰:"内丧则废,外丧则冠而不醴,彻馔而扫,即位而哭。如冠者未至,则废。如

---

[1] 钱玄:《三礼通论·礼仪编·冠礼通例》,南京:南京师范大学出版社,1996年。

将冠子而未及期日,而有齐衰、大功、小功之丧,则因丧服而冠。""除丧不改冠乎?"孔子曰:"天子赐诸侯、大夫冕、弁,服于大庙,归设奠,服赐服,于斯乎有冠醮,无冠醴。父没而冠,则已冠,扫地而祭于祢,已祭,而见伯父、叔父。而后飨冠者。"

在这里,曾子提了一个难得一遇却又十分有趣的难题,那就是:一户人家准备为儿子举行冠礼,嘉期当日,主人请来为儿子加冠的宾已在主人引导下进入庙门,这时主人突然听说有齐衰或大功之丧事,怎么办呢?孔子回答说:如果主人遇到的是同门中的丧事,那么就停办冠礼;如果不是,那么宾就只给将冠的青年加冠而不向他进醴,并将馔具撤去,把地面打扫干净,然后各自就位而哭;如果负责加冠的宾尚未到来,主人就听说了丧事,那么就停止冠礼;如果即将举行冠礼,但还没有到选定的日期,却有了齐衰、大功或小功之类丧事,那么届时就穿着丧服举行冠礼。

关于除丧之后是否再行一次冠礼的问题,孔子认为:如果天子在太庙中赐给诸侯、大夫冕服或弁服,受赐回来后在太庙设奠祭以告祖,然后穿上天子所赐之服,这时可以举行醮冠之礼,而不再举行醴冠之礼;如果在父亲过世之后举行冠礼,那么加冠之后,就在祢庙中清扫地面而告祭亡父,告祭之后再行拜见伯父、叔父之礼,而后酬劳为自己加冠的宾。

先秦冠礼的"特例",还包括天子、诸侯和大夫冠礼的年龄和祝辞等,限于篇幅,此处不赘。

综上所述,先秦时期(主要是西周和春秋战国时期)冠礼的具体仪节并非全国统一,而是可以根据各地风俗习惯的不同而有所区别,反映了"君子行礼,不求变俗"的原则。另外,先秦冠礼的种种"特例"也表明,国家制定制度时要有足够的弹性,才能适应各地和各种特殊情形的需要。

(原载《河南师范大学学报》2006年第6期)

论中国古代冠礼的特征属性

【摘要】 冠礼,是给跨入成年人行列的男子加冠的礼仪,标志着他从此不再是孩子,而是大人了。其仪式本身十分繁复,在历史上曾备受重视,被称为"礼之始"。中国古代冠礼有诸多特征,重要的如:其主体是汉族、儒家色彩鲜明、仪式日渐简约化、明显的等级色彩、极强的教育性、明显的性别差异以及象征性、交际性等。

【关键词】 中国;古代冠礼;特征

冠礼属"五礼"中的嘉礼,是给跨入成年人行列的男子加冠的礼仪,即古代华夏族的成人礼,在历史上曾享有很高的地位,有完整而又繁琐的礼仪。魏晋以后,逐渐简化,并逐步走向衰落。

一、中国古代冠礼概况

《礼记·冠义》曰:"冠者,礼之始也。"认为冠礼是礼的始源。据研究,冠礼是从原始社会的"成丁礼"(即成年礼)演变而来的。在氏族社会,男女青年发育成熟时都要参加"成丁礼",通过后才能成为本氏族的正式成员,享受应有的权利,如参加氏族会议、选举和罢免酋长等;还要履行应尽的义务,如参加生产劳动和对外战争等。在行礼之前,通常"需要在连续几年内,受到一定程序的训练和考验,使具有必要的知识、技能和坚强的毅力,具备充当氏族正式成员的条件"①。世界上比较原始的民族和部落,普遍都有成丁礼。我国华夏族后来的成年礼是男子冠礼、女子笄礼。

冠礼的仪式,文献记载最详细的是《仪礼·士冠礼》。清人张尔岐《仪礼郑注句读》一书将冠礼的程序分为三大段十八节:(1)冠期前事。包括五节:筮日、戒宾、筮宾、宿宾及赞冠者、为期。(2)冠日之事。包括九节:冠日陈设、主人与宾各就内外位、迎宾及赞冠者入、初加、再加、三加、宾醴冠者、冠者见母、宾字冠者。(3)冠礼既成后诸事。包括四节:冠者见兄弟赞者姑姊、冠者见国君与乡(卿)大夫乡先生、醴宾、送宾归俎。

二、中国古代冠礼的特征属性

1. 冠礼的主体是汉族

世界上,但凡一些比较原始的民族和部落,都有自己的成丁礼(或成年礼),不过,不同的民族,其仪式很不相同。如有的民族为成年男女凿齿拔牙(如古夷人),有的是文身(如古黎族),有的是男子割包皮(如犹太人)、女子割处女膜(如非洲某些地区),有的是火烤烟薰、穿刺鼻梁(如印尼)、女子潜水捞环(如莱索托王国)、女子居圣屋斋戒(如扎伊尔),或其他种种受皮肉之苦的方式,不一而足。也有不受皮肉之苦的,如纳西族的男子穿裤礼、女子穿裙礼。从三代直到明清时期,实行冠礼制度的主要是华夏族或汉族,这是不争的事实,无须赘言。此外,羌族、土家族、朝鲜族、藏族、高山族等少数民族以及客家人也有与汉族冠礼类似的成年礼。

2. 深受儒家思想影响,具有明显的儒家色彩

冠礼起源于原始社会后期,但在发展的过程中却逐渐儒化,带上了浓厚的儒家色彩。春秋战国时期,儒家创始人孔子以及稍后的孟子、荀子自觉地成为古老的礼乐文化的继承者。在整个社会处于大变革、古礼渐遭废弃的时代,儒家创始人孔子明确提出"为国以礼"②、"安上治民,莫善于礼"③的主张,并对礼予以新的阐释,为此后礼的复兴确立了精神指向和理论基础。当时,在兵荒马乱、战火连绵的情况下,还有一些儒生坚持讲习、传授古礼,甚至在后来刘邦"诛项籍,举兵围鲁"时,"鲁中诸儒尚讲习礼乐,弦歌之音不绝"④。

汉朝时,中国礼制被纳入儒家文化的范畴,有关的种种说法经过删汰、整理、加工后被纳入儒家学说的体系,同时,多源的中国礼制被整合成一个相对完整的系统。

---

① 杨宽:《"冠礼"新探》,《中华文史论丛》第 1 辑,1962 年;又见《古史新探》,北京:中华书局,1965 年。
② 《论语·先进》。
③ 《孝经·广要道章》。
④ 司马迁:《史记·儒林列传》,北京:中华书局,1959 年。

特别是汉武帝罢黜百家,独尊儒术,大大提升了儒家经典在国家各方面事务中的地位。后来,元帝、成帝、王莽等人又进一步强化了这一政策,使儒家经典的影响不断扩大、加深。

东汉建立以后,统治者更加推崇儒学,儒家思想的统治地位进一步巩固。在礼制方面,主要表现在:(1)确立了用儒家经典的内容作衡量是否合"礼"的标准。例如应劭《风俗通义·愆礼》就援引《仪礼》、《礼记》、《孝经》、《周易》、《春秋》等经典,来判定"愆礼"行为。(2)确立"三纲五常"为中国封建礼制和伦理规范、社会秩序的最高准则。(3)通过对儒家经典"三礼"的整理、诠解,进一步将中国礼制系统化、规范化、严密细致化。其中以郑玄的贡献为最大。魏晋以后的众学者,如王肃、贾公彦、孔颖达、朱熹、吴澄、敖继公、秦蕙田、黄以周等人通过对礼书的注解、研究以及传授,不断地巩固着儒家在礼制上的垄断地位。被称为"礼之始"的冠礼作为"三礼"中的重要内容,自然也在此过程中不断地被"儒化"了。

3. 具有很强的教育性

男孩行冠礼,女孩行笄礼,一则是庆贺氏族或家庭的又一个新成员成长起来了,更是一种教育,使之"弃幼小嬉戏惰慢之心,而衎衎于进德修业之志"①。通过此种仪式,使初长成的年轻人获得一种要承担起社会责任和家庭责任的使命感。实际上,这种仪式本身就是"一种特殊的社会教育,人类学家们称之为'公民教育'"②。"成年仪式是原始时代的一种临时性的学校,对培养和教育氏族成员有重要的作用"③。也有人将仪式视作家庭教育。国外的教育史学者在研究原始社会的教育时认为:"在接受男女青年成为氏族的有充分权利的成员的时候,举行一种特别的、庄严的考验仪式,在这个考验中,要检验男女青年对生活的准备程度,如忍受困难、痛苦以及表现勇气和刻苦耐劳的本领。这种考验通常是由老年人当众主持进行的。"④而且,这种仪式举行的过程本身,"就是一个对个体实施全环节教育的过程。如果将仪式的发生序列从教育学的角度予以划分,可以发现,仪式包含了从教育目的到教育内容、教育方法、教育手段、教育者和受教育者等教育内容"⑤。

4. 冠礼的发展趋势是仪式化、简约化,重要性逐渐降低

礼,起源于原始社会末期的祭祀仪式或生产生活习俗,冠礼则是起源于原始成丁礼,又叫图腾入社式。由于原来一些氏族的成丁仪式可能比较繁复,再加上各氏族部落的仪式并不完全相同,在氏族和部落联盟、统一的过程中,这些仪式不断融合、丰富,结果使得原始社会末期的成丁仪式越来越复杂。到了阶级社会,一些"最

---

① 刘向:《说苑》,上海:上海古籍出版社,1980年。
② 郑晓江:《中国生育文化大观》,北京:百花洲文艺出版社,1999年。
③ 宋兆麟:《走婚的人们——五访泸沽湖》,北京:团结出版社,1999年。
④ 曹孚主编:《外国教育史》,北京:人民教育出版社,1986年。
⑤ 吴晓蓉:《教育在仪式中进行》,重庆:西南师范大学出版社,2003年。

初本有一套极其繁复的仪式"的古礼,被"后人择其最重要最具典型意义的部分保留下来",这就是旧礼仪的"仪式化"过程。"有时是因为社会已经发生了较大的进步,人们以怀旧的心情保留了旧日生活中的一个片段作为小仪注,使不忘其初,礼家把这种现象叫'报本返始'或'返本修古'。这方面的例子很多"①。

在冠礼仪式中,最核心的环节是"三加"。冠礼为什么要三次加冠而不是一次呢？因为"冠礼就是部落社会普遍实行的成年礼,原始人的成年礼往往不是一次完成的,而是要经过两次、三次甚至多次才能达到真正的成年。正因为如此,部落社会里才形成一种年龄分级制度"②。如印度的原始民族安达曼人"大约从十一岁起,男子和女子都要经过一个试验的禁食期……而这样的时期要到什么时候告终,要由部族酋长决定。这时期又分为三个小阶段,每一小阶段之末要举行一次隆重的典礼,宣布某一约束的解除"③。

常金仓先生研究的结论是："毫无疑问,我国古代的成年礼最初也是分三次进行的。"并提出了三条证据:(1)《仪礼·丧服》殇大功章传曰："年十九至十六为长殇;十五至十二为中殇;十一至八岁为下殇;不满八岁,以下皆为无服之殇。"《礼记·曲礼》："七年曰悼。"《礼记·中庸》、《祭义》："事死如事生。"由此推知,"古人的冠礼最初必然在十二、十六、二十岁三次完成,其间间隔四年"。(2)士大夫二十而冠,天子诸侯十二而冠。(3)陶立璠的《民俗学概论》中说："流行在我国朝鲜族中的'三加礼',保存了古代冠礼的典型形式。三加,分初加、二加、三加。初加时,给受礼的男子结发髻,加网巾,加冠;几天之后,择个吉日再加,此时将初加时的冠巾取下,换上纱帽;三加时,加上幞头。行三加礼时,主持者念颂词,冠礼结束后到祠堂(庙)向长辈施礼。"④由此,可以把朝鲜族冠礼看做是远古中国冠礼历程略加变异的形式,这里的"三加礼"虽不再四年举行一次,然而并不在同一次完成。传说箕子在殷亡后移居朝鲜,他或许就是商代冠礼的孑遗。由此看来,我国古代冠礼曾经过一个仪式化过程,人们把原来前后是悬隔八年的三次仪式集中在一个仪式中完成了。常先生的看法无疑是颇有道理的。

5.具有明显的等级色彩

在原始社会,成人礼(成丁礼)是人人平等的。本氏族或部落的每一个男女,当达到一定的年龄和其他标准后,都要参加成丁礼以获得正式成员的资格,从而取得相应的权利与义务。后来,情况发生了改变,成人礼成为贵族阶层的特权。不过,起初也只是其中的"士"阶层行成人礼(冠礼),大夫、公侯、天子等阶层并无冠礼。如

---

① 常金仓:《先秦礼仪风俗的演化规律》,《北方论丛》1993年第1期。
② 常金仓:《先秦礼仪风俗的演化规律》,《北方论丛》1993年第1期。
③ 罗维:《初民社会》,北京:商务印书馆,1987年。
④ 陶立璠:《民俗学概论》,北京:中央民族学院出版社,1987年。

《晋书》卷21《礼志》曰："《周礼》虽有服冕之数,而无天子冠文。"①《仪礼·士冠礼》也说:"无大夫冠礼,而有其昏礼。古者五十而后爵,何大夫冠礼之有?……天子之元子,犹士也,天下无生而贵者也。……古者生无爵,死无谥。"②所以,大夫、天子之元子等阶层,只需行士冠礼即可。但是,同书又说:到了夏朝末年,公侯阶层有了冠礼。之后,又出现了天子冠礼(加元服)、皇太子冠礼、皇子冠礼、品官冠礼、庶人冠礼等,几乎涉及社会上的所有阶层,但等级森严。

6. 具有明显的性别差异

在原始社会,氏族的每一位成员,无论男女,其成年仪式都是一样的,没有高低贵贱之分。彭林先生说:"当社会进入到文明时代以后,人们的生活环境发生了巨大变化,社会对成年人的要求也随之发生变化。因此,成丁礼的形式虽然依旧存在于文明社会之中,但其内涵已不能同日而语。"又说:"宗法社会是男权社会,女性已处于从属的地位。男女有尊卑之别,这在《仪礼》中是一条铁定的原则,冠礼也不例外。"③

成人礼中的男女有别,首先表现在冠礼前所受教育的内容与形式上。

先看男孩的教育内容。《礼记·内则》云:"子能食食,教以右手;能言,男'唯'女'俞';男鞶革,女鞶丝。六年,教之数与方名。七年,男女不同席,不共食。八年,出入门户及即席饮食,必后长者,始教之让。九年,教之数日。十年,出就外傅,居宿于外,学书计,衣不帛襦裤,礼帅初,朝夕学幼仪,请肄简、谅。十有三年,学乐,诵《诗》,舞《勺》。成童,舞《象》,学射、御。"④同书《学记》篇也说:"比年入学,中年考校。一年视离经辨志,三年视敬业乐群,五年视博习亲师,七年视论学取友,谓之小成;九年知类通达……谓之大成。"若8岁入小学,则"小成"应在15岁,"大成"应在17岁。

女孩的教育与男孩相比有很大不同。《礼记·内则》云:"女子十年不出,姆教婉娩听从,执麻枲、治丝茧、织纴组紃,学女事,以共衣服。观于祭祀,纳酒、浆、笾、豆、菹、醢,礼相助奠。"这里,"十年"是指十岁,"姆"是指女教师。郑玄注《仪礼·士昏礼》云:"妇人五十无子,出不复嫁,以妇道教人者,若今时乳母矣。""婉娩听从"之类就是所谓的"妇道",后世更明确为妇德、妇言、妇容、妇功,从行为修养、性格脾气、语言谈吐、穿着打扮到生活操作等方面都对女性作出了明确而严格的规定。经过数年的教育,到15岁左右,女孩就可以举行成年礼(笄礼),之后便可以谈婚论嫁了。

其次,礼仪的隆重程度有天壤之别。《礼记·曲礼上》曰:"男子二十,冠而字",

---

① 房玄龄等:《晋书》,北京:中华书局,1974年。
② 杨天宇:《仪礼译注·士冠礼》,上海:上海古籍出版社,2004年。
③ 彭林:《〈士冠礼〉的礼法与礼义》,《陕西历史博物馆馆刊》第2辑,西安:三秦出版社,1994年。
④ 杨天宇:《礼记译注·曲礼上》,上海:上海古籍出版社,2004年。

"女子许嫁,笄而字"。明确指出,男子成年的年龄为20岁,必于此年行冠礼,女子许嫁之年"笄",即举行"笄礼"。女子许嫁之年为15岁,所以《礼记·内则》云:"十有五年而笄。"但这不等于说女子都在15岁行笄礼。孙希旦云:"盖自十五以前,未可许嫁也,至十五始可许嫁,许嫁则笄矣。然许嫁不必皆十五,即笄亦不必皆十五也。故男言二十而冠,而女子之笄不著言其年。"①"十有五年而笄",是指始笄之年,其后数年许嫁者,则随时行笄礼,正因为如此,《礼记·曲礼上》才笼统地说:"女子许嫁,笄而字。"《仪礼·士昏礼》亦云:"女子许嫁,笄而醴之。"都不言行笄礼之年。

由上述情况可知,笄礼并非严格意义上的成年礼,而是许嫁之后的一种仪式,时间并不固定,只要许嫁了就可以随时"上笄"。如果一直没有许嫁,那么至迟在20岁时也要行笄礼。这就是《礼记·杂记下》所说的:"女虽未许嫁,年二十而笄,礼之,妇人执其礼。"女子到了20岁就是成人了,因而不得不行笄礼,但礼仪的规格要低于许嫁之笄。《仪礼·士昏礼》郑玄《注》云:许嫁之笄,"犹冠男也,使主妇、女宾执其礼"。未许嫁之笄则如上文所引是"妇人执其礼"。孙希旦说:"妇人,谓在家之妇人,若兄弟之妻及世叔母之属也。"②许嫁之笄,由主妇、女宾主持;而未嫁之笄,只是由自家的妇人主持,礼仪的规格是大为不同的。孙希旦认为,其原因是"妇人以得所以为荣","故未许嫁者于其笄贬其礼"。③ 妇方接受男方纳征礼即为"许嫁",因而笄礼实际上是从属于婚姻的,根本无法与男子冠礼的庄重严肃相比。所以,《仪礼》详细地记载了冠礼的礼仪,却没有系统记笄礼的礼仪,只是偶尔提及而已。

再者,行礼以后的待遇迥异。男子通过成人仪式后,就获得了结婚生子、参加祭祀、做官治人等权利和参加军事行动等义务,而女子通过笄礼之后,只是得到了结婚生育、侍候舅姑与丈夫等义务。显然,二者有本质的区别。

7. 具有明显的象征性

古代的冠礼和笄礼,具有明显的象征性或符号意义。这主要表现在以下几个方面:一是以改换装束作为成年标志的具体象征,使冠礼、笄礼具有了明显的符号意义。这一点,今天仍能从国内一些少数民族的成人礼中看到。比如,藏族姑娘小时梳两条发辫,十三四岁梳三条,十五六岁梳五条,到十七岁时举行"上头"仪式,就要梳数十条发辫,以示成年。二是"命字"作为成年人的象征符号。上海民间的"庆号"习俗便是这种礼制的残留。上海人乳名多带"阿"字,长大成人后在公共场合被人喊着不雅,于是小伙子们长到18岁时,就自行串联几个人,约定时间,邀请亲朋好友举行废乳名、定大名的"庆号"仪式。在筵席上,男青年们纷纷宣布,自己已长大成人,请亲友们今后喊自己的大名,不要再叫小名了。之后,大家相互庆贺④。三是更

---

① 孙希旦:《礼记集解》卷二,北京:中华书局,1989年。
② 孙希旦:《礼记集解》卷四十二,北京:中华书局,1989年。
③ 孙希旦:《礼记集解》卷四十二,北京:中华书局,1989年。
④ 居阅时,瞿明安:《中国象征文化》,上海:上海人民出版社,2001年。

换服饰和在名之外获得"字",同时又象征着"死亡与再生",表明此前少不更事的"我"已经死去,而一个全新的"我"诞生了①。此外,如冠礼在祢庙举行,象征着"尊先祖";"冠于阼",象征着"著代",即子代父位,冠者将要接过父亲的地位、责任与权力,等等。

8. 具有很强的交际性

冠礼的过程实际上是有关各方人士进行信息交流的过程。在交通与通信技术手段都比较落后的古代,人们出行困难,信息十分闭塞,要想了解外部世界实属不易。冠礼的举行,正好为周围地区的人们(包括较远地区的亲属)提供了一个相互见面、交流信息的机会,特别是主家的子弟即将步入成年人行列的消息,就在冠礼举行的过程中被发布了出去,之后又通过参与冠礼者之口将信息传播到更远的地方,让更多的人知道。这样一来,那些有"适龄"姑娘的人家,尤其是那些热心为青年人牵线搭桥的"媒人"就可以及时捕捉信息,从而为有情人终成眷属创造条件。同时,冠礼过程本身实际上也是个交际过程,是冠者与其家庭成员以及其他相关社会成员交往的仪式。在冠礼举行的过程中,主人(冠者的父兄)与宾客(加冠的主宾、助手与观礼的众宾等)之间的交流,是不同家庭间的交往。如冠礼开始前的戒宾、宿宾、迎宾,冠礼结束时的礼宾、归宾俎是主人与主宾之间的交往;三加、宾醴冠者、宾字冠者则是主宾与冠者之间的交往。冠礼仪式结束后,刚刚加冠的青年去见国君、卿大夫、乡先生等更是受冠者与所属社会团体上层的交往,目的在于求得上层人士的承认,为自己将来的发展铺平道路。此外,还有受冠者与自家成员之间的交流,如见母、见兄弟姑姊等。

中国古代冠礼还有一些特征,与中外其他民族的成人礼如拔牙、染齿、文身、穿鼻梁、割处女膜、上刀山过火海、与野兽搏斗等相比,要显得文明而典雅,民族特色鲜明,不失为一种好的成年礼形式。由于篇幅所限,这里不再赘述。

(原载《中州学刊》2006年第3期)

---

① 郭振华:《中国古代人生礼俗文化》,西安:陕西人民出版社,1998年。

成人礼的类型与特征

【摘要】 成人礼,又叫成年礼、成丁礼、入社式等,是世界上绝大多数原始民族和比较落后的民族都曾实行过的一种传统仪式,其具体形式多种多样,各不相同,但对象都是即将进入成年人行列的青年男女,目的都是以此表明他们从此以后不再是孩子,而是大人了。世界各地形形色色的成人礼,大致可以归纳为四类:标志型、教导型、考验型和象征型。其共有的特征主要有:限定年龄、广泛性、民族特色明显、主要功能是标志"成人"等。

【关键词】 成人礼;类型;特征

成人礼,又叫成年礼、成丁礼、入世礼、成年仪式、加入仪式、入社式等,"是原始社会和一些经济、文化落后的民族对本民族青年男女成员实行的一种传统仪式。通过这种仪式,表明他们已从少年时代进入成年人的行列,在社会上获得了一定的地位,开始被认为是氏族部落的正式成员"。而且,这种习俗,"曾毫不例外地在世界各民族的社会历史发展过程中存在过"。[①] 世界各地的成人礼形形色色,丰富多彩。我国许多民族历史上也有自己的成人礼,如华夏族的男子冠礼和女子笄礼,瑶族的度戒,彝族的沙拉洛,纳西族摩梭人的成丁礼,基诺族的乌热壳(即成年礼),等等。

---

① 伊力奇:《成人礼的来源、类型和意义》,《中央民族学院学报》1986年第3期。

一、成人礼的类型

因地域不同,民族文化的差异,每一个历史阶段的成人礼形式和内容都不尽相同,如成人礼初期都是采取简单易行的绘面和绘身,后来考虑到绘面和绘身不易保存,才逐步改为"黥面"、"文身"、"凿齿"以及其他一些更为复杂的形式。这些表现形式不一、内容侧重点各不相同的成人礼,综合起来可以归纳为四种类型:

(一)标志型

这种成人礼的形式相对数量较少而且简单,但它却是最古老的一种类型。其主要形式包括染齿、黥面、文身、更换服饰与头饰等。在一些原始民族中,因为族外婚的需要,人们常常以文在身体上的独特图形或花纹作为标志,以区别本氏族成员和外氏族或部落的成员。如我国摩梭人的换裙换裤礼、藏族的戴巴珠礼、瑶族的换帽礼、土族的戴天头礼、柯尔克孜族的戴耳环礼、独龙族的黥面礼等,都是借助其独特的外部特征为标志。可见,标志型的成人礼仪式既有服饰标志型,也有人体标志型,或借助于其他的装饰为标志。

彝族姑娘换裙时,母亲对女儿的叮嘱,是关于标志型成人礼仪式内涵的深刻揭示。如有的母亲叮嘱说:"青年彩裙往下穿,姑舅之子往上来;莫乱伦,莫降级;同姓家支防在外,姨表之子防在外,姑舅之子往里来……"

"基诺族人认为,一个人如果不文身,死了以后就只能当野鬼,无法进入鬼寨与祖先团聚,从宗教信仰的角度来说,这是不为基诺族人所认同与接受的"[1]。

清人何如璋《使东杂咏》第十一首诗说:"编贝描螺足白霜,风流也称小蛮腰。剃眉涅齿源何事,道是今朝新嫁娘。"此诗反映了当时日本长崎妇女有染齿的婚俗,也反映了染齿与成年之间的关系。

标志型仪式从外形上讲是一种变形,无论文身、染齿、割礼、戴帽、换裙换裤或是将头发盘起、变换头饰等,都是改变外形的一种标志而已,标志本身作为一种文化或民族认同的符号,该符号不仅是男女、种族与部落的区分标志,也是婚姻关系和性关系的区分标志。

后来,这类成人礼逐渐发展成为装饰型成人礼。由于某种形式的"标记"在青年男女中产生一种美感,而逐渐成为成年男女必要的一种装饰。但这种"装饰",在不同时代、不同民族中有不同的内容和表现形式,如耳饰、盘头、拔毛(包括拔汗毛和胡须)、点痣、染齿等。在我国一些地区,至今还有女孩出嫁前要请人用棉线绞去脸上汗毛的习俗,以示成年,这就是所谓的"开脸"。开脸之后,人会显得更加洁净、俊秀。

(二)教导型

成人礼"仪式本身意味着告别'旧我',迎接'新我',意味着个体进入群体,实现从生物人向社会人的转变,是个人获得身份的标志与象征。'成为人'是以生理发育

---

[1] 吴晓蓉:《教育,在仪式中进行》,重庆:西南师范大学出版社,2003年。

进入青春期为前提的,但仪式真正追求的还是'成为一个人'的丰富的文化内涵"。①美国学者露丝·本尼迪克特说:"事实上,人们所认识到的青春期是个社会问题,为这一时期而举行的各种仪式便是通过各种不同的形式来表明孩子即将进入成年人的阶段……所谓的进入成人阶段,其标志并不是生物学意义上的发情期,而是文化制约的青春期仪式。"②

  在个体生理发育进入青春期时,为其举行仪式,其用意不仅是对个体生理发育期需要的认同,更是社会文化意义上的角色转化。所以,人们借助仪式的方式实现文化的传承与人的培养和塑造,仪式的实施就是最好的教育方式。

  瑶族人在男子16岁至22岁期间为其举行"度戒"(也称"过法")仪式,仪式分"大度"、"小度"或"度天戒"、"度地戒"等,由戒师主持,一般大度有七个戒师,小度有五个戒师。度戒期间,受戒人必须在戒师家吃住,不得出门,不得见天,不得与戒师之外的任何人讲话。晚上,戒师向其传授本民族的宗教礼仪与其他内容。度戒时,戒师让其背诵十戒并发誓,诸如:不偷盗抢劫、不杀人放火、不陷害好人、不做官欺人、不奸女拐妇、不虐待妇女等。宣誓完毕后,戒师将火掷于水碗之中,表示如果违背誓言,命运就会犹如入水的火一样,自取灭亡。瑶族人通过度戒仪式对成年者进行公德教育,使个体自成人之日起便懂得社会规则并努力遵循。

  基诺族的长老们借助成人礼仪式带领大家唱乐诗、唱本民族传统的社会生活的习惯与法规、唱生产过程和古老的生产经验,他们通过歌唱告诉"成人者"本民族的文化传统、人们的爱情和家庭生活;他们通过歌唱教年轻人如何谈恋爱,如何忠于自己的爱情,如何遵循与爱情有关的道德和习惯法。歌声既是教导的方式也是教导的内容,在和谐、优美的歌声中,在令人愉悦的环境里,即将成年的青年人接受了教育,并实现了民族文化的传承与人性的塑造③。

  在成人仪式上对青年人的教育,其内容并不只限于爱情、婚姻和家庭的主题,此外还有怎样做人、怎样生存和怎样适应环境的主题,以及天文、历法、劳动技能、宗教仪式等各个方面,几乎无所不包,只是各自有所侧重而已。比如,对女孩就需要有与男孩完全不同的教育内容,目的主要是教导少女如何过婚后的生活,生育和抚养孩子,操持家务。这种类型的仪式一般在少女进入性成熟期和结婚前举行。其形式种类繁多,例如:隔离、破身、文身、洗浴等。其中"隔离"的形式尤为普遍,这是由氏族中有经验的妇女对少女进行单独开导的一种形式,在许多民族中通常是在女孩来第一次月经时举行这类成人礼。

  (三)考验型

---

① 吴晓蓉:《教育,在仪式中进行》,重庆:西南师范大学出版社,2003年。
② (美)露丝·本尼迪克特著,张燕译:《文化模式》,杭州:浙江人民出版社,1987年。
③ 吴晓蓉:《教育,在仪式中进行》,重庆:西南师范大学出版社,2003年。

通过仪式考验个体,是许多民族成人礼仪式的必经之途。这种成人礼在男子中比较多见。在原始部落中,经受各种考验几乎是一个男子从童年进入成年期时必须迈过的门槛。其目的很明确,就是要通过各种形式的考验和磨难,让所有到达一定年龄的男子,能够真正成为本氏族或部落的主人和战士。此类成人礼,是各种成人礼中最复杂、最残酷的。其形式主要有:刺额头、割包皮、凿齿、拔牙、剁指、烧身、禁食、禁睡、禁饮、拔指甲、恐吓、毒虫螫咬等。列维·布留尔说:"考验是长久而严肃的,有时简直就是真正的受刑,不让睡觉,不给东西吃,鞭笞,杖击,棍棒击头,拔光头发,敲掉牙齿,黥身,割礼,再割礼,放血,毒虫咬,烟熏,用钩子刺进身体钩着吊起来,火烤等。这些仪式的次要动机,无疑是查明新行成年礼的人的勇敢和耐性,考验他们的丈夫气,看他们是不是能够忍受痛苦和保守秘密。"[①]

在现代的一些原始部落中,考验型成人礼通常是几种形式混杂在一起进行的,有时则是分几个阶段,而行礼的具体形式,不同的民族又有不同的特点。如,瑶族男子行"度戒"仪式时,要接受诸如上刀山、踩火砖、跳云台、捞活锅和睡刺床等近十种危险的考验。其中,"上刀山"是赤着脚爬上插满利刃的梯子;"踩火砖"是赤脚踩踏烧得发烫的砖头;"捞活锅"是徒手在滚烫的油锅中捞物。"跳云台"的云台,是将4根4米多长的木柱摆成正方形,一边扎以横木作梯,柱顶上用方桌等物搭一座平台。受戒者在师公的带领下登上云台,等师公念完戒词,受戒者发誓不杀人放火、不偷盗抢掠、不奸女拐妇、不虐待父母、不虐待妇女、不陷害好人、不做官欺人等。宣誓完毕,戒师将火扔进一个装了水的碗里,火立即熄灭。这是暗示受戒者如有不轨,其命运便如此火,必将自取灭亡。然后,受戒者团身抱膝,从台上勇敢地翻至云台下那张铺有稻草的藤网。跳台者刚落下,下边的人就拉起藤网一齐用力旋转。此时,四周欢呼声响起,赞扬孩子的勇敢无畏,祝贺又一个瑶山汉子走入了社会。在瑶家,只有经过度戒的男孩,才有了成年人的权利,才有资格恋爱、结婚,才能博得公众的信任和尊重。因此,每当男孩长到十五六岁,都要根据习俗举行这种带有民间宗教色彩的仪式。

基诺族人在个体成人时,出其不意地对他发动突然袭击,试图使个体产生恐惧感。在克服恐惧感的过程中,"旧我"死亡了,取而代之的是一个"全新的自我"。

台湾卑南族的少年在12岁或13岁的时候开始进入"少年会所",在"少年会所"期间,禁止与女性讲话,禁止饮水,禁止吃肉,一天只能吃一餐,晚上去不为人知的地方练习跑步、歌舞,动作不对或者精神状态不好都将受到鞭打重罚,时间共计7天,在此期间还要为老人捕鱼,供其食用,并接受老人的训示。

侗族人一生中要分别在5岁、10岁、15岁时各滚一次烂泥巴田。他们认为,人是从母亲那里学到了善良,从父亲那里学到了勤劳,从祖父那里学到了耐性,一生中滚三次泥巴田也是与这种观念相适应的:5岁的人开始离开母亲的怀抱,于是由母

---

① (法)列维·布留尔:《原始思维》,北京:商务印书馆,1981年。

亲带到田边,交给田坎那边的父亲,从此,孩子就要跟随父亲学习劳动;10岁时由父亲带到田边,由祖父在田坎那边接着,然后跟随祖父学习;15岁的时候由祖父带到田边,田坎那头已没有人接应,这表示15岁的个体,已经长大成人了,从此要独立面对人生,走自己的人生道路。

在国外,还流行过其他的考验方式,如:割礼、猎头、烟熏、敲打牙齿、用钩子刺进人的背部把人吊在空中、火烤等,其目的一方面是考验新成年者的勇敢、耐性、男子汉气概、忍受痛苦乃至于保守秘密的能力,另一方面是让新成年者与社会集体的本质、图腾、信仰、神话祖先或自己的祖先之间建立某种联系,并实现双方间的互动[①]。

(四)象征型

这种成人礼比任何类型的成人礼都出现得晚,基本上都是在进入阶级社会以后才开始出现的。在现代的许多民族中,以前那种内容落后、程序复杂的成人礼显然已经无法适应现代生活节奏的要求,因而被仅具有象征意义的舞会和酒宴等形式所取代。在规模不等的舞会和酒宴上,来宾热情地向即将成年的青年男女祝贺一番,就算完成了"成人礼"仪式。有些民族,其古老的带有体肤受折磨性质的所谓"考验型"成人礼,也逐步被一些新的"简易"做法所取代,例如,黥面变成了"点痣",文身变成了"穿裙"或"穿裤"礼,凿齿、拔牙变成了简单的"染齿",油脂涂身则变成了"洗浴",等等。另外,还有一些民族,则将传统的成人礼变成了各种名目的象征性节日,如日本的成人节等[②]。韩国的茶叶节,也属于此范畴。

通过对"成人礼"几种类型的分析,可以大体了解成人礼的起因和演变过程。其中出现最早的,是标志型成人礼,其次是考验型成人礼,它们主要是为了适应族外婚的需要而产生的。随着人类社会的不断发展进步,才出现了其他以教育为目的的成人礼类型。而且,原始社会的成人礼,不论哪种类型和形式,都毫不例外地充满着宗教色彩,夹杂着宗教性的内容。进入阶级社会后,成人礼成了贵族的专利,对于平民来说,成人礼只意味着负担徭役和赋税。

二、成人礼仪式的特征

世界上各民族的成年礼仪,形式多样,异彩纷呈,但仍然存在着若干共同特征。中国各民族当然也不能例外。

(一)限定年龄

绝大多数民族或部落的成年礼,都有一定的年龄规定,这种规定从十几岁到二

---

① 唐祈,彭维金:《中华民族风俗辞典·人生风俗·成年仪礼》,南昌:江西教育出版社,1988年;吴晓蓉:《教育,在仪式中进行》,重庆:西南师范大学出版社,2003年;邓辉:《中国100种民间礼俗》,南宁:广西人民出版社,1999年。

② 伊力奇:《成人礼的来源、类型和意义》,《中央民族学院学报》1986年第3期;吴晓蓉:《教育,在仪式中进行》,重庆:西南师范大学出版社,2003年。

十几岁不等。年龄的差异与各民族自身的传统、地域文化、气候等因素有关。这种对年龄的限制,实际上是一种社会年龄,与生理年龄有关,但不一定同步。

(二)广泛性

成人礼的广泛性主要是指仪式涉及本民族或部落中的每一个人,该集体中的每一个人都必须经历,莫可例外。成人礼仪式本身具有众多功能,重要的如:促使个体身份发生变化;本族独特的标志;个体进入自己所属文化群体的标志与象征。这种仪式对个体来说是个学习的过程,可以丰富知识,并在一定程度上改变个体的心理结构。通过该仪式以后,不仅本族中的人以一种全新的眼光看待个体与群体的关系,而且青年本人也以一种新的眼光看待自己与群体的关系。

(三)民族特色明显

世界上凡是比较原始的民族,基本上都有自己的成人礼,无论古华夏族的冠、笄之礼,摩梭人的穿裙子、穿裤子仪式,还是百越族系人的断发文身、拔牙凿齿等,其外在特征都极为明显,人们一望就知道所见的人是哪一个族的成员。《说文解字》曰:"族,矢锋也。束之族族也。"族的本义是箭头,后引申为家族、亲族。柳诒徵先生说:"然族之所以为亲族者,大抵因血统相近。部落相邻之人,同事畋猎,或相争夺,于是各树旗帜,以供识别。凡在一旗之下者,即为一族。故古之分族,犹满洲之分旗也。"① 也就是说,古人以旗作为一个民族的标志。

成年礼仪式对个体服饰、身体、头饰等外部特征的改变,有助于共同语言、共同经济生活以及共同心理素质的形成,成为民族识别、身份认同、婚姻准许等的重要标志。它既是个体向族人表明其身份的重要标志,同时也是族人识别本族成员身份的标志,实际上已成为民族识别、增强民族凝聚力的象征性符号。

三、仪式的主要功能是标志一个人"成人"

不论是什么形式的成人礼仪式,其最重要的功能无一不是表明一个人即将跨入"成人"的行列。"成人"是有一定标准的,如:必须达到一定的年龄,生理上已经比较成熟,掌握一定的生产、生活知识和技能,具备一定的智力,能自觉遵守本社会的道德伦理与社会生活准则,等等②。

成人礼仪式的最重要目的,应当是让个体成为"完全的"人,使之能够执行部族的正式成员的一切职能,成为一个真正的"大人"。这实质上相当于当事人又一次获得"重生"。

(原载《河南科技大学学报》2006年第5期)

---

① 柳诒徵:《中国文化史》,北京:中国大百科全书出版社,1988年。
② 胡发贵:《中国古代的"成人"观念》,《文史知识》1995年第1期。

冠礼研究文献综述

【摘要】 冠礼,是给跨入成年人行列的20岁男子加冠的礼仪,在魏晋以前备受重视,被称为"礼之始",有相当繁琐的礼仪。历史上研究冠礼的学者众多,特别是宋元以后,曾涌现出不少的大家、名家。直到今日,国内外仍有不少学者研究冠礼。古今的众多学者留下了大量的研究成果,对这些文献加以介绍无疑有利于学者们做进一步深入的研究,特别是对初涉此领域的青年学者将会大有裨益。

【关键词】 中国;冠礼;研究文献

一、冠礼研究文献

（一）中国大陆

1. 冠礼沿革概况

冠礼是中国古代最为重要的人生礼仪之一,它起源于原始社会末期的"成丁礼"。当时,氏族中的未成年者,可以不参加生产、狩猎活动,也不必参加战争。但是,当他们到达成人的年龄后,氏族就要用各种方式测验其体质与生产、战争技能,以确定其能否取得氏族正式成员的资格。杨宽先生说:在行礼之前,通常"需要在连续几年内,受到一定程序的训练和考验,使其具有必要的知识、技能和坚强的毅力,具备充当氏族正式成员的条件"[①]。后来,成丁礼在绝大多数地

---

① 杨宽:《"冠礼"新探》,《中华文史论丛》第1辑,1962年;又见《古史新探》,北京:中华书局,1965年。

区都消失了,在中国大陆则延续着并发展成为"冠礼",作为人生礼仪的重要组成部分。

冠礼在先秦、秦汉时期都极受重视,被称为"礼之始也"。《礼记·冠义》解释冠礼的意义说:"成人之者,将责成人礼焉也。责成人礼焉者,将责为人子、为人弟、为人臣、为人少者之礼行焉。将责四者之行于人,其礼可不重欤?"汉代所传《仪礼》的四种本子(指大戴礼、小戴礼、庆氏礼和刘向的《别录》本。大戴为戴德,小戴为其侄戴圣,庆氏为庆普),无一例外地都把"冠礼"作为第一篇。

南北朝以后,冠礼逐渐简化、衰微。宋代时,一些有识之士如司马光、朱熹等人高度重视冠礼,力倡恢复,政府也曾强令推行,但效果不太明显。元代再告衰微,至明代又受到统治者和士大夫的重视。清代由于统治阶级的高压政策,传统的冠礼受到沉重打击。但是,它并没有销声匿迹,而是以变通的形式在民间顽强地延续着。

2. 两汉冠礼研究文献

历史上,由于冠礼的资料缺乏,研究难度也比较大,因而历代学者涉足者甚少。汉代最重要的成果是郑玄《仪礼注》、《礼记注》中的冠礼部分。此外,还有卢植的《礼记注》。郑《注》的特色,一是博综众家,兼采今古文;二是文字精审,要而不繁;三是发明义例,主要是创立了"读如"、"读为"、"当为"三种义例,在训诂学上具有重要意义;四是去取谨慎,注重保持古书原貌。正因为如此,郑《注》很快取代了"三礼"的其他注本,成为唯一通行至今的本子。历代学者对郑《注》的看法迥异,赞之者说他"括囊大典,网罗众家,删裁繁诬",是"三礼"的大功臣;而贬之者说他望文穿凿,唯凭秘臆,实为"三礼"的罪人。当然,郑《注》也确实存在着一些不足之处,如好事综合,以不同为同;好引谶纬之说;等等①。

3. 魏晋南北朝冠礼研究文献

魏晋时期的主要成果有王肃《三礼注》中的冠礼部分。王肃也杂兼取今古文为"三礼"作注,但处心积虑地与郑玄唱对台戏,凡郑玄用今文处,王肃就用古文说加以诘难;凡郑玄用古文处,王肃就用今文说加以反驳。王《注》靠政治的力量被列入官学,但从整体学术水平上看,其实并未超过郑学,因而也未能最终取代郑学。

南朝时期研究"三礼"的学者很多,著名的如雷次宗、王俭、刘瓛等人。雷次宗著有《雷次宗集》三十卷。王俭著有《礼仪答问》十卷,又有《礼杂答问》十卷等。刘瓛文集的内容基本上都是与礼仪有关的。梁天监(502~519)初年,何佟之、贺瑒、严植之、明山宾等人曾撰吉、凶、军、宾、嘉五礼共一千余卷。皇侃撰有《礼记讲疏》九十九卷、《礼记义疏》四十八卷。皇侃的《礼记讲疏》,章句详正,既遵郑玄,又不拘泥,敢于对人们争论的热点、难点发表新见,颇为时人所重视。此外,南朝还有崔灵恩的《三礼义宗》,沈文阿的《礼记义记》,戚衮的《三礼义记》、《礼记义》等。

---

① 彭林:《〈三礼〉说略》,收入《经史说略——十三经说略》,北京:北京燕山出版社,2002年。

北朝精通礼学的著名经师有刘献之、张吾贵、徐遵明、卢景裕等。刘献之著有《三礼大义》。徐遵明是魏末名儒，师承多门，但能够独树一帜，博览群经，尤精"三礼"，是北方最具盛名的经师。其弟子李铉，再传弟子熊安生、刁柔、刘昼等人都是学有所成的名家。李铉著有《三礼义疏》，熊安生著有《礼记义疏》。梁五经博士、都官尚书，后在北周任职的"当世儒宗"沈重，曾撰有《礼记义》、《仪礼义》、《周礼义》等。

4. 隋唐冠礼研究文献

唐朝时，国子祭酒孔颖达奉敕著《礼记正义》，书成后被颁行天下，以资讲习。该书是由孔颖达领衔，国子司业朱子奢，国子助教李善信、贾公彦、柳士宣等人共同撰作的。它以皇侃的《礼记讲疏》为主，以熊安生的《礼记义疏》为辅，集南学与北学之长，广采旧文，搜罗宏富，为研究者提供了丰富的资料，特别是对名物制度的疏解，翔实明晰，深受学者们重视。

贾公彦著有《仪礼疏》和《周礼疏》，同样被列入官学。《仪礼疏》中涉及冠礼的部分，所依据的资料有限，故价值不是太高。

唐代的几部礼典，如《贞观礼》、《显庆礼》和《大唐开元礼》，都对冠礼有深入的研究和详细的设计，《大唐开元礼》还被作为科举考试的科目。

5. 宋元冠礼研究文献

宋元时期，研究"三礼"的学者较多，其中研究《仪礼》的著作主要有：魏了翁的《仪礼要义》十七篇、朱熹的《仪礼经传通解》六十卷、吴澄的《仪礼逸经传》二卷（其中有《公冠礼》一篇）、敖继公的《仪礼集说》等。

魏了翁认为《仪礼》郑《注》古奥难懂，贾《疏》繁琐芜杂，条理不清，因而节取注疏的精义录于原文各篇之下，使之条理清晰，文字简明，所以其书名为《仪礼要义》。

朱熹的《仪礼经传通解》原名《仪礼集传集注》，是以《仪礼》十七篇为经，取《礼记》及诸经史杂书中有关礼的记述，分门别类地附于经文之下，又详列各家疏解之说。朱熹还将经文按仪节分段，每段后都总结其大意，这有助于读者理解全文。

吴澄的《仪礼逸经传》二卷，是从各种礼书中辑出所谓"逸经"八篇，包括：《投壶礼》、《奔丧礼》、《公冠礼》、《诸侯迁庙礼》、《诸侯衅庙礼》、《中霤礼》、《禘于太庙礼》、《王居明堂礼》等。作者又从大、小戴《礼记》中辑出"记"十篇：《冠仪》、《昏仪》、《士相见仪》、《乡饮酒仪》、《乡射仪》、《燕仪》、《大射仪》、《聘仪》、《公食大夫仪》、《朝事仪》，目的是为《仪礼》补缺。

元人敖继公精通礼学，治学十分严谨，对"三礼"颇有心得，著有《仪礼集说》。他不满郑《注》，于是删去其不合经义的内容，取疏记或先儒之说代之，并申明自己的观点。

此期，研究《礼记》的著作主要有卫湜的《礼记集说》一百六十卷、陈澔的《礼记集说》三十卷等。这些著作对冠礼都有较多的涉及。卫湜取郑玄《注》及孔颖达《疏》，又博采一百四十四家之说，凡与郑《注》不同而能言之成理的及驳诘郑、孔而援据有本的，全部收录，反之则予以裁删，反映了作者坚持兼存与裁削并重的治学原则。由于卫氏所采各书原本,后多亡佚,该书的资料价值就显得更为重要了。此书的特点就是博采众说,保存古义颇多,不足之处是少有自己的独到见解。

陈澔的《礼记集说》比卫氏之书简明扼要,但多失古义,又喜欢以空言推演义理,舛误颇多。但因推崇朱熹,而受到明人重视,并被列入官学,成为科举取士的课本。

吴澄另有《礼记纂言》三十六卷,将原书四十九篇的内容打散,重新加以组合,目的是使上下文意相连。全书分为《通礼》、《丧礼》、《祭礼》等几部分,每部分下又分为不同的名目,如《通礼》之下有《典礼》、《少仪》、《玉藻》等篇,《冠义》等六篇则被辑为《仪礼传》。此书不仅全失古意,而且使古书面目全非。

另外,此期还有聂崇义的《三礼图》二十卷、杨复的《仪礼图》十七卷及《仪礼旁通图》一卷等。

6. 明清冠礼研究文献

明代研究"三礼"的学者很少,《仪礼》则几成绝学。

清朝时,由于特殊的历史环境,考据学兴起,"三礼"学重现生机,并迅速进入极盛期,涌现出一大批名家和名著。这些论著中的冠礼部分,都有较高的学术价值。其中最重要的论著有:

李光坡的《仪礼述注》十六卷、《礼记述注》二十八卷。李光坡鉴于汉唐"三礼"学,重名物训诂,但失之繁琐芜蔓;宋明"三礼"学,重探究经义,但失之好主观臆测,其慨然欲为"三礼"正本清源,于是撰成《仪礼述注》十六卷、《礼记述注》二十八卷。他对前代注疏删繁举要,对宋儒之议论,则平心取舍,务求通达简明。李光坡的这两部书析理明通,措词简要,极便于初学者。此外,李光坡的哥哥李光地著有《朱子礼纂》一书,共五卷,其内容是搜集朱熹《仪礼经传通解》及《家礼》二书之外的说礼文字,分为总论、冠婚、丧、祭、杂仪等五类纂集。

方苞的《仪礼析疑》十七卷、《礼记析疑》四十八卷。方氏的这两部书,既融会旧说,又有自己的独立见解,颇可取之处。

万斯大的《学礼质疑》、《仪礼商》、《礼记偶笺》等共计十余卷。万斯大精于礼学,不拘泥于汉、宋,勇于独立思考,对前儒之说多所驳正,屡建新义。

盛世佐的《仪礼集编》四十卷。该书汇集古今研究《仪礼》的著作一百九十七家之多,堪称搜罗宏富。他从不作无根由的议论,不轻易排斥郑、贾,持论公允,对杨复《仪礼图》中的错误,也一一辨析,详加驳正,是研究《仪礼》的最重要著作之一。

胡培翚的《仪礼正义》四十卷。该书是作者积四十年之功所撰,在其生前尚未完成,后由其门人杨大堉补成。此书的主旨在以郑《注》为宗,指斥贾《疏》之不足,旁征博引,辅翼郑氏。胡培翚自述其书义例有四:"曰补注,补郑君注所未备也。曰申注,申郑君注义也。曰附注,近儒所说,虽异郑旨,义可旁通,附而存之,广异闻、佉专己也。曰订注,郑君注义偶有违失,详为辨正,别是非、明折中也。"[①]他的主要贡献,

---

① 罗惇衍:《仪礼正义序》,见胡培翚《仪礼正义》卷首。

是充分吸收前人尤其是清人的研究成果,并能从浩瀚的文献中疏理爬剔,融会贯通,形成自己的思想体系,囊括众长,发前人所未发。其论辩虽然未必皆精,但从整体上来看,实无出其右者。有学者说:此书对前人的有关研究著作,"是者明之,非者辨之,可疑者存之,广罗古今治礼之精华,洵可谓集《仪礼》研究之大成。虽间有不当,但就大体而言,自贾《疏》后,尚无如此博大精深之书,确治《仪礼》之杰作也"。① 这种评价并非妄誉。还有人称《仪礼正义》是"《仪礼》研究最权威的著作"②,标志着《仪礼》学新局面的开启,同时也有力地推动了礼学演进的历程,对于后继者多所启益。

凌廷堪著有《礼经释例》十三卷。《仪礼》文古义奥,自古以难读著称,西汉以来的学者,专以文字训诂、名物度数疏解《礼经》,致使大义破碎,难得其要,故唐宋以降,治《仪礼》者寥若晨星。凌廷堪独辟蹊径,着力爬疏、归纳《仪礼》各篇的义例,分为通例、饮食之礼、宾客之礼、射礼、变礼、祭礼、器服之礼、杂礼等八类。每类之下,各有细目,全书凡二百四十六例,几乎覆盖《仪礼》十七篇的所有仪节。卷首有《复礼》三篇,阐述作者"以礼代理"的思想。此书为《仪礼》研究的最重要著作之一,也是《仪礼》研究的里程碑之作。

沈彤著有《仪礼小疏》一书,专取《仪礼》中的《士冠礼》、《士昏礼》、《公食大夫礼》、《丧服》、《士丧礼》五篇,各作笺疏数十条,引经据典,考证精赅。

清代研究《仪礼》的著作还有姚际恒《九经通论》中的《仪礼通论》十七卷等。

清人研究《礼记》的著作主要有:纳兰性德的《陈氏礼记集说补正》、孙希旦的《礼记集解》、朱轼的《礼记纂言》、朱彬的《礼记训纂》等,其中尤以前两部著作成就最高。

纳兰性德的《陈氏礼记集说补正》三十八卷,宗旨是补陈澔所遗,并纠正其谬误。凡是驳正之处,都是先列经文,次列陈氏之说,然后旁征博引以证其误。他不盲从郑《注》,时有立异之处,对宋、明儒者之论,采用颇多。

孙希旦的《礼记集解》共六十一卷,每篇都有"题解",简述篇义。每节除沿用郑《注》孔《疏》之外,又广泛参证宋元以来各家说法,以明古义。凡有分歧争论的地方,或析疑折中,或推阐辨难,时有新见,自问世以来,一直受到学者们的重视。

清代还有一些通论性质的礼学专著,如秦蕙田的《五礼通考》、黄以周的《礼书通故》、林伯桐的《人家冠昏丧祭考》等。

秦蕙田鉴于徐乾学的《读礼通考》仅论丧礼,局限性太大,于是仿其体例,作《五礼通考》二百六十二卷,以《周礼·大宗伯》吉、凶、军、宾、嘉五礼为目,网罗众说,集成一书。全书分为七十五类,内容除五礼之外,还旁及天文、算法、地理、乐律等方

---

① 王锷:《三礼研究论著提要》,甘肃教育出版社,2001年。
② 彭林:《〈三礼〉说略》,收入《经史说略——十三经说略》,北京:北京燕山出版社,2002年。

面,极为详博。

黄以周是清末礼学大师,他采集汉唐至清的礼制,折中为说,著《礼书通故》一百卷,分为礼书、衣服、卜筮、冠礼、昏礼等五十目,考释了中国古代礼制、学制、封国、职官、田赋、乐律、刑法、名物、卜筮等,纠正一些旧注谬误。特别是,黄氏的礼学虽以郑《注》为宗,但又不拘泥于郑《注》,对郑说多有驳证。其书末八卷为《仪礼图》,考订也很精审。该书是清代礼学研究的集大成之作,有人称它足以与唐代杜佑的《通典》相媲美。

林伯桐著有《人家冠昏丧祭考》四卷、《品官家仪考》四卷、《士人家仪考》四卷等,对各阶层人士的冠礼进行了考证,颇有过人之处。

除了私修礼书之外,清代还有一些官修礼书,其中以乾隆十三年编撰的《三礼义疏》最为重要。《三礼义疏》包括《周礼义疏》四十八卷、《仪礼义疏》四十八卷、《礼记义疏》八十二卷。全书广搜博采,熔于一炉,体例也非常严谨。其《仪礼义疏》以敖继公《仪礼集说》为本,参考其他各家之说以补其舛漏。对于《仪礼》今古文字的异同,该书完全采用郑玄注;对于经文仪节的分段,基本上根据朱熹的《仪礼经传通解》。其《礼记义疏》广泛搜集资料,至于轶闻、百家杂说等,凡是可以参证古礼的,都尽可能予以收录,最终汇成一部巨著。《三礼义疏》对清以前的"三礼"研究作了比较全面的总结,对清代的学术研究起到一定的推动作用。

7. 五四运动以来的冠礼研究文献

民国时期,著名民俗学家江绍原著有《中国古代的成人礼》一文,对古代的成年礼(冠礼)有比较系统的论述。

新中国成立以后的二三十年间,礼学的研究陷于沉寂,冠礼问题亦不例外。其间只有杨宽先生于1962年发表了《"冠礼"新探》(载《中华文史论丛》第1辑)一文,对冠礼的起源与功能意义有独到而又深刻的阐述。作者将古文献与出土文物、民族调查资料结合起来,相互参证,推求结论,颇多建树,是历史学家探究古代礼制的典范之作。

从20世纪70年代末期开始,礼学逐步复兴,冠礼的研究又引起学术界的重视。代表性论著为钱玄先生的《三礼通论》(南京师范大学出版社,1996年出版),书中对冠礼问题也进行了深入的研究。全书分为四编:《礼书编》、《名物编》、《制度编》、《礼仪编》,内容详博,考证精审,是当代学术界中难得一见的通论"三礼"的论著。此外,作者还著有《三礼辞典》一书(江苏古籍出版社,1993年出版),可与《三礼通论》参照阅读。

郭振华的《中国古代人生礼俗文化》一书(陕西人民出版社,1998年出版),也对冠礼有比较深入的研究。

近十几年来,一些学者相继发表了多篇与冠礼有关的论文,主要有许木柱的《男性成年礼的功能探讨》(载《民族社会学报》1977年,第15期),伊力奇的《成人礼的来源、类型和意义》(载《中央民族学院学报》1986年第3期),杨天宇的《士冠礼新注》(载《古籍整理》1991年第2期、4期)、周绚隆的《中国古代冠礼》(载《民俗研究》1994年第1期)、彭林的《〈士冠礼〉的礼法与礼义》(载《陕西历史博物馆馆刊》第2辑,1994年,三秦出版社)、彭林的《冠者礼之始也:冠礼》(载《文史知识》2002年第7期)、白华的《古代冠礼简论》(载《甘肃社会科学》2003年第6期)、张文安的《略论中国古代的冠礼》(载《新乡师范高等专科学校学报》第17卷第4期,2003年6月),等等。

从总体上看,新中国成立以前的所有论著,基本上都是从各种典籍中搜罗有关资料,几乎没有什么理论探讨。

(二)港台、海外地区

港台地区也有一些学者对此问题颇有研究。主要论著有黄俊郎的《冠礼的起源及其意义》(载《孔孟月刊》第19卷第2期,1980年10月),调研报告《士冠及笄礼之运用对青年辅导实效之研究》(载《中台医专学报》1989年第5期),徐福全的《成年礼的渊源与时代意义》(载《台北文献》第95期,1991年3月),尹德民的《仪礼冠礼、成年礼原》(载《台北文献》第113期,1995年9月),叶国良的《冠笄之礼的演变与字说兴衰的关系——兼论文体兴衰的原因》(载《台大中文学报》第12期,2000年5月)等。著作有周何的《古礼今谈》(台北《国文天地》杂志社出版发行,1992年5月)之冠礼部分等。

日本学者也有不少研究成果问世,代表作有后藤俊瑞的《士冠礼的道德的意义》(上、下)(载《斯文》1936年3月第18编3号、1936年4月第18编4号),赤冢忠的《士冠礼的构成意义》(1、2)(载《汉学会杂志》1941年12月第9卷3号、1942年5月第10卷1号)。

从上个世纪末到本世纪初,随着学术界又一次掀起的"文化热",研究古代礼仪制度的学者也随之增多,其中不乏对冠礼有较深研究的学者,但是从总体上看,国内外研究冠礼的学术队伍还不够大,论文也为数不多,专著更是罕见。而且,现有的论著基本上都是着眼于问题的一个侧面或局部,如冠礼的起源、功能等,或者是研究一个时代的冠礼,还有一些只是泛泛而论,缺乏真正深入、全面把握冠礼发展演变历史的研究成果。

二、冠礼研究的任务、指导思想和方法

研究古代冠礼,须重点解决以下几个问题:(1)弄清冠礼的起源;(2)理清中国历代冠礼仪式发展演变的脉络;(3)探明中国古代各时期冠礼的功能和特征;(4)研究中国古代冠礼的兴衰与当时的政治、经济、军事、思想文化及人口政策的关系;(5)研究各时期冠礼发生变化的原因;(6)华夏族冠礼与其他民族成人礼的异同;(7)利用越来越丰富的地下出土资料来研究各时期冠礼的真实情况;(8)中国古代冠礼对今日青少年教育的借鉴意义。

对中国古代冠礼的研究,要坚持以马克思主义为指导,采用逻辑的方法与历史

的方法相结合、"史"与"论"相结合以及"整体—分解—综合"并重的方法,分阶段考察冠礼发展演变的历史,同时考察各时期社会历史背景的变化,尤其是宗教信仰和少数民族文化对于汉族冠礼的深刻影响。在此基础上,对冠礼进行整体的研究,以弄清其发展变化的脉络。此外,还要采用比较研究的方法,将汉族的冠礼与少数民族的成人礼、中国的冠礼与其他国家的成人礼进行比较研究,力求得出带有规律性的结论。

目前,礼学的发展已表现出一些鲜明的特点与趋势,冠礼作为礼的一部分当然也不能例外。这些特点与趋势主要有:从"文化"(Culture)的角度进行研究;形成一种多学科、多方位研究的态势;越来越注重古代文献资料与新发现的考古资料、古文字资料以及民族学资料的互相印证,这就是所谓的"二重证据法"或"三重证据法"。今后,随着中国学术文化事业的日益繁荣,传统的"国学"价值受到越来越多有识之士的重视,礼学研究必将迎来一个明媚的春天,这是不容置疑的,因为礼作为人类的一种规范,一种社会控制的手段,一种对秩序和对修养与文明的追求,在人类社会具有某种永恒的、普遍的价值,对于发展和建构未来新文化,具有重大意义。

(原载《河南图书馆学刊》2006年第4期)

先秦时期的主要发式

【摘要】 发式蕴含着人的精神气质和审美情趣,既有群体性,又有个体性。古人的发式从原始社会的披发、蓄发到商周时期的梳辫、戴冠,这和当时的思想意识、身份认同、民族标志以及地域文化都有着密切的关系,反映了当时社会的政治、经济、科技、文化等诸多方面的情况,对研究当时的历史有重要意义。

【关键词】 先秦;发式

一、发式的产生

头发几乎是人类与动物在外貌上最显著的差别之一。发式蕴含着人的精神气质和审美情趣,既有群体性,又有个体性,但一般都被看做是各民族固有习俗的无声表露。原始社会时期,先民们过着披头散发的生活。随着早期文明的逐步形成,黄河中下游地区的居民深感披头散发不便于行动和生活,于是用绳索之类的东西将头发束住,并用笄加以固定,有时还用兽骨、玉石等打制成一定的形状,用绳子串联成束发器,罩在头发上。

河南新郑裴李岗遗址出土有磨制精细的骨笄、骨簪[1]。河北武安磁山遗址出土骨笄等达99件之多。山东滕县北辛遗址出土骨笄有55件。这些都属于7000多年前的遗物。到仰韶、龙山文化时期,所

---

[1] 任万明,王吉怀,郑乃武:《1979年裴李岗遗址发掘报告》,《考古学报》1984年第1期;《河南新郑裴李岗新石器时代遗址》,《考古》1978年第2期。

出土的笄、簪数量更多。陕西蓝田泄湖遗址出土有大量T形陶笄、石笄①。山东泗水尹家城遗址还出土有龙山文化时期的象牙笄②。在河南荥阳点军台和郑州大河村遗址的一些仰韶晚期居址内又发现有一种插笄的土器,少者可插3笄,多者可插10笄③。在山东宁阳和茌平的大汶口文化遗址出土有束发器,是以猪獠牙劈成薄片,稍加打磨制成,呈弯月形,长11.5厘米,较宽的一端穿有5孔④。由于是成对出土于人骨架头部,故知为束发器具。可见,这种风俗有4000年以上的历史。

当时,在中原以外的地区,各部族的发式是以"被发"(披发)为主。《礼记·王制》载:"东方曰夷,被发文身,有不火食者矣;南方曰蛮,雕题交趾,有不火食者矣;西方曰戎,被发衣皮,有不粒食者矣;北方曰狄,衣羽毛穴居,有不粒食者矣。"《山海经》中的"白民之国"、"长股之国"以及"据比之尸"皆"被发"。《史记·吴太伯世家》载:周太王的儿子太伯、仲雍,为了让位于弟弟季历,乃主动逃奔荆蛮地区,"文身断发,示不可用,以避季历"。《穀梁传·哀公十三年》说:"吴,夷狄之国也,祝发文身。"祝发即剃短发。由此可见,吴地当时也有断发文身、不挽发髻的习俗。

先秦时期先民们的发型可谓变化多端,但是从总体上看,其主要特点是蓄发不剪。蓄发可能是古人迷信心理的一种反映,由于人是自然界的组成部分,因而人们在崇拜自然、崇拜上天的同时,也崇拜上苍赋予的神秘莫测、奥妙无穷的人类身体。毛发作为身体的一部分,自然也不能忽视,常常被赋予一种神秘的力量。我国最古老的中药学著作《神农本草经》将人的头发当做一种药物,能治疗"五癃关格不通,利小便水道,疗小儿惊、大人痓,仍自还神化"。古人认为,人来到世间,生于天地,得之父母,那么到死还要全部还给天地,交给父母的在天之灵。头发是父母给的,所以人们一生都倍加珍惜,绝不轻易剃掉。如果谁被剃去头发,那就是犯了罪或者是精神不正常。《楚辞·涉江》曰:"接舆髡首兮,桑扈裸行。"接舆剃去头发,便被称为"楚狂"。古人把剃发的刑罚叫髡刑。《周礼·秋官·掌戮》载"髡者守其积",《注》云:"王之同族不宫之者,髡头而已。"《史记·季布栾布列传》中所说的"乃髡钳季布",指的就是这种刑罚。

二、商代发式的发展

商代的男子发式是以梳辫为主,从安阳殷墟古墓出土的大量玉器和陶俑上,可

---

① 马宏路:《陕西渭水流域新石器时代遗址调查》,《考古》1987年第9期。

② 蔡凤书,于海广,赵平文,宋家华:《山东泗水尹家城第一次试掘》,《考古》1980年第1期。

③ 赵清,张松林:《荥阳点军台遗址1980年发掘报告》,《中原文物》1982年第4期;郑州市博物馆:《郑州大河村遗址发掘报告》,《考古学报》1979年第3期。

④ 山东省文物管理处,济南市博物馆:《大汶口——新石器时代墓葬发掘报告》,北京:文物出版社,1974年;吴诗池,吴文祺:《茌平尚庄新石器时代遗址》,《考古学报》1985年第4期。

以看出这一时期的男子形象中辫发样式很多。如在上流社会阶层,有的人将长发胶固加工,做成尖状高耸发型,上缀饰物;有的人头上罩一龙首形冠,长发垂卷过臀,宛似龙体龙尾;有的人将头发拢于头顶,再编成一条辫子,垂于脑后;有的人左右梳辫,垂于两侧,辫梢卷曲;还有的人将头发梳成发辫后盘于头顶。

商代妇女的发型与男子一样以梳辫为主,发辫大多卷曲垂肩。有的贵妇则在右耳后编一长辫,上盘头顶,绕经左耳后,辫梢回扣右耳后。也有人将头发盘梳成顶心髻,再用一支骨簪横贯其中以固定之。1976 年殷墟妇好墓出土圆雕玉人,头编一长辫,辫根在右耳后侧,上盘头顶,下绕经左耳后,辫梢回接辫根。其戴一"頍"形冠,冠前有横式筒状卷饰,冠顶露发,冠之左右有对穿小孔,靠前也有一小孔,可能是为了插笄以固定冠。该玉人衣饰华丽,神态倨傲,为一贵妇人形象。

此外,殷代玉雕人头像也反映了几种高级贵族发式:一是 1937 年殷墟第 15 次发掘时,在小屯 M331 一座早期墓葬中,出土一玉雕高冠人首饰件,脑后发髻如鸟尾上勾,似男性;二是故宫博物院收藏殷代黄玉人头像,为男性,头顶绞齐的短发用额箍绾成上冲式,脑后则维持长发自然垂肩,显得粗犷豪放;三是故宫博物院收藏的殷代青玉女性人头像,两鬓秀发垂肩上卷,双耳佩环,头戴低平无檐冠,冠顶双鸟朝向中间一钮而对立,显得袅娜妩媚。

在中层社会,有的贵族长发垂颈上卷,上罩一胄;有的贵族收发束成前后双髻,前髻大而高挺后卷,后髻略小而突起,前后照应;有的贵族近臣头顶编一短辫,垂至颈部;有的亲信近臣,干脆绞成短发一周,妇好墓出土的玉人头标本 534、374、577 例,都是这种发式。妇好墓玉人头像标本 576,头上收发束成左右双髻,作蝶形。1936 年殷墟第 13 次发掘,小屯 M20、M40 出土的两件铜弓形器上所饰人像,也是左右双髻,有的髻梳作双角形。男女孩童,一般都是在头上结成左右总角。

在中下层社会,有的家奴或平民,脑后束一下垂发髻,上插笄,或再在髻上加一半圆形发饰,似为女性发型;有的男性,脑后剪发齐颈,再加工卷曲,而头顶绞成短发,戴一额箍;有的脑后剪发至颈,头顶则另束一髻;有的在右耳后编一长辫,盘过头顶和左耳后,再回压于辫根;还有的干脆绞作平顶头。至于罪隶或异族俘虏,女性有盘发、头顶束单髻、束左右双髻和束结左右双角等四种发型,男性大都作光头,但也有头发中间分开向左右披下的,还有将头发后梳贴垂脑后而以圆箍形"頍"加以固定的。

根据已经出土的众多人像雕塑可知,商代发式至少有 20 余种,有明显的等级特色。当时,人们头上一般总有多少不一的饰物,简单的施簪插笄,复杂的有雕玉冠饰、绿松石嵌砌冠饰等,这些都得到了地下出土文物的证明。

三、周代的发式

周代戴冠的习俗已相当普及。对现在存世的周代玉、石、陶、铜俑的研究表明,当时的男子几乎都戴冠或巾,很少有露顶的,这在一定程度上反映了当时冠与巾使用的普及。巾始于商代,基本形制是由早期的束发器演变而来,商代的巾通常为帽箍式,材料多为丝绸布帛。在殷墟妇好墓出土的玉俑巾上,还刻有清晰的几何图案的花纹。周代巾的形式除"帽箍"之外,还有平形、尖形、月牙形以及中间突出、两边翻卷等形状。由此可见周代的男子发式已不同于商代的辫发,而多将头发向上梳,拢结于顶,再盘结挽髻,罩以冠或巾。当时,普通人所戴的巾低而平,贵族所戴的冠高而尖。《释名·释首饰》曰:"二十成人,士冠,庶人巾。"显然,"冠"、"巾"是区分"士"、"庶"的重要标志,庶人不能戴冠,只能着巾以包髻。

男子戴冠前,要先用一块宽一幅、长六尺的黑帛,称为"纚",把髻包住,戴上冠后,用一根笄横贯冠与发髻加以固定,冠圈上各引一带,系于额下。冠不仅是成年区别于童子的标志,而且还是贵族阶层所享有的特权。湖南长沙子弹库楚墓中出土的帛画中,有一位头戴峨峨高冠、冠带系于额下的贵族男子形象。

古人戴冠主要不是为了保暖,而是身份地位的象征,是礼的一部分。也就是说,戴冠之事本身被看成是一种"礼"。《晏子春秋·内谏下》曰:"首服(元服)足以修敬,而不重也。"《国语·晋语》曰:"人之有冠,犹宫室之有墙屋也。"于是冠就成了贵族的常服。在等级森严的周朝,"被发"、"被发左衽"等早已被视为"野蛮人"的代名词,而有身份的人被发不冠更是被视为严重的失礼行为。《晏子春秋·内篇杂上》记载:齐景公曾"被发,乘六马,御妇人,以出正闺。刖跪击其马而返之,曰:'尔非吾君也。'景公惭而不朝"。这里,"闺",是指宫门;"刖跪",是指因罪被砍去脚的人,此处为受过刖刑而守宫门的人。齐景公因为披发不冠,而遭到一位地位卑贱的门官的指责,竟致羞愧得无脸上朝,可见出门该戴冠时不戴冠是何等失礼的行为。还有人将戴冠之事看得更加严重。《左传·哀公十五年》记载:孔子的门徒子路在卫国内战中被人砍断了系冠的缨,为了免受"落冠"之耻,子路固执地恪守"君子死,冠不免"的信条,于是在征战的关键时刻为了"结缨",最后被人剁成了肉酱。

古代华夏族男子,只有三种人不戴冠,即未成年人、罪犯和庶民。如果加上各少数民族人,则不戴冠的为四种人。

儿童在未行冠礼之前,头发是任其自然下垂的,这在古代叫做"髫"或"垂髫"。诗文中常以"髫发"、"垂髫"作为孩子的代称。《后汉书·伏湛传》曰:"髫发厉志,白首不衰。"李贤《注》云:"髫发,谓童子垂发也。"陶渊明《桃花源记》中说:"黄发垂髫,并怡然自乐。"在这里,"黄发"是指老人。老人长出黄色的头发,是长寿的表现。《后汉书·吕强传》曰:"垂发服戎。"李贤《注》云:"垂发,谓童子也。"垂髫、垂发,是孩子发式的特点。

古人是不剪发的,随着孩子年龄的增长,孩子的头发越来越长,大人就将他们的头发挽到头顶,紧靠着发根扎在一起,类似后代的"凤尾头"散披于后,这就叫做总发。如果不是把头发扎成一束,而是扎成两个丫髻盘在头顶左右两边,类似后代的抓髻儿,就叫总角,因为这种髻的形状像兽的两只角。《诗经·氓》中说的"总角之宴,言笑晏晏",即以总角指年幼之时。《礼记·内则》云:"三月之末,择日剪发为髻，男角女羁，否则男左女右。"也就是说，为了与男孩头部的双角相区别，女孩子的头顶正中留一小撮，梳成小辫，俗称"抓椒"、"冲天炮"，这种习俗一直延续到近代。

《论语·先进》中说：孔子问曾皙有什么志向，曾皙说："莫春者，春服既成，冠者五六人，童子六七人，浴乎沂，风乎舞雩，咏而归。"孔子听了以后马上表示："吾与点（曾皙的名）也。"曾皙并未正面回答老师的提问，而是描述了由冠者、童子组成的一幅生机勃勃的暮春图，符合孔子以礼治国的理想，所以孔子马上予以肯定。这里的冠者与童子，显然是有严格界限的。先秦戴冠一般是在20岁行过成年礼之后，因为戴冠就要束发，所以古人又用"结发"、"束发"表示20岁。如《史记·主父偃列传》曰："臣结发游学四十余年。"陈子昂《感遇》三十四云："自言幽燕客，结发事远游。"

古代有一种髡刑，惩罚方法是剃去罪犯的头发。当时的奴隶多是受了刑罚的罪人，已经剃过发，自然不用冠巾之类头衣。未受过髡刑的奴隶通常是青布束头，所以人们用"苍头"代指奴隶。《战国策·魏策》载："今窃闻大王之卒，武力二十余万，苍头二十万。"此俗汉魏以后仍存在。《汉书·鲍宣传》载："苍头庐儿，皆用致富。"颜师古《注》引孟康曰："汉名奴为苍头，非纯黑，以别于良人也。"

一般情况下，平民是不戴冠的，但也要留全发，上罩头巾，这种巾又称为帻。《说文》："发有巾曰帻。"《方言》："覆结（髻）谓之帻巾。"《释名》："帻，赜也，下齐眉赜然也。"赜然，是指幽深难见的样子。可见，帻的作用是盖住发髻，可以一直盖到前额。应劭《汉官仪》说："帻者，古之卑贱执事不冠者之所服也。"又说："孝武时天子以下未有帻。元帝额上有壮发，不欲使人见，乃使进帻，群僚随焉。"从汉代起帻为戴冠者所用，所以颜师古注《急就章》时说："帻者，韬发之巾，所以整乱发也。常在冠下，或单著之。"

留全发、戴冠（平民戴巾），是当时中原地区的装束，至于远离中原、文化落后的地区，则以披发为常。所以《论语·宪问》中说"微管仲，吾其被发左衽矣。"这里就是以"被发左衽"表示"夷狄"之人的习俗。

到了春秋战国时期，妇女的发式仍以辫发为主，只不过编辫的方法有所不同，有些人将背后的长辫结成双环，也有下垂作圆锥形的。河南金村出土的青铜女俑将头发梳成双辫，搭在胸前，有的女子还在辫梢上接一段假发，以便使它能够下垂过膝。从成都出土的铜壶纹饰上就可以看到当时妇女留长辫的风尚。也有的妇女将头发盘成髻，垂至脑后。

商周两代，人们簪发所使用的饰物以笄为主。当时的男子多用单笄固定发髻，妇女则多用对笄竖插于头顶发际两旁。在安阳殷墟古墓中发现的商代笄饰，均为骨质，上端刻有鸡、鸟、鸳鸯或几何纹样。周代笄的材料多用象牙宝石，且以笄的质料区分贵贱。《说文》中说："笄端刻鸡形，士以骨为之，大夫以上象（牙）为之。"按照礼制，女子成年方能着笄，古称"及笄"，表示该女子已经成年。周代礼俗，女子年过15岁，如已许嫁，便可由主妇主持举行笄礼，以示成人；如年过20而未许嫁，也要举行笄礼，不过仪式要简略一些，所用的笄也不同。

总之，在上古时代，中国男女的发式都崇尚简便、自然，男子成年加冠，女子成年挽髻，这为后世的发式奠定了基础。后来，男子发髻一般多用骨簪贯于顶，而且要戴冠、巾、帻、帽、盔等。女子发式则以挽髻为基本形态发展出千变万化的发型。

（原载《寻根》2006 年第 4 期）

典制篇

中国科举考试制度的萌芽

【摘要】 科举考试制度是中国封建社会通过分科考试来选拔统治人才的一种手段。我国的科举制度兴起于隋、唐,但是,选贤举能的做法,在先秦时期就开始了。夏、商、周时期选才的方法有乡举里选和贵族世卿制度,但最主要的方法还是后者;春秋战国时期采用礼贤、礼士和奖励军功的制度来选取人才,其中贵族还是占据了很大比例;秦汉时期,选拔人才的方法比较多,主要有考试和察举征辟制度,但是选才考试的方法还处在萌芽时期,没有形成系统的制度。

【关键词】 科举考试制度;萌芽;秦汉

科举考试制度是中国封建社会通过分科考试来选拔统治人才的一种手段。我国的科举制度兴起于隋、唐,但是,选贤举能的做法,很早就开始了。

自国家产生至清代,中国的君主是世袭制。夏、商两代,君主左右的巫史和宗室贵族绝大多数也是世袭的,只有家臣才从奴隶中挑选。西周大夫以上的爵位和官职是世袭的,大夫以下的低级职务才挑选士来担任。西周的士是贵族的最低层,是武士的通称。选士的基本方法是由乡里来荐举,也就是所谓的乡举里选。《周礼·地官·乡大夫》曾讲到三年举行一次"大比",考察乡人的"德行道艺",选拔贤能人才。《礼记·王制》也提到"乡论秀士",经过逐级提拔,有所谓俊士、进士等名称。春秋时期,孔子曾斥责过一种他称之为"乡原"("原"通"愿",忠厚)的人,这种人看起来似乎为人忠信,行为廉洁,很有人缘,可实际上是与世俗之人同流合污,是道德的败坏者。这从反面证明了乡举里选制度的确是存在过的。被乡里荐举出来的人叫"秀士"。秀士由诸侯贡献于天子,入学校学习,学成以后,天子考试其射艺,然后授予官爵。

战国时期,由于阶级关系的变化,封建统治者逐渐改变了贵族世卿制度,而采用选拔官吏的制度。例如商鞅在秦国实行变法,奖励军功,人人都按功劳的大小决定官爵的高低。从此,除君主以外,其他官职都不能世袭,而由君主采用不同方式选拔后加以任命,也可以随时撤换。由于私学的兴起,社会上涌现出一大批知识分子,其中有贵族后裔,也有不少庶民出身的,通称为士。战国时期的士,主要是指有一定知识技能的人,与西周的武士不同。由于列国争雄,战火连绵,迫切需要大量的人才,各国君主、封君、宰相等基本上都采取养士的办法,以备日后使用。如著名的战国四大公子(即齐国孟尝君、魏国信陵君、赵国平原君、楚国春申君)所蓄养的门客都数以千计。这些士有经人推荐的,也有自荐来的。但做官的人不一定都是士,君主的亲属仍占很大的比例。

秦始皇统一中国后,坚决废除了分封制和贵族特权;但是他焚书坑儒,对士人采取消灭的政策,结果很快就灭亡了。

汉代建立之后,非常重视人才的培养。政府在京师开办了太学,以五经博士为教官,学员叫太学生,又称博士弟子,年龄一般在18岁以上,由太常选拔,或由郡、国选送。太学的学习科目主要是政府所规定的"五经"(指《诗》、《书》、《礼》、《易》、《春秋》五种儒家经典),学生选一经学习,以自学为主,教师定期讲经。太学生每年考试一次,没有固定的学习期限。考试的方法是射策。主试者提出问题,写在简策上,并根据难易程度分为甲、乙科(平帝时分为甲、乙、丙三科),考生抽题作答,类似于后世的抽签考试,然后根据其成绩优劣,授予郎中、文学掌故等官职。东汉改试家法,即考试经师所讲授的内容。这是选士的一条重要途径。

选士的第二条途径是察举,由公卿、列侯、郡国守相等官员经过考察后向朝廷推荐。汉高祖刘邦时,就下过求贤诏,汉文帝也曾下诏察举贤良方正直言极谏之士,汉武帝又诏令天下察举孝廉和秀才(后汉时为避光武帝刘秀名讳,改秀才为茂才)。察举的对象主要是官府的属吏和地方学校的学生(称"诸生"、"门生")。西汉时,郡县设立学校,定期举荐士人做官,把读书和做官联系起来。汉平帝时,更明确规定:郡设学(国学),县设校,乡设庠,聚(村)设序。这些学校都属于小学性质。对被荐举的人员,朝廷有时也进行一定的考试。对贤良的考试方式主要是对策,即由皇帝提出政治、经义方面的问题,由应举者对答。东汉顺帝时,对孝廉也进行考试。"诸生试家法,文吏课笺奏。"方式为对策、射策,这是科举制度的萌芽。被推荐的人,经过考核后大多数都授予不同的官职。

汉代选士的第三条途径是征辟。某些有特殊名望和才能的士人,皇帝不经荐举,直接征聘,多授予博士或待诏的称号,侍从左右,备顾问。三公、将军和郡国守相等,也可以自辟士人充当幕僚。由皇帝征聘为朝廷官员的,称为"征";由高级官员征聘为自己属官的,称为"辟"("辟"的意思是"召")。

　　汉代虽然培养和选用了大批的士人,但是控制朝政大权的是外戚和宦官,士人仍处于受压抑的地位。选才考试的方法还处在萌芽时期,没有形成系统的制度,人们进入仕途也有多种途径,如任子(即二千石以上的官吏,任满三年可以保举子弟一人为郎)、纳赀(即入财得官)、军功等。当然,也有请托行贿等不正当途径。

(原载《中学生阅读》(高中版)1997年第7期)

科举考试制度的创立

【摘要】 我国古代的选才制度,历经汉征辟察举制和魏晋九品中正制之后,至隋唐,废除了世族垄断的九品中正制,开创了科举考试制度。隋代通过设立进士、明经两科,选拔人才、任命官员;唐承隋制,科举考试制度得到迅速发展。唐代科举考试科目分为常科和制科两类。常科由礼部每年定期举行,是生徒和乡贡参加的科举考试;制科是皇帝不定期下诏举行的,旨在选拔"非常之才"的考试。

【关键词】 科举考试制度;创立;隋唐

我国古代的选才制度,历经汉征辟察举制和魏晋九品中正制之后,至隋唐开创了科举考试制度。

隋代建立后,废除为世族垄断的九品中正制,改设进士、明经二科取士。所有官员,无论大小,都既不由州郡荐举,也不由中正评定,而是由国家通过公开考试的方法选拔,然后加以任命,具体事务由吏部负责。在这件事情上,隋炀帝起了决定性的作用。《旧唐书·杨绾传》说:"近炀帝始置进士科,当时犹试策而已。""进士"一词,最早见于《礼记·王制》篇,本义是指可以进授爵禄之人,但隋代是考试的科目,而不是荐举的科目,这在考试史上具有划时代的意义。

唐承隋制而有较大发展,考试的科目分为常科与制科两大类。常科,又称贡举、常举、岁举,每年举行一次。科目有秀才、明经、进士、俊士、明法、明字、明算、童子、五经、三史、开元礼等五十多种,其中,明经、进士二科的应试者最多;制科,又称制举、特科,是皇帝根据临时需要下诏设立科目举行的考试,不定期举行。由于设置制科的目的是为了选拔"非常之才",即具有特殊才能的人,因而应试者的身份不一,既有现任官员,又有布衣士子,还有已经常科及第的"前进士"。科目有贤良方正直言极谏科、才识兼茂明于体用科、经邦治国科等。

常科的考生,有生徒和乡贡两种。由京师及州县学馆出身,送到尚书省受试的叫生徒;不由学馆而先经州县考试,及格后再送到尚书省受试的叫乡贡。由乡贡入京应试的人通称"举人"。白居易《长庆集》中有《把酒思闲》诗一首,诗中说:"乞钱羁客面,落第举人心。"这里的"举人",就是指参加进士科考试的人。唐人还常说"举进士",如韩愈所写的《讳辩》一文说"愈与李贺书,劝贺举进士",也就是写信劝李贺应举参加进士科的考试。唐初还设有秀才科,不久即废,但是唐人后来仍通称应进士科考试的人为秀才。可见,进士、举人和秀才在唐代几乎是同一个概念,与明清时期大为不同。

唐代的州县考试称为"解(jiè)试",应试者必须持证件报考,这叫做"投牒自举"。考试合格后,州县长官要设"乡饮酒礼"招待,这就是著名的"鹿鸣宴"。宴席上使用少牢(即猪和羊),并演唱《诗经·小雅·鹿鸣》篇助兴。尚书省的考试通称"省试",起初由吏部主持,后来改由礼部主持,因而又叫礼部试。因为都在春季举行,所以又叫"春闱"(闱,就是考场)。

唐代各科考试的内容、形式和录取标准都不相同。例如,秀才科,考试方略策五道,合格分上上、上中、上下、中上四等;明经科,先考试帖文,然后口试,经问大义十条,答时务策三道。所谓帖文,又称帖经,主要考对经文的记忆。元人马端临所著的《文献通考·选举三》说:"凡举司课试之法,帖经者,以所习之经,掩其两端,中间帷开一行,裁纸为帖。"考试合格,也根据成绩分为四等;进士科,考试时务策五道,帖一大经(《礼记》或《左传》),经、策全通为甲第,策通四、帖过四以上为乙第。唐高宗时,又加试杂文,杂文就是诗、赋。从此以后,考诗、赋各一篇,成为定制。诗的题目和用韵都有严格的限制。以古人诗句或成语为题,冠以"赋得"二字,并限韵脚,这种诗就称为试帖诗,也称"赋得体"。士人考试能否合格,并不完全取决于成绩,还必须有知名人士向考官推荐奖誉,才有希望。

主持考试的官员,本来是吏部考功员外郎,玄宗开元年间改由礼部侍郎担任,如果侍郎空缺,则由皇帝临时指派其他官员主持,称为"知贡举"。唐代有关科举考试的文章常常提到有司、主司等,都是指考官而言的。武则天当政时,还亲自在洛阳殿试举人,此举历来被视为中国历史上"殿试"的开端。其实,武则天只不过越俎代庖、沽名钓誉而已,并非在吏部考功员外郎考试后再试。

唐代士人在常科考试及第以前,身份是平民,有"白身"、"白衣"和"布衣"等称呼。及第,就是科举考试合格的意思,又称"擢第"、"登第"或"登科"等,在古书中也常常单称"中"(zhòng)。唐朝时,进士及第第一名称为"状元"或"状头",进士及第,就叫有了出身,便初步具备了做官的资格。及第的考生称主考官为"座主"或

"恩门",对座主则自称门生。同科及第的士人互称对方为"同年"。录取名单张榜公布以后,朝廷赐宴招待新进士和诸科及第的人,称为"闻喜宴"。新及第的人,从状元以下,都要依次列队到座主门上通名谢恩,并向家中报喜。新进士还要在曲江亭聚会游宴,称为"曲江会";因为宴会上要从同榜士人中选择两三名才貌俱佳的年轻人作为"探花使"(也叫"探花郎"),遍游名园,折取名花,所以此宴又叫"探花宴"。游宴后,同榜的人在长安慈恩寺塔下题名,称为"题名会";由于是在著名高僧玄奘设计的大雁塔内题名,因而又称"雁塔题名"。唐代著名诗人孟郊《登科后》一诗中说:"春风得意马蹄疾,一日看尽长安花。"这句诗正是描写科举高中后喜悦之情的,后来,"春风得意"便成为进士及第的代称。

制科考试合格后,可以直接授官,武则天时多数授中书舍人、员外郎、拾遗、补阙等官。常科及第后,只是取得了入仕的资格,称为"前进士"、"进士及第"或"进士出身",要任官还必须再参加吏部试,考中后才能授予官职,所以这种考试被称为"关试",又叫"释褐试"、"铨选"或"省试"。吏部试有身、言、书、判四项。身,就是身体标准,要求身材伟岸、仪表堂堂;言,就是言谈标准,要求口齿伶俐、言之成理;书,就是书法标准,要求楷法工整、遒劲有力;判,就是文笔标准,要求所写的判决词语言优美、文理通顺。凡是考试判决词顺利通过的,就称为"入等",如果判决词非常拙劣,就称为"蓝缕"(比喻学识浅陋)。如选人未满,试文三篇,叫做"宏词";试判三条,叫做"拔萃",考中的就可以授予官职。因此,唐朝的士人没有不精研书法、熟习判词的,而且判词必定是词藻华丽的骈体文。凡是通过吏部考试的,均发给授官凭信,称为"告身"。如柳宗元进士及第后,又考中博学宏词科,因而被任命为集贤殿正字;白居易进士及第后,又考中拔萃科,因而被任命为秘书省校书郎;韩愈虽然进士及第,但是由于参加吏部考选未能通过,因而不能做官,于是以"前乡贡进士"的名义三次上书宰相求仕。

唐制,出身不同,初授官职的品级也不相同。制科授官最优,其次是秀才,再次是明经,最后是进士。不过,进士科及第却是最难的,通过率很低。正因为如此,当时士人所重视的,只有进士科而已。进士及第的,最为荣耀,被视为"登龙门",世人常称他们为"白衣公卿"或"一品白衫"。制科反而被视为"杂色",不受重视。进士科虽然一开始只能授从九品,但升迁比较快,"大者登台阁,小者任州县"。唐朝的宰相,有很大一部分都是进士出身,其次是明经科出身,中唐以后士人尤其重视进士科。吏部考试不合格或者连常科也未及第的人,就只能投靠节度使,充当幕僚,然后经过节度使的推荐,才能做官。

另外,从武则天时期开始,还有所谓武举,由兵部主持考试,考试的项目有马射、步射、负重等,成绩优异的可以授予官职。但是由于选用之法弊端颇多,因而人们对它并不重视。

隋唐时期所创立的科举制度,具有重视学识才干、公开竞争的精神,也有利于广泛搜罗人才,扩大统治基础,并把用人大权集中于中央政府,克服了九品中正制下门阀世族垄断选人、用人大权的弊端,也在一定程度上促进了文化教育事业的发展;但是,科举制度也带来了选人重才轻德、教育重文轻武、学风空洞、思想僵化、学校依附于科举等一系列的弊病,并且越来越严重。

(原载《中学生阅读》(高中版)1997年第8~9期)

科举考试制度的发展

【摘要】 宋代是中国科举考试制度成熟并改革较大的历史时期。这一时期的科举考试大体上仍分为常科与制科。此外,还有武举。同时,宋王朝通过实行扩大科举取士名额、殿试、严格考试规则、创设特奏名等一系列措施对科举考试制度进行了改革,建立起一套比较严密的规章制度,有效地防止了科举考试中营私舞弊的行为。这次改革彻底摧毁了魏晋以来门阀世族的世袭特权,从根本上铲除了荐举制的残余。

【关键词】 宋代;科举考试;改革;完善

宋王朝建立后,对科举考试制度进行了改革和完善,使之日趋严密。其主要表现在:

一、正式建立了殿试制度,皇帝亲掌取士权。殿试,又称廷试或御试,就是在礼部试后,皇帝亲自在殿廷主持最高一级的考试,最后决定录取的名单和名次,以防止知举官营私舞弊。殿试及第后,就可以直接授予官职,无须再经吏部考试。这样一来,所有及第的人都成了"天子门生",以防止考官与进士结为朋党,从而消除了唐代那种科举考试的弊端。

二、扩大取士名额,广泛吸收地主阶级知识分子参政。唐代科举考试,每次录取进士三四十人,最多不过 70 人。宋太宗、真宗时期,参加省试的举人往往多达一两万人,每次录取的士人多达数百,甚至上千。宋代共开科 118 次,其中北宋 69 次,南宋 49 次。北宋共取进士和诸科约在3.5万人以上,另外还有大量的特奏名。

三、考卷实行糊名弥封和誊录法,以防止考官作弊。淳化三年(992),殿试礼部奏名合格进士时,宋太宗采纳陈靖的建议,初次实行"糊名考校"法,糊住或截去举人试卷前面的姓名、籍贯等项,等到评卷结束、等第排定后再开拆弥封。咸平二年(999)礼部试时,朝廷选派官员专门负责封印卷首。明道二年(1033),诸州解试(乡试)也实行弥封制。从此,各级考试都在应试者交卷后,一一密封卷首,或临时截去卷首,将试卷以千字文编号。弥封官不参加评卷,评卷官不知考生姓名。实行弥封制后,考官虽不能从试卷上看到举人的姓名,但还能根据笔迹或事先约定的秘密记号,来辨认考卷。为了纠正这个弊端,从真宗景德二年(1005)开始在殿试中实行誊录法。两年后,颁布了《亲试进士条制》,殿试誊录正式成为制度。举人的亲笔试卷称为真卷,送还弥封官保存。誊录的副本称为草本,送交初考官和复考官评阅。这是封建社会行之有效的考试方法,对选拔人才曾经发挥过积极的作用。

四、实行"锁院"和"别头试"制度。淳化三年(992),翰林学士承旨苏易简等5人被委任为知贡举后,不敢回家,而是直接从殿廷赴尚书省贡院锁宿,借以躲避请托。此举甚合太宗的心意,所以从此成为定制。雍熙二年(985)正月,省试(即礼部试)前夕,太宗下诏:"令考官亲戚别试。"真宗咸平元年(998),在开封府和国子监发解试中,对与主考官有亲戚关系的应试者,另外选派官员主持考试。仁宗时,又把这项制度推广到外郡发解试中。至此,除皇帝亲自主持的殿试外,所有的科举考试都设置"别头试"。

宋代的科举,大体上仍分为常科与制科。此外,还有武举。常科,最初每年举行一次,英宗治平三年(1066)以后,才定为三年一次。其科目有进士、九经、五经、三礼、三传等,比唐代大为减少。其中进士科最受重视,其他科被统称为诸科。神宗时,王安石建议废除明经等诸科,只保留进士科。进士科不考诗赋而考试经义,此外仍考论策,后来偶尔也考诗赋。哲宗时,将进士分为经义、诗赋两科,分别举行考试。宋代注重经书义理的阐明,取消了唐代偏重记忆的帖经、墨义等考法。

常科考试,分为州府试、礼部试、殿试三级。州府试,包括解试、漕试、取解试、发解试。因故在他乡而不能回原籍的考生,都到转运司考试,这称为"附试"。各州府由判官考试进士,录事参军考试诸科。礼部试,也称省试,主考官为知贡举、同知贡举。因为路途遥远或其他原因,不须礼部试,而由地方长官或由朝廷派遣官员考试的,称为"类试"。殿试,是最高一级的考试,具有复试的性质,从仁宗时期开始,对省试合格的举人,只有名次上的调整,而没有黜落的。殿试以后,要举行皇帝宣布登科进士名次的典礼,并赐宴于琼林苑,称为琼林宴。然后,分五等三甲放榜,第一、第二等称"及第",第三等称"出身",第四、第五等称"同出身"。北宋时,殿试第一名称榜首,第二、第三名称榜眼,一、二、三名都可以称状元。南宋以后,才称第一名为状元,第二名为榜眼,第三名为探花。

宋代的制科称为大科,因种种原因,曾多次停罢。偶尔举行,应试者也不多。在正科之外,当时还设有恩科。恩科,又称特奏名,是指举人应省试或殿试多次不第的,皇帝用"特恩"的办法,赐予本科出身。为了防止失意士人心生异志,宋太祖下诏:凡举人考十五场不中的,赐本科出身。此后,特奏名的资格——举数(举人参加省试或殿试的次数)和年龄,在不同时期和地域,对于不同的科目,有不同的规定,如南宋时期,进士六举曾经御试、八举曾经省试,年龄在40岁以上的,以及进士四举曾经御试、五举曾经省试,年龄在50岁以上的,允许特奏名。实行此制的目的,是为了"广开科举之门,俾人人皆有觊觎之心,不忍自弃于盗贼奸宄",使广大士大夫都"觊觎一官,老死不止"。

总之,宋代的科举制度,主要是从各个方面严防贵族、官僚凭借权势培植私人势力,并防止少数不得志士大夫参与农民起义。它的实行,彻底摧毁了魏晋以来门阀世族的世袭特权,从根本上铲除了荐举制的残余。

(原载《中学生阅读》(高中版)1998年第7期)

科举考试制度的衰亡

【摘要】 明清时期,科举制度正式的科举考试分乡试、会试、殿试三级。其中乡试和会试的主要考试形式为八股文和试帖诗等。由于各种因素的影响,科举制度和学校教育密切联系起来,进入学校就成为科举入仕的必由之路。这一时期,科举考试制度发展到了极盛时期,也因为诸多不可避免的弊端而走向了衰亡。

【关键词】 明清;科举考试制度;衰亡

科举考试制度至明清达到极盛时期,同时也是它走向衰亡的时期。此期科举制度有一个重要特点,那就是学校与科举更加紧密地结合起来,进入学校成为科举的必由之路。

明清时期,学校体系更加完备,中央一级有国学和宗学,地方上则有府、州、县学等。宗学是皇家学校。国学,初名国子学,后改名为国子监,学生称为国子监生或监生。府、州、县等所设立的学校,通常称为郡县学,又称儒学。几经本省各级考试入学的,通称生员,别称庠生、秀士,俗称秀才,这是取得功名的起点。取得生员资格的考试叫童生试,简称童试,它包括县试、府(或直隶州、厅)试、院试三个阶段。

明清时期,正式的科举考试分乡试、会试、殿试三级。乡试,又叫大比、秋闱,每三年在各省省城(包括京城)举行一次,逢子、卯、午、酉年为正科,遇庆典加科为恩科,考期在八月,分三场,初九、十二、十五日各考一场。之后,主考官阅卷、核定名次,将录取名单及试卷上奏皇帝。乡试考中的称为举人，第一名叫解元。考中举人叫乙榜，又叫乙科，民间也叫"一榜"。

会试，又称礼闱、春闱，在乡试后的次年春天举行，逢丑、辰、未、戌年为正科，若乡试有恩科，则次年也举行会试，称为会试恩科。考期原在二月，后来改在三月，也考三场。各省的举人都可以应试。主考官称主裁，又称座主或座师。房考官俗称房师，负责阅卷。考中的称为贡士，俗称"出贡"，别称明经，第一名称为会元。会试后一般要举行复试。

乡试和会试主要是考八股文和试帖诗等。八股文题目出自"四书五经"，措辞要用古人语气，这就是所谓的代圣贤立言。文章的结构有一定的程式，字数有一定的限制，句法要求排偶。八股文形式死板，内容空洞，严重束缚士人的思想。

殿试在会试后举行，由皇帝亲自主持考问新录取的贡士，题目是时务策一道。考中后统称为进士。殿试分三甲录取：第一甲录取三名，赐进士及第；第二甲赐进士出身；第三甲赐同进士出身。第一甲第一名称状元，又称殿元、鼎元，第二、三名分别称榜眼、探花，三人合称三鼎甲。第二甲第一名称传胪，第三甲第一名有时也称传胪。进士榜称甲榜，或称甲科。人们常说的"两榜进士"，就是指甲榜和乙榜而言的，也即由举人而考中进士。由于进士榜是用黄纸书写的，因而又称黄甲或金榜，金榜题名就是指考中进士。

明清时期，状元照例授翰林院修撰（从六品），榜眼、探花照例授翰林院编修（正七品）。（明英宗以后，非翰林不入内阁，宰辅几乎都是翰林出身。）其余的进士再参加朝考，成绩优异的，选入翰林院深造，称为庶吉士；余下的分别授主事（各部职员）、中书、知州、知县等职。庶吉士在翰林院内特设的教习馆（也叫庶常馆）肄业三年，期满后要举行"散馆"考试，成绩优良的分别授予翰林院编修、检讨等官，其余的分派到各部任主事等职，或到各省任知县。

科举制度，从隋代草创，至明清时期，制度和组织高度严密，而考试的形式却十分死板，内容也极为空洞，完全脱离现实生活。这种制度严重束缚了广大士人的思想，扼杀了他们的聪明才智，使他们终生奔波劳碌于对功名利禄的追求中不能自拔。一千多年前，有人就写诗评论唐太宗的科举考试说："太宗皇帝真长策，赚得英雄尽白头。"随着科举制度一天天走上绝路，越来越多的有识之士对之提出批评甚至进行猛烈的抨击。1898年，戊戌变法中，清政府曾一度废止八股，改试策论，设立新式学校，但不久就随变法的失败而复旧，直到1905年，才正式下令废除科举制度，以新式的学校教育代之。从此，主宰中国知识分子命运千余年的科举制度，终于退出了历史的舞台。

（原载《中学生阅读》（高中版）1998年第11期）

明清时期的封赠制度与诰敕档案浅述

【摘要】 封赠,是皇帝给予臣僚及其妻室、祖先以官爵或名号的荣典。明代的封赠制度,文职归吏部主管,武职则归兵部负责。官员的受封名号分为四十二级,命妇分为九等。清代的封赠分为"恩封"和"例封"两类,内容大体与明代相同,但有了进一步的细化和规定。另外,明清时期的封赠,通过对诰、敕文书的规格、内容和格式的严格制定,明确规定了受封官员的品级、名号,受封女性的名号、资格,受封的次数等。现存的诰、敕文书,有助于解决历史人物研究和职官、封赠制度等方面的一些问题,对于我们了解当时社会的方方面面有很重要的参考价值。

【关键词】 明清;封赠制度;诰、敕档案

在一些档案馆,我们可以看到不少珍藏的诰命和敕命档案,它们是封建王朝实行封赠制度的产物。封赠,是皇帝给予臣僚及其妻室、祖先以官爵或名号的荣典。此制很早就有,汉魏以来,历代沿置,但各有差异,至明清发展到顶峰,由此形成的诰、敕档案也最多。

一、明代的封赠制度

明代的封赠,文职归吏部主管,武职则归兵部负责。先由各省的军政长官或本部门长官将符合条件的官员的材料,分别报送吏、兵二部,再由二部奏准,然后交内阁中书舍人缮写诰、敕下发。具体办法是:公、侯、伯之追封,皆递进一等;三品以上政绩优异及死谏、死节、

阵亡者，皆得赠官；其现任则初授散阶，京官满一考及外官满一考而政绩优异者，皆给本身诰敕；七品以上皆可推恩其祖先；五品以上授诰命，六品以下授敕命。诰、敕皆为九尺绢制成的卷轴式文书。一品官，可以上封三代，有四根轴。二、三品，可封赠二代，有三轴。四至七品，各可封赠一代，有二轴。八品以下流内官，只封本身，一轴。被封赠的曾祖父、祖父、父的品级与其子孙相同。内、外命妇的品级同其夫或子孙。对尚在世的叫封，已死的称为赠。

文官封赠的名号有四十二级：正一品，初授特进荣禄大夫，升授特进光禄大夫；从一品，初授荣禄大夫，升授光禄大夫；正二品，初授资善大夫，升授资政大夫，加授资德大夫；从二品，初授中奉大夫，升授通奉大夫，加授正奉大夫；正三品，初授嘉议大夫，升授通议大夫，加授正议大夫；从三品，初授亚中大夫，升授中大夫，加授大中大夫；正四品，初授中顺大夫，升授中宪大夫，加授中议大夫；从四品，初授朝列大夫，升授朝议大夫，加授朝请大夫；正五品，初授奉议大夫，升授奉政大夫；从五品，初授奉训大夫，升授奉直大夫；正六品，初授奉直郎，升授承德郎；从六品，初授承务郎，升授儒林郎，吏材干出身授宣德郎；正七品，初授承事郎，升授文林郎，吏材干出身授宣议郎；从七品，初授从仕郎，升授徵仕郎；正八品，初授迪功郎，升授修职郎；从八品，初授迪功佐郎，升授修职佐郎；正九品，初授将仕郎，升授登仕郎；从九品，初授将仕佐郎，升授登仕佐郎。

外命妇之名号有九等（因内命妇的范围很小，此处从略）：公曰某国夫人，侯曰某侯夫人，伯曰某伯夫人；一品曰夫人，后称一品夫人；二品曰夫人，三品曰淑人，四品曰恭人，五品曰宜人，六品曰安人，七品曰孺人。因子孙得封的，加"太"字，如丈夫尚在则不加。

关于封赠次数的规定是：七品至六品一次，五品一次，一、二、三品各一次。起初有四品一次，后来取消。嫡母在则不封生母，生母未封不先封其妻。若封赠后官员因枉法被惩处的，则全部予以追夺。

二、清代的封赠制度

清承明制，内容大致相同，但也有变化。清制："覃恩封赠五品以上官，及世爵承袭罔替者曰诰命；敕封外藩、覃恩封赠六品以下官，及世爵有袭次者曰敕命。"[①]

清代的封赠，大致可分为两类：一是"例封"，即对符合条件的官员例行封赠；二是"恩封"，一般是在皇太后、皇帝的生日、皇帝的重大婚娶日以及重大的献捷日等庆典上，对官员进行封赠。其文职封赠的名号：初正一品，特进光禄大夫，不久改为光禄大夫；从一品，初为光禄大夫，不久改为荣禄大夫；正二品以下除从三品为中议大夫外，其余皆与明代的所谓"升授"之名号相同。

武职封赠的名号，初分三系：1. 满、汉公、侯、伯封光禄大夫，后改为建威将军。

---

① 《清会典》卷二注。

2. 八旗。八旗封阶皆正品，无从品。其名号除六品先为承德郎后改武信郎、七品初为文林郎后改奋武郎外，其余与文职之正品完全相同。乾隆三十二年以后，八旗改行绿营的办法。3. 绿旗营。绿营封赠的名号多次变化，起初是：正、从一品，荣禄大夫；正二品骠骑将军，从二品骁骑将军；正三品昭勇将军，从三品怀远将军；正四品明威将军，从四品宣武将军；正五品武德将军，从五品武略将军；正六品昭信校尉，从六品忠显校尉。后增正七品奋勇校尉。此后经过乾隆二十年、三十二年和五十一年三次变更，其名号才最终确定下来：正一品建威将军，从一品振威将军；正二品武显将军，从二品武功将军；正三品武义都尉，从三品武翼都尉；正四品昭武都尉，从四品宣武都尉；正五品武德骑尉，从五品武德佐骑尉；正六品武略骑尉，从六品武略佐骑尉；正七品武信骑尉，从七品武信佐骑尉；正八品奋武校尉，从八品奋武佐校尉；增正九品修武校尉，从九品修武佐校尉。

外命妇的封号：文武正从一品妻封一品夫人；满汉公、侯、伯妻分别封一品夫人；正从二品夫人；正从三品淑人；正从四品恭人；正从五品宜人；正从六品安人；正从七品孺人；正从八品孺人；正从九品孺人。武职八旗八品以下，绿旗营七品以下妻无封。后改绿旗营正七品妻封孺人。

对于殉职官员的赠官，也有明文规定：总督加尚书衔者，赠太子少保衔；巡抚加副都御史衔者，赠左都御史；布政使赠内阁学士；按察、盐运使赠太常寺卿；道员赠光禄寺卿；知府赠太府寺卿；同知、知州、通判赠道衔；知县赠知府；教渝、训导赠国子监助教、学录；其余各官按品级依例加赠。光绪二年，规定内海、内河上淹死以及在军中病故的减等赠衔，只有总督、巡抚、布政使不减，但必须减等荫子。①

清代办理封赠的时间，初承明制，由各省督抚陆续上奏。乾隆五十六年规定，各省必须将合格者的材料于年底一次奏准，不得陆续报批，以免烦扰。

三、诰敕的规格、内容和格式

(一) 规格

诰、敕文书是备受时人重视的，因此写在比较贵重的丝织品上（只是在清末因财政困难曾改用纸）。明代的诰敕是由工部神帛制敕局（后改南京织染局）织造的，清代的则由江宁织造局制作。内阁每年从工部领取空白诰敕，至次年二月，将上一年中领取多少、撰写多少、还剩下多少，造册送报吏部。这些诰敕有苍、青、黄、黑、赤五种颜色，依官员品级的高低，其图案和轴头也有严格的区别：一品云鹤，夫人云鸾，皆玉轴；二品狮，夫人㶉鶒，犀轴；三、四品瑞荷，淑人、恭人芙蓉，皆抹金轴；五品瑞草，宜人四季花，皆角轴；六、七品，安人、孺人，皆葵花乌木轴，八、九品与此同②。明代诰、敕的织文分别是"奉天诰命"和"奉天敕命"，文官用玉箸篆，武职用柳叶篆，皆有

---

① 赵尔巽等：《清史稿·选举志》。
② 孙承泽：《天府广记》。

升降龙盘绕。

清代的诰、敕,基本上沿袭明制而略有变通。诰命用五色或三色纻丝织成,敕命用纯白绫织成,织文兼用满、汉字,内容与明代相同,也都有升降龙盘绕。覃恩封赠文武官员的诰敕:一品用玉轴,鹤或狮锦面;二品用犀轴,赤尾虎锦面;三、四品用贴金轴,瑞荷锦面;五品用角轴,瑞草锦面;六品以下,全用角轴,葵花锦面。①

(二)格式与内容

明代的诰、敕,开头总是"奉天承运皇帝制(敕)曰"八字。这是朱元璋兴起的规矩,表明皇帝是奉行天命,不敢自专的。清代则无论诰或敕,一律冠以"奉天承运皇帝制曰"。在明弘治(1488~1505)以前,诰、敕的语言是比较朴实的,基本上能如实反映受封赠者的履历和功绩。内阁大学士张居正说:"叙本身履历、功绩不过百余字,祖父母、父母及妻室不过六七十字。至于庆典覃恩,则其词尤简。"弘治以后,诰、敕的文辞日益崇尚浮夸、粉饰,文字冗长(有上千字的)却又空洞无物,令人不知所云。因此,清代改由翰林院撰拟文式,经内阁大学士奏定以后,按品级填发,并且对各部分的句数也作了严格的限制。顺治十年规定:一品,起六句,中十四句,结六句;二品,起六句,中十二句,结六句;三品,起六句,中十句,结六句;四、五品,起四句,中八句,结四句;六、七品,起四句,中六句,结四句;八、九品,起两句,中四句,结两句。康熙二十四年,又改为各按官职撰定文字颁下。文式存于内阁,并印制草本。需用时,由内阁核实受封者的职衔,在应给诰、敕的草本上填注姓名,然后发中书科缮写。如有"格外加恩"需新撰文字的,则由翰林院办理。因此,今天看到的清代诰、敕,同一品级的格式完全相同,内容除姓名、职衔及袭封次数外也大同小异。

清代的诰、敕均为满汉合璧式,满文右行,汉文左行,汇于中幅,分署年、月、日,并分别加盖"诰命之宝"或"敕命之宝"印记。如遇袭封的,则每袭一次,就在原给之诰、敕上注明。若注满,则另写新的诰或敕,用宝以后与原诰、敕一同发给官员。

诰、敕的编号方法,明代有多种系统,清代不编号。《明会典》卷167载:"凡编字号,公、侯、伯本身并追封用仁字,蕃王亦用仁字,文官本身用十二支字,追封用文、行、忠、信字,武臣用千字文。每字编满一千号,仍从前续编。若王府并驸马都尉俱不编号。"《天府广记》卷十则说:"国王用礼字,追封用文、行、忠、信字,文官二品以上用仁、义、礼、智字,三品以下用十干字,新制武官诰命初编用二十八宿字,续编用千字文。"

官员领取诰、敕的途径,初无定制,或从吏部,或从兵部,或直接赴内阁领取。至光绪五年,御史邓庆麟才建议:"诰敕既由吏、兵二部查核汇题,于钤宝后自应统交吏、兵二部转给,令各该员出具亲领甘结存案备查,以杜冒滥。"②下面是获嘉县档案馆所保存的一帧清代敕命的原文及解释:

---

① 《光绪会典事例》卷一六。
② 刘锦藻:《清朝续文献通考》卷146《职官》。

奉

天承运

皇帝制曰:宠绥国爵,式嘉阀阅之劳;蔚起门风,用表庭闱之训。尔王可立乃河南怀河营外委把总王麟之父,义方启后,谷似光前。积善在躬,树良型于弓冶;克家有子,拓令绪于韬钤。兹以覃恩貤赠尔为修武校尉,锡之敕命。於戏!锡策府之徽章,浡承恩泽;荷天家之麻命,允贲泉垆。

……

大意是:国家设置爵位名号,是为了表彰家教的功绩。你王可立能以大义启发、教育儿子麟,积德行善,身体力行,树立了良好的榜样,因而将儿子培养成具有文韬武略的人才。所以皇上推恩赠给你修武校尉的名号。你得到了赠给徽章的浩荡皇恩,在九泉之下也会感到荣光无比的。

紧接着的是赠给王麟之母九品孺人名号的敕辞。敕命的左半边是同样内容的满文。两种文字皆署以"嘉庆十四年正月初一日",并分别加盖"敕命之宝"印记。

四、诰敕的作用及其价值

诰敕在封建社会是极受重视的。得到它们的人家在政治、经济、文化教育以及日常生活(包括住宅、服饰、车马等)等方面都享有许多特权,具有较高的社会地位,可以占有更多的财富,甚至有的凭借自己较高的品级为非作歹、称霸一方,阻挠地方官员职权的行使,特别是那些通过捐封获得比一般封赠更高品级的人。从著名的戏剧《唐知县审诰命》中那位"一品诰命夫人"的专横跋扈可以略见一斑。当然,封建国家建立此制的主要目的是利用人们极希望光宗耀祖的心理,调动广大士人从政的积极性,巩固和扩大统治基础。为了使之不致因过滥而失去荣宠作用,聪明的统治者都能自觉地把关。《清朝续文献通考》卷146载,曾国藩曾保举许多人请求予以封赠,光绪帝令其"择保尤为出力者数员,按照原保升阶咨部给予封典,毋许冒滥。其有告假回籍者,概不准给,以示区别,以励戎行"。对贪赃枉法、犯有过失的官员,追夺原给封赠,或不给封赠。

今天,诰敕档案可以有助于解决历史人物研究和职官、封赠制度等相关方面的一些问题。同时,这些档案本身也是一种历史的见证,由其质料优劣可反映出当时的政治和经济状况;由其文字可反映出当时的文风、书法和文学水平;由其制作和图案的精美与否,可反映出当时的丝织技术和工艺美术水平。由于封赠制度历时甚久,在明清时期涉及面又极广,因而诰敕档案存于民间者甚多,它们必将不断被发现,希望各档案馆重视收藏。

(原载《档案管理》1992年第3期,与王金玉合著)

地理篇

北宋政府治理汴河的措施及其启示

【摘要】 汴河是引黄河水连通淮河的一条人工河,也是北宋东京开封府的四大漕渠之一,有效地将政治、军事重心所在的中原地区与经济重心所在的南方地区联系为一体,可以说是北宋王朝赖以生存的生命线,在很大程度上决定着北宋王朝的生死存亡。为了保证此河的畅通,北宋政府采取了许多行之有效的措施,如建立健全有关规章制度、严格管理、整修和控制汴口、建设水柜、设置减水河和滞洪区、定期疏浚河道且有固定的标准、木岸狭河提高流速以减少泥沙淤积、导洛通汴以引进清水、必要时军队参与防汛救灾、沿岸修墙植树护堤等,其中不少措施对后世有很大影响,对今天的治黄事业也有一定的启发意义。

【关键词】 北宋;汴河;治理措施

汴河是北宋东京开封府的四大漕渠之一,主要功能是将政治、军事重心所在的中原地区与经济重心所在的南方地区联系起来。通过此河,南方的财赋和人员等源源不断地北上,北方的人员和物资也源源不断地南下,可以说此河是北宋王朝赖以生存的生命线,在很大程度上决定着北宋王朝的生死存亡。由于此河水源来自黄河,含沙量相当高,因而也是当时最难治理的河流之一。北宋政府曾采取了许多措施,其经验教训至今仍有借鉴意义。

一、汴河对北宋政府的重要性

宋代的汴河,是一条人工河,即隋炀帝所开凿的通济渠,唐代改名为广济渠,又叫汴河,当时已经发挥了南北交通的干道作用。唐末、五代之际,由于战争频繁,汴河年久失修,时断时续,交通困难,至后周时又开始通航。宋都开封,对汴河的依赖性更大。《宋史》卷九十三《河渠志》记载:"自隋大业初,疏通济渠,引黄河通淮,至唐,改名广济。宋都大梁,以孟州河阴县南(在今荥阳市境内)为汴首受黄河之口,属于淮、泗。"其具体走向为:从郑州(今属河南)西北的汴口引黄河水,然后向东南沿隋渠故道经宋东京开封府、雍丘(今河南杞县)北、襄邑(今河南睢县)南、宁陵(今属河南)南、宋州(后改为南京应天府,即今河南商丘市)、永城南、宿州(今属安徽)、灵璧南,至泗州(今江苏盱眙)与淮河相接,全长约1200里。

因汴河水源来自黄河,所以应当算是黄河的一条支流。此河实在是北宋王朝的生命线,对北宋王朝具有特殊意义。因为汉末以后,中原地区经历了数百年的大动乱,社会经济受到严重破坏,人口锐减。有许多人为躲避战乱流入相对比较和平、安定的南方地区。这些人的到来,为南方地区增加了大量的劳动力,同时也带来了先进的生产技术和管理经验,加上自然条件优越,统治阶级也比较重视,因而南方的经济日渐发展起来,到南北朝时已足以同北方抗衡;隋朝时,中央政府不依赖南方的财赋便难以生存,所以隋炀帝不惜工本,开凿了沟通南北的大运河,以大规模地漕运南方的粮食及其他财富。唐代时,由于"今赋出天下,江南居十九"[1],这条河就更成为维持唐王朝生存的生命线。到了北宋时期,全国的经济重心基本上已完全转移到南方,南方的农业、手工业、商业和文化教育事业已全面超过北方,朝廷对南方的依赖进一步加深,汴河的作用也越来越突出。《宋史》卷九十三《河渠志·汴河》记载:

> 宋都大梁,以孟州河阴县南为汴首受黄河之口,属于淮、泗。每岁自春及冬,常于河口均调水势,止深六尺,以通行重载为准。岁漕江、淮、湖、浙米数百万,及至东南之产,百物众宝,不可胜计。又下西山之薪炭,以输京师之粟,以赈河北之急,内外仰给焉。故于诸水,莫此为重。其深浅有度,置官以司之,都水监总察之。然大河向背不常,故河口岁易;易则度地形,相水势,为口以逆之。遇春首辄调数州之民,劳费不赀,役者多溺死。吏又并缘侵渔,而京师常有决溢之虞。

《宋史·食货志》载:

> 宋都大梁,有四河以通漕运:曰汴河,曰黄河,曰惠民河,曰广济河,而汴河所漕为多。太祖起兵间,有天下,惩唐季五代藩镇之祸,蓄兵京师,以成强干弱枝之势,故于兵食为重。

---

[1] 董诰等:《全唐文》卷五五五,韩愈:《送陆歙州诗序》,北京:中华书局,1983年影印本。

宋人张洎也说过：

> 今天下甲卒数十万众,战马数十万匹,并萃京师,悉集七亡国之士民于辇下,比汉唐京邑,民庶十倍。甸服时有水旱,不至艰歉者,有惠民、金水、五丈、汴水等四渠,派引脉分,咸会天邑,舳舻相接,赡给公私,所以无匮乏。唯汴水横亘中国,首承大河,漕引江、湖,利尽南海,半天下之财赋,并山泽之百货,悉由此路而进。①

另一位宋代经济专家张方平亦云：

> 今日之势,国依兵而立,兵以食为命,食以漕运为本,漕运以河渠为主。国家初浚河渠三道,通京城漕运,自后定立上供年额,汴河斛斗六百万石,广济河六十二万石,惠民河六十万石。广济河所运多是杂色粟豆,但充口食马料;惠民河所运止给太康、咸平、尉氏等县军粮而已。唯汴河所运一色粳米,相兼小麦,此乃太仓蓄积之实。今仰食于官者,不惟三军,至于京师士庶以亿万计,大半待饱于军稍之余。故国家于漕事,至急至重。京,大也;师,众也;大众所聚,故谓之京师。有食则京师可立,汴河废则大众不可聚,汴河之于京城,乃是建国之本,非可与区区沟洫水利同言也。②

因汴河水源为黄河,时间一久,由于黄河泥沙淤积,汴河成为地上河,有些地方甚至高出平地一丈二尺,成为一条很危险的河流,在北宋时期经常决溢。如太祖建隆二年(961),"宋州汴河溢"。太祖开宝二年(969)"六月,汴决下邑"。据《宋史·本纪》《宋史·五行志》记载,北宋一代汴河共泛决二十二次,其中十九次发生在农历的六月至九月间,曾给沿岸地区造成严重灾害。鉴于汴河对北宋王朝的漕运至关重要,所以尽管治理汴河非常困难,但政府还是花了很大力气进行治理,因为如果不克服这些困难治理好汴河,汴河就无法发挥其效益。如果汴河不通,那么北宋王朝在开封就无法立足。因此,它得到了赵宋政权的特别重视,不仅专门"置官以司之,都水监总察之",而且还采取多种措施,以保证汴河的畅通,达到运输的最佳效果。

二、北宋政府管理和治理汴河的主要措施

（一）每年调动大批民夫开挖汴口

北宋政府每年春都要调动大批民夫开挖汴口。汴口即引黄入汴处的河口,因黄河河身摆动无常,汴口也就随之变换不定。加上黄河河身摆动之后,汴口多在黄河淤积的嫩滩上开挖,土质特别松软,施工难度极大。所以,北宋政府每次选址时,都要制定多种方案,"有拟开、次拟开、拟备开之名凡四五处"③,目的是选择一个比较理想的地点,以便能够控制汴口的流量,保证汴河水既不会太大,又不会太小,最好

---

① 脱脱：《宋史》,北京：中华书局,1977年。
② 张方平：《乐全集》卷二十七《论汴河利害事》。
③ 李焘：《续资治通鉴长编》,北京：中华书局,1985年。

能四季均衡,才不至于影响交通运输。这项工程在北宋中期以前,年年进行,基本上都是在开春之际就将汴口修好。王安石变法时期,力图选址修建一个永久性的汴口,但没有成功。

(二)定期清理淤积在河床上的泥沙

汴河长期以来,引入黄河大约 1/3 的流量,泥沙沉积在河床上,天长日久,河床越淤越高,危害每年加剧。如何清理这些泥沙,是关系到汴河能否畅通、大宋王朝能否生存与兴盛的要害问题。为了解决汴河河道的淤积问题,宋廷采取了种种措施,其中最重要的就是清淤。清理汴河淤积,每年都在冬季及初春进行,征调民夫称为"春夫",用于汴河的又称"汴夫",30 万人左右,根据工役的大小而每年所用人数亦不相等。《宋史》卷九十三《河渠志》载,"遇春首辄调数州之民"浚河。因工程艰巨,"役者多溺死"。

为了更好地疏浚河道,北宋政府于仁宗皇祐三年(1051)设立了河渠司,专门负责汴河的清淤、疏浚工作,"令河渠司自口浚治,岁以为常"。关于清淤、疏浚的办法及标准,宋人王巩记载:"汴河旧底有石板石人,以记其地理,每岁兴夫开导,至石板石人以为则,岁有常役,民未尝病之,而水行地中。"① 这是北宋前期的情形,官员负责,清理认真,制度严格,确保了汴河的畅通。北宋中期以后,随着政治的因循、腐败,疏浚制度不能坚持,汴夫又被借调他用,久而久之,河床增高,使汴水逐渐变为地上悬河。熙宁六年王安石说:"今沟首皆深,汴极低。又观相国寺积沙几及屋檐……"② 说明清理泥沙,就岸堆置,无法运出。开封以东,问题更为突出,"自汴流湮淀,京城东水门下至雍丘、襄邑,河底皆高出堤外平地一丈二尺余,自汴堤下瞰民居,如在深谷",而以前的情形是"异时京师沟渠之水皆入汴。旧尚书省都堂壁记云'疏治八渠,南入汴水'"③。南宋乾道五年(1169)楼钥使金北上,时汴河河身已成平陆,"车马皆由其中","民亦有作屋其上",河床上已种上麦子④。上距北宋亡国不过三四十年的时间。

宋人王曾有一段颇有见地的论述:"汴渠派分黄河,自唐迄今,皆以为莫大之利。然迹其事实,抑有深害,何哉?凡梁宋之地,畎浍之制,凑流此渠,以成其大。至隋炀将幸江都,遂析黄河之流,筑左右堤三百余里,旧所凑水,悉为横绝,散漫无所归。故宋亳之地,遂成沮洳卑湿。"⑤

著名历史学家邹逸麟先生总结说:"(汴河)宋代已形成地上河,横贯于河淮之间,长达数百公里。这道地上河的形成,影响到两岸的地理面貌……在汴河未形成

---

① 王巩:《闻见近录》。
② 李焘:《续资治通鉴长编》,北京:中华书局,1985 年。
③ 沈括:《梦溪笔谈》卷二十五《杂志二》。
④ 楼钥:《北行日录》,见《攻瑰集》卷一〇一。
⑤ 王曾:《王文正公笔录》,百川学海本。

地上河以前,开封以西至汴口一带,汴河有很多支流,见于《水经注》记载的就有十余条……可是以后汴河筑堤而河底又高出两岸平地,沿岸支流不能排入,两旁堤脚就潴积成许多陂塘,侵害民田。每逢雨季,常常酿成涝灾。金代以后汴河淤废,而汴堤却仍如一道土墙屹立地面,阻碍了两岸沥水的排泄,使土壤渐趋碱化,至今犹受其害。"①

大量的泥沙淤积,容易导致河水决堤,不仅造成沿岸的水灾,也会使汴河断流,造成运输的困难。

(三)实行"狭河"以束水势,提高流速

因为在汴河引黄沉积的过程中,河床本身的淤滩增多,水流缓急不等,行舟颇多不便,为此宋廷采取了狭河措施。真宗大中祥符八年(1015),宋廷接受马元方请浚汴河中流,阔五丈、深五尺的建议,以省修堤之费。接着又采纳韦继异的意见,从泗州至开封府界"岸阔底平,水势薄,不假开浚"为由,乃"于沿岸作头踏道擗岸,其浅处为锯牙以束水势,使水势峻急,河流得以下泻",以后每三五年一浚汴河,又于中牟、荥阳等地采取开河减水措施,保证汴河流速②。至仁宗天圣九年(1031)九月,都大巡检汴河堤岸孙昭,请求宋廷于雍丘县湫口"治木岸,以束水势"③,得到了宋廷许可。这是汴河治木岸之始。所谓"木岸",是用树的枝梢做成捆,捆捆相连,放置在狭河岸侧,用木桩钉牢固,以束水势。木梢来源除河堤上官木外,又"募民出杂梢,岸成而言者始息。旧曲滩漫流,多稽留覆溺处,悉为驰直平夷,操舟往来便之"④。至嘉祐元年(1056),宋廷下诏给三司,"自京至泗州置狭河木岸,仍以入内供奉官史昭锡都大提举修汴河木岸事"⑤。这使沿汴木岸得以全面推广。由于这项工程较大,嘉祐五年为加快进度,宋廷"赐修狭河木岸役卒缗钱"⑥。至嘉祐六年,都水监奏:"河自应天府抵泗州,直流湍驶无所阻,惟应天府至汴口,或岸阔浅漫,宜限以六十步阔,于此则为木岸狭河,扼束水势令深驶。"⑦

由此可见,此时已完成狭河应天府至泗州段,按张巩建议,这段狭河应有150尺的河面,而应天府至汴口的一段,限以60步阔,当有300尺河面。这项工程至神宗时仍不断改进,元丰三年所修狭河600里,按都大提举导洛通汴司的请求,"所狭河

---

① 邹逸麟:《从地理环境角度考察我国运河的历史作用》,《椿庐史地论稿》,天津:天津古籍出版社,2005年。
② 李焘:《续资治通鉴长编》,北京:中华书局,1985年。
③ 李焘:《续资治通鉴长编》,北京:中华书局,1985年。
④ 脱脱:《宋史》,北京:中华书局,1977年。
⑤ 李焘:《续资治通鉴长编》,北京:中华书局,1985年。
⑥ 李焘:《续资治通鉴长编》,北京:中华书局,1985年。
⑦ 脱脱:《宋史》,北京:中华书局,1977年。

道欲留水面阔八十尺以上,束水水面阔四十五尺"。宋廷下诏"狭河处留水面阔百尺"①。实行木岸狭河,可以提高汴河流速,减少泥沙淤积,从而改善了运输局面。明朝潘季驯治理黄河时采用的"束水攻沙"措施就是受此启发。

(四)引清水入汴以减少泥沙淤积

这方面的措施主要是引索、须水入汴和导洛通汴。

引索、须水入汴开始于宋初。"太祖建隆二年春,导索水自旃然,与须水合入于汴。"②此项工程的效果并不理想,因为索、须二水虽然水清但流量较小。于是,人们又想到了洛水。

导洛通汴,是从汴口往西沿广武山下之黄河滩开渠50余里,至洛河入黄河处之洛口,引含沙量不大的伊、洛河水入汴河,故又称"清汴"。神宗元丰元年(1078),西头供奉官张从惠指出:"往时数有建议引洛水入汴,患黄河啮广武山,须凿山岭十数丈,以通汴渠,功大不可为。去年七月,黄河暴涨,水落而稍北,距广武山麓七里,退滩高阔,可凿为渠,引洛入汴。"③次年,神宗任命宋用臣为都大提举,导洛入汴。四月动工,六月就告竣工,"自任村沙口至河阴县瓦亭子,并氾水关北通黄河,接运河,长五十一里。两岸为堤总长一百三里,引洛水入汴"④。

此项工程完成后,汴河水深一丈,波流平缓,大大提高了汴河的运输能力,比较有效地保证了汴河的畅通。《梦溪笔谈》卷二十五记载:天圣(1023~1032)以后,尽管一些河段"河底皆高出堤外平地一丈二尺",甚至屡次告急、决口,但汴河仍能保持"通流不绝",与这些措施是有直接关系的。从此以后,"江淮扁舟,四时上下,昼夜不绝"⑤。由于导洛通汴成功,通航期得以延长,原来三司纲船旧以清明日为入汴时间,这时可以提前到二月一日,甚至可再早一些时日⑥。

当初,导洛入汴的主要目的是为了清淤,此法也确实发挥了这样的作用,但仅仅过了十多年,就有人提出了异议。如哲宗元祐四年(1089),御史中丞梁焘上奏:"臣闻开汴之时,大河旷岁不决,盖汴口析其三分之水,河流常行七分也。自导洛而后,频年屡决。"⑦这代表了当时许多人的观点,认为导洛入汴以前,汴河可以分黄河之水势,而导洛入汴以后,汴河水虽然清了,分黄河水势的作用却没有了,因而导致黄河频年屡决,于是从次年十月开始,依然实行引黄河水入汴,导洛入汴之法便不了了之。

---

① 李焘:《续资治通鉴长编》,北京:中华书局,1985年。
② 脱脱:《宋史》,北京:中华书局,1977年。
③ 脱脱:《宋史》,北京:中华书局,1977年。
④ 脱脱:《宋史》,北京:中华书局,1977年。
⑤ 李焘:《续资治通鉴长编》,北京:中华书局,1985年。
⑥ 李焘:《续资治通鉴长编》,北京:中华书局,1985年。
⑦ 脱脱:《宋史》,北京:中华书局,1977年。

（五）设置水柜和滞洪区

在水源不足的河段，利用天然或人工湖泊贮蓄水量，以补足运河用水，这种专门的供水设施称为水柜。用水柜补充运河水源，如淮南运河的陈公塘、江南运河的练湖都是这样。有时水旱河干，就必须完全依赖水柜放水济运，以维持最低的通航水深。

北宋政府为了保证汴河的畅通，还采取了许多辅助措施，在汴河上游沿岸设置水柜，蓄清水以济河水之不足就是其中之一。当时，汴河所设立的济运水柜数量可谓不少，苏辙《乞给还京西水柜所占民田状》奏称："乞令汴口以东州县，各具水柜所占顷亩，每岁有无除放二税，仍具水柜之可与不可废罢。"①可见当时汴口以东州县多设立水柜。著名的要算京西界大白龙坑及三十六陂。早在宋太祖建隆二年（961），便开始修建汴渠济运水柜，是年二月，太祖"幸南城观修水柜"②。不过，汴渠水柜大规模建立是宋用臣作为导洛通汴总规划的一部分提出的。因为导洛通汴后水源一般都可以满足需要，所以汴河水柜的作用不如淮南运河和江南运河那么显著，而且水柜所占田地面积不少。苏辙和刘挚在元祐元年（1086）曾建议废罢汴河水柜。知郑州岑象求也上奏说："自宋用臣兴置水柜以来，元未曾以此水灌注清汴，清汴水流自足，不废漕运。乞尽废水柜；以便失业之民。"③朝廷采纳了苏辙等人的意见，于当年十月废中牟、管城等县水柜。

到绍圣四年（1097），贾种民等要求恢复清汴的同时，杨琰又请"依元丰例，减放洛水入京西界大白龙坑及三十六陂，充水柜以助汴河行运"；贾种民也请求"复柜清水，以备浅涩而助行流"④。当时朝廷采纳了贾种民等人的意见，在恢复清汴的同时，也恢复了部分水柜。

（六）建立健全防汛制度，必要时可调动军队以确保汴河安全

为了及时组织防汛抢险，保证航运和京城的安全，北宋政府在京城上下的汴河段还设立水尺，派专人定时看守，当水涨至警戒水位时，便组织军士人夫临河防汛，称"防河兵"。大中祥符八年（1015）六月，"诏：自今后汴水添涨及七尺五寸，即遣禁兵三千，沿河防护"⑤。"又遣内臣分掌京城门钥，如汴水泛涨，防河军士至彼，并即开关，点阅放过。"⑥天圣四年（1026）六月，又令，"凡汴水长一丈，即令殿前马步军禁卒缘岸列铺巡护，以防决溢。及五昼夜，即赐以缗钱"⑦。皇祐三年（1051）还改善对

---

① 苏辙：《栾城集》卷四十，上海：上海古籍出版社，1987年。
② 李焘：《续资治通鉴长编》，北京：中华书局，1985年。
③ 脱脱：《宋史》，北京：中华书局，1977年。
④ 脱脱：《宋史》，北京：中华书局，1977年。
⑤ 脱脱：《宋史》，北京：中华书局，1977年。
⑥ 李焘：《续资治通鉴长编》，北京：中华书局，1985年。
⑦ 李焘：《续资治通鉴长编》，北京：中华书局，1985年。

防河兵士的待遇:"旧制,水增七尺五寸,则京师集禁兵、八作、排岸兵,负土列河上以防河。满五日,赐钱以劳之,曰'特支'。而或数涨数防,又不及五日而罢,则军士屡疲,而赐予不及。是岁七月,始制防河兵日给钱。"①元丰六年(1083)闰六月,步军副都指挥使刘永年建言:"汴水涨及一丈二尺,法许追正防河兵二十八指挥启西窑务列西岸至东窑务,如涨及一丈三尺二寸,更追准备二千人。臣窃以京关防河,事体至重,乞自今遇水大涨或霖雨不已,令都巡地分如救火法,于近便增发三两指挥不足,即指所辖军分奏差,其支赐约束并依防河。"②朝廷采纳了刘永年的建议,把汴河防汛同救火一样紧急对待,足见当时对汴河防汛工作的重视。

宋代汴河防汛的另一措施是分洪减水。其工程措施主要有下列几项:

1. 控制汴口

针对汴口经常变易的特点,北宋政府采用由人工控制汴口宽窄以节制流量的办法。控制汴口一般要根据汴、黄的关系而定。若汴水大涨,河水又继续猛增,则全部堵死。但堵口工程量相当大,若非万不得已一般不用,比较常用的方法是修狭口门束约水势,减少入汴流量。如真宗大中祥符二年(1009),便"选使乘传减汴口水势。既而水减,阻滞漕运,复遣浚汴口"③。

2. 分减水势

宋人沿汴开挖了一些减水河,如大中祥符八年(1015)于中牟和荥泽各开减水河一道,以备泄减涨水④。熙宁六年(1073)十月,"汴河堤岸司言:汴水添涨,其京西四斗门分减不退,以致开决堤岸。今近京除孔固斗门减水下入黄河,虽有孙贾斗门减水入广济河,然下尾窄狭不尽吞,伏乞万胜镇旧减水河,汴河北岸修立斗门,开淘旧河,创开生河一道下合入刁马河,役夫一万三千六百四十三人,一月毕工。从之"⑤。可见,汴河减水宣泄除入刁马河外,主要是在下游分入黄河和广济河。

3. 开坝分洪

如果汴水陡涨,减水河来不及分水时,则要挖开汴堤宣泄洪水,以保京都无虞,也避免汴河水量过大而决口,使全汴受到破坏。当时规定:"汴河水涨及一丈四尺以上,即令于向上两堤,视地形低下可以纳水处决之。"⑥如天圣四年(1026),"汴水大涨,众情恟恟,忧京城,乃用枢密院奏,敕八作司决陈留堤及京城西贾陂冈地,泄之于护龙河"⑦。

---

① 脱脱:《宋史》,北京:中华书局,1977年。
② 李焘:《续资治通鉴长编》,北京:中华书局,1985年。
③ 脱脱:《宋史》,北京:中华书局,1977年。
④ 李焘:《续资治通鉴长编》,北京:中华书局,1985年。
⑤ 李焘:《续资治通鉴长编》,北京:中华书局,1985年。
⑥ 杨仲良:《长编纪事本末》卷七十七《浚汴河》。
⑦ 李焘:《续资治通鉴长编》,北京:中华书局,1985年。

4. 用斗门和水窦控制减水

此举的目的是防止宣泄过量,影响正常航运。宋代汴河上泄水斗门不少,除各减水河口大都建有斗门之外,沿汴一带一些能够容纳一定水量的低洼地方、汴堤上也设立斗门以备分水之用。如《长编》卷一零六载:天圣六年(1028)十月,河阴兵马都监康德舆称:"行视阳武桥万胜镇,宜存斗门,其梁固斗门三宜废去。祥符界北岸请为别窦分减溢流。悉从其请。"

(七)筑墙、植树护堤

为便利交通,汴河岸上设置短墙,种植树木,以方便行人。当时宋廷非常重视护堤林的营造,《宋会要辑稿》载太祖建隆三年(962)十月即诏"缘汴河州县长吏,常以春首课民夹岸植榆柳,以固堤防",并以此为政绩考核的重要内容①。同时,还要求"沿黄、汴河州县长吏,每岁首令地方兵种榆柳,以固堤防"。每年的正月、二月、三月,都是黄河、汴河堤坝的例修期,年年都会加固维修,既加固了堤坝又绿化了环境,可谓两全其美。

(八)加强管理

北宋政府治理汴河还有一个重要措施,那就是注重对汴河堤防工程的管理。为保证汴堤的安全,北宋政府专设官员沿河巡护,并将汴堤的巡护定为常制。同时,对汴堤的日常维护也有常制。"其补坏增旧之制,则又着为条令而刻之于石,使后人遵而不敢废。"如张夏在泗州任职时,"又为堰岸以防汴水之入,其补坏增旧之制,则又着为条令而刻之于石,使后人遵而不敢废"②。北宋政府非常赞赏这种做法。

三、启示

北宋政府采取多种措施对汴河进行长期治理,其具体措施与经验教训,给后世治理水患留下了诸多启示,归纳起来至少有以下几条:

(1)政府高度重视,有关措施执行得力时治理效果比较理想,否则便会大打折扣。这种情形是以北宋中期为分界线。北宋中期以前,上至皇帝下至地方官员,对治汴工程都高度重视,政府设置了专门的管理机构,所建立的各种规章制度都被较好地贯彻执行,因而汴河治理的效果较好。到北宋中晚期以后情况就大为不同了。可见,各级政府的高度重视,设置专门的管理机构,同时严格贯彻执行各种规章制度,对于治理江河湖海是何等的重要。

(2)不断探索、尝试新的行之有效的治理方法,并及时加以推广。北宋政府曾经采用了许多行之有效的措施,如建立健全有关规章制度、严格管理、整修和控制汴口、建设水柜、设置减水河和滞洪区、定期疏浚河道且有固定的标准、木岸狭河提高流速以减少泥沙淤积、导洛通汴以引进清水、必要时军队参与防汛救灾、沿岸修墙植

---

① 脱脱:《宋史》,北京:中华书局,1977年。
② 李焘:《续资治通鉴长编》,北京:中华书局,1985年。

树护堤等,基本上都取得了比较好的效果,其中不少措施对后世有很大影响。

（3）动用组织纪律性和战斗力都比较强的军队参与治河。作为一种法定的制度,在洪水涨到一定的高度或遇其他紧急情况时,治河部门可以调动一定数量的军队参战,这在推行重文抑武政策,对军人严加防范的宋代是极为难得的。而事实证明,此举是相当有效的,其原因就在于军队有比较好的身体素质、较强的组织纪律性和战斗力,工作效率自然明显高于民夫。1998年,中国许多省份发生了严重的水灾,军队在抗洪救灾中发挥了极为重要的作用,这是全国人民有目共睹的。事实已经屡次证明,军队参与防灾救灾工作的可行性和重要性。

（原载《黄河文化专题研讨会文集》,黄河水利出版社,2009年4月）

北宋政府治理黄河的主要措施

【摘要】 黄河是中华民族的母亲河,哺育了勤劳、勇敢、智慧的中华民族和光辉灿烂的华夏文明,但同时它也是一条性格桀骜不驯的害河,一旦发起脾气来,就会给两岸人民带来沉重的灾难。在北宋167年间,仅黄河中下游地区就发生决口事件达89次之多,受灾范围涉及今河南、陕西、河北、山东等省。为了确保其政治、经济、军事和文化中心的稳定与安全,北宋政府高度重视黄河治理工作,曾屡次就此问题号召朝野人士进行讨论研究,群臣和皇帝本人都曾提出了不少颇有见地的治理建议和方案,朝廷在此基础上采取了一系列的措施,其中重要的有:设立专门的治河机构、疏导、堵塞决口、修筑埽岸、开渠分水、植树护堤、浚川排沙、机械浚河等。这些措施,在当时所产生的效果各不相同,但从总体上看或多或少都发挥了一定的积极作用,同时也为后人治河留下了不少宝贵的经验教训,它们对今天的治黄事业仍有重要的借鉴和指导意义。

【关键词】 北宋;河患;治黄;措施

一、北宋时期的黄河河患及其特点

黄河是中华民族的母亲河,哺育了勤劳、勇敢、智慧的中华民族和光辉灿烂的华夏文明,但同时它也是一条性格桀骜不驯的害河,频频给两岸人民带来沉重的灾难。在新中国成立以前的3000多年间,黄河下游决溢达1500次以上,这种情况在宋朝特别是北宋时期显得尤为严重。据《宋史》、《续资治通鉴长编》等文献记载,北宋的167年间,黄河决溢达89次之多。其中影响较大的一次,是在仁宗庆历八年(1048),这是北宋时期黄河第一次改道。当时,河决于今濮阳以东的商胡,水流向北经今河南南乐县、山东聊城以西(与大名之间)、河北馆陶、故城、清河、冀县,东至乾宁军(今河北青县境)合御河(今卫河)入海,形成的河道习惯上被称为"北流"。仁宗嘉祐七年(1062)黄河第二次改道,当时河决大名府郭固口,形成的河道习惯上被称为"东流"。东流在今河北大名县以南沿今山东冠县、高唐县、平原县、陵县、乐陵县,在今山东无棣县注入大海。还有一条河道,那就是故道。故道自濮阳沿今河南范县、山东阳谷县、东阿县、茌平县、临邑县、商河县、惠民县,在今山东沾化县入海。

这三条河道都行水,而且经常决口、泛溢和改道,对下游地区的地形地貌和社会经济生活具有巨大的影响。洪水过后,平原上沉积了大量的泥沙,为祸甚巨。它扰乱了水系的自然面貌,填平了原来的湖泊,淤浅了天然的河流,还会在平地上留下大片沙丘、沙地和洼地,使一些原本农业比较发达的地区,变成旱、涝、沙、碱的重灾区。

综观北宋时期黄河的历次决溢,可以发现以下特点:

(一)发生频率高

据统计,从唐贞观十一年(637)至乾宁三年(896)的260年间,有明文记载的河溢、河决年份为21年,在此期间还有29年沿黄各州发生大水[1],因此共发生水患50次,水患频率为19.23%,即大约为5年一遇。而在北宋的167年间黄河中下游地区共发生黄河决溢事件即达89次之多,这种频率是相当高的。

王尚义、任世芳应用五年滑动平均数法计算五代及北宋时期每一指定年份的水患频率,并绘出了自885~1128年水患频率五年滑动平均数的变化趋势[2]。由图可见,唐末至北宋末黄河下游的水患是非常严重的。

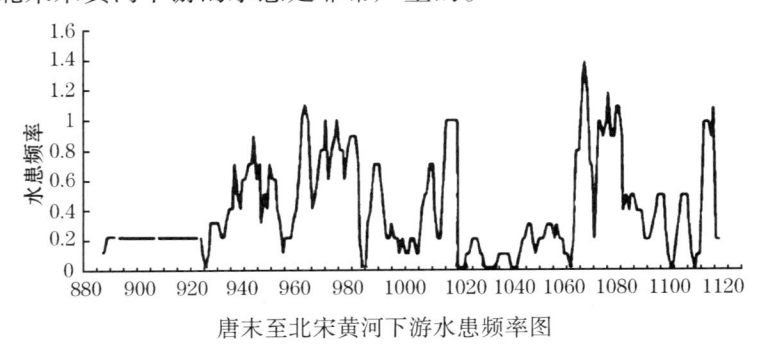

唐末至北宋黄河下游水患频率图

(二)影响范围大

黄河水灾影响的范围为今河南、河北、山东等省。如北宋神宗熙宁十年(1077)

---

[1] 水利部黄河水利委员会:《黄河水利史述要》,北京:水利出版社,1984年。
[2] 王尚义,任世芳:《唐至北宋黄河下游水患加剧的人文背景分析》,《地理研究》2004年第3期。

七月河决于澶州曹村,即今濮阳市区以西约15千米处,水流分南北清河入海,正溜夺南清河(即泗水)入淮,流经徐州城下,水深达二丈八尺。当时在徐州任地方官的苏轼有诗云:"岁寒霜重水归壑,但见屋瓦留沙痕。"[①]可见有部分洪水冲入城内。这次水灾共淹45个州县,毁田超过30万顷。在这样广阔的土地面积上淤积的泥沙,必然包括两部分,即当年汛期洪水携带的泥沙以及曹村埽以上河床的淤积物。《宋史》卷九十一《河渠志》追述:"自周显德初(954),大决东平之杨刘……然决河不复故道,离而为赤河。"

(三)决溢位置上移,多发生于澶州(今河南濮阳)与滑州(今河南滑县)一带的平原地区

《宋史》卷九十一《河渠志》对此解释说:"河入中国,行太行西,曲折山间,不能为大患。既出大堤走赴海,更平地二千余里,禹迹既湮,河并为一,特以堤防为之限。夏秋霖潦,百川众流所会,不免决溢之忧,然有司所以备河者,亦益工矣。"这些地区由于经常发生水灾,所以自然环境遭到严重破坏,又引发更严重的水灾。受灾最频繁的是澶州,在北宋的167年间共发生黄河决溢18次,约占北宋黄河水灾的1/5。其次是滑州、郓州、淄州、孟州、郑州等均发生5次以上。从10世纪至12世纪20年代,澶州、滑州地区的决口次数占下游地区总决口的1/3。著名的决口地点有天禧三年(1019)滑州的天台山、景祐元年(1034)澶州的横陇埽、庆历八年(1048)澶州的商胡埽、嘉祐五年(1060)魏县(今河北大名东)的第六埽、熙宁十年(1077)澶州的曹村、元丰四年(1081)澶州的小吴埽、元符二年(1099)的内黄口等处。决口后改道频繁,总的趋势是河道逐渐向北摆动。五代末年、北宋前期决出的赤河、横陇河,都在唐代大河之北。1060年以后的80年内,黄河时而北派(共49年),时而东流(共16年),时而两股并行(共15年),时而东决入梁山泊分南北清河入海。

这些地区都属于北宋的政治、经济中心,之所以经常发生水患,说明其周围及上游地区的生态环境已遭到严重破坏,因而黄河塞而复决是不可避免的。

(四)受灾程度深

关于北宋时期黄河决溢造成的危害,文献记载甚多,如《宋史》卷二《太祖本纪》载:乾德五年(967)八月,"河溢,入卫州城,民溺死者数百"。同书卷六十一《五行志》载:徽宗政和七年(1117),"瀛、沧州河决,沧州城不没者三版,民死者百余万"。

黄河不断决口和改道以及大量泥沙侵夺其他河流的结果,直接改变了原有水系的面貌。在古代,黄河下游平原上河网交错,湖泊星罗棋布。据《汉书·地理志》记载,与黄河下游干流直接沟通的,北岸有屯氏河、张甲河、鸣犊河等汊流,南岸有济水、浪荡渠(鸿沟)、汲水(获水)、睢水、涡水、漯水、笃马河等分流。在《水经》和《水经注》中记载得更详细,自黄河干流中分流出来的河流就更多了。到北宋时东京附近有所谓的"漕运四渠",即汴河、蔡河、金水河、五丈河(广济河),除汴河外,其余三

---

① 苏东坡:《河复诗并序》。

河都另觅水源,不再以含沙量很高的黄河为水源。汴河也曾引洛水及其他清水为源。汴河因为以黄河水为源,淤积甚多,熙宁年间,开封附近汴河河床中积沙几与开封城内相国寺屋檐相平[①]。可见黄河泥沙之多。

古代在太行山东麓河流冲积扇和西南、东北向的古大河河堤之间有许多洼地,形成河北平原上的一连串的湖泊,其中最著名的就是大陆泽。黄淮平原上鸿沟水系之间也有很多浅平的湖沼,如圃田泽、荥泽、孟诸泽、蒙泽、菏泽、大野泽、雷夏泽等。《水经注》中记载黄河下游有130多个大小湖泊。这些湖泊在调节黄河及其分流的水量、农田灌溉、漕运、渔猎以及调节气温和降水等方面,都有一定的作用。

但是,由于黄河泛滥后,一次又一次地带来大量的泥沙,再加上人工围垦的规模越来越大,这些平原湖泊逐渐淤浅,并先后变为平陆。如在今郑州、中牟之间的古圃田泽,在宋代仍起着调节汴河流量的作用,到金代开始淤废,明万历年间成为一片由150多个小陂塘组成的沼泽洼池,清代以后渐被垦为农田。

河北大陆泽原为发源于太行山诸河的冲积扇和黄河故道之间的一片洼地,因东面受黄河故道的阻拦,水流在此潴聚而成湖泊。以后黄河改道,湖泊逐渐缩小。大观二年(1108),黄河北流决入巨鹿县和隆平县(今河北隆尧县)一带,巨鹿县被河水淹没,处于二县之间的大陆泽必然被灌入大量的泥沙,湖泊南部因首先受水而淤积,湖底逐渐抬高,积水向相对低洼处流动。今宁晋县原有泜泽(湖)和皋泽两个小湖。大陆泽水逐渐下泄后,就将泜湖扩展成宁晋泊。明清时大陆泽称南泊,宁晋泊称北泊。到了清代后期,大陆泽逐渐消失。

频繁的水灾导致大量的饥民和流民,从而大大加重了政府的财政负担,并且严重地威胁着社会的安定。幸而北宋政府对黄河河患高度重视,采取了不少行之有效的治河和救灾措施,这才保证了社会的和平安定。

二、北宋政府对黄河的治理

(一)关于治黄方法的讨论

北宋时期,朝野提出了许多治黄方案,各种观点还互相切磋,在争论中取长补短,优胜劣汰。当时,有不少方法还是比较合理的,其中具有代表性的主要有以下几种:

1. 宽河缓流和遥堤约水

太宗太平兴国八年(983)九月,"言事者谓河之两岸古有遥堤以宽水势,其后民利沃壤,咸居其中,河之盛溢即罹其患,当令按视,苟有经久之利,无惮复修"[②]。仁宗天圣七年(1029)十二月,"都大巡护澶滑河堤高继密,请自澶州崇固埽下接大堤

---

① 李焘:《续资治通鉴长编》,北京:中华书局,1985年。
② 李焘:《续资治通鉴长编》,北京:中华书局,1985年。

东北,即高阜筑遥堤为备御"①。庆历元年(1041),姚仲孙建议:"河自横垄以及澶、魏、德、博、沧州两堤之间,或广数十里,狭者亦十余里,皆可以约水势。而博州延辑两堤相距才二里,堤间扼东故金堤,溃宜于延辑南岸。上自长尾道,下属之朱明口,治直堤,两堤相距可七里,行视隘塞皆开广之,又于堤之外起商胡埽至魏之黄城角,治直堤,则水缓而不迫,可以无湍悍之忧。"②

2. 分水减势

太平兴国八年(983),黄河在澶州决口,按视遥堤的赵孚等人回奏说:"治遥堤不如分水势。自孟抵郓,虽有堤防,唯滑与澶最为隘狭。于此二州之地,可立分水之制,宜于南北岸各开其一,北入王莽河以通于海,南入灵河以通于淮,节减暴流,一如汴口之法。其分水河,量其远迩,作为斗门,启闭随时,务乎均济。通舟运,溉农田,此富庶之资也。"

大中祥符五年(1012),著作佐郎李垂上《导河形胜书》三篇及图,建议:"自汲郡东推禹故道,挟御河,较其水势,出大伾、上阳、太行三山之间,复西河故渎,北注大名西、馆陶南,东北合赤河而至于海。因于魏县北析一渠,正北稍西径衡漳直北,下出邢、洺,如《夏书》过洚水,稍东注易水,合百济,会朝河而至于海。"

上述两种分水建议实质上是相同的,区别在于赵孚的建议从现实出发,李垂的建议则以经义为依据;赵孚建议将黄河分为两支,一支注入渤海,一支注入黄海,李垂则建议将黄河分为六支,都注入渤海。相对而言,前一种建议更切合实际,可惜未被采纳。

韩贽曾建议说:"商胡决河自魏至于恩、冀、乾宁入于海,今二股河自魏、恩东至于德、沧入于海,分而为二,则上流不壅,可以无决溢之患。"韩贽的建议得到北宋政府的肯定并兴役开河,所开之河即所谓的二股河。司马光也建议分水:"西北之水,并于山东,故为害大,分则害小矣。"③

范百禄云:"审议事理,酾为二渠,分派行流,均减涨水之害,则劳费不大,功力易施。"④

赵偁说:"北流全河,患水不能分也;东流分水,患水不能行也。"许将也说:"若舍故道,止从北流,则虑河下已湮,而上流横溃,为害益广。若直闭北流,东徙故道,则复虑受水不尽,而破堤为患。窃谓宜因梁村之口以行东,因内黄之口以行北。"⑤这么多分水建议实质上道理都是一样的。

3. 顺应水性,迁民以避之

---

① 李焘:《续资治通鉴长编》,北京:中华书局,1985年。
② 李焘:《续资治通鉴长编》,北京:中华书局,1985年。
③ 脱脱:《宋史》,北京:中华书局,1977年。
④ 脱脱:《宋史》,北京:中华书局,1977年。
⑤ 脱脱:《宋史》,北京:中华书局,1977年。

在各种措施效果都不理想、河患越来越严重的情况下,宋神宗提出对黄河不强行堵塞决口,听任河水自流,政府只是徙城邑以避之的主张。元丰四年(1081)四月,黄河在澶州小吴埽决口,六月,神宗下诏:"东流已填淤不可复,将来更不修闭小吴决口,候见大河归纳,应合修立堤防。"神宗皇帝对臣下们解释说:"河之为患久矣,后世以事治水,故常有碍。夫水之趋下,乃其性也,以道治水,则无违其性可也。如能顺水所向,迁徙城邑以避之,复有何患?虽神禹复生,不过如此。"①

4. 疏河减淤

《宋史》卷九十一《河渠志》载,欧阳修于至和二年(1055)上疏说:"河本泥沙,无不淤之理。淤常先下流,下流淤高,水行渐壅,乃决上流之低处,此势之常也。"他认识到黄河下游河患的原因在于泥沙淤积,因而又提议:"河之下流,若不浚使入海,则上流亦决。臣请选知水利之臣,就其下流,求入海路而浚之;不然,下流梗涩,则终虞上决,为患无涯。"

(二)北宋时期治理黄河的主要措施

1. 设置专门的治河机构,健全有关管理制度

宋初并没有设置专门的治河机构,只是每年派出官员分堤巡视与督率治堤堵口。《宋史》卷九十一《河渠志》载,乾德五年,由于河患频繁,太祖下诏:"开封、大名府、郓、澶、滑、孟、濮、齐、淄、沧、棣、滨、德、博、怀、卫、郑等州长吏并兼本州河堤";太平兴国五年(980),太宗下诏:"自今开封等十七州府,各置河堤判官一员,即以本州通判充,如通判阙员,即以本州官充";天圣八年(1030),仁宗皇帝"始诏河北转运司计塞河之备"。这是转运司负责河防工作之始,因为黄河决溢常波及数州,治堤堵口需要统一指挥才行。此外,还有"都大管勾应付修河公事"、"修河钤辖"、"修河都监"、"都大提举河渠司"和"都人修河制置使"等治河官员。

嘉祐三年(1058)仁宗下诏:

  天下利害系于水为深,自禹制横溃功施于三代,而汉用平当领河堤,刘向护都水,皆当时名儒,风迹可观。近世以来水官失职,稽诸令甲品秩犹存。今大河屡决,遂失故常,百川惊流,或致冲冒,害既交至,而利多放遗。此议者宜为朝廷讲图之也。朕念夫设官之本,因时有造,救敝求当,不常其制,然非专置职守,则无以责其任,非遴择才能,则无以成其效,宜修旧制,庶以利民,其置在京都水监,凡内外河渠之事悉以委之②。

自此以后,北宋政府正式设置了主管全国河渠事宜的最高专职官员。特别值得一提的是,由于黄河流经北宋政治、经济中心东京,所以政府为治理黄河花费了大量的人力、物力,宋神宗还于熙宁六年(1073)四月"诏置疏浚黄河司"③,作为专司黄河

---

① 脱脱:《宋史》,北京:中华书局,1977 年。
② 李焘:《续资治通鉴长编》,北京:中华书局,1985 年。
③ 李焘:《续资治通鉴长编》,北京:中华书局,1985 年。

治理的机构。专职河防机构的设立对治河具有重要作用。虽然"黄河之患,终宋之世,迄无宁岁"①,但仍取得了不少成就。

2. 修筑埽岸

黄河决堤是治黄中经常遇到的难题,如果想防河决于未然,加固河堤是十分必要的。黄河沿岸多是黄土地带,土质疏松,如果用这种土筑堤,其坚固性很差。在长期的治河实践中,广大沿黄人民总结经验教训,逐渐摸索出一套行之有效的土办法,这就是:就地取材,利用各种薪柴竹石为骨架,然后加上黄土进行填塞混合做成河堤,目的是提高河堤的稳固性,宋人称之为"埽岸"。关于"埽岸"的建造方法,《宋史》卷九十一《河渠志》有明确记载:

> 旧制,岁虞河决,有司常以孟秋预调塞治之物,梢芟、薪柴、楗橛、竹石、茭索、竹索凡千余万,谓之"春料"。诏下濒河诸州所产之地,仍遣使会河渠官吏,乘农隙率丁夫水工,收采备用。凡伐芦荻谓之"芟",伐山木榆柳枝叶谓之"梢",辫竹纠芟为索。以竹为巨索,长十尺至百尺,有数等。先择宽平之所为埽场。埽之制,密布芟索,铺梢,梢芟相重,压之以土,杂以碎石,以巨竹索横贯其中,谓之"心索"。卷而束之,复以大芟索击其两端,别以竹索自内旁出,其高至数丈,其长倍之。凡用丁夫数百或千人,杂唱齐挽,积置于卑薄之处,谓之"埽岸"。既下,以橛臬阁之,复以长木贯之,其竹索皆埋巨木于岸以维之,遇河之横决,则复增之,以补其缺。凡埽下非积数叠,亦不能遏其迅湍,又有马头、锯牙、木岸者,以蹙水势护堤焉。

这种埽岸在黄河沿岸非常普遍,同书又记载:

> 凡缘河诸州,孟州有河南北凡二埽,开封府有阳武埽,滑州有韩房二村、凭管、石堰、州西、鱼池、迎阳凡七埽,旧有七里曲埽,后废。通利军有齐贾、苏村凡二埽,澶州有濮阳、大韩、大吴、商胡、王楚、横陇、曹村、依仁、大北、冈孙、陈同、明公、王八凡十三埽,大名府有孙杜、侯村二埽,濮州有任村、东、西、北凡四埽,郓州有博陵、张秋、关山、子路、王陵、竹口凡六埽,齐州有采金山、史家涡二埽,滨州有平河、安定二埽,棣州有聂家、梭堤、锯牙、阳成四埽。

除埽岸外,当时还有一种用木头护岸的办法:"就凿横木,下垂木数条,置水旁以护岸,谓之'木龙',当时赖焉。"这是对埽岸的一种有益补充。

3. 开渠分水

北宋时期黄河最大的分水渠道是汴河,通常"汴口析其三分之水,河流常行七分也"②。北宋政府对汴河的积极治理使得汴河分流了相当一部分黄河水,减轻了黄河下游的压力。此外,北宋政府还专门开凿了一些用以分水的河渠。《宋史》卷九十一《河渠志》载,淳化四年(993)十月,黄河在澶州一带决口,当时的巡河供奉官梁睿

---

① 李濂:《汴京遗迹志》,文渊阁四库全书本。
② 脱脱:《宋史》,北京:中华书局,1977年。

建议:"滑州土脉疏,岸善溃,每岁河决南岸,害民田,请于迎阳凿渠引水。凡四十里,至黎阳合大河以防暴涨。"太宗皇帝采纳了他的建议并立即付诸实施,半年之后,滑州新渠即告竣工。接着"帝又案图,命昭宣使罗州刺史杜彦钧率兵夫,计功十七万,凿河开渠,自韩村埽至州西铁狗庙,凡十五余里,复合于河,以分水势"。澶、滑一带是黄河决口最多的地方,因而这里的分水渠也较多。真宗大中祥符八年(1015),"京西转运使陈尧佐议开滑州小河分水势,遣使视利害以闻。及还,请规度自三迎阳村北治之,复开汊河于上游,以泄其壅溢。诏可"。欧阳修认为,黄河壅塞由下游开始,然后"水行渐壅,乃决上流之低处"。所以,要治理好黄河,就必须保持下游的通畅,这样上游决堤的危险将会大大降低。

4. 植树护堤

很显然黄河中下游地区大部分是黄土地带,黄土颗粒细,孔隙多,干燥时坚如岩石、遇水则变成稀泥,很容易被河水冲刷、搬运,因而黄河流域水土流失现象十分严重。下游沿黄大堤多为黄土所筑,遭受洪水袭击时十分脆弱,时常决堤,因此保持中下游的水土对于治河成败至关重要。北宋时期,人们注意到了植物对保持水土的作用,于是采取在堤上种树的方式来加固堤防。《续资治通鉴长编》卷13载,开宝五年(972)正月,太祖下诏:"自今沿黄、汴、清、御等河州县,除准旧制蓺桑枣外,委长吏课民别种榆柳及土地所宜之木,仍按户籍上下定为五等,第一等岁种五十本,第二等以下递减十本。民欲广种蓺者听逾本数,有孤寡穷独者免之。"《宋史》卷九十三《河渠志》载,徽宗于政和八年(1118,当年十一月改元为"重和")下诏:"滑州、浚州界万年堤,全借林木固护堤岸,其广行种植,以壮地势。"

宋人不仅注意到栽树对防止水土流失的作用,而且还知道要根据不同的土质种植不同的树种。在河堤上广种树木,用树来加强河堤的稳固性,防止水土流失,实践证明这种办法是行之有效的,也是符合科学的。政府除大力提倡种树护堤外,还对护堤林采取保护措施,颁布禁令,严禁滥砍乱伐,并严格执法。如《宋史》卷九十一《河渠志》载,咸平三年(1000)真宗下诏:"缘河官吏,虽秩满须水落受代知州、通判两月一巡堤,县令佐迭巡堤防,转运使勿委以他职。"同时,"又申严盗伐河上榆柳之禁"。

5. 机械浚河

在长期治理黄河的实践中,宋人曾使用过一种名叫"浚川杷"的工具。《宋史》卷九十二《河渠志》载,熙宁年间,"有选人李公义者,献铁龙爪扬泥车法以浚河。其法:用铁数斤为爪形,以绳系舟尾而沉之水,篙工急棹,乘流相继而下,一再过,水已深数尺。宦官黄怀信以为可用,而患其太轻"。王安石对此法大加赞赏,并改进为浚川杷,其法:"以巨木长八尺,齿长二尺,列于木下如杷状,以石压之;两旁系大绳,两端碇大船,相距八十步,各用滑车绞之,去来挠荡泥沙。已,又移船而浚。"浚川杷虽然比较原始,而且作用有限,但在当时的科技条件下毕竟发挥了积极的作用,对后世的治河事业也有重要的启示。

6. 明确责任，严格考核

北宋有较为完备的考课和奖惩机制，迫使官员认真对待治河问题。

《宋史》卷九十一《河渠志》载，淳化二年（991）二月，太宗下诏："长吏以下及巡河主埽使臣，经度行视河堤，勿致坏隳，违者当寘于法。"同书卷九十二《河渠志》载，元祐七年（1092），哲宗规定："南北外两丞管下河埽，今后令河北、京西转运使、副、判官、府界提点分认界至，内河北仍于衔内带'兼管南北外都水公事'。"通过这些诏令，宋王朝明确了责任和赏罚措施。

因河事管理不当，堤防失修并造成损失的官吏都要严查严办。如《宋史》卷九十一《河渠志》载，开宝四年（971），黄河在澶州决口，"通判、司封郎中姚恕弃市，知州杜审肇坐免"。同书卷九十三《河渠志》载，沿河州郡官员，若不懂防治河患，往往会丢官。如政和五年十月，冀州枣强埽决，知州辛昌宗武臣，因"不谙河事，诏以王仲元代之"。

总之，北宋政府为治理黄河投入了大量的人力、物力和财力，可以说是倾天下之力，也摸索出了一些切实可行的措施，如设立专门的治河机构、疏导、堵塞、修筑埽岸、开渠分水、植树护堤、浚川排沙、机械浚河等。这些措施，在当时所产生的效果各不相同，但从总体上看或多或少都发挥了一定的积极作用，同时也为后人治河留下了不少珍贵的经验教训，它们对今天的治黄事业仍有重要的借鉴和指导意义。但是由于上游地区森林植被被破坏，水土流失现象严重，再加上一些治河官员缺乏专业知识、河政腐败、治河方案草率等原因，致使北宋时期黄河屡塞屡决，成效不佳。

（原载《华北水利水电学院学报》2009年第2期）

北宋时期的洛阳与中西交往

【摘要】 北宋时期,洛阳作为西方各国东来的必经之地,是中西陆路交通线上非常重要的一站,为北宋政府和西域各国之间的交流提供了方便和保障。同时,在当时的经济、军事、思想文化、交通等方面也产生了极为重要的影响,占据着重要的地位。

【关键词】 北宋;洛阳;中西交往

本文简略地描述了北宋时期洛阳的政治、经济和文化地位,论证了西方各国或地区与北宋交往时所经由的路线,着重阐述了洛阳在中西交往方面的地位和作用。当时洛阳是西方各国东来的必经之地,是中西陆路交通线上非常重要的一站。通过它,西夏、吐蕃、回鹘、于阗、龟兹、波斯、印度、东罗马等国的使节和毛皮、牲畜、玉石、香药等不断地进入北宋的腹心地带,北宋的人员和丝绸、茶叶、金银器皿、书籍等也源源不断地流向西方。

对于宋以前处于鼎盛期的洛阳,学者论述颇多,但在宋以后却少有提及。本文仅拟就北宋时期的洛阳及其在中西交往方面的地位作一点探讨,不足之处,敬请专家指正。

一

北宋立国,以开封为东京,洛阳为西京。宋太祖生于洛阳,因而对此地极为重视,曾认真地考虑过迁都洛阳,终因晋王赵匡义等人的反对而作罢,但他及其后继者还是多次对洛阳的城墙、宫室、漕渠进行了修茸。据《宋史·地理志》、《宋会要·方域》载,北宋时洛阳城有三重:宫城、皇城和外城。宫城周长九里三百步,"宫室合九千九百九十余区",夹城内及内城北"皆左右禁军所处";可见城中驻军之多。宋徽宗时,宫城被拓展为十六里,又创廊屋四百四十余间。① 皇城周长十八里二百五十步,"内皆诸司处之"。外城周长五十二里九十六步,共开九门。这样的规模超过了京师开封,在当时世界上亦属罕见。据《宋史·地理志》载:崇宁中河南府有十二万七千七百六十七户,若以每户五口计算,当有六七十万口。不过,这个户数仅仅是指当时的赋税负担者,而不是实际户数的记录,若加上不在此籍的官吏、驻军、文人儒生、僧道、商贩等,西京当有更多的人户,以致许多人住到了这个庞大的城市的外边。《宋会要·方域一》载,景祐元年(1034)九月,宰相王曾说:"西京水南地里阔远,居民甚多,并无城池,望令渐次修筑。"南宋初年,郑刚中与楼钥从杭州经开封、洛阳赴陕西沿边,看到洛阳"宫墙之内,草深不见遗基。旧分水(指洛河)南、水北,居水南者什七八,今止水北有三千户,水南墟矣"(郑刚中《西征道里记》)。在被金兵夷为废墟的洛阳城,水北地区虎口余生的尚有三千余户,可以想见昔日全城户口之盛。著名的历史学家司马光的《洛阳看花》诗曰:"洛阳春日最繁华,红绿荫中十万家。"虽系夸张,但距事实当不会太远。

洛阳是北宋重要的工业基地之一。《宋史·食货上三》说:"其纤丽之物,则在京有绫锦院,西京、真定、青、益、梓州场院主织锦绮、鹿胎、透背。"即洛阳与开封、真定(今河北正定)、四川一同是重要的丝织业中心。洛阳城北四十里的阜财监,岁铸铜钱十五万缗,后来又加铸市易本钱十万缗,共二十五万缗。② 洛阳还出产精美的瓷器和蜜、蜡等。《元丰九域志》卷一载西京土贡:"蜜、蜡各一百斤,瓷器二百事(同件)。"此外,洛阳也是著名的制墨、做曲、酿酒中心,还向外输出大量的梨等水果。

由于附近多山,洛阳又是京师重要的薪炭来源地之一。史载汴河"又下西山之炭",此处的西山,就是指豫西洛阳一带的山区。

洛阳还是北宋的思想文化中心。这里文人云集,巨儒迭出,设有最高学府国子监,当时全国绝大多数文人都与西京有着这样或那样的关系。洛阳寺院众多,其中不少是久负盛名的,如白马寺、福光寺、香山寺、崇德院等。天禧中白马寺僧侣多达千余人。有许多著名的高僧居洛阳传经授法,如广爱寺的普胜、宝坛院的从彦、天宫寺的义庄等。③

北宋时,洛阳最著名的是其号称"天下第一"的园林和花木。关于这方面的情况,古今学者已有很多论述,此处不再赘述。

---

① 顾炎武:《历代帝王宅京记》。
② 脱脱:《宋史》,北京:中华书局,1977年。
③ 赞宁:《宋高僧传》。

二

由洛阳向东,经郑州可达东京开封以至海边;向南,经襄州(今湖北襄樊)可达今江汉平原及湘、桂、川等地;向北,经河东(今山西)可达辽国,当年宋太祖征李筠时就是由此路进攻的,后来宋真宗赴汾阴祭祀后土走的也是这条路;向西,经陕州(今河南三门峡)、永兴军(今西安市)、凤翔府、秦州(今甘肃天水)、熙州(今甘肃临洮)、西宁,可至西夏、吐蕃、回鹘、于阗、割禄、天竺、波斯及东罗马等国。

从开封赴西域,还可经河东入陕西西行,但此路先为北汉所阻,后被党项切断。熙宁五年,宋相韩绛曾力图打通,可惜未能成功。①

从陕西往西,在明道(1032~1033)以前主要是走河西路。《宋史·天竺传》云:乾德四年(966),僧行勤等一百五十七人赴西域求佛经,"历甘、沙、伊、肃等州,焉耆、龟兹、于阗、割禄等国"。同书《于阗传》又载大中祥符二年(1009),于阗使者奏曰"昔时道路尝有剽掠,今自瓜、沙抵于阗,道路清谧,行旅如流",说明河西路是畅通无阻的。明道以后,由于夏人的阻隔,北宋政府一方面加强中西海上交通,另一方面努力打通了从秦凤路经青海通往西域的通道。元丰四年(1081)十月,东罗马帝国使者入宋就是经大食、于阗、回鹘、青唐(今青海西宁)进入宋境的。②《宋会要·方域一〇》说洛阳一带的陆路"则秦蜀行旅、戎夷入贡悉由于此",可见西域各国贡使都是经由洛阳赴汴的。这条通道一直到北宋末,基本上都是畅通的。

洛阳不仅是北宋陆路交通网上的一大枢纽,而且因其北临黄河而沟通了与全国水路交通网的联系。每年经由洛阳水运到开封的主要有八十万石粮食和数以千万计的燃料,"薪以斤计一千七百一十三万,炭以秤计一百万"③。此外,还有大量的建筑用材,如竹、木等。宋神宗曾说:"都畿公私所用良材皆自汴口而至。"④

因为这条经由洛阳、将北宋与西域联系起来的交通线,在当时的国计民生和中西关系等方面,都发挥着极其重要的作用,特别是洛阳附近的一段,乃是北宋交通最繁忙的地段之一,所以北宋政府始终予以高度重视。《宋会要·方域一》载:建隆三年正月,宋太祖"诏西京修古道险隘,东自洛之巩,西抵陕之湖城(今河南灵宝),悉命治之,以为坦路";大中祥符四年三月,宋真宗诏,"自武牢至荥阳、巩县,道路两边有岩险堑裂处,恐经雨摧塌,委逐处相度,铲削修治之";天禧三年(1019)八月,因"霖雨坏道"又"遣使西京,至陕府修茸道路"。

---

① 江少虞:《宋朝事实类苑》卷七八。
② 脱脱:《宋史》,北京:中华书局,1977年。
③ 脱脱:《宋史》,北京:中华书局,1977年。
④ 徐松:《宋会要辑稿》,北京:中华书局影印本,1987年。

三

那么,究竟有哪些国家和地区是通过这条交通要道与北宋发生联系的呢?下面我们择其要者分述之。

1. 西夏

西夏是党项人所建立的政权。党项是羌族的一支,很早就居于今青、甘一带,8世纪初东迁至今甘肃和陕北地区。唐末,党项平夏部首领拓跋思恭出兵助唐镇压黄巢起义,被唐朝加封为定难军节度使、夏国公,赐姓李氏,据有银、夏等五州之地。北宋初,定难军节度使李彝兴贡良马三百匹。宋太祖大喜,特制大号玉带赐之。此后,党项族与宋友好相处,往来十分频繁。宋太宗时,党项首领李继捧甚至亲赴开封,献其所管五州之地及民众五万余户。

可是,继捧的族弟李继迁率兵抗宋,拒不内附,于是爆发了长达数十年的宋夏战争。在战争中,双方调兵遣将,互不相让,但使节的往来却未曾中断。如《宋史·夏国传》载:淳化五年七月,李继迁献马以谢,又遣弟廷信献马、骆驼。宋太宗抚赉甚厚,遣内侍张崇贵赐茶药、器币、衣物。至道初,李继迁遣使献骆驼、良马,于是宋廷遣使持诏拜继迁为鄜州节度使,继迁不接受。景德元年(1004),继迁死,子德明即位。此后的数十年间,党项与宋的关系比较融洽。每至元旦、宋帝生日、冬至等时节,德明都要遣使来贺,而宋廷也每次都遣使赐以大量的物品。如景德三年,德明遣使奉誓表来,宋遣张崇贵等为使赐德明袭衣、金带、银鞍勒马、银万两、绢万匹、钱三万贯、茶二万斤。德明献御马二十五匹、散马七百匹、骆驼三百头以谢。次年,又献马五百匹、驼驼三百头,并请遣使至京市所需物。宋廷答应了他的请求。

天圣九年(1031),德明死,子元昊立。元昊曾多次谏父不要臣服于宋,德明说:"吾久用兵,疲矣。吾族三十年衣锦绮,此宋恩也,不可负。"①可元昊根本听不进去。他即位后,宋夏战火再度燃起。直到十几年后双方都被战争拖得疲惫不堪时,才签订了如下和约:宋册元昊为夏国主,岁赐银、绮、绢、茶二十五万五千。不久,宋遣使赴夏册封,同时赐黄金带、银鞍勒马、银二万两、绢二万匹、茶三万斤。此后,"元昊岁遣人至京师,出入无他禁"②。庆历八年(1048)正月,元昊死,宋遣使赐绢一千匹、布五百端、羊百口、面米各百石、酒百瓶。及葬时,又赐绢一千五百匹,其余同上。

元昊子谅祚即位后,宋夏关系时好时坏,但双方政治、经济和思想文化的交流却没有间断。每年西夏都有大量的马匹、骆驼、草药及数以万计的羊进入宋境,北宋每年也有大批的茶、绢、绮、书籍及读书人入夏。北宋宰相富弼曾说:西夏"得中国土地,役中国人力,称中国位号,仿中国官属,任中国贤才,读中国书籍,用中国车属,行

---

① 脱脱:《宋史》,北京:中华书局,1977年。
② 脱脱:《宋史》,北京:中华书局,1977年。

中国法令"①。可见宋夏关系对西夏影响之大。这种关系一直保持到北宋灭亡。

2. 回鹘

回鹘是匈奴的后裔,北魏时称铁勒,唐初称特勒,后改为回纥,元和中又改名为回鹘,居今甘肃西部和新疆东部一带。北宋建国之次年,回鹘可汗景琼就遣使来贡方物。此后,回鹘贡使不断入宋,所献以马匹、骆驼、玉、琥珀、珊瑚、皮革、毛毡等为主。有时还是与其他使者一同来的,如乾德二年(964)十二月,甘州回鹘使臣与沙州(今甘肃敦煌)、瓜州(今甘肃安西东南)使者结伴前来,贡马千匹、骆驼五百头、玉五百余团、琥珀五百斤、硇砂四十斤、珊瑚八枝、毛褐千匹;雍熙元年(984),西州回鹘与婆罗门僧永世、波斯外道阿里烟同入贡。

回鹘使团人数多的可达百余人,如景德元年(1004)九月,甘州(今甘肃张掖)夜落纥遣宝藏等一百二十九人来贡。这些使团中的一些甚至获准参与宋廷的重大活动,如大中祥符四年(1011),回鹘贡使翟符守荣等三十人蒙允随真宗赴汾阴祭祀后土。回京后,宋赐回鹘可汗衣着五百匹、银器五百两、晕锦旋襴金腰带;赐回鹘宝物公主衣着四百匹、银器三百两,赐其宰相左温衣着二百匹、银器百两。可见,宋赐给回鹘的主要是布帛、银器等。大中祥符三年(1010),宝物公主上书说:"国中不产香药及小儿药、冷病药,望赐之。又发愿修寺,并无金粉,并求赐妆粉钱、房卧金银碗之类。诏:并从其请。"熙宁元年(1068)七月,回鹘使者来贡方物,"且言乞买金字《大般若经》。诏:特赐墨字《大般若经》一部"。

在回鹘的使者中,有不少僧尼,如乾德二年(964)十一月,回鹘可汗遣僧法渊来贡佛牙及琉璃器、琥珀盏;景德四年(1007),甘州夜落纥遣法仙等二人来献马十匹,且请求游代州、五台山。宋廷满足了他们的愿望。这些僧尼的来访和游历,无疑对双方宗教界的交流是大有裨益的。

由于经常入贡(仅《宋会要》所记的重要入贡就有四十余次),宋廷的限制又较宽松,因此回鹘使臣入宋之机"往往散行陕西诸路,公然货易,久留不归者有之"②,还有不少"久居京师者"。宋廷规定:除入贡经由去处外,"其余州军严立发(法)禁"③,不得私自交易;对久留内地的,只要不冒犯法禁便不加惩处,以免失"怀远之道"④。可见宋廷对回鹘是相当优待的。

回鹘与宋人的友好相处,增加了西夏的后顾之忧,在一定程度上减轻了宋边的压力。

3. 吐蕃

吐蕃古属羌族,乃今藏族的祖先,本居于西部高寒地区,后来渐渐向汉族地区迁

---

① 李焘:《续资治通鉴长编》,北京:中华书局,1980年。
② 徐松:《宋会要辑稿》,北京:中华书局影印本,1987年。
③ 徐松:《宋会要辑稿》,北京:中华书局影印本,1987年。
④ 脱脱:《宋史》,北京:中华书局,1977年。

移,7世纪至9世纪在青藏高原上建立了强大的吐蕃奴隶制国家。

建隆二年(961),吐蕃灵武五部以骆驼和良马来贡。乾德五年(967),凉州(今甘肃武威)首领间逋哥、督廷等人来贡马。可是,秦州的吐蕃部落却不断寇略宋边,挑起事端。至太平兴国八年(983),"诸种以马来献,太宗召其酋长对于崇政殿,厚加慰抚,赐以束帛"①。从此以后,各部贡使不绝,所献以马匹为最多。《宋史·吐蕃传》载:咸平元年(998),河西军左厢副使、归德将军折通游龙钵来朝,献马二千余匹;咸平六年(1003),六谷部都首领潘罗支遣使贡马五千匹。《宋会要·蕃夷六》也载:大中祥符八年(1015),"宗哥族首领角厮罗等遣使贡马,乞赐行李物色、茶、药。诏:估其值,得钱七百六十万"。

北宋政府赐给吐蕃的主要是绢帛、茶、药、金银器等,尤其是绢帛。宝元元年(1038),宋廷一次就赐给角厮罗帛二万匹、散茶一千五百斤以促其继续攻夏。② 在宋夏交战期间,吐蕃从西面夹击李继迁。李屡战屡败,最终死于吐蕃人的弓下。

因为关系密切,宋廷对吐蕃特别优待,《宋会要·蕃夷六》载:元祐六年(1086),吐蕃首领阿里骨乞赐铜五十斤,不料宋哲宗竟赐给一千斤,并令官员转告:"熟铜于汉法系禁止,为尔恭顺朝廷,故特赐之意。"元丰三年(1080)六月,宋神宗召见吐蕃使者时郑重地宣布:吐蕃"此后可数遣人来,任便交易"。

4. 于阗

于阗在今新疆和田一带,从汉至唐一直向中原朝贡。自安史之乱起,关系中断。五代后晋时,又告恢复。建隆二年(961),于阗王李圣天遣使来贡后,于阗使者便频频前来。开宝中,曾先后献一块二百三十七斤的玉和一头善舞的象。大中祥符二年(1009)于阗贡使还上报真宗:"自瓜、沙抵于阗,道路清谧,行旅如流。"

熙宁以后其来益多,"远不逾一二岁,近则岁再至"③,所贡以马匹、香药、玉器、象牙、胡锦等为主,其中尤以马匹和乳香为最多。《宋会要·蕃夷四》载:元丰八年(1085)十一月,于阗使者"因进马,赐钱百有二十万"。又载:熙宁五年(1072),于阗使者"有乳香三万一千余斤,为钱四万四千余贯,乞减价三千贯卖于官府"。

于阗盛产乳香,故大量输入宋境。其"来辄群负,私与商贾牟利;不售,则归诸外府得善价,故其来益多"。鉴于乳香属奢侈品,空耗国家资财甚多,因此宋廷于元丰初规定:"惟赍表及方物、马驴乃听以诣阙,乳香无用不许贡。"④但因乳香利大,于阗并未就此止步。《宋会要·蕃夷四》载:元丰三年十月,熙州奏,"于阗国进奉般次至南川寨,称有乳香杂物等十余万斤",宋神宗令"乳香约回"。为了杜绝偷运乳香入境,宋廷规定地方官必须认真检查,否则将重治其罪。

---

① 脱脱:《宋史》,北京:中华书局,1977年。
② 徐松:《宋会要辑稿》,北京:中华书局影印本,1987年。
③ 脱脱:《宋史》,北京:中华书局,1977年。
④ 脱脱:《宋史》,北京:中华书局,1977年。

于阗过于频繁的入贡引起了宋地方官的不满,因此他们于元祐(1086～1094)中建言限其"间岁一听至阙"。绍圣(1094～1098)中,知秦州游师雄说:"于阗、大食、拂菻等国贡奉,般次踵至,有司惮于供赉,抑留边方,限二岁一进。外夷慕义,万里而至,此非所以来远人也。"于是宋廷废除了限制,"自是讫于宣和(1119～1125),朝享不绝"①。另外,值得一提的是阿曼的乳香在北宋时也通过于阗人运至开封。②

5. 天竺

天竺,即佛教的发源地印度,自从佛教传入中国后不断有使者来华。乾德三年(965),沧州僧道圆从印度经西域回国,持佛舍利一水晶器、贝叶梵经四十夹来献。道圆居印度六年,途中历时十二年,归程路过于阗,乃与其使一同入宋。次年,僧行勤等一百五十七人诣阙上书,要求赴印度求佛经。宋太宗嘉许之,"以其所历甘、沙、伊、肃等州,焉耆、龟兹、于阗、割禄等国,又历布路沙、加湿弥罗等国,并诏谕其国令人引导之"。开宝(968～976)以后,"天竺僧持梵夹来献者不绝"。印度王子穰结说罗和曼殊室利等也先后来宋。

印度与北宋遥隔万里,交通十分不便,因此宋人由印度回国时常常被"借"充为印度使者。例如:太平兴国七年(982),益州僧光远自印度归,奉其王没徙曩表及释伽舍利以献;雍熙中,卫州僧辞浣经西域回国,与回鹘僧密坦罗同奉北印度王及金刚坐王那烂陀书来献。同行的还有婆罗门僧永世和波斯外道阿里烟。印度使者所贡献的礼品主要是佛经、舍利、佛像(含菩萨)等,而得到的回赐则以帛和紫方袍为主。③

北宋时,还有两名印度僧人被作为"礼品"进献到开封。《宋会要·蕃夷四》载:熙宁五年(1072)三月,"木征(吐蕃首领)进天竺僧二人。诏令押赴传法院。明年四月二十三日,诏以使臣引伴住五台山,从其请也"。看来宋廷对这种"礼品"还是比较珍视的。

除上述外,通过陆路东来的还有龟兹、高昌、沙州、大食、东罗马等国家和地区的使者,因其情况与回鹘、于阗等类似,此处从略。

四

在西方的人员和货物源源东来的同时,北宋的人员和物资也源源西流。这些人员和物资除上面说过的使臣与"回赐"物品外,与中外交往有关的、比较重要的还有多项,兹简述如下:

1. 官员和公文

北宋时,官员一般三年一任。任满,据其政绩决定升降、他调或待缺,连任是比

---

① 脱脱:《宋史》,北京:中华书局,1977年。
② 李澍泖:《东西方各国自古珍视香料》,载《外国史知识》1982年第10期。
③ 脱脱:《宋史》,北京:中华书局,1977年。

较少见的。由于西边是北宋最复杂、最多事的地区之一，人事变动十分频繁，因而每年被派往西部去正常接任和应付各种突发事件的官员也就格外多。如建隆二年(961)，知秦州高防与吐蕃发生冲突，宋廷马上任命吴廷祚为雄武军节度使，取代高防安抚吐蕃人。又如宋真宗时，西边风声时紧时松，懂军事的曹玮、秦翰等人亦随之屡屡被派到西边镇守。

公文主要是通过递铺传送的。递铺是古代专门负责传送公文书信以及官员、官物的组织。在交通线上，每隔一定里程设置一铺，有铺兵若干名，递马若干匹。北宋时，递铺主要有步递、急脚递和马递三种。其中步递最慢，传送一般公文。马递最快，日行五百里，传递紧急公文和重大军情文书。这种组织对输送重要的军事和外交情报，传达北宋政府的对外政策是至关重要的。

2. 金帛

宋初，太祖曾下令："诸州支度经费外，凡金帛悉送阙下，毋或占留。"①但是，因为西边长期多事，大军云集，北宋政府反而每年要给陕西等地拨出大量的金帛。《宋史·食货上三》曰："河北、河东、陕西三路租税薄，不足以供兵费……岁出内藏库金帛及上京榷货务缗钱皆不翅数百万。"同书又曰："伏见兴师以来，陕西府库仓廪储蓄，内外一空，前后资贷内藏金帛不知其几千万数"，以致"内藏空乏"，当"陕西诸路以军赏银绢数寡，请给于内藏库"时，"诏以绢五十万匹予之"，就使内库绢"已辍其半矣"。宋廷所支付的金帛之多，由此可见一斑。

3. 军队

宋初设立了"更戍法"，规定除殿司的捧日和天武两军外，其余皆番戍诸路，而且各有年限："京东西、河北、河东、陕西……三年，广南西路二年。"②在这种制度下，每年都有大量的军队西行。《宋史》卷一九六《兵志》载，庆历二年(1042)，诏："已发士三万戍永兴……岁以八月遣万五千人戍泾、原、仪、渭州，镇戎军"；治平二年(1065)，"发兵指挥二十(每指挥五百人)，分戍永兴军、邠州、河中府"；元符三年(1100)，"诏虎翼军六千戍熙河路"。

基于众所周知的原因，北宋在陕西诸路长期驻有近三十万正规军③，以及百万人的地方兵。这支大军有效地防范和抵御了来自西边的侵略，保证了中西交往的正常进行。

4. 军用物资

数十万正规军和百万地方军云集西边，其粮草、衣物、建材、军工材料等的供应是非常繁重而又紧迫的。这些物资的运输分官运和商运两种。官运是政府组织士兵或民夫进行。《宋会要·食货四七》载，元丰四年(1081)七月神宗下诏："应陕西

---

① 脱脱：《宋史》，北京：中华书局，1977年。
② 脱脱：《宋史》，北京：中华书局，1977年。
③ 范仲淹：《范文正公政府奏议》卷下《奏陕西河北攻守等策》及《宋会要·兵八》。

军需物可并以舟载至西京界,令京西转运司运致。"由于物资太多,督催又急,给广大老百姓造成了深重的灾难。《宋史·食货上三》载:"李稷为鄜延漕臣督运……民苦折运,多散走,所杀至数千人,道毙者不在焉",因此文彦博奏道:"关陕人户,昨经调发,不遗余力,死亡之余,疲瘵已甚。"

商运,主要是通过"入中"的形式。所谓"入中",是指政府募商人输粮草等于沿边地区,然后予券至内地取缗钱、茶盐等以充其值。《宋史·食货下三》说:"自元昊反,聚兵西鄙……县官(指朝廷)急于兵食,调发不足,因听入中刍粟,予券趋京师榷货务受钱若金银;入中它货,予券偿以池盐。繇是羽毛、筋角、胶漆、铁炭、瓦木之类,一切以盐易之。"入中制的施行,使得商人们空前活跃起来,以致边储大幅度增加。同书《食货下五》载:乾兴元年(1022),"边储刍二百五十万余围,粟二百九十八万石",两年以后便"刍增一千一百六十九万余围,粟增二百一十三万余石"。

北宋时,洛阳还是个重要的粮仓,常年储有大量的粮食以备不时之需。《宋史·食货上三》载:元丰年间曾从东南"岁运百万石赴西京"。又载大观二年(1108)京畿都转运使吴择仁言"西辅(即西京)军粮,发运司岁拨八万石贴助,于荥泽下卸",然后用车运到洛阳。同年,宋徽宗还下诏四京"各积粮草五百万石"。①

5. 茶

北宋时饮茶之风已非常盛行,"君子小人,靡不嗜也;富贵贫贱,靡不用也"②。政治家王安石说:"夫茶之为民用,等于米盐,不可一日以无。"③即使是边远的少数民族也"所嗜唯茶"④。

据《宋史》和《宋会要》食货部分统计,北宋政府每年向各地的买茶额约为四千四百余万斤。不过,在收购时往往突破,如大中祥符八年(1015),江浙、淮南"凡买片、散茶二千九百六十万五千七百余斤",比定额增加九百四十万斤。⑤ 这些茶叶,无论实行官府专卖还是放开通商,其流动方向都是以北方和西方为主。《宋史·食货下五》说:"茶之为利甚薄,商贾转致于西北,利尝至数倍。雍熙后用兵,切于馈饷,多令商人入刍粮塞下……又移文江淮、荆湖给以茶及颗、末盐。"当时做茶生意的商人甚多。《汴京遗迹志》载杨侃《皇畿赋》说京畿地区"何客棹之常喧?聚茶商而斯在。千舸朝空,万车夕载,西出玉关,北越紫塞"。

茶在北宋的政治、经济、军事和中外关系等方面都扮演着极为重要的角色,难怪时人要说:"山泽之饶,茶苑居最,实经野之宏略,富国之远图也。"⑥

---

① 徐松:《宋会要辑稿》,北京:中华书局影印本,1987年。
② 李觏:《盱江集》卷十六,《四库全书·集部·别集类》。
③ 王安石:《临川集》卷七〇,上海:商务印书馆,四部丛刊本。
④ 脱脱:《宋史》,北京:中华书局,1977年。
⑤ 徐松:《宋会要辑稿》,北京:中华书局影印本,1987年。
⑥ 徐松:《宋会要辑稿》,北京:中华书局影印本,1987年。

6. 其他杂货

北宋时通过东西干线西行的货物，除上述几大类之外还有很多，我们姑且称之为"杂货"。这其中有官府运至西边与各族人民交易的，如熙宁九年（1076）四月神宗诏在京市易司，"发物货，为钱计直十五万缗，赴熙河（今甘肃临洮和临夏东北）市易司货易见钱为本"[1]。也有"贾万货"的商人们贩运的，《燕翼贻谋录》卷二说："四方趋京师以货物求售、转售他物者，必由于此。"这里面自然有不少人是贩往西边的。

综上所述，北宋时洛阳较前虽已大为衰落，但是在当时的政治、经济、军事、思想文化以及中西关系等方面仍然具有重要的地位：它拥有数十万人口，是宋初几十年间的二京府之一，在四京中的地位也仅次于开封；它拥有丝织、铸钱、制瓷、做曲、酿酒等工业和繁盛无比的园林、花卉；它拥有众多的文人、僧尼，是全国著名的思想文化中心；它还是北宋统治者弹压陕、晋、豫西的战略要地，也是宋军最大的物资中转站和粮仓之一。

经由洛阳、横贯东西的交通线，是北宋最重要的交通线之一。通过它，西方许多国家和地区的使者甚至统治者本人频频东来，北宋的使者也不断西去；通过它，西方的贸易使团和牲畜、玉器、香料、皮革等物货源源不断地流入中原，中原的丝帛、茶叶、金银器、药品等也大量涌向西方；通过它，云集陕西的数十万宋军得以维持，中西正常的交往得以保证；通过它，西方的僧侣、文人携佛经、舍利、佛像等接踵东访，宋朝的僧侣、文人携书籍等也鱼贯西行。东西方频繁的政治、经济、思想文化交流，丰富了各族人民的生活，促进了少数民族经济文化的发展，加速了民族融合的步伐，顺应了历史发展的潮流，符合各族人民的愿望。

（原载《洛阳——丝绸之路的起点》，中州古籍出版社1992年版）

---

[1] 徐松：《宋会要辑稿》，北京：中华书局影印本，1987年。

宋都开封至广州的内河航线考

【摘要】 北宋时期,东京开封形成了极度繁荣的商业。这种景象显然得力于北宋发达的水路交通。其中由汴河、惠民河、颍水、淮河、运河、长江、赣江、大庾岭道、始兴江以及湘江、灵渠、漓江、西江等环节组成的开封至广州间的内河航线最为重要。为了保证这条航线的畅通,北宋政府采取诸如清淤,开凿人工运河,修建堰、闸等方式,对河道进行了疏导治理。不仅保障了京城开封的物资供给,还将南北方有机地统一起来,对当时社会的发展起到了极大的促进作用。

【关键词】 北宋;东京开封;广州;内河航线;治理

北宋,是我国封建经济发展史上的高峰期。当时全国有许多繁荣的城市,尤其是东京开封,店铺林立,经济繁荣。据吴涛先生《北宋都城东京》及周宝珠先生《简明宋史》、《宋代东京研究》等著作估算,开封城的人口约有150万,是当时世界上人口最多的城市,即使按今天的标准看,也称得上是一个特大城市。由此,我们不禁要问:在交通技术和设施还不够发达的中世纪,开封城的供应问题是如何解决的?北宋政府又是如何在这里对全国进行统治的?显然,以开封为中心的水陆交通网起了关键的作用。由于篇幅有限,这里只对地位最为重要而学术界少有人涉及的开封至广州间水路交通线做一点探讨。

一

东京开封,即今日开封市,本是隋唐时期的汴州,907年被朱温改为东都开封府。之后,梁、晋、汉、周四代都建都于此。北宋立国,仍以此为都,称为东京开封府。

开封在唐朝时就"舟车辐辏"①,"邑居庞杂"②。五代时,更是"华夷辐辏","工商外至"③。到了北宋,由于是统一王朝的首都,开封一跃成为当时全国乃至世界最大、最繁荣的城市。

《宋会要·方域》一之二二记载:开封外城周长"五十里一百六十五步,横度之基五丈九尺,高度之四丈"。其外又有大面积的居民区,因此,人口极多。孟元老《东京梦华录》卷五《民俗》说:"以其人烟浩穰,添十数万众不加多,减之不觉少。"宋人往往称有百万家,如庄季裕的《鸡肋编》卷中说:"昔汴都数百万家尽仰石炭";晏殊的《丁巳上元灯夕》亦曰:"百万人家户不扃。"④甚至有说700万户的,"金人索在京户口数,开封府报以七百万户。军中询李若水,亦以此对"⑤。这些当然是过分夸张,不过至少从一定程度上反映了开封人口多这一事实。据吴涛和周宝珠等先生估算,东京的人口约在150万。

由于达官贵人云集,又是"天下富商大贾所聚",因此,"京城资产百万者至多,十万而上,比比皆是"⑥,有的人甚至富比宫廷⑦,这就决定了东京人的购买力非常强,孟元老的《东京梦华录》卷二载:金帛"每一交易,动即千万"。他们的生活也很奢侈,"第宅园圃,服食器用,往往穷天下之珍怪,极一时之鲜明"⑧,甚至直接模仿王公和宫廷,"异服奇器,朝新于宫廷,暮仿于市井"⑨。《东京梦华录》卷三记载:一部分居民连日常生活也要依赖市场,"市井经纪之家,往往只于市店旋买饮食,不置家蔬"。

为了满足城中各色人等的需要,开封的商业迅速发展起来,已经突破了固定地点和时间限制,成为到处都有、随时可见的现象。《东京梦华录》卷二记载:连御街两旁也曾长期"许市人买卖于其间"。当时城内有160余"行",大小工商业者(手工业与商业往往一体)一万五六千家。同书卷三还记载:有些地方"车马阗拥,不可驻

---

① 刘昫等:《旧唐书》。
② 刘昫等:《旧唐书》。
③ 王溥:《五代会要》。
④ 晏殊:《元献遗文补篇》。
⑤ 徐梦莘:《三朝北盟会编》。
⑥ 李焘:《续资治通鉴长编》,北京:中华书局,1980年。
⑦ 苏象先:《丞相魏公谭训》,上海:商务印书馆,四部丛刊本,1936年。
⑧ 司马光:《温国文正公文集》,上海:商务印书馆,四部丛刊本,1922年。
⑨ 陈舜俞:《都官集》。

足"。当时,汴河两岸、桥津渡口之处,也都百货堆集,摊贩遍地,以致外地巨商,"贸粮斛,贾万货,临汴无委泊之地"①。这种情景,从著名的《清明上河图》中可以直观地看出。

开封城有许多集市(包括夜市),著名的如:州桥夜市、"相国寺万姓交易"等。其中以相国寺市场为最大,它每月五次开放,"中庭两庑可容万人,凡商旅交易,皆萃其中。四方趋京师以货物求售、转售他物者,必由于此"②。在这些市场上,中外的货物都可以看到。周邦彦的《汴都赋》说:"顾中国之阛阓……竭五都之环富,备九州之货贿……与夫沉沙栖陆,异域所至……目不给视,无所不有。"

这些货物主要是从哪些地方来的呢?因为北宋时期我国的经济重心已转移到了南方,南方的农业、手工业和商业全面超过北方地区,所以这些物资显然主要是从南方地区运来的。在运输中,开封至广州间的水路交通线发挥了极为重要的作用。

二

开封到广州的水路交通线有两条,海上和内河。海上航线是从开封向东北,由五丈河(广济河)穿梁山泊入济水至海,然后泛海南下,抵达广州。中间可以在长江口、明州(今宁波)、泉州(今泉州)等地泊岸取给。这条从今山东半岛南下广州的航线北宋时虽然仍旧通航,某些航段甚至还相当繁荣,但是由于海上航运常遇狂风巨浪,损失惨重,加之当时内河航运极为发达,没有必要依赖海运,因而这条航线与内河航运相比远为落后。基于此,本文就以内河航运为重点来谈。

内河航线,是从开封向东南由汴河或惠民河、颍河入淮河,再沿淮河东北行至楚州(今江苏淮安)转入运河(山阳渎)南下扬州,然后溯长江西上,至江州(今江西九江市)之湖口附近向南经彭蠡湖(今鄱阳湖)入赣江。到达虔州(今赣州市)以后,需陆行翻越大庾岭,再从南雄州(今广东南雄)泛始兴江(今北江)南下抵达广州。也可以从江州继续西行,至岳州(今湖南岳阳)向南通过洞庭湖进入湘江,至广西境由灵渠转入漓江及西江,从而到达广州。下面,分别考察各段情况:

汴河,本是隋炀帝所开凿的通济渠,唐代改名为广济渠,又叫汴河。《宋史》卷九十三《河渠志》记载:宋朝建立后,以"孟州河阴县南(在今荥阳市境内)为汴首受黄河之口,属于淮、泗"。其具体走向是:从郑州(今郑州)西北的汴口向东南经开封、宋州(后改为南京应天府,即今商丘市)、永城、宿州(今属安徽),至泗州(今安徽盱眙)与淮河相接,全长约1200里。

汴河,是北宋王朝的生命线,对北宋王朝具有特殊意义。这是因为,从汉末以后,中原地区经历了数百年的大动乱,社会经济受到严重破坏,人口锐减。为了躲避战乱,有许多人流入相对比较和平安定的南方地区。这些人的到来,为南方地区增

---

① 释文莹:《玉壶清话》,北京:中华书局,1984年。
② 王栐:《燕翼贻谋录》。

加了大量的劳动力,同时也带来了先进的生产技术和管理知识,再加上自然条件优越,统治阶级也比较重视,因此,南方的经济日渐发展起来,到南北朝时已足以同北方抗衡;隋朝时,中央政府不依赖南方的财赋便难以生存,所以隋炀帝不惜工本,开凿了沟通南北的大运河,以大规模地漕运南方的粮食及其他财富。唐时,由于"今赋出天下,江南居十九"[1],这条河就更成为维持唐王朝生存的生命线。到了北宋时代,全国的经济重心基本上已完全转移到南方,南方的农业、手工业、商业和文化教育事业已全面超过北方,朝廷对南方的依赖程度进一步加重,汴河的作用也越来越突出。《宋史》卷九十三《河渠志》记载:"(汴河)岁漕江、淮、湖、浙米数百万,及至东南之产,百物众宝,不可胜计。又下西山之薪炭,以输京师之粟,以赈河北之急,内外仰给焉。故于诸水,莫此为重。"因此,它得到了赵宋政权的特别重视,不仅专门"置官以司之,都水监总察之",而且还令"缘河州县长吏常以春首课民夹岸植榆树,以固堤防",并以此作为政绩考核的重要内容。

为了解决汴河河道的淤积问题,宋廷采取了种种措施:(1)"遇春首辄调数州之民"浚河。为此,还特意于河底铺设石板石人,"以记其地理,每岁兴夫开导至石板石人以为则"[2];(2)在应天府以上"为木岸狭河"以提高流速,减少沉淀;(3)每当水涨"至七尺五寸,则京师集禁兵、八作、排岸兵,负土列河上以防河";(4)神宗时,又实施导洛通汴工程,引含沙量不大的洛水供给汴水,即所谓"清汴"。[3] 这些措施比较有效地保证了汴河的畅通,沈括《梦溪笔谈》卷二十五记载:天圣(1023～1032)以后,尽管一些河段"河底皆高出堤外平地一丈二尺",甚至屡次告急、决口,汴河仍能保持"通流不绝"。

惠民河,源自今新郑市,导洧、溱诸水自东北流入开封,然后折向东南经咸平(今通许)、陈州(今淮阳)至蔡口镇(今项城北)入颍水。开封西南的一段本为闵河,东南的一段本为蔡河。宋初导闵入蔡,并于开宝六年(973)改闵河为惠民河,其后遂通称闵、蔡二河为惠民河。由于惠民河是在二河的基础上,又收洧、溱等水为源,水量大增,漕运极为便利,因而深"为都人所仰"。今日河南中部、东南部和安徽北部地区,都可以通过此河与开封发生联系。[4]

颍水,发源于今登封南部,向东南经今河南禹州、临颍、周口、项城、安徽阜阳、颍上等地注入淮河,全长约1500里。它与惠民河一道构成了从开封南下的又一条通道。

与汴河和颍河相接的淮河发源于桐柏山,向东经1000多里注入黄海。《宋史》卷九六《河渠志》记载:淮河在泗州与楚州间的一段虽然只有百余里,但是却有"风

---

[1] 韩愈:《送陆歙州诗序》;董诰等:《全唐文》卷五五五。
[2] 王巩:《闻见近录》。
[3] 脱脱:《宋史》,北京:中华书局,1977年。
[4] 脱脱:《宋史》,北京:中华书局,1977年。

浪之险","楚州北山阳湾尤迅急,多有沉溺之患","岁溺公私之载不可计"。为了避免长淮之险,宋人做了许多努力,如:雍熙中(984~987),转运使刘蟠、乔维岳开凿了"沙河","自楚州之淮阴,凡六十里,舟行便之",又在运河五堰的西河第三堰创置两个斗门,使"舟行往来无迟滞";后来,发运使许元"自淮阴开新河,属之洪泽,避长淮之险,凡四十九里";元丰六年(1083),发运使蒋之奇等人又开凿了龟山运河,"长五十七里……自洪泽而上,凿龟山里河以达于淮"。至此,这段风浪险恶的淮河基本上被三段人工河所取代,从而解除了"风涛百年沉溺之患"①。

在楚州与淮河相接的是大运河的另一段——山阳渎,隋唐时称为邗沟,北宋时通常与江南段一同笼统地叫做运河。它是从楚州向南经宝应、高邮(今皆在江苏)到扬州与长江相汇,全长300余里。这段运河在北宋的漕运网中,也是极为重要的环节,正如《宋会要·食货四六》所说:"东南一方(实际上包括西南)……凡所供国赡军,尽由此河般运。"为了保证水源,宋政府先后修建了不少堰、闸,有时甚至不惜劳费,雇人车水。

长江,众所周知是世界第三大河,自古就因为水深沙少、通航便利而被称为我国的"黄金水道"。它的支流多而且水量大,流域面积达185万平方千米,包括今天川、鄂、湘、赣等12个省区。这些地区可以很方便地利用长江及其支流与其他地区发生联系。北宋时,从长江转入运河、淮河和汴河,就可以到达属于黄河流域的开封。

赣江,是江西第一大河,发源于赣南山区,向北纵贯全境注入彭蠡湖,全长约千里。由于落差较大,滩礁又多,赣江的航运条件并不十分理想。不过,承载一般中小型运船,还是绰绰有余的。著名诗人范成大的《骖鸾录》记载:南宋乾道(1165~1173)年间,他曾乘船在赣江上轻松愉快地航行。

在赣江上游与广东之间,由于大庾岭的阻隔是无法通水路的,只能步行翻山越岭,自古南来北往的人们就苦于此路难行。唐代名相张九龄《开凿大庾岭路序》说:"以载则曾不容轨,以行则负之以背",所以唐政府特派张九龄来主持开凿大庾岭道,不久行旅就可以在此"有宿有息,如京如坻"。到北宋时此路有所荒废。《宋史》卷三二八《蔡挺传》说:仁宗时,蔡挺"稍起知南安军,提点江西刑狱,提举虔州盐",当时"自大庾岭下南至广,驿路荒芜,室庐稀疏,往来无所庇"。正巧,蔡挺的哥哥蔡抗时任广东转运使,于是蔡挺兄弟就从江西和广东两方面进行整修,"课民植松夹道,以休行者"。王巩《闻见近录》也记道:"以砖甃其道……南北三十里,若行堂宇间,每数里置亭以憩客。左右通渠,流泉涓涓不绝。红白夹道,行者忘劳……既过岭,即青松夹道,以达南雄州。"这条通道的开凿和不断完善,无疑大大便利了南北地区及中外经济文化的交流。《宋史》卷一七五说:"广南……百货,陆运至虔州,而后水运。"实际上,虔州之前并非全部陆运。《宋史》卷二六三《刘熙古传》说:"岭南陆运香药至京,诏蒙正(刘熙古的儿子)往规画。蒙正请自广、韶江溯流至南雄;由大庾岭

---

① 脱脱:《宋史》,北京:中华书局,1977年。

步运至南安军(治今江西大余),凡三铺,铺给卒三十人;复由水路输送。"

始兴江,即今北江,广东省内的主要河流之一,发源于粤北,向南奔流约400千米到达广州,并在广州附近与今东江、西江汇合,然后注入南海。因此,从广州向东通过东江可与粤东、粤南及赣南联系;向西通过西江可与今广西、贵州、云南等地联系,也可以由漓江过灵渠进入湘江流域。

湘江在湖南境内,情况基本与赣江相同。

漓江是西江的支流,自北向南于梧州(今梧州)汇入西江。将湘、漓二江联系起来的灵渠,是秦朝史禄所凿。宋时又加以维修以通漕舟。《宋史》卷九七《河渠志》记载:从宋仁宗时期开始令灵川、兴安两县知县都"系衔'兼管灵渠',遇堙塞,以时疏导"。灵渠沟通了漓江和湘江,也就沟通了珠江流域和长江流域,成为南北水路交通的重要环节。不过,由于水量较小(包括漓江),路线也显迂绕,因而运输量并不很大。

广州是这条水上运输线的终点,它不仅是华南内河航运的枢纽,而且还是我国古代对外交通南海航线的起点。从广州出发,向东南可到今菲律宾,西南可到今越南、印尼、斯里兰卡、印度、阿拉伯半岛以及西亚和东非等许多国家和地区。据不完全统计,宋代时,仅东南亚和南亚地区与我国有贸易关系的国家就至少有50多个。[①]这些国家绝大多数都要到广州来做生意。

由上可知,北宋东京开封到广州的水上通路(内河)是由汴河、惠民河、颍水、淮河、运河、长江、赣江、大庾岭道、始兴江以及湘江、灵渠、漓江、西江等环节组成。它将政治中心开封与经济重心所在的南方大半个中国紧密地联系起来,使其成为一个不可分割的有机整体,为巩固统一,促进全国经济、文化的发展,发挥了极为重要的作用。

(原载《经济经纬》2004年刊庆专号)

---

① 关履权:《宋代广州的海外贸易》,广州:广东人民出版社,1994年。

北宋开封至广州内河航线的经济意义

【摘要】 北宋时期,开封至广州的内河航线是最繁忙的交通要道,是赵宋王朝的生命线。京城庞大的中央政府、上百万居民和数十万驻军的物资供给,主要依赖此路运输。当时,这条内河航线所运的物资大致可以分为:饮食类、政府用度类、手工业原料及产品类、药品类、奢侈品类及杂物或百货类。此外,还有大量的人员在这条水路上频繁往来,这些人员包括官员、商贾、中外贸易使团、军人等。

【关键词】 北宋;东京开封;广州;内河航线;经济意义

北宋东京开封,城市规模庞大,经济繁荣。据吴涛先生《北宋都城东京》及周宝珠先生《简明宋史》《宋代东京研究》等著作估算,当时开封城的人口有150万左右,是当时世界上人口最多的城市,即使在今天也称得上是一座大都市。在交通技术和设施还不够发达的古代,作为全国的政治中心,开封城的物资供应,主要依赖经济重心所在的南方地区。在各种物资的运输过程中,从开封至广州的内河航线发挥了极为重要的作用。

开封到广州的内河航线,是从开封经汴河(或惠民河、颍河)入淮河,再由运河(山阳渎)至扬州入长江,然后西行至江州(今江西九江市)入彭蠡湖(今鄱阳湖),最后由赣江、始兴江(今北江)到广州。其中赣江与始兴江之间有数十里山路,需陆行翻越大庾岭,再从南雄州(今广东南雄)登船顺始兴江(今北江)南下。也可以从江州西行至岳州(今湖南岳阳)穿过洞庭湖进入湘江,再由灵渠转入漓江及西江到达广州。这条内河航线将开封与开封以南的大半个中国紧密地联系起来,使其成为一个不可分割的有机整体。通过它,南方的物资和人员源源北上,北方的物资和人员也不断南下。其中物资和人员主要有:

一、饮食类物资

1. 粮食

东京开封有100多万人口,再加上由于北方和西北边长期不宁而集结的重兵,粮食需求量甚大。这些粮食绝大多数都是从南方水运来的。太宗时大臣张洎曾说:"今天下甲卒数十万众,战马数十万匹,并萃京师,悉集七亡国士民于辇下,比汉唐京邑,民庶十倍。甸服时有水旱,不至艰歉者,有惠民、金水、五丈、汴水等四渠。……唯汴水横亘中国,首承大河,漕引江湖,利尽南海,半天下之财赋,并山泽之百货,悉由此路而进。"①其中,金水河与五丈河实为一河(即广济河),每年运京东(今山东)粮食62万石;惠民河每年运陈(河南淮阳)、颍(今安徽阜阳)、许(今河南许昌)、蔡(今河南汝南)、光(今河南潢川)、寿(今安徽寿春)等六州粮食60万石。此外,黄河年运陕西粮食80万石。相比之下,汴河最为重要,年运额为600万石,大中祥符(1008~1016)初年达到700万石,真宗、仁宗时,"岁以800万石食京师,其后罕有其多"②。后来,黄河因道险而被罢运,广济河也一度被罢,汴河就显得更为重要。《宋会要·食货》四六之一六载:"东南一方诸路百郡盐粮钱帛茶银杂物,凡所供国赡军,尽由此河般运。"难怪时人张方平感慨地说:"大众之命,惟汴河是赖。"③

汴河所运的粮食主要来自今苏、浙、皖、赣、两湖等地,运输方式是"转般法"。《宋史》卷一百七十五《食货志》载:"凡水运,自江淮、南剑(治今福建南平)、两浙、荆湖南北路(今湖南、湖北)运每岁租籴至真(治今江苏仪征)、扬、楚(治今江苏淮安)、泗(治今安徽盱眙),置转般仓受纳,分调舟船计纲溯流入汴至京师。"崇宁三年(1104)以后,曾有几度,共十几年时间实行过"直达",即各路直接运粮入京。与转般法相比,实行直达法的时间是很短的。

除了官方之外,民间商人也向开封和北方沿边地区大量运粮。《宋史》卷一百八十三《食货志》、《文献通考》卷十五及卷十八记载:为了吸引商人,宋廷于端拱二年(898)"置折中仓,听商人输京师,优其值,给江淮茶盐"。由于有利可图,商人积极性颇高。《续资治通鉴长编》(以下简称《长编》)卷六十三载:景德三年五月,"富商大贾,自江淮贱市粳稻,转致京师,坐邀厚利"。《宋史》卷一百七十五《食货志》也说:熙宁二年,"募商舟运至京师者又二十六万余石而未已"。如果是在边境有事时,商人则是将粮草运往沿边地区。同书卷一百八十三《食货志》载:乾兴元年(1022),

---

① 脱脱:《宋史》,北京:中华书局,1977年。
② 欧阳修:《欧阳修全集·居士集》,北京:中国书店,1986年6月影印版。
③ 脱脱:《宋史》,北京:中华书局,1977年。

运"刍二百五十万余围,粟二百九十八万石";天圣二年(1024),又在原来的基础上,"刍增一千一百六十九万围,粟增二百一十三万余石"。事实证明,此办法的确是解决边境重兵及京师食粮问题的有效途径。

2. 食盐

食盐是关系到国计民生的重要商品,利润极高,因而北宋政府一开始就对它实行了严格的官卖制。为此,各个产地都被划分了不同的销售区域,并且规定,"私炼盐者三斤死,擅货官盐入禁法地分者十斤死"①,如果"有买卖私盐,听人告讦,重给赏钱,以犯人家财充"②。商人要想取得销售权,就必须向政府入中金银及粮草等,然后持券到产地提盐运至指定地区销售。在此制度下,盐的运输便有了官运和商运以及走私之分。

(1)官运。北宋食盐的主要产地有:河东(今山西,出产颗盐)、河北、淮南、两湖、广南(今广东、广西)、四川(末盐)等。其中产量最高并且经由开封至广州间水路外运的主要是淮南和广南地区。淮南在天圣七年以前年产盐215万余石(每石50斤),除自用和商旅算请部分外,其余的都集中到真州、楚州、泗州,以便其他路搬运。《宋史》卷一百七十五《食货志》载:"江南东西、荆湖南北路、两浙……逐路据年额斛斗般赴真、楚、泗州转般仓,却运盐归本路。"其中荆湖路所运的盐最高时每年达53余万石。③ 广南在天圣以后,年产盐513000余石,主要供给本路东西及江西南部。早在太平兴国二年(977)宋廷就规定:"虔州(盐)于南雄州般请"④,后因故改食淮盐。元丰三年,又"罢运淮盐,通般广盐一千万斤于江西虔州、南安军(今大庾)"⑤。这些盐无疑是通过大庾岭道搬运的。

(2)商运。商人入中以后,就可以依法贩运。由于利润丰厚,商人十分踊跃,以致有时产地竟无力应付,仅泰州一地每年被买走的就有数十万袋,"以岁计之……有一州仓库而客人请盐及四十万袋者,泰州是也"⑥。至于每袋的重量,据《宋会要·食货》二五之一八记载,"东南、东北盐每袋三百斤",40万袋合1亿多斤。正是由于商人贩运的数目极大,因而在社会经济方面就显得特别重要,尤其是在大面积开放通商时期。同书《食货》二五之一六、二五、二八记载:宣和(1119~1125)中,"近淮浙运河浅涩,商旅难以般贩,所有阙盐食用",为了吸引商贩,朝廷除了在入中时"优其值"外,还规定:"其所雇客船,官司不得一例拘载",而且"依法经所属给据,免沿路力胜税钱"。

---

① 徐松:《宋会要辑稿》,北京:中华书局影印本,1987年。
② 李焘:《续资治通鉴长编》,北京:中华书局,1980年。
③ 脱脱:《宋史》,北京:中华书局,1977年。
④ 徐松:《宋会要辑稿》,北京:中华书局影印本,1987年。
⑤ 脱脱:《宋史》,北京:中华书局,1977年。
⑥ 脱脱:《宋史》,北京:中华书局,1977年。

除官运和商运之外,还有大量贩卖走私盐的现象,此处不再赘述。

3. 茶

饮茶之风在北宋已非常盛行。北宋思想家李觏在《富国策》中说:"君子小人,靡不嗜也;富贵贫贱,靡不用也。"①王安石《临川集·议茶法》也说:"夫茶之为民用,等于米盐,不可一日以无。"②即使是边远的少数民族也不例外,他们甚至比汉人更喜饮茶。所以,北宋政府同样对茶实行了专卖制。为此,宋廷设立了六个榷货务(五处沿长江,一处沿海),同时允许淮南十三山场与各务一道对茶叶买卖进行垄断。每年茶叶收获之后,各地除了上贡的定额,如建宁(今属福建)"岁贡片茶二十一万六千斤"③,其余的都要送往指定的务、场。《宋史》卷一百八十三《食货志》记载:各路的定额为:淮南865万余斤,江南1027万斤,两湖近128万斤,荆湖247万余斤,福建39万余斤。这些只是"祖额",实际上往往都要超过,如大中祥符八年(1015),江西、淮南"凡买片散茶二千九百六十万五千七百余斤",比"祖额"多940万斤。

茶叶运到各务、场之后,多数由商人向政府购得经营权后贩卖至各地。仁宗嘉祐四年(1059)以后便完全开放通商了。它的流动方向当然是以北方为主,首先是开封这个特等消费中心。其次,是北部、西北部地区。《宋会要·食货》三〇之五记载:"商客贩茶到京,系于民间邸店堆垛,候货鬻了当……""南茶,商贩于京东西、河北、河东……永兴、鄜延、环庆路",其"利尝至数倍"④,所以,宋人编的《茶法条贯·序》说:"山泽之饶,茶苑居最,寔经野之宏略,富国之远图也。"⑤

从南方运来的饮食种类还有很多,如水果、酒、曲、糖、姜、水产品、畜产品等。

二、政府用度类物资

广义上,政府用度类物资的范围很大,不过,最重要、最根本的,除粮食之外,就是货币了。北宋时,具有货币职能的主要有金、银、钱、布帛等。

由南方向京师输送钱帛早在宋初就开始了。《宋史纪事本末》卷十六载:乾德二年(964),"蜀亡,其府库之积悉输汴京"。后来其他亡国照此办理。次年,太祖正式下诏:"诸州支度经费外,凡金帛悉送阙下,毋或占留。"⑥于是各州钱帛除自用部分外,全部运往京师。治平二年,"又漕金帛缗钱入左藏、内藏库者,总其数一千一百七十三万,而诸路转移相给者不预焉"⑦。徽宗时至1500余万,其中南方占1284万

---

① 李觏:《盱江集》卷十六,《四库全书·集部·别集类》。
② 王安石:《临川集》,上海:商务印书馆,四部丛刊本。
③ 脱脱:《宋史》,北京:中华书局,1977年。
④ 脱脱:《宋史》,北京:中华书局,1977年。
⑤ 徐松:《宋会要辑稿》,北京:中华书局影印本,1987年。
⑥ 脱脱:《宋史》,北京:中华书局,1977年。
⑦ 脱脱:《宋史》,北京:中华书局,1977年。

7000余两。① 这些钱帛包括两税、商税和榷卖盐、矾、酒、曲所得收入等。其运输方式初期和粮食一样实行转般法,广南地区是"陆运至虔州,而后水运"②。天圣以后,改行直达,各州直接送往开封。

上面所引的数字,只是各地直接输京的,远非北宋政府的全部收入。若全面计算,仅每年收入的缗钱,嘉祐(1056~1063)中就有3680余万缗,熙丰间达到6000余万,元祐(1086~1094)中经减免后仍有4800余万。③ 布帛年上供额为416万余匹,其中南方占314万余匹。若加上"和买"等数,宋廷每年从南方获得的布帛达600万匹,其中四川一地就占了180万匹,就连比较落后的两广地区也有近20万匹。④

在地方官府上供的同时,商人也将大量的金银、钱帛运入开封。在严格的官卖制下,商人要想经销茶、盐就必须在京师交纳钱帛金银或者在沿边地区交纳粮草,然后运茶、盐到指定区域销售。经营晋矾的商人同样需要每年"在京榷货务入纳见钱五万贯文"⑤。还有些商人直接贩金银到京。如《宋会要·食货》二五之二六载:宣和七年三月二日,尚书省言:"契勘东南六路商贾皆欲前来兴贩钞书,缘以钱物重大,畏涉江淮……乞许诸路客人召壮保出引,从本州本县赍带到金银前来都下,当官验号,及元封斤重,给付客人从便货卖……诏:依。"总之,南方各地向开封输送了大量的金银钱帛,一方面满足了政府的各项开支,如官俸、军衣和各种赏赐等;另一方面,也为京师的金融市场输了血。所以,尽管开封居民消费水平甚高,耗费了无数的钱帛,但是却没有出现严重的"钱荒"。

三、手工业原料及产品

1. 糯米

开封的酿酒业非常发达,丰乐楼寿眉、忻乐楼仙醪、和乐楼琼浆等都是一时名酒。矾楼饮客常有千余人,每年购买官曲五万斤,仁宗时可供3000家酒店"每日于本店取酒沽卖"⑥。丰乐楼也是如此。《宋史》卷一百六十五《食货志》载:"在京酒户岁用糯米三十万石。"此外,皇室每年也需糯米数千石。显然,这些米基本上来自南方。

2. 线和矾

开封织染业规模甚大,但丝绵线和印染所需的矾却无法自给。至道三年(997),

---

① 马端临:《文献通考》,上海:商务印书馆,1936年。
② 脱脱:《宋史》,北京:中华书局,1977年。
③ 李心传:《建炎以来朝野杂记》,上海:商务印书馆,丛书集成初编本,1936年。
④ 徐松:《宋会要辑稿》,北京:中华书局影印本,1987年。
⑤ 苏象先:《丞相魏公谭训》,上海:商务印书馆,四部丛刊本,1936年。
⑥ 徐松:《宋会要辑稿》,北京:中华书局影印本,1987年。

在地方的上供岁额中有"丝线一百四十一万余两,绵五百一十七万余两"①。如果加上"和买"的数量等,北宋政府每年收入的丝绵达 1385 万余两,其中南方地区占 873 万余两。②

据《宋会要·食货》三四之一记载:北宋时期矾的主要产地有:河东晋州(今临汾)、隰州(今隰县);淮南无为军(今安徽无为)。其中隰州出产绿矾。它们所供给的范围是:晋州,"给京师支用,并客旅算请";隰州,"给在京染院及河东州军茶客入中算请";无为军,"给要京染院及淮南州军客旅入中算请"。在这三处中,无为军的矾可以由水路直接入京。此外,它还供应"江、淮、荆、浙、广、福九路"。政和二年(1112)以后又增加了河东、河北、京东、京西等路。河东的矾除供给京师外,还供应京畿、京东、京西几路,即可以合法地进入今河南南部及山东地区。但是不合法的现象总是难以避免的,有时甚至还是很严重的。由于当时南方印染业的规模很大,对矾的需求量也更大,因而北矾非法南下的就非常多。如:绍圣三年(1096)五月,江淮荆、浙等路发运司言:"官员躬亲捕获私矾累及一万斤至十万斤等第推赏。"天圣以后,晋矾和淮矾又获准进入四川地区。

3. 军工材料及成品

开封军工业的规模很大。《宋会要·方域》三之五〇至五一载:负责制造兵器、旗帜、油衣等的东西作坊共有兵校和工匠 7900 余人,弓弩院等有兵匠 2100 余人。此外,还有杂役兵丁万余人。《宋史》卷一百九十七《兵志》载,"南北作坊岁造涂金脊铁甲等凡三万二千,弓弩院岁造角弝弓等凡千六百五十余万","又南北作坊及诸州别造兵幕、甲袋、梭衫等什物,以备军行之用。京师所造,十日一进,谓之'旬课'。上亲阅视,置五库以贮之"。由于政府高度重视,因而北宋"戎具精致犀利,近代未有"。这些作坊所使用的多数原料都要靠南方输入。如:至道三年,在地方的上供物中有"鹅翎杂翎六十一万余茎,箭杆八十九万支"。而实际需要的远超过于此。《续资治通鉴长编》卷二百一十二载:"(熙宁三年六月)壬申,上批:'近闻作坊料库官吏隐下帐管竹箭杆,申乞三司配买……'于是三司使吴充言:'箭材凡二百八万四千,而勘(堪)用者止十一万二千。近商人贩至京者凡二百余万……'"欧阳修《归田录》卷二说当时北方尚未种竹,周邦彦《汴都赋》也说开封市场上有"会稽之竹箭",可见竹竿是从南方来的。

北宋地方上也有军工业。《宋史》卷一百九十七《兵志》载:"诸州岁造黄桦黑漆弓弩等凡六百二十余万。"这个数目只是京师产量的 40%。这些产品绝大多数都要上供,同书卷一百七十五《食货志》说:"诸州……军器上供亦如之。"发达的军工业,保证了战场所需。如:庆历二年,朝廷"赐河北义勇兵弓弩箭材各一百万。四年,赐

---

① 李焘:《续资治通鉴长编》,北京:中华书局,1980 年。
② 徐松:《宋会要辑稿》,北京:中华书局影印本,1987 年。

鄜延路总管风羽子弩箭三十万"①。元丰七年(1084)二月,朝廷拨给西边熙河等州火箭10万支,火药弓箭2万支,火药火炮箭2000支,火弹2000枚,铁额子5000枚。②

此外,开封军工业所需的胶漆、筋皮以及硫黄等也主要依赖南方输入。

4. 文化用品

开封是北宋的主要印书中心之一,其所用纸张多从南方输入。司马光的《送冷金笺与兴宗》说四川的冷金笺"时逐商舟来",到开封后人们"争买倾其珠"③。可见,四川纸在京师有很大的销路。其次,东南的纸也大量运往开封。《宋会要·食货》三四之三八载:"江南东路……额钱五万贯,买……纸(注略)三百二十万五千四百张;江南西路纸(注略)一百二十七万四千张。"这是地方上供的。此外商人贩运的当然更多。至道三年十一月,孙冕说商人在南方博买的纸张等"萃于京师,丰阜征算"④。

开封从南方输入的是纸,输出的是书。《宋会要·职官》二八之二载:大中祥符五年(1012)九月,真宗下诏:"国学见印经书,降付诸路出卖,计纲读领,所有价钱,于军资库送纳。"民间也有人从开封大量买书。邹浩《道乡文集》卷六《寄阳先生》说:"长揖公卿不转头,五车图籍指虔州。"作者附注云:"先生名孝……来京师买书数万卷以归。"与此同时,南方的书也大量输往开封。叶梦得《石林燕语》卷十八说:"今天下印书,以杭州为上,蜀本次之,……福建本几编天下。"北宋国子监的书相当大一部分都是在杭州印的。

四、药材

开封居民百万,牲畜亦以数十万计,其用药量是相当大的。《宋会要·食货》四二之一五说:天圣七年(1029)六月三司言:四川"药物更有水路纲运,不可胜记",其中"益州路收买郁金、大黄,夔州路收买黄药",并且由于药密库存货较多,有关部门自请"自今于每年买数十分中量减二分"。同书《食货》三八之三又说:元丰五年(1082)八月,安州(今湖北安陆)言:"内供奉谢禋奉旨买红花万斤,今又继买五万斤,而一州所产,岁止二万斤耳。"求购量竟是产量的3倍,这充分反映了京师对此药需求量之大,同时也说明安州是红花的主要产地。南方向开封输送的还有许多药品;包括兽药。

五、奢侈品

北宋时期的奢侈品除了金银之外,还有香药(香料)、犀角、象牙、珠宝等。这些

---

① 脱脱:《宋史》,北京:中华书局,1977年。
② 李焘:《续资治通鉴长编》,北京:中华书局,1980年。
③ 司马光:《温国文正司马公文集》,上海:商务印书馆,四部丛刊本,1922年。
④ 徐松:《宋会要辑稿》,北京:中华书局影印本,1987年。

物品中的很大一部分,都是政府在广州用金银、钱帛及瓷器等从外商手中交换来的。《长编》卷三百一十载:"广州,外国香货及海南客旅所聚。"苏轼《东坡题跋》卷一也说"(广州)真珠香药极有"。为了及时收买并加以垄断,北宋于开宝(968~975)初年在广州设置了市舶司。《宋会要·职官》四四之一一载:"闽广市舶旧法:置场抽解,分为粗细二色,般运入京……旧系细色纲只是真珠、龙脑之类,每一纲五千两。其余如犀、牙、紫矿、乳香、檀香之类,尽是粗色纲,每一纲一万斤。"仅乳香一项,熙宁十年(1077)广州就收购了348000余斤,为全国所收购乳香数的99%。这些商品多数通过水路入京。《宋史》卷一百七十五《食货志》说:"广南金银、香药、犀象、百货,陆运至虔州,而后水运。"实际上,虔州之前并非全部陆运。同书卷二百六十三《刘熙古传》说:"岭南陆运香药至京,诏蒙正(刘熙古的儿子)往规画。蒙正请自广、韶江溯流至南雄;由大庾岭步运至南安军(治今江西大余),凡三铺,铺给卒三十人;复由水路输送。"繁荣的奢侈品贸易给北宋政府带来了巨额的收入。太宗至仁宗时,每年可获银59万余缗,治平(1064~1067)中达63万余缗,所以,《宋史》卷一百八十六《食货志》说"县官用度,实有助焉"。

六、杂物或百货

除了上述几大宗物品外,实际上当时公私所需的物资还有很多,如:瓷器、漆器、编织品、服饰、鸟兽以及花木竹石等,可以笼统地称为"杂物"或"百货",大致可以分为四种情况:(1)地方上供。前文所引"广南……百货,陆运至虔州,而后水运",及同卷中又说,"诸州钱帛、杂物上供亦如之(即转般法)",皆可为证。不过,在真宗和徽宗时期,统治集团大兴土木所需的花木竹石,都是从南方直接进京的。《清溪寇轨》引《容斋逸史》说:运输时"舳舻相衔于淮汴",因运船不足,官府竟"截诸道粮纲,旁罗商舟"。(2)官船夹带。《宋会要·食货》四七之一四说:"纲运旧条,以二分力胜许载私货。"这二分私货可以是一切能够赚钱的东西。由于政府运粮规模极大,每年达数百万石,二分也是非常可观的。(3)商人贩运,包括运往开封的和运出的。前者,如释文莹《玉壶清话》卷三说"江淮巨商,贸粮斛,贾万货,临汴无委泊之地"。后者,如王栐《燕翼诒谋录》卷三所说"四方趋京师以货物、粮斛转售他物者,必由于此"。这些被转售的货物一般仍由水路运出。如释文莹《湘山野录》卷下载,"抚(今江西临川)人饶㻋……下第出京,庇巨商厚货……下江淮,历江海"。(4)自运自用。主要是寺观和官宦之家,为了满足自己的需要,多自置舟船,往来运输各种物品。

七、公文、书信等

北宋时设有水递铺,以船为交通工具。如《长编》卷十八"太平兴国二年正月"条下载:"自江陵(今江陵)至桂州(今广西桂林)间,有水递铺。"递铺是每隔一定的距离设置一铺,配备专门的人员和工具用以传递政府公文、官员奏疏、公私信函以及迎送过往官员等。有时,还要搬运货物。如《宋大诏令集》卷一百八十《景灵宫会灵太极观成敕天下制》说:梓州路、淮南、江浙应奉宫观等物,就是由递铺船卒牵挽上京的。递铺的设置是以陆上为主,水递只是辅助而已。

八、人员

开封是北宋的政治、经济、军事和文化中心,与全国各地以及亚非许多国家都有着千丝万缕的联系,南方地区作为全国的经济重心所在地,更是得到朝廷和民间商贾的高度关注,因此,在这条内河航线上穿梭往来的人员显得非常多。

1. 官员

北宋时,官员一般三年为一任。任满,根据其三年的政绩决定升降、他调或待缺,连任的情况是比较少的。在这种制度下,经常有许多官员跋涉于道,加上因其他原因而上路的,人数就更多。与开封至广州水路相关的,大致可以分为下行和上行两类。

下行类主要包括:(1)中央派出或贬出为地方官的。如,欧阳修的《于役志》记载:景祐三年(1036),他被贬夷陵,就是经由汴河、运河和长江赴任的。(2)朝廷或政府其他部门派出处理临时事务的,如:断案、赈灾、催粮民情等。此类差事一般事毕即归,历时都比较短。当然,还有因其他原因而出京的官员。如治平三年(1066),苏轼就是因父亲去世才由汴河、长江返回四川的。

上行类主要包括:(1)由地方调任京朝官的。如嘉祐三年(1058),王安石由提点江西刑狱升为度支判官。(2)地方官向朝廷汇报情况的。至道三年(997),"令诸路转运使更互赴阙,询以民间利病"①。当然,其他高级地方官也可以入京汇报工作。此外,还有大量为了个人目的而赴京或上访的。这类人中有进献宝物或文章以图侥幸的,也有入京待缺乘机拉关系、走后门以求早得差遣的。

上述各类官员皆有去有返,交错于道,因此,汴河上经常可以看到许多官员的船只。这些官员的穿梭往来,对于沟通上下信息,稳定地方秩序,发展地方经济都有重要作用。

2. 中外贸易使团

北宋是当时世界上最大、最繁荣的国家,许多国家、地区和中国大陆上的少数民族政权都与之有密切的联系。经由开封至广州水路到东京的主要有高丽(今朝鲜)、安南(今越南)、大食(今阿拉伯)、大理(今云南)等国和西南及海南岛的少数民族。

北宋时,中朝及中日交通线的北线,即从山东半岛绕辽东的航线,受到了契丹和女真人的严重威胁,因而高丽使者多从明州(今浙江宁波)登陆,然后经运河至开封。为了方便使者,宋廷在两浙修建了高丽使亭驿。从元丰六年(1083)以后,高丽使者就完全"溯汴赴阙"②了。

---

① 李焘:《续资治通鉴长编》,北京:中华书局,1980年。
② 脱脱:《宋史》,北京:中华书局,1977年。

由于来宋的外交使团往往又是贸易使团,因而所带"礼品"极多,宋廷的"赏赐"也很优厚,形成一种特殊的"贡赐"贸易。《宋会要·蕃夷七》记载,元丰三年(1080)六月,广南东路经略司言:"'大食层檀国保顺郎将层迦尼请备礼物诣阙谢恩。'诏:'宜多给舟令赴阙。'"①如果外使的物品意外受损,北宋政府还给予一定的补偿。同书又载:嘉祐二年正月,"诏广州赐占城国(今越南境内)进奉使蒲息陀琶银千两,以舟行至太平州(今安徽当涂)江岸崩沉其行李,特赐之"②。

少数民族使团的规模常常更大,如咸平元年(998),龙蕃(西南蕃)首领龙汉尧遣使贡,人数达998人;六年,又遣1600人的使团,携大量物资到京。真宗以后,西南蕃千人以上的使团还有多次。③

北宋一代,亚非国家和少数民族来进贡的次数很多,至少有50次,正如《宋会要·蕃夷》所说:"四夷朝贡,曾无虚岁。"

"来而不往,非礼也。"在各国使团来华的同时,北宋也不断派遣使者出使各国。如:雍熙二年(985),"遣内侍八人,分乘四纲,各往海南诸蕃国"④;端拱元年(988),遣吕端、吕祐之使高丽,"假内库钱五十万以办装"⑤;淳化元年(990),遣荣成务使高丽,宋镐、王世则使交州(今越南)⑥……此类例子不胜枚举。

3. 商人

北宋时,开封号称"天下富商大贾所聚"⑦,"京城资产百万者至多,十万而上,比比皆是"⑧。这些商贾和富人中有很大一部分来自南方。因为汴河两岸和桥津渡口之处,百货堆集,摊贩遍地,以致南方的客商,"贸粮斛,贾万货,临汴无委泊之地"⑨。这种情景,从著名的《清明上河图》中可以更直观地看出。周邦彦《汴都赋》载:汴河上商船等"舳舻相衔,千里不绝……风帆雨楫,联翩方载……"。

4. 军队

北宋立国之年的十月平定扬州李重进叛乱时,宋军就是利用汴河赴前线的。此后不久,北宋政府就"令天下长吏择本道兵骁勇者,籍其名送部下,以补禁旅游之阙",又命各地按严格的标准招兵,训练好以后送至开封。乾德三年,太祖"阅诸道

---

① 徐松:《宋会要辑稿》,北京:中华书局影印本,1987年。
② 徐松:《宋会要辑稿》,北京:中华书局影印本,1987年。
③ 徐松:《宋会要辑稿》,北京:中华书局影印本,1987年。
④ 徐松:《宋会要辑稿》,北京:中华书局影印本,1987年。
⑤ 李焘:《续资治通鉴长编》,北京:中华书局,1980年。
⑥ 李焘:《续资治通鉴长编》,北京:中华书局,1980年。
⑦ 丁特起:《靖康纪闻》,续修四库全书版,上海:上海古籍出版社,2002年。
⑧ 李焘:《续资治通鉴长编》,北京:中华书局,1980年。
⑨ 释文莹:《玉壶清话卷三》,北京:中华书局,1984年。

兵",一次就"得万余人"①。

宋太祖在位时还创立了"更戍法",规定诸军"自龙卫而下,皆番戍诸路,有事即以征讨"②。在这种制度下,每年都有大量的北兵屯戍南方,如:元祐元年(1086)六月诏:"广南西路安抚司比留禁军四千戍邕州(今南宁),候桂州(今桂林)募足雄略军即代还之",又诏:赴广南等三路者"差全将或半将"③。"将",是禁军的单位,人数自数千人至万余人不等。更戍法给士兵们带来了沉重的痛苦和灾难。蔡襄的《论兵十事》说:在广南(今两广)地区,常有士兵们因为水土不服而"一往三年,死亡殆半"④的情形。当然,这些军队的轮番屯戍,自有其积极的意义,即加强了朝廷对地方的控制,有利于地方的稳定和经济的发展。

此外,在这条水路上奔波的还有大量的学子、官员及军人家眷、地主、游客、民间艺人、宗教界人士等。

综上所述,北宋时期,国家的经济重心已转移到南方,可是政治和军事中心却仍在北方。为了维持统治,北宋政府不得不严重依赖南方的物质财富。

正是开封至广州的内河航线将政治、军事中心开封与经济重心所在的南半个中国联系起来。通过它,南方及海外的物资和人员源源北上,北方的物资和人员也不断南下。这些物资,满足了京师百万居民、数十万军队和官员的需要,为赵氏政权的统治奠定了坚实的物质基础,同时也为沿途广大地区的官府和居民提供了物资保障。大量人员的往来,密切了北宋朝廷与南方各地的联系,极大地加强了对这些地区的政治、经济、军事和思想文化方面的控制;中外使节和商人的往来,加深了彼此的了解,促进了中外经济文化的交流。总之,北宋开封至广州这条内河航线在当时的政治、经济、军事、思想文化以及中外关系等方面都发挥着无与伦比的作用。

(原载《甘肃社会科学》2004 年第 6 期,略有修改)

---

① 李焘:《续资治通鉴长编》,北京:中华书局,1980 年。
② 马端临:《文献通考》,上海:商务印书馆,1936 年。
③ 徐松:《宋会要辑稿》,北京:中华书局影印本,1987 年。
④ 蔡襄:《蔡忠惠公集》卷一八,上海:上海古籍出版社,1996 年。

北宋东京的行会与商人的经营理念

【摘要】 北宋是我国古代经济的鼎盛期,东京开封作为政治中心,其商业也空前繁荣。北宋行会在经济的繁荣方面起到了明显的促进作用,而且对工商业的发展及工商业者自身也起了一定的保护作用。在行会的保护下,北宋的商人通过先进的观念、独到的眼光、丰富的经营手段、优质的服务,形成了独特的经营理念。北宋的行会制度和商人的经营理念对现代豫商的发展和重振也有很重要的借鉴意义。

【关键词】 北宋;东京开封;行会;商人;经营理念

北宋东京开封,本是隋唐汴州,907年被后梁朱温改为东都开封府。之后,梁、晋、汉、周四代都建都于此,称为汴京。北宋立国,仍以此为都,称为东京开封府。

一、东京城商业的繁盛

自五代后梁建都以后,开封就日益繁华兴盛,到北宋时已发展成当时世界上最大的城市,商业也空前繁荣。

开封外城周长五十余里,其外又有大面积的居民区,居民甚多。孟元老《东京梦华录》卷五《民俗》说:"以其人烟浩穰,添十数万众不加多,减之不觉少。所谓花阵酒池,香山药海。别有幽坊小巷,燕馆歌楼,举以万数。"据吴涛先生《北宋都城东京》及周宝珠先生《简明宋史》、《宋代东京研究》等著作估算,开封城的人口约有150万,是当时世界上人口最多的城市,即使在今天也称得上是一座大都市。由于人口众多,又是达官贵人和富商巨贾云集之处,"京城资产百万者至多,十万而上,比比皆是"①,有的甚至富比宫廷,这就决定了东京人的购买力非常之大,金帛"每一交易,动即千万"②。他们的生活也很奢侈,"第宅园圃,服食器用,往往务天下之珍怪,极一时之鲜明"③,甚至直接模仿王公和宫廷,"异服奇器,朝新于宫廷,暮仿于市井"④。一部分居民连日常生活也要依赖市场,"市井经纪之家,往往只于市店旋买饮食,不置家蔬"⑤。据《东京梦华录》记载,东京城被称为"正店"的大酒楼就有"七十二户",住宿饮食两便。其中矾楼(后改名为丰乐楼)一家,每天要供应3000家脚店(小酒店)用酒。由此可以想见东京酒店之多。

为了满足城中各色人等的需要,开封的商业迅速发展起来。它已经突破了固定的地点和时间限制,成为到处都有,随时可见的现象。连御街两旁也曾长期"许市人买卖于其间"⑥。当时城内有大小工商业者(手工业与商业往往一体)一万五六千家,有的地方"车马阗拥,不可驻足"⑦。汴河两岸、桥津渡口之处,也都百货堆集,摊贩遍地,以致外地巨商,"贸粮斛,贾万货,临汴无委泊之地"⑧。这种情景,从著名的《清明上河图》中可以更直观地看出。

宵禁的废除,使得商业活动可以昼夜进行,"夜市直至三更尽,才五更又复开张。如要闹去处,通宵不绝"。即使是"大风雪阴雨天",以及"寻常四梢远静去处",亦有夜市。⑨ 最著名的是州桥夜市,可谓萃集天下山珍海味。"大抵诸酒肆瓦市,不以风雨寒暑,白昼通夜"⑩营业。

除了夜市之外,开封还有不少集市,如:"相国寺万姓交易"、"鬼市子"、"七夕乞巧市"、"鼓扇百索市"等。其中尤以相国寺为大,它每月五次开放,"中庭两庑可容万人,凡商旅交易,皆萃其中。四方趋京师以货物求售、转售他物者,必由于此"⑪。在这些市场上,中外的货物都可以看到。开封城商业的繁盛,由此可见一斑。

---

① 李焘:《续资治通鉴长编》,北京:中华书局,1980年。
② 孟元老:《东京梦华录》。
③ 司马光:《温国文正公文集》。
④ 陈舜俞:《都官集》。
⑤ 孟元老:《东京梦华录》。
⑥ 孟元老:《东京梦华录》。
⑦ 孟元老:《东京梦华录》。
⑧ 释文莹:《玉壶清话》,北京:中华书局,1984年。
⑨ 孟元老:《东京梦华录》。
⑩ 孟元老:《东京梦华录》。
⑪ 王栐:《燕翼贻谋录》。

二、行会的建立和功能

（一）东京行会概况

行会又称行帮，英文为"guild"，是封建社会时期，商品经济发展到一定阶段，商人、手工业者为排斥竞争，独占市场，保护同行利益，以习惯法为凭借而组织起来的社会团体，一般分为手工业行会和商业行会两种。

东京城，与其他城市一样，坊郭户按照经营业务分为不同的行业，每个行业都建立有本行的社会，首领称为行头、行首或行老，铺户又称为行户。当时，东京城的"行"相当多，如肉行、鱼行、果子行、牛行、马行、梳行、纸行、茶行、米行、麦行、糠行、面行、姜行、纱行、金行、彩帛行、彩色行、竹木行、大货行、小货行，以及供水的水行、送殡的仵作行、介绍雇佣买卖的牙行，等等。这些行，包括了东京的商业、手工业（工商往往是一体的）以及其他服务性行业、迷信职业者等。关于东京行会的总数，史无明文。传统观点认为，至少 160 行。实际上，应当远不止此数。因为唐代长安的东市有 220 个行业①，介于二者之间的北宋，正是行会快速增长的时期，其数目不可能少于长安，而应同临安相接近。王安石变法时，实行免行法，中间有所反复，一些行人先是交钱免行，后来又愿意接受科配的就有 160 余行，而继续交钱免行的不在此列。可见，东京的行会总数大大多于 160 行，应在 300 行左右。

所有这些行会，都被京城的几百家富豪所控制，并对国家政治经济产生重大影响。哲宗时，右谏议大夫梁焘言：

> ……祖宗之朝，京师之民被德泽最深，居常无毫发之扰，故大姓数百家。庆历中，西鄙用兵，急于财用，三司患不足者数十万，议者请呼数十大姓计之，一日而足，曾不扰民，而国家事办，祖宗养此京师之民无所动摇者，正为如此。②

在这些大姓中，仅李氏一户就借给政府二十余万贯。后来，宋廷不愿还钱，只是"与数人京官名目以偿之"。再后来，河东用兵，宋廷又如法炮制，上等户"一户至有万缗之费"③。由此可见，京师上等富户财力之雄厚。

（二）行会产生的原因

为什么要建立行会呢？北宋人说"自来多是备官中搔扰"④。南宋人写的《都城纪胜》"诸行"条亦云："市肆谓之行者，因官府科索而得此名，不以其物小大，但合充用者，皆置为行，虽医卜亦有职。"实际上，应付官府科索显然不是宋代行业组织存在的唯一原因。全汉昇先生认为，行会至迟起源于隋唐时期。⑤ 当时，由于国内环境相

---

① 宋敏求：《长安志》。
② 李焘：《续资治通鉴长编》，北京：中华书局，1980 年。
③ 李焘：《续资治通鉴长编》，北京：中华书局，1980 年。
④ 徐松：《宋会要·职官》，北京：中华书局影印本，1987 年。
⑤ 全汉昇：《中国行会制度史》，新生命书店，民国二十三年。

对稳定,商业较前代发达,也促进了手工业的发展,城市中出现了手工业作坊,为了排斥接踵涌来的竞争者,保护有限的市场,联合对付封建势力的压迫,于是行会组织应运而生了。如隋朝"东都主都市……资货一百行"①,有的则说"主都市……其内一百二十行"②。至唐代,行会的数目更多,长安"东市……有二百二十行"③,在没有科配时已有行会,"说明工商业者行会组织有它自身的发生、发展史,绝不是科配才产生行会,而是科配按行会之不同而科配不同的内容"④。

(三)行会的功能

行会产生以后不断合并,规模越来越大,在商务活动中发挥重要的作用。这些作用主要表现在以下几个方面:(1)可以根据市场行情变化来重新规定统一的价格。(2)能够保护本地区商业的利益,抵制外地商人抢占本地市场。(3)能够调节行会成员与官府的关系,在应付官府的"科配"和"供行"等赋税的问题上,尽可能地保护本行会的商人利益。正如美国经济史学家汤普逊所说:"行会控制资本并管理劳动;它们支配生产分配;它们规定价格与工资。但在它们的组织里,也有着一种社会的影响。行会的目的部分是社会性的,部分是互相的。"⑤行会是城市商人和手工业者因共同的职业和利益而组合成的一种社会群体。它是商品经济发展的产物,又在商品经济发展中产生影响、发挥作用。

三、北宋东京行会的特性

宋代行会的基本特性,大体上有下列诸点:

(一)各行均有自己的"规格"。如《东京梦华录》卷五《民俗》记载:"凡百所卖饮食之人,装鲜净盘合器皿,车担动使,奇巧可爱,食味和羹,不敢草略。稍似懈怠,众所不容。"这就是所谓的"规格",也就是"行规",不同行业之间是完全不同的。

(二)各行均有自己的"则例"和"地分"。如东京的民间吉凶宴会,或假赁各种用具,或请人"吃食下酒"、安排座次等,都由"四司人"代为操办。而"四司人","亦各有地分,承揽排备,自有则例,亦不敢过越取钱"。民间办丧事,"凶肆各有体例,如方相、车舆、结络、彩帛,皆有定价,不须劳力"⑥。所谓"则例"、"体例",实际上就是行会的习俗规矩,用什么,多少价钱,是不能随便要的,抬高或降低价钱,都会受到同行的反对。又如笼饼,金兵攻打开封前,每枚7文,宗泽守汴时,市价每枚涨到20

---

① 丰述:《两京新记》。
② 刘义庆:《大业杂记》。
③ 孟元老:《东京梦华录》。
④ 周宝珠:《宋代东京研究》,河南大学出版社,1999年。
⑤ 汤普逊:《中世纪经济社会史》,商务印书社馆,1963年。
⑥ 孟元老:《东京梦华录》。

文,宗泽责问饼师,店家回答说:"不能违众。"①这正是行会精神的体现。

所谓"地分",即有一定的承揽范围,不能随意越过本司原有的传统范围去抢别人的生意。这种"地分"行规,也反映在水行上,"其供人家打水者,各有地分坊巷"②。其他如掏粪业等莫不如此。由此又可以发现,所谓"地分",是按坊巷来划分的。划分"地分",目的是为了防止同行内部的竞争。

(三)各行均有自己的服色。"其士农工商,诸行百户,衣装各有本色,不敢越外。谓如香铺裹香人,即顶帽披背;质库掌事,即着皂衫角带不顶帽之类。街市行人,便认得是何色目。"③这种职业性服饰,是身份的象征,也是行会的一个特点。

(四)各行须代表本行利益与官府进行交涉。熙宁年间,肉行徐中正等26家中下户向官府提出愿纳免行钱600文而不再向官府供肉的问题,正是这种功能的表现。其他行会群起响应,揭开了宋代乃至以后历代工商业者争取以钱代役的序幕。经过一段时间实践后,又有160余行希望复旧,但不久又有彩色等13行愿意交纳免行钱,不管是纳,是免,都具有代表本行利益与官府进行交涉的性质。

(五)各行会还有一些其他规定与活动。如各行使用的钱陌不同,各行都有本行的祭祀活动等。

(六)行会中的上层多依赖垄断地位欺行霸市,攫取高额利润。如东京的茶行,被十几家上户所把持,"若客人将茶到京,即先馈献设燕,乞为定价,比十余户所卖茶,更不敢取利,但得为定高价,即于下户倍取利以偿其费"④。也就是说,茶行上层在进茶时,得到了价格上的优惠,因而故意抬高该茶商货物的定价,使之在卖给下户时得以补偿。而上户和下户在出售茶叶的价格上,则是一致的。茶行如此,其他行也不例外。

四、东京商人的经营理念

由于东京城行业甚多,这里主要以旅馆业和酒店业为例来加以说明。

(一)诚信,大度

商场如战场。商业经营中的尔虞我诈固然常见,但要想经营好,光凭这种手段是不行的。在许多店的发财秘诀中,讲究诚信是最重要的。苏颂曾说过:"忠信度量,岂惟士大夫,货殖犹然。"他所举例子是一个孙姓酒店老板,孙原本是一个酒家博士,"诚实不欺,主人爱之,假以百千,使为脚店。孙固辞,主人曰:'不责还期也。'孙曰:'请以一岁为约。'先期已还足"。后来又经过努力:"乃置图画于壁间,列书史于几案,为雅戏之具,皆不凡。人竞趋之。久之,遂开正店,建楼,渐倾中都。""孙贷于

---

① 何薳:《宗威愍政事》,《春渚纪闻》卷四。
② 孟元老:《东京梦华录》。
③ 孟元老:《东京梦华录》。
④ 李焘:《续资治通鉴长编》,北京:中华书局,1980年。

人者,前期而还,人贷之者,不复问,数月则焚其券不可胜纪。有一行头,贷万缗,三年为期,不至,故以大珠为谢。孙之致富,皆以信与量而已。"孙从一个被雇用的量酒博士,因诚信取得主人信任,借钱开了脚店。又因经营有方,用"雅戏之具",吸引了大批顾客而生意兴旺,最后建楼开正店,"渐倾中都",还上结宫廷,送女入宫,其富裕程度竟使宋太宗大为吃惊。可见,诚信与度量在经营中的作用。

重视诚信的并非一家,而是普遍现象。《东京梦华录》卷四《会仙酒楼》记载:

> 如州东仁和店,新门里会仙楼正店,常有百十分厅馆,动使各各足备,不尚少阙一件。大抵都人风俗奢侈,度量稍宽,凡酒店中不问何人,止两人对坐饮酒,亦须用注碗一副,盘盏两副,果菜楪各五片,水菜碗三五只,即银近百两矣。虽一人独饮,碗遂亦用银盂之类。

> 其正店酒户,见脚店三两次打酒,便敢借与三五百两银器。以至贫下人家就店呼酒,亦用银器供送。有连夜饮者,次日取之。诸妓馆只就店呼酒而已,亦复如是,其阔略大量,天下无之也。

作者虽说"阔略大量,天下无之",但实际上是反映了当时东京城的好风气。如果社会风气是唯利是图,不择手段,那么这些贵金属用具是不可能长期使用的。

文献还记载:"京师樊楼畔有一小茶肆甚潇洒清洁,皆一品器皿,椅桌皆济楚,故卖极盛。"①可见,讲究卫生,用具精美,是招徕客人的重要手段。这家小茶肆的主人还因拾金不昧的做法而得到人们的赞赏。熙丰年间,福建邵武李氏与其友人在肆饮茶,丢失金数十两,认为已无法找回。几年之后,又至该店,顺便谈起失金之事。谁知竟为店主收存,而完璧归赵,且拒绝酬谢。店主曾引失主李氏至一小棚楼:"见其中收得人所遗失之物,如伞屐衣服器皿之族甚多,各有标题,曰某年某月某日某色人所遗下者。僧道妇人则曰僧道妇人某,杂色人则曰某人似商贾、似官员、似秀才、似公更,不知者则曰不知某人。就楼角寻得一小袱,封记如故,上标曰某年某月某日一官人所遗下。遂相引下楼,集中再问李块数秤两,李计若干块、若干两。主人开之,与李所言相符,即举以付李。李分一半与之,主人曰:'官人想亦读书,何不知人如此!义利之分,古人所重,小人若重利轻义,则匿而不告,官人将如何?又不可官法相加。所以然者,常恐有愧于心故也。'李既知其不受,但惭怍不言,加礼逊谢,请上樊楼饮酒,亦坚辞不往。"

(二)观念更新,不以经商为耻

北宋时,人们看到经商有利可图,竞相加入"下海"大军的行列,连官员们也不例外。宋初,许多官僚见经营邸店可得厚利,纷纷向秦陇一带购买、贩运木材,修盖房屋,以便经商。太祖时,宰相赵普也派人到秦陇"贩木规利","广第宅,营邸店,夺民利"②。沧州节度使米信在"京师龙和曲筑大第,外营田园,内造邸舍,日入计算,何

---

① 王明清:《挥麈青杂记》,此据《宋人小说类编》卷四之九《朱雀门外街巷》。
② 李焘:《续资治通鉴长编》,北京:中华书局,1980年。

菑千缗"①。仁宗时卫尉卢士伦,在开封府陈留县"创设邸店,营运赚钱"。北宋末年,御史中丞何执中,"广殖赀产,邸店之多,甲于京师"。伶人作戏,讽刺宰相"日掠百二十房钱,犹自不易里!(当时俚语以贫窭为不易)"②。诸路罢任的官员们,回京之日,也各带"土物香药之类"至相国寺贸易。③

(三)预测未来,抢占先机

有的人头脑灵活,捕捉商机的意识极强,常能在别人都未察觉的情况下就提前做好准备,占据有利位置,从而获得高额利润。《玉壶清话》卷三记载:

> 周世宗显德中,遣周景大浚汴口,又自郑州导郭西濠达中牟。景心知汴口既浚,舟楫无壅,将有淮、浙巨商贸粮斛,贾万货,临汴,无委泊之地,讽世宗,乞令许京城环汴栽榆柳、起台榭,以为都会之壮。世宗许之。景率先应诏,距汴流中要起巨楼十二间(应为十三间——引者)。方运斤,世宗辇辂过,因问之,知景所造,颇喜,赐酒犒其工,不悟其规利也。景后邀钜货于楼,山积波委,岁入数万计,今楼尚存。④

十三间楼,一直到北宋末还存在着,是方便商人存放货物的一个大型客栈。既然"岁入数万计",其赢利额显然十分可观。

欧阳修《归田录》卷二记载:

> 金橘产于江西,以远难致,都人初不识。明道、景祐初,始与竹子俱至京师是。竹子味酸,人不甚喜,后遂不至,而金橘清香味美,置之樽俎间,光彩灼烁,如金弹丸,诚珍果也。都人初亦不甚贵,其后因温成皇后尤好食之,由是价重京师。余家江西,见吉州人甚惜此果,其欲久留,则于绿豆中藏之,可经时不变,云:"橘性熟,而喜性凉,故能久也。"

所谓温成皇后即仁宗宠爱的张贵妃。商人们为了赚钱将金橘运至京城,在滞销时并未灰心丧气,而是继续坚持,并充分利用张贵妃的"明星广告"效应,从而取得了成功。商人们还想出了储存金橘之法,久存以保证市场供应。张世南《游官纪闻》卷二亦云:"金橘产于江西诸郡,有所谓金柑,差大而味甘,年来商贩小株,才高二三尺许,一舟可载千百株,其实累累如垂弹,殊可爱,价亦廉,实多根茂者才直二三环,往时因温成皇后好食,价重京师,然患不能久留,惟藏绿豆中则经时不变,盖橘性热,豆性凉也。"

(四)经营手段丰富多彩,别出心裁

东京医药行业中,有一部分本地或外地入京经营药材的小摊贩,为了谋生,用各

---

① 上官融:《发聚会谈》。
② 董弅:《闲燕常谈》。
③ 孟元老:《东京梦华录》。
④ 王辟之:《渑水燕谈录》卷九;孟元老:《宣德楼前省府宫宇》,《东京梦华录》卷二,均作十三间楼。

种形式售药,以招引顾客。据上官融《友会谈丛》记载:"京师货药者,多假弄狮子、猢狲为戏,聚集市人。"《圣朝名画评》也记载京师乐游坊"市药人杨氏,锁活虎于肆",以求售药。画家高益,自涿郡归宋,初入京城,以卖药为生,所绘图画,随药给人,售药广而名传四方。①

(五)服务顾客,不遗余力

大酒店为了招徕顾客,不惜工本装修店面,设置服务项目。《东京梦华录》卷二《酒楼》记载:

> 凡京师酒店,门首皆缚彩楼欢门,唯任店入其门,一直主廊约百余步,南北天井两廊皆小阁子,向晚灯烛荧煌,上下相照,浓妆妓女数百,聚于主廊槏(邓之诚:《东京梦华录注》认为"槏"应作"檐")面上,以待酒客呼唤,望之宛若神仙。……白矾楼,后改为丰乐楼,宣和间更修,三层相高,五楼相向,各有飞桥栏槛,明暗相通,珠帘绣额,灯烛晃耀。初开数日,每先到者赏金旗,过一两夜则已。元夜则每一瓦陇中皆置莲灯一盏。内西楼后来禁人登眺,以第一层下视禁中。大抵诸酒肆瓦市,不以风雨寒窘,白昼通夜,骈阗如此。

酒店除卖酒之外,还卖精美的食品和水果,档次远高于食品店。店内没有的,还可以临时派人到外边买进,以供客人之需。所以《东京梦华录》中记载云:"其果子菜蔬,无非清洁。若别要下酒,即使人外买软羊、龟背、大小骨、诸色包子、玉板鲊、生削巴子、瓜、姜之类。"酒店的服务质量,可见一斑。

出卖水果,讲究新鲜,商人们为此而想出各种办法。《鸡肋编》卷上记载:"京师卖生果,凡李子必摘其蒂,不敢触其实,必留上衣,令勃勃然,人方以新而为好。至食者须雪去之。"

正因为酒楼有多种方便,才使得官僚、士大夫及富商们流连忘返。宋人彭乘说:"当时侍从文馆士人大夫为燕集,以至市楼酒肆,往往皆为游息之地。"②所以,鲁宗道曾向宋真宗说:"酒肆百物具备,宾至如归。"③

旅馆的发展,对东京城内的其他服务行业也产生了重大影响。如《东京梦华录》卷四《杂赁》记载,若出街市,路远倦行,"寻常出街市干事,稍似路远倦行,逐坊巷桥市,自有假凭鞍马者,不过百钱",甚至连"锢路、钉铰、箍桶、修整动使、掌鞋、刷腰带、修襆头帽子、补角冠"的也有,"各有行老供雇"④。作为对旅客服务关系最为密切之一的浴堂,当时被称作"香水行"⑤,在东京城中,同其他店铺一样,"布满各处",为旅客远行后洗去风尘提供了方便。旅客在吃好、玩好以后,自然会产生娱乐的需求,这

---

① 郭若虚:《图画见闻志》。
② 彭乘:《墨客挥犀》。
③ 欧阳修:《归田录》。
④ 欧阳修:《归田录》。
⑤ 耐得翁:《都城纪胜·诸行》。

为百戏艺人以及文化夜市提供了更多的观众。

（六）重视文化品位

宋代的旅馆、酒店等，已打破了北宋以前用姓氏或地名来命名馆名、店名的传统，开始出现了富有文学色彩，而且比较高雅的名称，说明经营者已注意到从店名上来发挥文学性商业广告的作用。如"清风楼客店"、"熙熙楼客店"、"状元楼"等。清风楼，可能取材于苏东坡的名句"清风徐来"，表示环境幽雅。熙熙楼，取名于司马迁"天下熙熙，皆为利来；天下攘攘，皆为利往"①，表示来此住宿的人熙熙攘攘，生意兴旺。在城内新桥东北麦稍巷的"状元楼"以及"登云楼"等，显然是接待进京举子的。可见，经营者懂得如何迎合不同旅客的需要而起店名。

欢门彩楼，更是酒店门面的象征，这在《清明上河图》中多处可见。九月重阳前后，用菊花缚成洞户，则为东京酒店又一奇景。

（七）东京客店还具有地域性、行业性和民族性的特点

《东京梦华录》卷三《大内前州桥东街巷》载：州桥以东、汴河以南，即旧城东南角，"沿城皆客店，南方官员、商贾兵级，皆于此安泊"。此外，还有专门接待少数民族客商的"民族客店"。同书卷二《东角楼街巷》载：潘楼街南之"鹰店"，"只下贩鹰鹘客"。"鹰店"便是回鹘客商的住所，当然也有行业性质。

酒楼的发展，游客的众多，随之专营地方风味的食店也发展起来。东京既有招待四川茶商和盐商为主的"川饭店"，又有招待江南茶商以杭、扬二州风味为主的"南食店"，此外还有"胡饼店"及"素分茶（店）"等。

（原载《协商论坛》2007 年第 8 期）

---

① 司马迁：《史记》。

戴姓的起源与播迁略考

【摘要】 戴姓起源于河南,有源于子姓和姬姓、其他姓氏和少数民族改姓之说。先秦至南北朝时期,戴姓主要由现在豫东地区向南方发展和播迁;隋唐时期,戴姓进入福建,并流向除台湾以外的全国各地;宋元明清时期,戴姓开始从江浙、福建等地迁往台湾以及海外各国。在迁入地,戴姓也大多成为当地的望族。戴姓族人对中国历史和中华民族,特别是对中国的文化艺术事业做出了巨大的贡献。

【关键词】 戴姓;起源;播迁

戴姓起源于今河南省境内,主要是在豫东的商丘市和民权、兰考一带。历史上,戴姓人才辈出,先后涌现出了《大戴礼记》的编撰者戴德、《小戴礼记》的编撰者戴圣,唐代名相戴胄、戴至德父子,清代学术宗师和杰出的唯物主义思想家戴震,以及南朝著名画家戴逵、明代著名画家戴进等人。经过数千年的生息繁衍,戴姓人口已经遍布祖国各地,成为中国有影响的大姓之一,在当今中国的 100 个大姓中居第 54 位,约占全国汉族人口的 0.39%。

一

戴姓的来源主要有四支:

1. 出自子姓,以祖上的谥号为姓

商汤的后裔,以祖上的谥号为氏,成为后来的戴姓。据《元和姓纂》记载:"宋戴公之后,以谥为姓。"

西周建国之初，局势动荡不安，为了稳定社会秩序，周公集中兵力东征。经过三年苦战，他消灭了反周的叛乱，平定了东方。此后，为加强对全国广大地区的统治，周公大量分封诸侯，作为王室的屏藩。其中在东方地区，封微子启（子姓）于商丘（今属河南），建立宋国，统治商丘及其周围地区。微子启是商纣王的庶兄，在商末多次劝谏纣王，纣王拒不采纳，为了避免像比干那样被害，他索性逃亡。周武王灭商后，微子启归顺周朝，至此被封为宋公，以保持商人的宗祀。微子启死后，其弟衍即位，这就是微仲。微仲死后，其子宋公稽即位。以后世代相传，至宋惠公的孙子，已是宋国的第 11 位君主（前 799～前 766 年在位），史佚其名，死后被谥为"戴公"，史称"宋戴公"。戴公传位于儿子宋武公司空（前 765～前 748 年在位），其支子公子文为宋国大夫，他的儿子便以祖父的谥号"戴"为氏，如春秋时期有宋大夫戴恶。这就是今天的戴姓，宋戴公被认为是戴姓的始祖。因为商王族为子姓，所以，宋人邓名世的《古今姓氏书辨证》说：戴姓出自子姓，宋戴公之后，以谥为氏。《新唐书·宰相世系》中也说：戴氏出自子姓，宋戴公之孙，以祖父谥为氏。宋国于公元前 286 年被齐国所灭。

2. 出自姬姓，以国名为氏

据《世本·氏姓篇》记载：戴氏，古戴子国，姬姓之后。在西周初分封的诸侯国中，有一个姬姓戴国，在今河南民权县西北，一说在兰考县，版图包括今兰考县东北及民权、杞县等地。《春秋·隐公十年》记载：秋天，宋人、卫人入郑。蔡人、卫人伐戴，郑伯伐取戴国。当时，郑国东迁不久，国力强盛，蒸蒸日上，是春秋初期的大国，号称"小霸"。由于郑、宋交恶，宋及其盟国蔡、卫、郕等便不去朝见周王。郑庄公挟天子以令诸侯，假借周王的命令兴兵讨伐宋国，并玩弄权术，乘机灭掉戴国。《左传·隐公十年》对此事有详细记载：夏五月，鲁将羽父率兵会同齐侯（齐僖公）、郑伯（郑庄公）攻打宋国。六月戊申日（六月无戊申日，应为戊午之误，即初三），鲁公（隐公）与齐侯、郑伯在老桃相会。壬戌日（初七），鲁军在菅地击败宋军。庚午日（十五），郑军攻入郜城。辛未日（十六），郑伯将郜城交还给鲁国。庚辰日（二十五），郑军攻占防。辛巳日（二十六），又将防交还给鲁国……此役中，蔡国、卫国、郕国不接受周王的命令，拒不派兵参战。到了秋天，七月庚寅日（初五），郑军回到都城的郊区，只留驻在那里，未入城。宋人、卫人乘机攻入郑国，接着又联合蔡国调转矛头攻打戴国。八月壬戌日（初八），郑伯率兵围攻戴国。癸亥日（初九），攻克戴国，围歼了宋、卫、蔡三国军队，然后乘胜攻入宋国。

当时，由于戴国处于郑国和宋国两强之间，具有重要的战略地位，因而成为兵家必争之地。经常受到郑、宋两国的欺凌。到隐公十年，终于为郑国所灭。

戴国灭亡后，因为其故都戴城东距宋都商丘仅 30 千米，可谓近在咫尺；而西距郑国都城（今河南新郑）却有数百里之遥，所以郑国虽然灭了戴国，却鞭长莫及，力不从心，无法长期占领戴地，后来只得眼睁睁地看着戴地进入宋国的版图。所以，清人顾栋高《春秋大事表》说："宋在春秋兼有六国之地，宿、偪阳、曹三国其见于经传者，杞、戴及彭城则经传俱不详其入宋之年,而地实兼并于宋。"可见,这个戴国于鲁隐公十年(前713)为郑国所灭,后来其地又归宋国所有。亡国之后的戴国公族就以原国名为氏,称为戴氏,这样,又形成一支戴姓居民。关于这件事,宋人郑樵所著的《通志·氏族略》中也有记载:"戴氏,开封封丘县戴城是其国,隐十年,郑人伐取之。或云,旧考城县是,为宋人所灭,改名谷城,子孙以国为氏。"

3. 改姓

据《鼠璞》记载:殷氏有改为戴姓的。殷氏来源于子姓。商朝中期,商王盘庚将都城从奄(今山东曲阜)迁到殷(今河南安阳小屯村),使国力得以恢复,实现了商朝的中兴。此后,商都长期设在殷或其附近,所以商朝又被称为殷朝或殷商。周武王灭商以后,有不少殷(商)族遗民便以国名为氏,称为殷氏。殷姓与戴姓都出自子姓,出于某种需要,殷姓改为戴姓,于理相通。另据《内黄县志》(中州古籍出版社1993年12月出版)记载,河南省内黄县二安乡小槐林村有戴、马同宗墓,碑文记载:始祖戴子成、马子才,祖籍山西洪洞,明洪武年间迁民时,为谋手足同聚,一人改姓,兄弟二人一同被迁至此,死后并肩筑二墓,谓之"双立祖",现在已经传至找24世,两姓共有1500余人。内黄县戴六村、前安村,汤阴县武洼等地的戴姓、马姓皆来源于此。

4. 出自少数民族改姓

在戴姓发展繁衍的过程中,由于各民族间不断地进行交往,一些少数民族也以戴为姓,从而扩充了戴姓人口,提高了戴姓的影响力。《清通志·氏族略》记载:满族戴佳氏,原居杭佳、叶赫、扎库木等地,后改为戴姓、代姓;达尔充阿氏居于黑龙江、吉林等地,后改为戴氏;鄂温克族涂冬克氏,改汉姓后有涂、戴两姓。此外,瑶、回、蒙古、土家、锡伯等民族也都有戴姓。

二

戴姓人口的播迁大致可以分为三个阶段:先秦至南北朝、隋唐和宋元明清时期。

1. 先秦至南北朝时期

先秦时期,戴姓人口主要是在其发祥地即今天的豫东一带生息繁衍。春秋时期的宋国大夫戴恶即为一时名流。到西汉时,梁国(治今河南商丘南)有戴德、戴圣叔侄,同为礼学大家。西汉时戴姓还有二支徙居豫南:一支迁往汝南的慎阳(治今河南正阳县北江口集),一支迁往汝南的平舆(今河南省平舆县北)。如西汉平帝时任侍御史、时称"关东大豪"的戴遵(字子高),为汝南慎阳(今河南正阳县北)人。《后汉书·逸民传》中说他家资巨富,乐善好施,行侠仗义,家中所养的食客经常有三四百人之多,当时的人称他为"关东大豪戴子高"。其子戴良以至孝、高才、尚气节而闻名于世。由此可见,戴遵这一支定居慎阳已不止一代,而且在当地属于家大、业大、势力大的名门望族。西汉末、东汉初以解经闻名京师、官任侍中的戴凭,为平舆(今属河南)人。这就证明,至迟在西汉后期,戴凭这一支已经迁到平舆。

戴姓在向豫南迁徙的同时,也向今江苏、山东、河北等地迁徙,如西汉时官至九卿的戴崇,为沛(今江苏沛县)人,曾向张禹学习《周易》。东汉时官至礼泉太守、"世称儒宗,知名东夏"的戴宏及西华令戴封,均为济北郡刚县(今山东宁阳县东北)人。三国至南北朝时期,戴氏不仅在江浙一带分布广泛,而且又有徙居于今安徽、湖北的,如东汉末年,曹操的谋士戴乾为丹阳(治今安徽当涂县东北小丹阳镇)人。在魏晋时,戴姓在谯国(今安徽亳州一带)、广陵(治今江苏扬州)、清河(治今山东临清市东)三地成为望族,形成三处繁衍中心。所以,戴姓以谯国、广陵、清河为堂号。

戴姓向江南地区迁徙,最晚在西汉时期已经开始。如西汉时有越(今浙江省)人戴和;东汉时有官至光禄主事的戴就,为会稽郡上虞县(治今属浙江上虞县百官镇)人。大约在东汉末年,广陵戴氏有一支迁徙到江南。《晋书》记载:戴烈为三国时期东吴的左将军,其子戴昌为东吴太尉、晋会稽太守、武陵太守。戴昌的儿子戴渊,是琅邪王司马睿(即后来的晋元帝)的心腹大将,并随司马睿南下建康(今江苏南京)。因为西晋后期,中原地区战火连绵,八王之乱前后延续了16年之久,再加上北方少数民族纷纷南下,黄河中下游一带动荡不安,大量的人口被迫南迁,流向相对比较安定的江南地区,其中有许多人都是举家或举族南迁,戴姓也在此时跟随众人来到江南。谯郡铚县人戴逯南迁到会稽郡郯县(治今浙江嵊县西南)。生活于三国两晋时期的术数名家戴洋为吴兴长城(今浙江吴兴)人,后投靠占据荆州(今湖北省)的陶侃、庾亮、庾翼。晋代曾著有《竹谱》的戴凯之为武昌(今湖北鄂州)人。刘宋时官任南清河太守、晋陵太守、太中大夫的戴明宝,为丹徒(治今江苏镇江市东南丹徒镇)人;南鲁郡太守、越骑校尉戴法兴,为会稽郡山阴县(今浙江绍兴)人。南朝陈有巴州刺史、假节壮武将军戴僧朔,为钱塘(今浙江杭州)人。南朝齐有官任淮南太守、高平太守、封建昌侯的戴僧静,为会稽郡永兴县(在今湖南东南部)人。

2. 隋唐时期

此期戴姓人口进入福建,并流向除台湾以外的全国各地。据《漳州府志》记载:唐初,中原戴姓的一支迁居福建。唐高宗总章二年(669),光州固始县(今属河南)人陈政、陈元光父子奉命率领将官123名、府兵3600名入闽,去平定泉州、潮州之间的"蛮獠"啸乱。仪凤二年(677),陈政的儿子陈元光以鹰扬将军的身份代替父亲统领兵马。这些将士中有很大一部分都是中原人。据《台湾省通志·人民志·氏族篇》统计,唐初随陈政、陈元光父子入闽的共有45姓,其中就有戴姓。当时,随陈氏父子入闽的戴姓将佐主要有陈元光的女婿戴君胄以及戴仁等人,他们都是光州固始人,在开辟漳州之后,便在福建落籍定居。研究姓氏的学者普遍认为,戴君胄父子自河南固始随陈政、陈元光父子入闽,就是戴姓人入闽之始。此外,唐代戴休颜为夏州(治陕西靖边县东北白城子)人,戴简为长沙(今属湖南)人,戴护为婺源(今属江西)人。《元和姓纂》所列的戴氏聚居点有:济北(今山东长清县西南)、谯国(今安徽亳州)、吴兴长城(今浙江长兴)、魏郡斥丘(今河北成安)、河东桑泉(今山西临晋)。当时戴姓人口分布范围之广由此可见一斑。

3. 宋元明清时期

此期戴姓人口从江浙、福建等地迁至台湾及海外各国。

从宋代开始,大量戴姓人由江苏、浙江、安徽、江西等地南迁到福建、广东、台湾等地,有一部分人还进一步漂洋过海移居海外。据广东蕉岭县《戴氏族谱谯国堂世系源流》记载:蕉岭戴氏一世祖为戴玉麟,原居福建漳浦县,于元代徙居镇平(今蕉岭)招福乡黄泥崛,子孙蕃盛,传至12世(约当清代),有仁忠、仁恭兄弟一同迁往台湾屏东,13世、14世又有数十人迁往台湾,后裔分布于台湾的高雄、美浓、内埔、桃园、新竹、苗栗等地。清代还有福建戴氏不断地迁往台湾。此后,又有更多的戴氏族人移居海外。雍正年间(1723~1735),福建戴氏迁居台湾省苗栗县大甲镇孟春里开基,这是大陆戴姓大规模入台之始。此后,乾隆九年(1744),又有福建戴姓入垦苗栗镇;道光二十六年(1846),有泉州人戴南仁到今新竹新富里开垦。如今,戴姓在台湾居第52位,较为集中的地区有新竹、嘉义和台南,在台北和南投的戴姓人口也不少。清朝时,有不少戴姓人移居海外,如今在英国、阿根廷、马来西亚、印度尼西亚、菲律宾等许多国家都有戴姓人定居。

三

戴姓在迁徙繁衍的过程中形成七处郡望:济北、谯国(郡)、吴兴、魏郡、河东、清河、广陵。

谯国是曹魏黄初元年(220)置,治所在谯县(今安徽亳州市),辖境相当于今安徽省灵璧、蒙城、太和与河南省鹿邑、永城等县市之间的地方。西晋时改为谯郡。谯郡的戴姓,乃是晋代戴逵之后,位居谯郡八姓之首。而今,戴姓多称"谯国郡"。

广陵郡是东汉建武十八年(42)以广陵国改置,治所在广陵(今江苏扬州市西北),辖境相当于今江苏、安徽交界处的洪泽湖和六合以东,泗阳、宝应、灌南以南,串场河以西,长江以北地区。晋代戴邈为广陵人。扬州广陵郡三姓之首为戴姓。

清河郡是汉武帝以清河国改置,治所在清阳(今河北清河东南)。元帝以后辖境相当于今清河及枣强、南宫各一部分,山东临清、夏津、武城及高唐、平原各一部分。东汉戴涉为清河人。

魏郡始置于汉高帝十二年(前195),治所在邺县(今河北临漳西南邺镇)。戴德的后人居于魏郡斥丘县(今河北成安东南)。戴德的裔孙戴景珍,在后魏时担任司州从事。景珍的儿子戴胄,唐朝时任吏部尚书、参知政事,封道国公。戴胄的哥哥仲孙不愿做官,甘愿过平民的生活。仲孙生子至德,因为戴胄无子,于是将至德过继给戴胄为子。戴至德在唐高宗时任尚书右仆射。至德生子良绍。

河东郡始设于秦代,治所在安邑县(今山西夏县西北禹王城)。戴涉的后人居河东郡桑泉县(今山西临猗)。唐玄宗时有仓部员外郎戴休璇,休璇生子顺,任水部员外郎。

吴兴郡始设于吴宝鼎元年(266),治所在乌程县(今浙江湖州市南)。晋代有戴洋,为著名的方术之士。

戴姓的宗祠堂号有"二礼堂"、"注礼堂"、"独步堂"、"避贵堂"、"谯国"、"广陵"、"清河"等。其中"二礼堂"、"注礼堂"都是指西汉今文礼学大师戴德、戴圣叔侄而言的。"独步堂"和"避贵堂",典故都是源于后汉名士戴良的事迹。戴良才高八斗,特立独行,所持见解总是与常人不同。他曾说过:"我若仲尼长东鲁,大禹出西羌,独步天下,谁与为偶!"地方官吏推举他为孝廉,他坚决不接受。后来,朝廷又征辟他到司空府任职,他仍然坚辞不受,州官郡官强迫他出来做官,他便跑到山里躲起来。

有关戴姓还有许多楹联,这里仅举数例:

1. 业擅礼经　席传易学

上联是指西汉戴德、戴圣叔侄。下联是指明代鄞县人戴圭。戴圭,字秉诚,人称"野桥先生",潜心研究《易》学,并身体力行。他常对人说:"学习要谨慎对待独处之时,诚心诚意来修身养性,不怨天,不尤人,时间长了就会与自然合为一体。"著有《易经大旨》、《四书要略》等。

2. 逸情霞举　峻节山高

上联是指南朝宋铚县人戴颙。他曾与兄长戴勃一起隐居桐庐,二人都善于作画、鼓琴。后来,戴颙游历到吴下,当地士人早就听说过他的大名,于是集资为他建房,又为他聚石、引水、种树、开涧。他在那里专心著述,永初、元嘉年间,朝廷多次征召,他都不应。著有《逍遥论》,又为《礼记·中庸》篇作注。霞举,比喻高远。下联是指东晋著名学者、雕塑家、画家戴逵(字安道),戴颙的父亲。他反对佛教的因果报应说,著有《释疑论》;善于画山水、人物、走兽,也画宗教画,并雕铸佛像,还善于鼓琴。太宰王晞曾派人召他鼓琴,他当着使者的面把琴弄坏,说:"戴安道不做王门的伶人!"武帝时,朝廷多次征召,他都不应。

3. 江西萍乡凤凰街戴氏宗祠联:

　　一经传旧德　　五世振儒风

　　经传大小戴　　名与山斗齐

　　堂构启萍乡,念先人注礼删经,家学宏垂典则

　　山川恢庙貌,愿后裔春霜秋露,德馨永荐蒸尝

4. 安徽绩溪县戴川戴氏"敦叙堂"联:

　　敦伦敦厚敦尚,万古纲维,溯阀阅名家,原为敦礼之祖

　　叙穆叙昭叙次,一堂右左,合衣冠世族,皆以叙份为宗

总之,起源于今河南省境内的戴姓,经过数千年的生息繁衍,已经发展成为中国

颇具知名度的大姓之一。其分布的地域也早已不限于河南省境内,而是遍布神州大地,甚至在世界各个国家和地区,都可以见到戴姓人的踪迹。历史上,戴姓才子如云,恰似星汉灿烂,堪与日月争辉,对中国历史和中华民族,特别是对中国的文化艺术事业做出了巨大的贡献。

(原载《寻根》2004年第5期)

颛顼帝喾时期已进入文明时代

【摘要】《史记·五帝本纪》载：颛顼为昌意之子、黄帝之孙，帝喾为颛顼的族侄、黄帝的曾孙。颛顼、帝喾的时代距今在4500年以上，他们在位期间，社会经济和文化都有较大的发展，取得了一系列显著的进步，城池、早期文字、铜器等的出现与不断发展，标志着当时已经进入人类的文明时代。

【关键词】 颛顼；帝喾；文明

颛顼、帝喾分别是我国上古时代"五帝"中的第二帝高阳氏和第三帝高辛氏，距今4500～5000年。在4500年前，中原地区大致处于新石器时代晚期，在文化类型上属于龙山文化的早期时代。

据《史记》记载：颛顼为黄帝之孙，昌意之子，尧之三代祖，舜之七代祖，20岁即位，在位78年，98岁驾崩。帝喾为黄帝之曾孙，颛顼之族侄，30岁即位，105岁驾崩。颛顼、帝喾在位的一个半世纪里，继承自炎、黄二帝的华夏部落，在自身的不断发展与对外交流中，取得了一系列的显著进步，有大量的考古学成就以及文献资料可以证明，颛顼、帝喾时期已经进入人类的文明时代。

一、"文明"的标准

与"文化"一样，"文明"一词存在着多种解释，迄今为止，尚无统一的定义。

当今世界对"文明"一词的用法很多：或指开化社会，从反面意味着有不文明或野蛮民族存在;或指人类在长期的发展过程中所取得的成就;或泛指人类社会继原始社会最简陋的生活方式之后的发展阶段;或指一个社会或国家的精神的和物质的、生活的总体而言;等等。由此可见,其用法的多样性以及不统一性。不过,当今各国的人类学、史学和考古学界所用的"文明"一词更倾向于跟"野蛮"对比而用,具有特定的含义。我国史学和考古学界引用"文明"一词也是如此,具有同样明确的含义,即在原始公社废墟上建立的以国家政权为标志的阶级社会的历史进程。

对文明产生的过程进行研究,主要利用原始社会先民生产和生活的遗迹遗物,由此而出现了"文明的因素"学说。英国学者丹尼尔在1968年出版的《最初的文明:文明起源的考古学》一书中提到了几种文明的界说,并认为在考古学研究中最适用的是美国人类学家C.克拉克洪的标准,即"一个称作文明的社会,必须具有下列三项中的两项:有5000以上居民的城市,文字,复杂的礼仪中心"。日本学者贝塚茂树在1977年出版的著作集《中国古代史学的发展》的补记里,则举出青铜器、宫殿基址、文字三项要素。我国著名考古学家夏鼐曾在1983年把都市、文字和青铜器的出现作为文明的"三要素"。英国考古学家V. G. 柴尔德认为城市的出现是文明开始的标志。

但是,史学界公认的已经建立了国家政权的文明时代的国家,有些尚不能完全具备这些要素,比如古匈奴国,并未有文字出现。这就说明以是否具备以上几种因素作为文明的标志进行学术研究是片面的,是试图用一种并不存在的划一的"普遍规律"来衡量纷繁复杂的文明现实。我们认为,所谓的"文明因素",只要其中的一项在一个地区的社会中成为主导性的文化形态,那这个地区就开始进入了文明时代;如果某地同时有几项文明"因素",则表明该地区的社会文明程度较高;一个社会集合的文明"因素"越多,其文明程度无疑就越高,其社会当然就越进步。

二、颛顼帝喾时代存在的文明"因素"

(一)文字

文字的产生是一个长期的过程。

结绳记事是文字发明前人们普遍使用的一种记事方法,即在一条绳子上打结,用以记事,根据事件的性质、规模或所涉数量的不同结系出不同的绳结。民族学资料表明,近现代有些少数民族仍在采用结绳的方式来记录客观活动。《易·系辞下》曰:"上古结绳而治,后世圣人易之以书契。"孔颖达《疏》云:"结绳者,郑康成〈注〉云:事大大结其绳,事小小结其绳,义或然也。"晋·葛洪《抱朴子·钧世》曰:"若舟车之代步涉,文墨之改结绳,诸后作而善于前事。"《庄子·胠箧篇》曰:"昔者容成氏、大庭氏、伯皇氏、中央氏、栗陆氏、骊畜氏、轩辕氏、赫胥氏、尊卢氏、祝融氏、伏羲氏、神农氏,当是时也,民结绳而用之。"可见,至少在黄帝早期,真正的文字还未曾出现,人们仍然用的是古老的结绳记事方法。虽然目前未发现原始先民遗留下的结绳实物,但原始社会绘画遗存中的网纹图、陶器上的绳纹和陶制网坠等实物均提示出先民结网是当时渔猎的主要条件,因此,结绳记事(计数)作为当时的记录方式是具有客观基础的。

有文献记载,黄帝在位期间产生了中国最早的文字。如《说文解字·序》曰:"黄帝之史仓颉,见鸟兽蹄迒(háng,野兽经过后留下的痕迹)之迹,知分理之可相别异也,初造书契……仓颉之初作书,盖依类象形,故谓之文。其后,形声相益,即谓之字。文者,物象之本;字者,言孳乳而浸多也。著于竹帛谓之书,书者,如也。"这是许慎记录的当时有关文字发明的传说。《淮南子·本经》也说:"昔者仓颉作书,而天雨粟,鬼夜哭。"按照唯物主义史观,仓颉可能是民间流传文字的总结和传播者之一,而真正的文字是由原始社会的先民们在长期的社会实践基础上创造出来的智慧结晶。但是这个传说有其参考价值,即中国文字产生于黄帝时代。

据目前的考古资料,在仰韶文化或相当于仰韶文化时期的其他地方考古文化中,如西安半坡、青海乐都柳湾、临潼姜寨、甘肃半山和马厂、郑州大河村遗址中,都发现陶器上绘写或刻画的多种符号,这些符号被不少考古学家断定为原始文字。这些专家包括郭沫若、于省吾、唐兰等历史学、考古学的大家。而到了龙山文化时期,这种原始文字继续广泛流传,而且这些符号在由龙山文化发展而来的夏文化中也有相似的对应,可见文字的发明与使用是具有一定连贯性的。作为仰韶时期之后的龙山文化早期的颛顼帝喾时代,理应有属于那个时代的文字符号。

(二)金属的冶炼与使用

据《史记·封禅书》记载:"黄帝采首山铜,铸鼎于荆山下。"这是我国古籍中提及的最早的冶金事件。据史载,黄帝时代虽然有了金属货币,但金、银、铜、铁、铅尚处于混而为一的状态。到了帝喾时代,他命大臣咸黑率众于峒山(在今河南新郑、荥阳至巩义市一带,另一说在甘肃)开矿冶炼,直至将峒山开掘成空峒山,首次使金属货币分为不同等级,成为流通货币的主要形式。

虽然这些只是文献中记载的传说故事,不一定确有其事,但是相当于黄帝、颛顼、帝喾时代的新石器时代中晚期已经发明冶金术和使用金属器具是可以肯定的。

1973年,陕西省临潼姜寨遗址的仰韶文化地层内曾出土过一件圆形铜片,经专家鉴定,这是一片对冶炼技术要求相当高的黄铜,年代约为公元前4700年。同一遗址中还出土了一个铜管,同样是黄铜的。1975年,在甘肃省东乡林家马家窑文化遗址中也发现了一些铜制工具,包括一柄铜刀,年代约为公元前3000年。1987年,在内蒙古敖汉旗西台的红山文化房子基址中发现了多块陶范,可能是铸造渔钩的,年代在公元前3000年以前。另外,在河南灵宝的西坡遗址虽未发现铜器,但在仰韶文化时期的灰坑中发现了当时开采的铜矿。这些都说明,当时当地已经开始了真正的铜冶炼和铜器的生产。

当然,仰韶文化时期的冶金遗迹还极为稀少,然而到了龙山文化时期,冶铜现象和铜制器物就开始大量出现和使用了。在河南的龙山文化遗址中,淮阳县平粮台,登封王城岗,临汝煤山,郑州牛砦、董寨,洛阳王湾等遗址的龙山文化层中,都发现有炼铜渣、炼铜的坩埚碎片等遗物。这些发现表明,在河南的广大地区内,龙山文化时期存在着铜的冶炼和铜器的使用,这些地区开始由石器时代迈入青铜器时代。

(三)城市的出现

城市是人类历史发展到一定阶段所产生的一种高度复杂的聚落形式。新石器时代晚期,原始聚落的规模以及所包含的文化现象均发生了变化,明显出现分化,而且日益加剧。有些地位突出、影响范围广的聚落成了中心聚落,支配和控制着周围的普通聚落。随着这些中心聚落的进一步发展,便出现了促使其性质发生转变的城址。由于城址的出现,原始的"城市"便脱颖而出。

与现代概念的城市不同,在原始社会末期出现的早期的城市,是"用石墙、城楼、雉堞围绕着石造或砖造房屋的城市,已经成为部落或部落联盟的中心",或者可以说仅仅是围着城墙的巨大聚落。这种"城市"的特征表明,它们是为了防御目的而修建的,与后代商业性城市修建的目的有很大不同。正如恩格斯所说,不仅是由于"建筑艺术上的巨大进步,同时也是危险增加和防卫需要增加的标志"。

迄今为止,在我国发现的年代最早的城址有郑州西山城址以及湖南澧县城头山城址等,它们都是由聚落转化为城市的遗址。郑州西山仰韶晚期城址距今5300～4800年,是迄今中原地区最早的史前城址,圆形,最大径180米,面积约34500平方米,城内建筑基址多有奠基坑,用瓮棺埋葬儿童,已发现窖穴与灰坑2000余座,出土大量各类遗物。许顺湛等先生认为其为黄帝时代的古城。

而澧县城头山古城始建于6000多年前,毁于新石器时代末期,是至今全国发现最早的城址之一,曾被称为"华夏第一城"。古城由护城河、城垣、东西南北4个城门组成;城内有作坊区、居住区、公共墓地、祭坛、道路和其他一些辅助设施等。

城子崖城址也是早期的城市遗址之一。该城址平面略呈方形,东、南、西三面城垣比较规整平直,北面城垣弯曲并向外凸,城垣拐角处呈弧形。南北长约530米,东西宽约430米,面积约20万平方米,墙基宽10米左右,残高约3米。城墙大部分挖有基槽,并经过多次修补。有的部位在沟壕淤土上夯筑起墙。城墙夯土结构分为两种,一种用石块夯筑,另一种用单棍夯筑。城内文化层厚者3～5米,薄者1.5米左右,城内遗迹打破关系十分复杂,发现有房基、窖穴、水井、墓葬以及大量精美的陶器、石器和蚌器等,这说明城内居民不仅数量多,而且居住时间长久。该城址始建于龙山文化早期,一直延续到岳石文化时期。据推算,城内居民大约有5000人以上。

据不完全统计,仰韶、龙山时期的城址已发现了50座以上。其中,河南地区的除西山古城之外,还有登封王城岗、淮阳平粮台、郾城郝家台和辉县孟庄等龙山文化古城。山东省发现的有章丘城子崖、寿光边线王、邹平丁公、临淄田旺等龙山文化古城。此外,鲁西聊城地区发现阳谷景阳冈、皇姑冢、王庄、茌平尚庄、教场铺、乐平铺、大尉、东阿王集等8座龙山文化古城。

城市的出现有很明显的意义,就是反映出文明的产生已经到了瓜熟蒂落的阶段。所以,恩格斯说:"在新的设防城市的周围屹立着的高峻的墙壁并非无敌:它们的壕沟深陷为氏族制度的墓穴,而它们的城楼的塔尖已耸入文明时代了。"这段话深刻地说明了一个问题:城市出现的重要原因不仅在于防御需要,而且在于防御需要出现的原因——私有制的出现和发展。《礼记·礼运篇》云:"大道既隐,天下为家,各亲其亲,各子其子,货力为己,大人世及以为礼,城郭沟池以为固。"这段话同样可以作为私有制与城市关系的佐证。正是私有制的出现,破坏了"天下为公"的氏族公社局面,人们开始自私自利,出现了"天下为家"的局面,于是略地夺财、杀人越货的战争就出现了。而战争的需要是人类发展的一种内在动力,于是防御战争的重要基地——城墙便应运而生。这样看来,在原始社会后期,特别是龙山文化的早期,即颛顼、帝喾二帝所处的历史阶段,城市的出现便是文明的曙光。

据《史记集解·五帝本纪》引皇甫谧的话说:"(颛顼)都帝丘,今东郡濮阳是也。"另有帝喾"都亳,今河南偃师是"。可见,二帝筑城建都已是不争之事,而且帝丘与亳都在河南,也说明了河南龙山文化在整个龙山文化时期的重要地位。最近,在河南濮阳戚城遗址内新发现了龙山文化城址,该城址大致呈方形,南北长约405米,东西宽约390米,包括四面城墙在内,城址面积初步估计近16万平方米。城墙外侧采用了夹板方块叠筑的方法,宽6.2米;内侧为局部倾斜的堆筑墙体,宽10.1米。濮阳戚城龙山文化城址的发现,为研究上古传说时代的颛顼及其所居帝丘等问题提供了新的重要资料。

(四)天文历法及礼仪

天文历法是中国古代文明的一个重要方面。从渔猎部落向农业社会转变,除了生产工具之类的变革之外,很重要的一个问题便是如何顺应自然,安排农时。而且华夏族的先民们在长期的生产实践中也的确积累了丰富的天文学知识,并逐步制定出一套相当符合自然实际的历法。

"文明"一词,在中国文献中最初见于《易经·文言》中的"见龙在田,天下文明",孔颖达《疏》云:"有文章而光明也。"在《尚书·舜典》中也有出现:"曰若稽古,帝舜……浚哲文明。"《疏》云:"经天纬地曰文,照临四方曰明。"古代"仰观天文","俯察地理",就是考察天象与地象的纹理、脉络、秩序、规律;把这些天、地、人的纹理、秩序、规律用一种方式记录下来,这就是天文历法、物候节令,制历授时,并向四面八方传播开去,人人照办,形成一种规范,一种模式,这就是"经天纬地"、"照临四方";而这些规范、模式被人为地扩大它们的指认范围,以及它们的应用地域范围之后,就成为"纹理"、"文章",成为人人做事所依照的道理,所遵从的天、地、人的规矩,这就是有"文"则天下"光明",即"有文章而光明"。

从上面可以看出,其实中国古代文明的来源之一,便是天文历法的需要与发展,所以中国的"文明"二字与天文历法的联系才会如此紧密。

在史书文献记载中,众多的古代君王首领都是带领人们播种五谷、制定历法的楷模。例如黄帝,据《世本》记载,"黄帝使羲和占日,常仪占月,臾区占星气,伶伦造律吕,大挠作甲子,隶首作算数,容此综成六术,而著调历也"。又《史记·历书》说:"黄帝考定新历。"这说明,在黄帝时代,人们已经开始有自觉性地制定、校准历法的行动。而到了颛顼时期,据《史记》记载,帝颛顼"洪渊以有谋,疏通而知事。养财以任地,载时以象天",也就是说,他有谋略,晓事理,善于创造财富,能够按天象划分年历四季。颛顼以辰星为主观测星而治历,"察日辰之会,以治辰星之位",观测一年中与二十四宿的关系,确定太阳在一年中的周天行度、四时八节的运程和一年之计始于春的理念,将四时分为仲春春分、仲夏夏至、仲秋秋分、仲冬冬至,初定一年为366天,从而形成我国最具科学性的古老历法——《颛顼历》。《颛顼历》第一次明确地把以物候观测为重点转移到以天象观测为重点,科学地排序了一年的节气,人类进入了治历明时的新阶段。因此,帝颛顼被尊为"历法之宗"。

而帝喾也是"治历明时,教民家穑"的模范君主。帝喾以前,人们虽有一年四季的概念,但只是日出而作,日落而息,从事农艺畜牧没有一个科学的时辰顺序,严重制约了农业发展和人们生活质量的提高。《大戴礼·五帝德》说他"夜观北斗,尽观日,作历弦、望、晦、朔、迎日推策",或"观北斗四时指向,以定节气;观天干以定周天历度"。科学探索天象和物候变化规律,划分四时节令,指导人们按照节令从事农畜活动,极大地促进了社会生产力的发展,使华夏农业出现一次伟大的革命,农耕文明走进了一个崭新的时代。

除了文献记载之外,在灵宝西坡遗址发现了大型房屋,可能为礼仪性建筑。在辽宁牛河梁红山文化遗址群中(距今约5000年),还发现了祭坛、女神庙、大型方台、金字塔式巨型建筑、特点鲜明的积石冢群以及成组出土的玉质礼器等。这从一个侧面反映了中华大地较偏远地区的文明程度。

总之,按照比较通行的关于"文明"标准的界定,颛顼、帝喾二帝生活的时期,即河南龙山文化早期,传承自黄帝一系的华夏族在文字的发明和使用、金属工具的冶炼与使用、城市的修筑以及天文历法的制定等方面,做出了独特而影响深远的贡献,充分地说明他们所处的时代已经进入人类的文明时期。

(原载《颛顼帝喾与华夏文明》,河南人民出版社2009年5月,与秦世龙合著)

中原古代移民的流向、成因与影响

【摘要】 根据中原地区古代移民的流向,大致可以分为三个时期:先秦时期多向性移民活动,自秦汉统一至两宋期间大致为由北向南的移民流,元明清时期的"填充"移民。这些移民活动包含了北方游牧民族南下迁入中原的由外而内的移民流、中原地区向江南等地区由内而外的移民流。在这些或因为战争,或因为自然环境变迁,或因为政治原因而形成的移民活动中,中原移民或处于主流,或处于附属,但毫无疑问,它对整个中华民族的政治、经济、文化、人口、地理等都形成了不可磨灭的影响。

【关键词】 中原;移民;流向

中国古代移民源远流长,绵延不断。中原地处"天下之中",是中国古代人口最为稠密、土地开发最早、经济最发达的地区之一。它的移民时间之长,移民情况之复杂,都是其他地区无法比拟的。中原移民史的研究对于整个中国移民史的研究意义十分重大。

古往今来,和"移民"有关的词语很多,相关的古籍也浩如烟海,但具体什么是"移民",则众说纷纭,各不相同。中国移民史所说的"移民",应当是指"具有一定数量、一定距离、在迁入地居留了一定时间的移动人口"。而在同时期的移民运动中,主流移民才是最值得关注的。它持续的时间最长,数量最大,在总量上占据领先地位,并且都是在大地理区之间迁移,主要迁移方向突出而稳定。本文探讨的就是在中原地区历史时期所有的主流移民。

一、先秦时期的移民及其成因

（一）自然性移民

1. 环境变迁造成移民

自然生态环境为人类生存提供了不可替代的物质基础,同时,自然生态环境的地域差异也是引起人口从一地向另一地迁移的原因之一。一般来说,人类总是移居到自然环境比较优越、自然资源比较丰富的地区。尤其是在生产力水平较低的情况下,人们往往倾向于集中到气候温和、土壤肥沃、水草丰茂、宜于农耕的平原、河谷地带。各种自然灾害（如洪水、火山喷发、地震、暂时或持续性的气候恶化、病虫害、瘟疫等）或造成大规模的人口迁移,或通过对生产的严重破坏迫使人们不得不成批地离开家园,迁移到异地安家。在先秦时期的生产力条件下,气候环境对于人的生存是一个相当重要的影响因素。当时,黄河中下游地区的人口密度最大,开发程度最高,这种格局的形成,当然不仅仅是因为移民,但是也不可否认,黄河中下游地区那远比其他地区频繁的人口移动（主要是移入）为此做出了重要贡献。

2. 战乱造成移民

春秋战国时期,诸侯国之间的弱肉强食达到了空前的地步,在各国相互兼并、全力扩张领土的同时,其人口也在不断迁移。而由于地理位置、自然环境的优越,使得中原地区更成为诸侯追逐之地。

（二）政治性移民

中原地区作为中华文明的发源地,也是移民最频繁的地区。夏商周立国后的频繁迁都活动,大多数是因为自然灾害,他们所分封的诸侯国,也多在黄河中下游地区屡次迁徙。

考古资料和文献证明,古代河洛地区是夏部族的发源地和主要活动区域。《古本竹书纪年辑本》等文献记载,夏代在河南的多个地方建立过都城,如阳城（在今河南登封境内）、斟鄩（在今河南巩义境内）、商丘（今河南商丘）、帝丘（今河南濮阳）、洛阳等。

商王朝立国后,"成汤,自契至汤八迁","帝庚丁崩,子帝武乙立。殷复去亳,徙河北"。这多次的迁都活动大部分是在现今河南境内。

西周在中原分封了管、蔡、康、卫、宋等诸侯国,这些诸侯在前往封地时,必定会产生大量的移民。周成王七年,周公营建成周洛邑,并迁入大量的"殷顽民"和周人,使得洛阳成为西周控制东方的政治中心。

二、秦汉统一至两宋时期的移民及其成因

从公元前221年秦统一到两宋的1000多年间,移民运动频繁而复杂。

（一）秦汉时期的移民及其成因

秦汉时期,中原移民迁徙的原因多种多样,战乱、灾害、迁民实关中、设置陵县

等,使得包括今河南在内的关东地区人口移入了关中。所以,此时期中原地域的移民基本上都是人为原因造成的移民。

1. 政治性移民

秦汉时期,为了进一步摧毁旧势力残余,镇压地方割据势力,惩治罪犯,打击政敌,达到巩固封建政权、稳定封建统治秩序的目的,封建统治者多次大量移民。

统一六国之初,为了加强统治基础,稳定统治秩序,秦始皇就进行了针对六国旧族的迁移计划。始皇二十六年,下令"徙天下豪富于咸阳十二万户"。秦灭韩后,"徙天下不轨之民于南阳"。西汉初年,汉统治者面临的形势是北近匈奴,东有六国强族。为了改变这种局面,汉高祖刘邦多次采纳娄敬的建议"徙齐诸田,楚昭、屈、景、燕、赵、韩、魏后,及豪杰名家……十余万口",达到"实关中"、"强本弱末"的政治目的。在这些大规模的移民过程中,来自中原地区的人口也占到了很大的比例。

另外,"秦汉有大量徙民之制,其徙入京师诸陵者,皆远郡之豪族富民,其自内郡徙边区者,多犯罪之人"。

2. 军事性移民

从公元前221年开始,秦始皇又将其统一事业继续推进,对五岭以外地区用兵。《淮南子·人间训》中有比较完整的记载:"(秦皇)又利越之犀角、象齿、翡翠、珠玑,乃使尉屠睢发卒五十万为五军……乃发谪戍以备之。"为了实现对岭南地区的长期占领,"三十三年(前214),发诸尝逋亡人、赘婿、贾人略取陆梁地,为桂林、象郡、南海,以适遣戍";"三十四年,谪治狱吏不直者,筑长城及南越地"。这些措施增强了秦对岭南的控制力。

在这些人中,河南地区的移民也占到了很大的比例。

3. 战乱造成移民

东汉末年的战乱从黄巾起义爆发到三国鼎立局面的奠定总共35年,在此期间,大部分大规模的战争都波及到了中原地区。初平元年(190),关东各诸侯齐集洛阳周围,讨伐董卓,董卓挟献帝迁都长安,"尽徙洛阳人数百万口于长安……二百里内无复孑遗"。东汉末年的军阀混战历时20余年,致使中原地区尸横遍野,民不聊生,中原民众纷纷外逃。又如,三国鼎立局面形成之后,魏、蜀、吴为了巩固其政权,相互掠夺交界地带的汉族和羌、氐等族民众,强制他们向冀州、江东、益州迁移。

(二)魏晋南北朝时期

魏晋南北朝时期,有两次对历史有重大影响的大规模移民。一次是西晋末年的"永嘉之乱"引起的中原民众南迁;另一次是北方少数民族进入黄河流域建立政权,影响最大的就是北魏孝文帝迁都洛阳。

1. 战乱造成移民

(1)永嘉之乱和中原百姓大迁徙

永嘉之乱,西晋灭亡。中原百姓大量南迁,史载"洛京倾覆,中州士女避乱江左者十六七",形成了中国历史上第一次大规模的人口迁徙。

(2)北上移民

在中原百姓南迁的同时,也有一部分迁到了北方。"流向东北的一支,托庇于鲜卑慕容政权之下。流向西北的一支,归依于凉州张轨的领域"。

2.少数民族进入中原

魏晋南北朝时期,居住在我国西边和北边地区的许多少数民族如匈奴、鲜卑、羯、氐、羌等族,纷纷大规模向南、向东迁徙,其中最著名的就是北魏孝文帝迁都洛阳。太和十七年(493),孝文帝决定迁都洛阳,但遭到众臣反对。十八年十月,孝文帝力排众议,亲告太庙,开始迁都事宜。十九年,孝文帝规定:"迁洛之民,死葬河南,不得北还。于是代人南迁者,悉为河南洛阳人。"这年九月,"六宫及文武尽迁洛阳"。至此,历时三年的南迁完成。孝文帝的这次南迁人数大致在100万,是一次大规模的少数民族进驻中原的迁移活动。至此之后,洛阳又一次成为全国政治、经济、文化中心。

(三)隋唐时期的移民

1.隋代的移民

隋朝立国时间甚短,在历史上只存在了38年,中原移民数量较少。见于记载的是,隋炀帝营建东都洛阳时,曾迁徙天下诸州富商于此,史书记载说:"炀帝即位……始建东都,以尚书令杨素为营作大监,每月役丁二百万人。徙洛州郭内人及天下诸州富商大贾数万家,以实之。"这些人移往洛阳只是省内的人口迁移,多数不是富有之家。天下富商大贾迁往东都洛阳者,估计只占"数万家"的一少部分。

2.唐代的移民活动

唐初,鉴于中原地区"烟火尚稀,灌莽极目"的情况,唐朝政府制定了百姓可以从狭乡迁往宽乡的政策。

武则天当国时期,为了充实神都洛阳,颁布了一些诸如"有情愿向神都编贯者,宜听,给复三年"等措施,鼓励四方民户迁往洛阳。天授二年(691)七月,"徙关内户数十万,以实洛阳"。

唐代中叶,河南固始人陈政、陈元光父子率兵入闽,是中原人又一次向南方的移民。其规模之大,影响之巨,至今还为人津津乐道。当时,闽南"蛮獠"起兵叛乱,光州固始人陈政奉命率将士113员、府兵3600人前往平叛,陈政之子陈元光随行。由于初战不利,陈政之母魏敬,兄弟陈敏、陈敷率固始58姓府兵数千人驰援,终于平定泉州、潮州(今属广东)间的"獠乱"。688年因陈元光之请,朝廷下令设置漳州,陈元光任漳州刺史,陈氏父子治理漳州40余年。陈氏子弟及属下府兵中多数人此后就定居闽南。

唐代后期,"安史之乱"使中原大地再次成为主战场,又一次遭受了战争的蹂躏。战争带来的深重灾难,使得中原百姓流离失所,辗转沟壑,逃往他乡,人口大量迁出。诚如李白在《永王东巡歌》中所说的"三川北虏乱如麻,四海南奔似永嘉"。《旧唐书·地理志》所说,"自至德(唐肃宗年号)后,中原多故,襄、邓百姓,两京衣冠,尽投湖湘","缘顷逆乱,中夏不宁,士子之流,多投江外,或扶老携幼,久寓他乡"。韩愈在《考功员外郎卢君墓铭》中也说"当是时,中国新遇乱,士多避处江淮间。尝为显官得名声以老故自任者以千百数"。

3. 五代十国时期的移民

五代时期外迁的中原人中,王潮、王审邽、王审知率众入闽,是规模最大的一次。固始人王潮、王审知兄弟起兵后率部南进,经江西进入福建,先攻下汀州(今长汀)、漳州、泉州,继而夺取福州,控制福建全境。王潮、王审知得到唐王朝的承认和册封,王审知之子王延翰更称王建国,此即五代史上的闽国。王氏兄弟父子治闽40多年。随同他们入闽的固始人,据清末固始进士何品黎考证,有18姓5000多人。而《中国移民史》第三卷中的列表则显示,此次有黄、潘、孙、郑、周、朱、李、王、陈、郭、魏、林、刘、姜、裴、蔡、夏侯、叶、曾、和、傅、韩、杨、许、方、丁、徐、孔、詹、翁、熊、江、吕、崔、柳、邓、吴、邹、苏、连等40个姓氏,数量在二三万人。固始陈氏、王氏两次带往福建的移民,成为后来有族谱可据的河南人迁居福建的基本群体。

除了中原人的外迁之外,这一时期在北方也有大量的少数民族进入中原,与中原人进一步融合。其中,后唐、后晋、后周是沙陀族在中原建立的王朝。这三个王朝的建立使得西北的大批少数民族进入中原地区。后唐自占据河东之后,势力就不断地由北向南扩张,最终于天祐二十年(923)四月于魏州(今河北大名东北)称帝,国号唐,又于这年十一月,迁都洛京(今河南洛阳)。后唐的势力扩张是伴随着残酷的战争进行的,史载"沙陀十万军至矣","克用以兵五万击仁恭",通过军事手段,最终定都洛阳,不能不说此中没有中原人的影子。根据这两条史料,我们可以推断出中原人在此中至少有1万人。

(四)两宋时期的移民

两宋时期,宋金、宋元的对峙,一次又一次地促成北方民众南迁。

1. 北宋初年政治移民

太祖和太宗时期,北宋先后平定了荆南、南唐、后蜀、南汉、北汉等割据政权,统一全国,并采取强制措施,将各国的王室、贵族、百官和部分百姓先后迁到京都汴京。就南唐而言,开宝八年(975)十一月,金陵被宋军攻破。次年正月,南唐李后主一行到达汴京,史载迁往汴京的为"兄弟四人三百口",但仅仅是李唐家族的约数而已,最终迁入汴京者在1500人左右。

2. 靖康之乱造成移民

北宋末年,徽宗、钦宗北迁是中原汉人一次大规模的迁徙。北宋灭亡后,金人"取索帑藏,所有应礼乐之具、服用之物、占天之璇玑、传国之宝玉,上自珍异,下及粗恶,悉取之。工匠人口、医官、乐工、妓女、内侍以至后苑八作、文思院及民工悉取之,约十万口。父子、夫妇生相别离,及扶老携幼,系累而去,哭声动天地"。此说被迫迁徙北上者为10万人,但有的书上说是20万:"天会时,掠致宋国男妇,不下二十万。"两个数目不同,是因为北宋灭亡时社稷丘墟,一片混乱,没有史官记载此事,各书的作者仅凭个人收集来的资料入书,难免数目不统一。但无论如何,迁入北方的中原汉人应该有15万左右。

宋高宗在兵燹中即位,金人的凌厉攻势,逼迫其退往江南。建炎元年(1127)八月间,高宗"徙诸宗室于江淮以避敌,于是南宫北宅皆移江宁府(治今江苏南京),愿留京师者听之。南班至江宁者三十余人。又移南外宗正司于镇江府,西外于扬州西外"。天子如此,大臣们更是畏敌如虎。"士大夫奉公者少,营私者多;殉国者希,谋身者众。乞去,则必以东南为请;召用,则必以疾病为辞。沿流以自便者,相望于道途;避寇而去官者,日形于奏牍。甚者至假托亲疾,不候告下,携家而远遁"。京师官员如此,地方上的缙绅也纷纷变卖田产,开始向南方迁徙。理学家朱熹说:"靖康之乱,中原涂炭,衣冠人物,萃于东南。"在东南的许多城市里,都有中原人的踪迹,有些城市中原人甚至超过了当地土著。如"临安76%的移民来自今河南,其中绝大多数又来自开封,并往往是在南宋初年随高宗迁入的"。建康府(治今江苏南京)一度是高宗驻跸之地,兵燹之后,遗民无几,北方流徙之民,往往聚居于此。"在宋建炎中,绝城境为墟,来居者多汴、洛力能远迁巨族士家"。与扬州隔江相望的镇江,"中原士大夫又多侨寓于此"。秀州(今浙江嘉兴)、池州、湖州、温州、台州等地均有来自中原的移民。

绍兴初年,宋金双方力量对比发生了变化,由宋弱金强变为势均力敌,不愿生活在异族统治下的中原百姓再次南迁,如刘豫的部将、东京留守郭仲荀带领5700人先往镇江,高宗"召仲荀赴行在,仲荀因与刘豫之众五千七百余人南归"。岳飞在开封朱仙镇被迫班师回朝时,百姓"从而南者如市"。守卫白马山的宋河南知府李兴,"统率军民几万人南归"到了鄂州(今湖北武昌)。绍兴十一年(1141)十一月,宋金第二次绍兴和议签订,双方止兵息戈,以淮水中流为国界,割唐(今河南唐河)、邓(今河南邓州)两州属金,"今后上国(指金国)逋亡之人无敢容隐,寸土匹夫无敢侵掠,其或叛亡之人入上国之境者,不得进兵袭逐,但移文收捕"。从此以后,两国相对安定,中原人口大规模南迁的现象减少了。

3. 少数政权的南下造成移民

此期,辽、金等北方少数民族政权因为与宋朝关系的变化,出现了大量的内迁中原的移民。

金中期,向中原迁入大量的猛安谋克,据统计,进入今天河南地区的就有8猛安,大约占到了迁入中原谋克的8%。金朝末年,迁都开封,女真人的分布重心到了河南一带。这一时期大约有二三百万人移居中原,并很好地和汉民族融合起来。

从秦至宋末元初,由北向南的人口迁移,改变和终结了长久以来我国在人口经济分布上北重南轻的局面,奠定了南方直至目前为止的优势,同时,此时期汉族和各个少数民族一步一步地融合,对于中华民族大家庭的形成功不可没。

三、元明清时期的移民

(一)元代少数民族的南下造成移民

元是蒙古族建立的王朝,统一天下后,大量的少数民族进入中原地区,并和中原人民逐渐地融合在一起。元朝统治者通过戍守"遂留镇抚中原,分兵屯大河之上,以遏宋兵",还通过屯田让士兵和民众留居河南,淳祐十二年(1252),"宋遣兵攻虢之卢氏,河南(今洛阳)之永宁(今河南洛宁)、卫(今河南卫辉)之八柳渡……仍置屯田万户于邓(今河南邓州),完城以备之"。

(二)明清时期中原移民情况

1. 政府强制性地从山西移民进河南

洪洞移民实际始于金朝天辅年间。金太祖平定山西后就曾徙其民充实上京。而明初洪武、永乐年间为移民的高潮时期。山西移民多出自晋中与晋南,包括太原、平阳、泽州、潞州、辽州、汾州、沁州等府,主要迁往北京以及河南、河北、山东、安徽。洪武、永乐年间,明政府先后数次从山西的平阳、潞州、泽州、汾州等地,中经洪洞县的大槐树处办理手续,领取"凭照川资"后,向全国广大地区移民。其时间之长,规模之大,影响之深,不仅在我国历史上是空前的,而且在世界移民史上也是罕见的。

河南位于华夏腹地,素有"中原"之称,是明初洪洞移民的重点省份之一,迁民范围遍及整个省域。据《明史》、《明实录》等史籍记载统计,在明初50余年间,从山西洪洞大槐树处分赴全国各地的迁民次数大致为18次,其中直接迁往河南的就有10次之多。譬如,《明太祖实录》卷一百九十三载:

> 洪武二十一年八月癸丑,徙泽、潞民无业者,垦河南、北田,赐钞备具,复三年(《明史·太祖本纪》)。"往彰德、真定、临清、归德、太康诸处闲旷之地,令自便置屯耕种,免其赋仍户部给钞二二十锭,以备农具"。

同书卷一百九十八载:

> 洪武二十二年十一月,太祖以河南彰德、下辉、归德、山东临清、东吕诸处,十宜桑枣,民少而遗地利,山西民众而地狭故多贫。乃命后军都督金事李恪等往谕,其民愿徙者,验丁分田,其冒名多占者罪之。

同书卷二百二十三载:

> 洪武二十五年十二月,后军都督金事李恪、徐礼还京。先是命李恪等往谕山西民愿徙彰德者,听。至是还报,彰德、卫辉、广平、大名、东昌、开封、怀庆七府,民徙居者,凡五百九十八户。

此云七府,其中四府俱属河南布政司的辖区,大名府时属北平,但所辖州县大部分在河南境内。

至成祖永乐年间,迁山西居民于河南的工作仍在进行。明人许作梅撰《鲁源张公墓志铭》内云:永乐时有"迁民实河朔之令"。《明太宗实录》卷十八"永乐元年乙未"条记:"河南裕州言:本州地广民稀,山西泽、潞等州县地狭民稠,乞于彼无田之家,分丁来耕,上命户部如所言行之。"此外,关于明初山西向河南等地迁民之事,在山西地方文献里,亦有记述。民国六年《洪洞县志·古迹》载:"明洪武、永乐年,屡徙山西民于滁、和、北平、山东、河南、保安等处。"

永乐以后,"洪洞移民"便基本结束了。

2. 清代无序自发性的移民

河南在明末清初的战争中满目疮痍,百姓流离失所,土地荒芜。鉴于此,清王朝颁布了一系列的法令,从江西、安徽、湖北等地对中原地区进行补充。因此,在清一代,由于国家政权的稳定,零星移民不断,但却没有出现稍具规模的移民潮。

四、中原古代移民的影响

先秦时期关于历史移民并没有过多的记载,先秦时期的移民基本上是零星移民,产生的影响也是小范围的,但是对于中国人口的地理分布而言,却是一个发源与开端。

秦汉移民的流向,虽然有由边远地区流向中原地区的,但更多的是中原人口迁徙边远地区。其中有由中央政府派遣的地方政治、经济管理官员,也有因犯罪被皇室或朝廷"谪戍"(流放)的贵族、官僚及"连坐"的"士至食客",更有被视为"奸猾"、"乱化"、"不轨"的富商巨贾。此外,一大批因战乱和灾荒而被迫迁徙的农民是其主流。

魏晋南北朝时期是我国继秦汉统一之后的又一次大动荡、大分裂时期,在这一时期里,由于政治、经济、军事等各种因素,导致了各民族人口大量地迁徙和流动,其主要特征表现为,长期居于边疆地区的各少数民族向中原地区大量内聚,汉民族则不断从中原腹心之地往东北、西北和南方大规模辐射,整个时代可以说是各民族大迁徙、大流动、大融合的时代。

隋唐时期人口的迁移给各民族的经济、文化、政治交流起着巨大的助推作用,客观上促进了各民族之间的大融合,加速了少数民族的封建化进程,对中华民族文明也起到一定作用。

宋元时期是我国历史上又一次民族斗争激烈的时期,在此期间的民族迁徙以及汉族的南迁,都是这一时期斗争的产物,而且在这一时期开始,南方最终超越了北方,成为新的经济重心区,并一直持续至今。

明清时期的移民,进一步增强了各地区、各民族之间的融合和沟通,使得各方资源得到了更加完全的整合。

总之,自古以来中原地区就是移民活动的主体之一,对于中华民族人口分布、社会经济发展都产生了重大影响。一是在中华文明最重要的发祥地黄河中下游展开的移民活动,形成了中国人口分布北重南轻的格局;二是在黄河和长江两大中华文明发祥地之间进行的移民活动,改变了北重南轻的人口分布状况。这些移民活动促成了南方地区政治和文化的中原化,也完成了经济重心从北方过渡到南方的过程,最终对于中华版图的巩固和文化的多样统一产生了不可磨灭的作用。

(本文是作者在 2010 年 10 月举办的第三届固始与闽台渊源关系研讨会上所提交的论文,与李润鹤合著)

中国大陆重要老子遗迹的地域分布

【摘要】 历来关于老子的传说数不胜数,由这些传说产生的与老子相关的遗迹也分布于全国各地,形成了以河南、陕西、甘肃为一线的中心带。在这条中心带的外围还分布着川、鄂、鲁南、苏北等中心,分散着山东安丘、山西临汾、甘肃平凉、河北沙河、广西柳州、宁夏中卫、福建泉州、新疆乌鲁木齐等零星遗迹点。呈现出多中心、沿交通线分布和集中于道教圣地的地域特点。

【关键词】 老子遗迹;地域分布;特点

作为世界范围内外文发行量仅次于《圣经》的著作,《老子》一书已经不仅为道家专著、道教经典,更成为中华民族传承千年的文化基础,正如许地山所言"从我国人日常生活的习惯和宗教的信仰看来,道的成分比儒的多","支配中国一般人的理想与生活的乃是道教的思想;儒不过是占伦理的一小部分而已"。而对于这样一部有着非凡意义的著作的作者,司马迁在《史记》中却仅给出了寥寥400余字的记述,而就在这400余字之中"或曰"、"盖"、"莫知其所终"、"世莫知其然否"之语比比皆是,加之道教创立以来"老君"的杂入,老子的生平变得更为扑朔迷离。历史上是否确有老子其人,老子、老莱子、周太史儋是否为一人,孔子是否曾问学于老子,老子生活于何时,其归隐、著书、讲学、葬身之地又在何处——这些问题直到今日仍旧困扰着世人。今天与老子相关的遗迹分布于全国各地,东至江苏、西及新疆、南达福建、北抵宁夏,其中以河南、陕西、甘肃、江苏、山东、四川、湖北七省分布较为集中。本文将以今地处黄淮流域的豫、陕、甘三省境内较具代表性的老子遗迹为主,对其地域分布做一简要的介绍与分析。

一、河南省

(一)鹿邑县

鹿邑县位于豫、皖交界的河南省东部,属周口市,东邻安徽亳州市,北与商丘市柘城县相连。其境为黄河冲积平原之一部分,过境河流均注入淮河,属淮河流域。其县得名于今县城西部之辛集,春秋时为鹿鸣地,汉置武平县,隋更名为鹿邑,至元与卫真县合并,遂移治于卫真城,沿用鹿邑之名,隶属归德府。而元卫真县春秋时为苦地,秦汉置苦县,东晋为父阳,北魏改称谷阳,唐高宗乾封元年(666)改称真源,武则天载初元年(690)改称仙源,中宗神龙元年(705)复名真源,宋真宗大中祥符七年(1014)始称卫真,元因袭不改。

《史记·老子韩非列传》所谓"老子者,楚苦县厉乡曲仁里人也"是对老子一生唯一无可争论的记载。自东汉刘秀之子楚王英祭祀,东汉桓帝建老子庙始,历代不断抬高老子地位,增加祀奉等级,对祀奉建筑屡次重建、扩建,历史上更有汉桓帝刘志、魏文帝曹丕、唐高宗李治、唐玄宗李隆基、后梁太祖朱晃、宋真宗赵恒、宋徽宗赵佶七位皇帝亲临拜谒,并留有石碑刻迹数百通。而由上述唐之"真源"、"仙源",宋之"卫真"之称,及唐宋以来杜甫、苏轼、欧阳修、范仲淹等人的拜谒与诗作即可看出,最迟唐宋之际老子故里为鹿邑已经得到了政府与民间的普遍认可。今其西扶沟县境有烟雾山,传为老子西行洛阳途中感化上天,为民祈井之地。

1. 太清宫

太清宫位于鹿邑县城东 5 千米的太清宫镇之东北隅,世传为老子诞生地,亦是历代祭祀老子的祠庙,1978 年被定为县级文物保护单位,1986 年被定为河南省文物保护单位,2001 年被列为国家级重点文物保护单位。内现有望月井、古丹桧、赶山鞭、太极殿、九龙井、清净河、会仙桥、李母墓、洞霄宫等遗迹。鹿邑八景诗中的"太清仙境尚依然"、"秋高龙井月孤圆"二景即指此而言。

太清宫始建于何时已无明确记载,据《后汉书》记桓帝于延熹八年(165)正月与十一月曾两次派使"之苦县祠老子",始名老子庙,"庙北二里,李夫人祠"。后魏文帝曹丕、隋文帝杨坚都对其加以修葺。至唐,鉴于老子的特殊地位,唐高祖李渊以之为家庙,大兴土木建造宫阙殿宇"如帝者居";高宗李治追封老子为"太上玄元皇帝",增建紫极宫、太清楼;武则天追封李母为"先天太后",扩建李夫人祠为洞霄宫;唐玄宗李隆基加封老子为"高上大道,金阙天皇大帝",始改紫极宫为太清宫。宋真宗赵恒自称道君皇帝,封老子为"太上老君混元上德皇帝",重建太清宫,规模较唐尤盛。唐宋时期的辉煌过后,虽金、元、明、清各代君主皆对太清宫屡修屡建,但无奈战事、水火之灾,太清宫最终走向了"较之于唐宋,仅存什一也"的窘境。

2. 明道宫

明道宫位于鹿邑县城东北隅,为纪念老子传道讲学的建筑群。1978年被定为县级重点文物保护单位,1983年建立博物馆,1986年老君台被定为河南省重点文物保护单位,2001年随太清宫遗址一起被列为国家级重点文物保护单位。内现有伊人宛在坊、升仙桥、犹龙堤、迎禧殿、玄元殿、享殿、老君台、圣泉井等遗迹。明道宫始建于汉,唐时以老君台为中心形成了规模宏大的建筑群,宋、元、明、清各代均有增建,可惜多毁于战火,今除老君台外,建筑多为现代所建,各殿匾额由旧蓝本复制。

3. 历代碑刻

自汉建庙伊始至清,历代君主、文人墨客于鹿邑太清宫、洞霄宫、明道宫立碑百余通,可惜今存者仅30余通,较为珍贵的有:(汉)老子祠碑、(隋)老子碑记、(唐)道德经注碑、(宋)先天太后之赞碑、(宋)重修太清宫之碑、(金)续修太清宫记碑、(金)太清宫地产碑、(元)太清宫执照碑、(元)海都太子令旨碑、(元)太清宫圣旨碑、(明)孔子问礼处碑、(明)犹龙遗迹碑等。

(二)洛阳市区

洛阳市位于河南省西部,黄河南岸。西周于此地建成周。东周迁都于此,驻王城,自平王始共历25帝,500余年。据《史记》老子曾为"周守藏室之史"、"孔子适周,将问礼于老子"、"老子修道德,其学以自隐无名为务"、"居周久之"的记载,东周洛阳王城当为除鹿邑之外老子长期生活的又一地区。

1. 上清宫

上清宫位于洛阳市北邙山中段的翠云峰上,其地"背邙山之原,面伊洛之流,枕大川,朝少室,挟太行,跨函谷"。世传为老子任柱下史时修炼、悟道、炼丹之所,又传自汉代张陵始,张鲁、帛和、侯楷等道人皆曾修炼于此,为道教72福地之一。隋炀帝始于上清宫址建老子庙,与净土寺分列东都洛阳城南北中轴线两端。唐又于此置老子乡,高宗于龙朔二年(662)下诏洛州长史谯国公许力士兴建上清宫,以为祖庙,乾封元年(666)又改上清宫为太微宫;玄宗于开元十三年(725)下诏扩建上清宫,其形制与西都太清宫相似,开元二十八年(740)欲将上清宫搬至积善里旧宅,未果,后吴道子、杨惠之、杜甫在此留有后世所谓"三绝"。唐上清宫又名玄元皇帝庙、老君庙,这里不仅为皇家宗庙,更为国家道教最高学府和国家道教宫观,成为国家政治、文化、教育等大政方针的执行处,达到鼎盛。后屡历战火、地震,逐渐衰败,其间崇信道教的宋真宗赵恒、宋徽宗赵佶、明嘉靖帝朱厚熜曾对其加以修缮。今仅存石狮石马各一对、玉皇阁、翠云洞、东西厢房、明清碑记、建筑遗址、古柏树数株。

2. 下清宫

下清宫位于洛阳上清宫森林公园下岭,为洛阳八景中"邙山晚眺"的立足点,其后墙北边不远处即为上清宫。传老子于上清宫修行炼丹,常将青牛拴于此处吃草,后人遂于拴牛处建庙纪念,名为青牛观。而据史料记载,青牛观与老子庙同建于隋炀帝时,自唐老子庙改称上清宫、太微宫、玄元皇帝庙等多名,宋始定名为上清宫,青牛观亦随之定名为下清宫。今山门墙上镶有一方石碑,上书"古青牛观",内有老子炼丹洞、孔子入周问礼台、经娘洞、明刻石匾、千年桂树、高道砖塔等文物。较之规模宏大的上清宫,始名为"观"的下清宫规模较小,今仅占地约40亩,由中院、西道院、东道院三部分组成。上清、玉清、下清尝为太上老君三观,可惜玉清宫已毁,上清宫历战火而破败不堪,唯下清宫保存较为完整。

3. 青牛峪

青牛峪位于下清宫西侧,即由上清宫到下清宫一带的岭峪,为洛阳小八景之一。传老子欲骑青牛西去,离洛时于下清宫吃草的青牛恋恋不舍,遂向西方大吼三声,后人名此地为青牛吼峪。其地貌形似青牛,头西尾东,似乎于东方再无留恋。明张美谷所作《青牛吼谷》即以此说为蓝本。

4. 老子故宅

老子故宅位于洛阳市瀍河区东通巷北头西侧,今洛阳市第二十四中学院内,由西向东与孔子庙、三灵侯庙并列。故宅大门坐西向东,原为砖砌,门上刻有二龙,门外侧西墙原镶有石碑,上书"老子故宅"四字。进大门北折,有佛殿一间,佛殿后砌有院墙,中开二门,与后院故宅相通。故宅坐北朝南,主体建筑位于宅内,中部、北部各一座,均为硬山顶,三开间,左右厢房各四间,今原建筑多被改建移做他用。2005年在该校家属院南院一处民宅废旧的墙体内,发现"孔子西向问礼行车地"碑、"老子故宅"砖雕等文物。

5. 孔子入周问礼碑

孔子入周问礼碑位于今洛阳市老城东关大街文庙旧址前,为清雍正五年刻立。碑有碑楼,高5.8米,宽5.4米,厚0.9米,悬山式顶,两侧各有一拱形券门;中间镶嵌巨碑一通,上刻"孔子入周问礼乐至此"9个楷书大字。碑身长方形,高2.2米,宽0.9米,碑首高1.15米,宽0.96米,刻弧形二龙戏珠纹饰;碑座为龟形。此碑由清雍正年间河南府尹张汉丹书,洛阳县令郭朝鼎刻立。

(三)栾川县

栾川县位于河南省西部,伏牛山北麓,属洛阳市辖,东与嵩县毗邻,西与卢氏县接壤,南与西峡县抵足,北与洛宁县摩肩。地貌以山为主,有名的山头即达万余,素有"九山半水半分田"之称。除老君山外,今境内闷顿岭、漫子头、追梦谷等地皆有老子遗迹、传说存世。

1. 老君山

老君山位于栾川县城东约3千米,为秦岭余脉八百里伏牛山主峰,海拔2192米,唐太宗赐名老君山。山顶南有二峰:东曰亮宝台,西曰玉皇顶,两峰间之缺口名南天门。传老子西行出散关失望至极,遂绕函谷,南行经虢国驿道、卢氏,翻闷顿岭,于漫子头伊尹故居地歇息求拜后,顺景室河水逆流而上,终至于今老君山隐修、炼丹。自北魏始历代建有太清宫、十方院、灵官殿、淋醋殿、牧羊圈、救苦殿、观音殿、三清殿、老君庙等庙宇16处之多,今仅存6处。不仅老君磨、老君窑、老君凹、老君怀、老君炭、老君砖、老君碓等以老君命名的遗迹俯拾皆是,舍身崖、亮宝台、传经楼、拴牛柱、悟道石、打坐石、乱中鼎、摞摞石、仙人桥、老龙窝等自然景观也多被赋予了与老子相关的传说。

2. 老君庙

老君庙位于老君山顶部两峰之间的凹地。始建于北魏，名太清观；唐贞观十一年（637），由尉迟敬德监工重修，太宗李世民钦赐"天下名山"匾；明万历二十三年（1595），朝廷派遣中使，发帑金，敕建太清观，铁椽铁瓦，又名"金顶太清观"，万历三十一年（1603）颁赐道经藏贮于后殿道德府，名为老子楼；明末毁于战火；清顺治年间重修。今大殿中供老君，东供药王，西供三位送子娘娘。院内今有明万历十九年（1591）所铸铁钟一口。原殿中有明铜牛，今已毁。

3. 朝阳洞

朝阳洞位于老君庙东侧百余米的悬崖下。世传为老子修炼、著书之地，洞内供奉老子母亲李母像，又名"老君母殿"。

（四）洛宁县

洛宁县位于河南省洛阳市西部，洛河中游，东与宜阳县接壤，南与嵩县、栾川县为邻，西与卢氏县、灵宝市相连，北与陕县、渑池县比肩。地貌以山地为主，素有"七山二塬一分川"之说。

老子墓　位于洛宁县城东5千米余庄镇村后寿安山南麓。此墓高约10米，墓顶呈方形，整个墓冢呈覆斗形，无碑无铭，从形制看似春秋战国遗物。墓东25千米、75千米处存有两个形制类似东周时期的墓葬。该墓四周分布东、西、南、北四条龙沟，墓南数十米有"老君洞"，西北方有"无极洞"。与古竹书《老子葬其造》中"老子葬寿鞍山，其周所四龙围绕"的记载相吻合。世人多称其"祖师墓"，应与洛阳市中建于元代、用于供奉老子的祖师庙相呼应。

（五）灵宝市

灵宝市位于豫、晋、陕三省交界处的河南省西部，北濒黄河，属三门峡市辖。分别与陕西省洛南县、潼关县，山西省芮城县、平陆县，河南省陕县、洛宁县、卢氏县接壤。由旧灵宝、阌乡两县合并而成。灵宝县于汉元鼎三年（前118）建县，汉称弘农，隋称桃林，唐天宝元年（742）始更名灵宝，其得名据传与老子梦示灵符有关。境内皇天原、亚武山、祥符观、三清殿、天仙庙、玉真观、炼真观、犹龙观等皆传与老子有关。

1. 函谷关

函谷关位于灵宝市北15千米处王垛村，秦以前名桃林塞，至秦孝公取崤函之地，因其处于洛阳至西安故道中间的崤山至潼关段，多在涧谷之中，深险如函，始更名函谷关。虽然学术界对于《史记》"老子修道德，其学以自隐无名为务。居周久之，见周之衰，乃遂去。至关……关令尹喜曰：'子将隐矣，彊为我著书。'"之中的"关"还存有散关的争议，但历代学者仍多倾向于函谷关，视其为老子著书之地。

（1）太初宫：位于函谷关东城门右侧。传为老子著书之所，故俗称"老子著经处"。据史料记载其始建于西周；唐天宝元年（742）敕建，名"天宝观"，今存大殿前柱础石之一即为唐代遗物;宋崇宁四年(1105)因甘露降于真武殿始更名为"太初宫";元大德四年(1300)又奉皇帝令重修,后历代均有修葺。今庙院存石碑两通,一通立于元大德四年,一通立于清顺治年间,皆记载了老子骑青牛过函谷之事。或曰太初宫即尹喜故宅。

(2)灵石:位于太初宫西厢房北侧。为不规则大石,上下平滑,由8条白石英条平行线切成9层。传老子于此石上著书,世谓之"灵石九高"。

(3)尹喜故宅:位于望气台西。世传为尹喜寓所,亦为其接待老子之地。唐开元二十九年(741),玄宗于此掘得"灵符",故今又名"灵符遗址"。今发掘遗址面积达1万平方米,内有春秋战国时期的瓦、砖,地表下有庭院遗址。

(4)望气台:位于灵符遗址东,与鸡鸣台相对。因传为函谷关令尹喜登望老子紫气东来之地而得名,唐代于其上建3丈多高的"瞻紫楼",以示纪念。

2. 老子故宅

老子故宅位于灵宝旧城北,旧名"圣祖宫"。唐天宝元年(742)敕建,玄宗、德宗皆曾为其题诗;元大德六年(1302)奉敕重修;明万历二十八年(1600)颁经典一藏。或以其为老子著书之地。

3. 老君原

老君原位于灵宝阳店乡南部。文献记其"上有老君观并冢,古柏聚生,望之如华盖"。世传为老子与王母争夺娘娘山落败后的隐居地。

4. 老君洞

老君洞位于原灵宝县城西门内南街,旁建有一古庙,建筑年代不详,今庙内有高丈余的铜铸老子像。

(六)西峡县

西峡县位于河南省西南部,属南阳市辖,西邻陕西省,系豫、鄂、陕三省交会之处。其北为伏牛山南麓。

老君洞　老君洞位于西峡县二郎坪境内,为伏牛山腹地。传为老子隐居、修炼之地。今洞口左侧有清乾隆三十一年(1766)所立石碑一块,主要记录了当时大庙的四至与庙产值。据碑文记载,老君洞在明代时就有房屋40余间,道士100余人,逢农历二月十五日老子生辰时即举行庙会,讲经论道。其上方有青牛洞,传为青牛瞭望放哨之地。又有老子炼铁之打铁洞,传栾川老君庙铁橡、铁瓦即为该地打制,20世纪70年代考古部门曾于此发现残余铁屑,当地铁匠至今仍尊老子为祖师。今西峡县近郊东有回车镇,相传即为孔子东去,至此听闻老君居此山中,而回车问道询礼之"回车"地。

二、陕西省

(一)华阴市

华阴市位于关中平原东部,属渭南市辖,地处豫、晋、陕三省接合地带,南依秦岭,北临渭水,自古有"三秦要道"、"八省通衢"之称,为中原通往西北的必经之地。

华山　华山位于华阴市南境,北临渭河平原与黄河,南依秦岭,为秦岭支脉。《尚书·禹贡》最早名其为"惇物山",《尔雅·释山》将其与东岳并称。由于华山过险,唐代以前鲜有人至,秦昭王时曾命工匠施钩搭梯而攀,魏晋南北朝时尚无登顶之路,至唐道教徒始于北坡沿溪谷开凿险道一条。华山为道教第四洞天,传郝大通、贺元希等道教高人皆曾登临,今山上尚存道观20余处,有关吕洞宾、陈抟、关公等道教人物的传说亦广。传老子西行曾落脚于山下华岳庙,今庙内青牛树即为老子系青牛处。

(1)老君犁沟:位于华山北峰。为夹于陡绝石壁之间的一条沟状道路,有石阶近600个。传为老子驾青牛以铁犁开凿。今犁沟上端石崖上有"离垢"石刻,盖此处原取"老君离垢",达升仙境之意,明后期误传为"犁沟",此地实为山水长期冲蚀而成。沟右顶端有卧牛台,旧时铸有铁牛一头。

(2)仰天池:位于南峰绝顶。池为岩石上一天然石凹,深约1米,水面约2平方米。池水清澈澄泓,涝不盈溢,旱不耗竭。传为老子炼丹汲水处,故又名太上池、太乙池。池上源太乙泉南有老君洞,传为老子隐居地,峰顶最高处刻有"真源"二字。老子峰、炼丹炉、八卦池等景观亦集中于此峰。

(二)洛南县

洛南县地处秦岭东段南麓,陕西省东南部,属洛南市辖,东与河南卢氏、灵宝交界,南与丹凤、商州相连,西与华县、蓝田接壤,北与华阴、潼关交界,素有陕西"东南门户"之称。

老君山　老君山位于洛南县巡检镇。传为老子修炼成仙之地,玉皇大帝亲临拜师迎驾,遂与老子统一道教,之后老子继续西行至周至讲学。该山实于民国时期方得名于山内老君洞。溶洞之内的圣君卧榻、系牛柏、炼丹炉,及山内回心崖、青牛洞、青龙背、老君犁沟皆传与老子有关。

(三)周至县

周至县位于西安市西,南依秦岭,北濒渭水。东邻西安,西接宝鸡,南连汉中,北通杨陵,为关中平原大县之一,史称"金周至",其地河道纵横、山地众多,素有"七山一水二分田"之称。商为郝国,周为古骆国,秦置之内史,汉武帝始置县,即名盩厔,取其山曲水折之意,今更为周至。

1. 楼观台

楼观台位于周至县东南15千米的终南山北麓。传为老子传经授道之地,为道教"天下第一福地"、"洞天之冠",史称"仙都",世有"关中河山百二,终南最胜;终南千峰耸翠,楼观最佳"的美誉。

据史料记载,周穆王曾来此游乐,将尹喜所筑草楼观扩建为"楼观宫";秦始皇于观南建清庙;汉武帝于观北建祠;东汉而后,楼观台成为道教祖庭,晋惠帝于此植树10万余株,迁民300余户维护庭院;南北朝时北方名道云集此处,形成"楼观派";唐高祖曾亲临楼观台,更其名为"宗圣宫",唐玄宗又改"宗圣宫"为"宗圣观",并加以扩建。唐、宋时王维、李白、白居易、李商隐、欧阳修、苏轼等均曾游历至此。今存说经台、宗圣宫、观星楼、秦始皇清庙、汉武帝望仙宫、大秦寺塔、老子陵等历史遗迹,又有炼丹炉、吕祖洞、十老洞、迎阳洞、老子祠、栖真亭、元始台、上善池、化女泉、延生观、吾老洞、王母宫、西楼观等文化古迹及遗址,更有千年古树16株、历代碑碣近200通,多与老子有关。

2. 上善池

上善池位于山门西侧。其左亭中立有赵孟頫隶书"上善池"碑。因传为老子为民治病之仙泉,后人遂以"上善"名池。

3. 宗圣宫

宗圣宫位于楼观台大门以北西巷村东。传原为尹喜望气之所——草楼观。魏晋南北朝至隋代,一直名"楼观";唐代整修扩建,诏赐"楼观"改名为"宗圣观",以之为礼祭老子的宗祠;宋初奉旨改名为"顺天兴国观";元代扩建,始易名为"宗圣宫"。据《重建宗圣宫记碑》记载,宗圣宫占地18150平方米,气势宏伟,富丽堂皇,可惜明清以后,受地震、山洪、战争影响,逐渐萧条,今仅存三大殿台基遗址。宫前有古树,世谓之老子拴牛处,名为系牛柏。

4. 说经台

说经台位于山门后海拔594米的高冈上,又名授经台,传为老子讲授《老子》之地。始建于619年,1236年重新扩建,明、清均有修葺。今存主体由明清古建增缮而成,主殿为老子祠、斗姥殿、救苦殿、灵官殿,配殿为太白殿、四圣殿。殿前有明代铁钟、铁香炉各一。

5. 老子祠

老子祠创建于唐代,明代重修,传为老子讲学著书之地。祠院内门两旁立"道德经"碑四通,东两通为唐刻,称唐正本《道德经》,西两通为元刻,由梅花古篆书写,故称《古老子》。

6. 炼丹峰

炼丹峰位于说经台之南,海拔888米。传为老子炼丹处。原有金、银丹炉两座。今峰顶存炉为明代物,砖砌炉形建筑,为长3.6米、宽2.7米的长方形石室,坐北朝南,室顶部作八棱形,以象征八卦,南边有砖拱券门,炉内原有老子石像,今已不存。又由说经台登炼丹峰路旁有丹井,旁有晒丹石,传老子于此取水、晒丹。

7. 仰天池

仰天池位于说经台东南的田峪河口东侧山峰,海拔1180米。传为老子打铁淬火水池。

8. 栖真亭

栖真亭为砖砌八卦形楼房,因外观像亭,故名栖真亭。传为老子修身之所。

9. 老子陵

老子陵位于楼观台西 5 千米之大陵山,地处终南山北麓,就峪河绕陵而过,即《水经注》"就水出南山就谷,北径大陵西,世谓老子墓"所在。传为老子晚年隐居、著经、羽化之地,又名西楼观台。今椭圆形墓冢前有清陕西巡抚毕沅书"老子墓"碑。山顶有"吾老洞",石洞宽 8 尺,高丈余,深不可测,世传内藏石函,函内有老子头盖骨。明万历四年"重修吾老洞"碑,碑额为"终南福地"四字。洞额嵌汉白玉匾,上镌"吾老洞"三字,洞内供奉明代老子石像一尊,东侧有"藏丹神洞"石刻。吾老洞侧有老子祠遗址,始建唐初,后毁于北宋火灾,明代重建,清时复修,为农历二月十五日老子诞辰祭祀之所。附近又有尹喜祠、尹喜墓等,历史古迹众多。

(四)宝鸡市区

宝鸡市位于关中西部,地处陕、甘、宁、川四省接合部,东连咸阳,南接汉中,西、西北分别与天水和平凉毗邻。其境以山地、丘陵为主,形成"六山一水三分田"的格局。该市所在古称陈仓,传为炎帝故里,周、秦王朝发祥地。

1. 大散关

大散关位于宝鸡市西南 19 千米的大散岭上,北连渭河支流,南通嘉陵江上源,当陕、川、甘之会,扼西南、西北交通要道,世称"川陕咽喉"、"关控陇绝"。其关为"关中"之四关之一,设于秦汉,废于明末。世传"老子西游遇关令尹喜于散关",据旧《宝鸡县志》记:周尹喜为散关令,老子西出散关以升昆仑,益门镇之通仙观旧址即尹喜故宅。

2. 伯阳山

伯阳山为天台山众峰之一。天台山位于宝鸡市南部,秦岭山脉北麓,又名天太山,古称西泰山,传为炎帝采尝百草而中毒遇难的安葬之处,世谓其道家"祖庭"、"玄都"之地,其内老君庙、论道处、回心石、八卦石等多处遗迹皆传与老子有关。伯阳山以老子之字"伯阳"命名。传为老子经混元老祖指点,继华山修炼后又一隐居地。传宝鸡八景之一的"风透玄关"即为老子遇山挡道,以青牛角穿石为洞而成,今洞高2.5米,宽 2 米,内供老子坐像一尊。

三、甘肃省

(一)天水市

天水市位于甘肃省东南部,地处陕、甘、川三省交界,古时别称秦州,为古丝绸之路必经之地,西去长安一大重镇,被称为"千秋聚散地",又为"羲皇故里"。据《水经注》"渭水又东,伯阳谷水入焉。水出刑马山之伯阳谷……水出南刑马山,北历平作,西北径苗谷,屈而东径伯阳城南,谓之伯阳川"的记载,其境内分布着以老子之字"伯阳"命名的水、谷、川等各类遗迹,今麦积区伯阳镇即为老子活动的主要区域。

1. 柏林观

柏林观位于天水市麦积区伯阳镇北 2.5 千米处的渭河北岸龙山之上。传老子自尹喜故里"尹道寺"观得此地群山环绕,一河中流,形似太极,故携尹喜于此建造草庐,著书教授。柏林观在唐、清二朝数次得到重修、扩建。唐贞观五年(631),重修了城墙和老君殿、玉皇殿、三官殿、祖师殿、圣母殿、救苦殿、孤魂殿、财神殿、药王殿九座庙宇,钦铸万斤八卦铁钟一口,建城墙、戏台,修钟楼、鼓楼。清乾隆五十九年(1794),秦州府督修全观,道光十年(1830)重建老君殿。可惜民国九年(1920)多毁于地震。世谓柏林观"八柏三石九座殿",清光绪《秦州直隶志》记载"渭水北柏林山柏林观旁多古柏",传其中一株即为老子亲手种植。今古树、古物荡然,仅存清康熙大匾三块。

2. 讲经台

讲经台亦位于天水市麦积区伯阳镇北 2.5 千米处的渭河北岸龙山之上。因渭水将龙山围在正中,山一角直伸入水,人称"龙嘴子",渭水接"龙嘴"而下,故当地人又称讲经台为"龙嘴子经台"。传为老子教授之地,其西行之后,尹喜继续于此讲学,并著有《关尹子》九篇。

3. 伯阳渠

传老子于今伯阳镇境内结草为庐,修炼讲经,时渭水积渊成潭,为患伤人,百姓以为水怪出没,老子亲率民众凿开"龙嘴"引水东流,制服妖怪。世人遂名之"伯阳渠"以示纪念,并于"龙背"建老子庵,尊神祭祀。

(二)清水县

清水县位于甘肃省东南,天水市东北,东接陕西省陇县、宝鸡市,南连天水市麦积区,西接秦安县,北邻张家川回族自治县。今其境内的关山、教化沟、牛头河、尹道寺等皆传与老子有关。

1. 尹道寺

据《甘肃新通志》、《秦州直隶新志》、《天水县志》等书记载:"尹喜故里,在县城东三十里之伯阳渠北山上,有尹道寺。"《秦州新志》载:"柏林观中祀老子,又有讲经台,山后十余里有尹道寺,为春秋时关令尹喜故里。"今清水县陇东山即有村名"尹道寺",传为老子与尹喜经今清水陇东乡"教化沟"教化百姓后,到达尹喜故乡的暂居地,此地与伯阳镇讲经台仅相距数里,今存尹道寺建筑规模不大,殿中祀有尹喜圣像。

2. 牛头河

牛头河源于关山西侧的旺兴乡芦子滩,倒流而下,南折入渭,清水县境内全长 79 千米,贯通清水心脏。古称西江、清水,又名桥水。传老子过关山时累死青牛,遂将牛头埋于关山之麓,其地竟涌水入西江,人们遂将西江更名为"牛头河"至今。

(三)武山县

武山县位于甘肃省东南部,天水市西北部的渭河上游,东连甘谷,南靠岷县、礼县,西接漳县,北邻陇西、通渭二县。为丝绸之路咽喉要道。

老君山　老君山位于武山县城南 5 千米处,是西秦岭山系太皇山脉蜿蜒至武山县城南面的主峰,为武山县城南屏障和古宁远八景之一。传为老子自楼观一路西行,自崆峒到临洮途中布道修炼的居所之一。今存朝阳古洞、棋盘仙迹、老君古殿、玉皇宝阁、青牛祠、祖师庙等庙宇古迹。

(四)临洮县

临洮县位于陇西盆地西缘,定西市西部,甘肃省中部,东临安定区,北接兰州市,南连渭源县,西与临夏回族自治州接壤。古称狄道,为西北名邑,陇右重镇,地处古丝绸之路要道,控扼陇蜀,亦是黄河上游古文化发祥地之一。东汉以来道教于此兴盛,今仅临洮县城就存有白衣庵、公输庵、西庵、北庵、斗母宫、太平观、总真观、九华观等数十家全真派道观,逢农历三月二十八日老子"飞升"日,民间皆有祭拜活动。传老子出函谷,过散关,入甘肃,经游天水、清水、临洮、武威、张掖、酒泉等地后回归陇西邑,隐居、飞升于临洮。

1. 岳麓山

岳麓山位于县城东约1千米处,主峰海拔2200米,当地人称"东山",因宋建东岳泰山庙于山麓而得名。毓秀亭、伏龙阁、畅怀亭、悬亭、凤台、讲经台、超然书院、笔峰塔等多处老子遗迹集中于此。

(1)凤台:位于超然书院东侧,又名超然台,传为老子讲道、飞升处。光绪九年(1883)重建,其上镌刻"凤台"二字,含"有凤来仪"之意。明代被贬为狄道典史的杨继盛于其《自叙年谱》中写道:"此台相传为老子飞升之所。"据《狄道州志》卷十一载:"台下有岩溪流出,又有白玉泉从东而来,泂环左右,与溪水交汇,泠泠作响,且有花草树木掩映,小鸟回翔。夏秋之交,台上观之,恍如御风而游太虚。"这一记载与老子超然物外的道家思想相吻合。三国时道教徒于台北建太平观供奉老子,今存有其遗址的山坡仍名为太平堡。宋代蒋之奇依《老子》"虽有荣观,燕处超然"将其改名"超然台"。

(2)超然书院:位于岳麓山半腰处。传原为老子讲道场所,明世宗嘉靖三十年(1551)杨继盛被贬狄道典史,为继承老子精神,弘扬道德,于此地建书院,仍沿用"超然"之名,修葺见堂三间、讲堂五间、道统祠五间,并置学田2000亩,以供学生膏火之费,使临洮学风大盛。清康熙十四年(1675)毁于兵火,康熙二十五年(1686)督学许孙荃与郡守高锡爵倡议捐修,增斋房四楹,后渐圮。乾隆三十四年(1769),知州金光斗重修,按察使胡李堂作记。光绪三十一年(1905),知州潘力谋改建为超然高等小学堂。

(3)笔峰塔:传为老子挥笔点太极后插笔之地。始建时间已无从考证。宋元丰年间,蒋之奇任狄道太守时曾清理过原建木塔残迹。明朝所建砖结构塔20世纪30年代仍存,抗日战争时期拆除,新中国成立后重建。

2. 太极山

太极山位于临洮城西5千米的洮河西岸,与岳麓山对峙。传老子在岳麓山讲经,观得此山白昼东西面明暗相交,遂点画使光线东西交换方位,太极图呈现,故后人名以太极。

四、其他地区

（一）江苏省

淮安洪泽县老子山　老子山位于洪泽县老子山镇洪泽湖南岸,扼守淮河与洪泽湖防线,三面环水,为苏、鲁、豫、皖水上交通枢纽。传老子入陕前,骑青牛飘落之海中礁石,海退后礁石化山,名为莆山,老子见此地瘟疫蔓延,遂遍采药草,砌炉炼丹,普救民疾,渔民不忘其德,将莆山更名丹山,即今老子山。旧存炼丹台、青牛迹、凤凰墩、犹龙书院等与老子相关十景,可惜多毁于战乱,现仅存仙人洞、凤凰墩遗迹。

（二）山东省

1. 临沂市平邑县柏林镇孝义村

据《高士传》等书载,老子曾携全家老小避难于鲁国。今平邑县柏林镇孝义村西去约1千米有遇圣桥,传老子外出打柴恰与登蒙山的孔子在此相遇,今"遇圣桥"、"遇圣门"牌坊额、石联尚存。孝义村即得名于老子为博父母一笑"年华七十尚斑衣"之举。又传老子曾游历至今邹城市峄山,山上有三十六洞天,至今仍为道教圣地。

2. 安丘市摘药山

摘药山位于安丘市柘山镇东北,又名摘月山、柘山。传老子曾在此采药炼丹,传道著书,其后裔繁衍至今,分布于大老子村和小老子村。今山上所存老子庙约始建于明初,上祀老子,下祀玉皇大帝。山西北侧有"老子洞",传为老子炼丹处。当地人将自老子洞至山顶的小道称为"李家巷",以老子采药歇息之地为"李家顶",李姓村人皆自称"老子李"。

（三）四川省

1. 成都青羊宫

青羊宫位于成都西南郊。据唐《西川青羊宫碑铭》:"太清仙伯敕青帝之童,化羊于蜀国。"老子、尹喜相约于成都青羊肆相见,老子遂重生于此。传该宫始建于周,初名"青羊肆";三国始名"青羊观";唐改名"玄中观",僖宗时又改"观"为"宫";五代更称"青羊观",宋又复名为"青羊宫",直至今日。今存主要建筑有混元殿、八卦亭、三清殿、斗姥殿、唐王殿。后苑有二台,左为"降生台",原塑一白发婴儿,传老子分身降化处;右为"说法台",塑老子对尹喜说法之像,传老子为尹喜讲解道法处。

2. 成都新津县老君山

老君山位于新津县南2.5千米处,属邛崃山脉的长秋山麓,"稠粳出云"为新津八景之一。据《道藏辑要》中《老子历世演化图》第六十九化说:"唐开元十七年(729)四月,太上老君在此山演化。"山顶有老君庙,始建于汉代,兴盛于唐初。混元殿右侧有老君洞,为东汉末年张陵天师道二十四治之一的稠粳治遗址,传老子曾隐居于此,洞内有"牛驭出函关,百二河山无隐处。蚕丛来蜀道,五千文字有传人"的楹联。

（四）湖北省

丹江口市武当山　武当山位于丹江口境内，为道教圣地之一。传老子与尹喜约定"后会蜀之青羊肆"，而后尹喜托疾不仕，归栖于武当山三天门石壁下，老子曾骑青羊访喜。今武当山大顶之北有狮子峰，岩壁上有尹喜岩，又名隐仙岩，元刘道明《武当福地总真集》记尹喜岩"古有铜床玉案"，其下有洞名牛槽洞、青羊洞。山中太上观又名老君洞，太玄观又名老君殿，有太常观、上善池、青羊桥等皆传与老子有关。

五、老子遗迹分布的地域特点

（一）多中心分布

老子遗迹的分布虽然广泛，但仍然形成了以河南、陕西、甘肃为一线的中心带。在这条中心带的外围不仅分布着川鄂、鲁南、苏北等中心，还分散着山东安丘、山西临汾、甘肃平凉、河北沙河、广西柳州、宁夏中卫、福建泉州、新疆乌鲁木齐等零星遗迹点。这些遗址，除存于今河南境内者，多赖尹喜牵引而出，且遗迹中自然山川居多，即使建筑、生活遗迹也常无史考证，以老子之名凭空增益者当不在少数，应加以甄别。

1. 豫、陕、甘中心带

从历史文献、道教经典、传统认识上看，由豫、陕、甘三省组成的中心带遗迹分布与老子的人生轨迹基本吻合。其中《史记》关于老子生于苦县、仕于周都、西出函谷的记载使得河南的鹿邑、洛阳、灵宝三地成为老子一生较为明确、可信的活动地点。首先，此三地遗迹周围先秦历史遗存丰富，有关遗迹的记载多始于秦、汉，建筑多盛于唐、宋、元、明、清各代均有增修，历史较其他地区明确，不仅得到历代政府的认可，更形成了以老子为渊源的文化习俗与民间信仰。此外，该地遗迹分布较为连续、集中，以洛阳为例，其周围北邙、卢氏、栾川、洛宁、洛南、西峡各地的老子遗迹连成一片，栾川境内老君山并非孤立，其周围的闷顿岭、漫子头、追梦谷等地皆有老子遗迹、传说存世，而联系这些地区的伏牛山即传得名于老子之坐骑——青牛。此三地遗迹皆与老子出生、入仕、隐修、著书、传道的文献记载、传统认识相关、相符，较其他地区真实可信。

陕西地区老子遗迹虽传说久远，而可证历史多始于唐代，除周至存有可考的历史遗迹外，华山、老君山、大散关、伯阳山多仅存自然遗迹与传说。甘肃地区今存老子遗迹虽多，但几乎无史可考，多以传说，姓氏传承，地区、山川之名为据，所传老子开渠、飞升之事亦失实明显。

总体上，豫、陕、甘三省的老子遗迹形成了以鹿邑、洛阳、灵宝、周至、天水、临洮为中心的带状分布，愈向西，老子遗迹传说性愈浓，自灵宝以西，老子的遗迹虽不见少，但历史的成分渐淡，传说的成分渐浓起来，即使可考者，其历史也只能上推至崇尚道教的唐代。另一方面，在这条中心带上呈现出点、线的分布：鹿邑——烟雾山——洛阳——栾川老君山——灵宝——华山——周至——伯阳山——天水——武山老君山——临洮。在连接鹿邑、洛阳、灵宝、周至、天水、临洮这些存有老子历史遗迹城市的线上规律地出现了众多山脉,这些山无一例外地被视为老子的暂居地,或归隐地,或葬身地,而山上所存老子遗迹多是由自然景观结合传说发展而来,所谓的隐居、炼丹、著书遗迹皆无可考证,亦无可信的文献佐证。

2. 川鄂中心

今四川、湖北两地老子遗迹最具代表者为成都青羊宫与丹阳武当山。司马迁《史记》只言老子"至关",虽然传统认为老子西出函谷,但据《史记》中"索隐"、"正义"记,崔浩与《抱朴子》作者皆认为老子所出当为散关,而今散关所在宝鸡所存老子遗迹可考证者甚少,多仅有传说而已。老子由散关入蜀后的遗迹虽较多,但神话性明显,"化羊于蜀国"之说实不可信,而纵观今四川、湖北老子遗迹,又莫不以老子重生于蜀为起点。从道教发展上看,虽然其思想萌发较早,但真正诞生当以早期道教派别的出现为标志,其中的五斗米道正是由曾出任江州令的张陵创立于西蜀鹤鸣山,随后张陵分立教区为二十四治,其中有二十三治即分布于今四川西北与陕西南部,今成都新津老君山即为其中的稠粳治。故当时五斗米道活动的主要范围应在今成都市及周围蜀郡地区无疑,而以老子重生于蜀、访尹喜于武当为基础的川、鄂两省老子遗迹不可避免地带有了更多道教神话色彩。

3. 鲁南中心

今山东省南部老子遗迹主要分布于孝义村与峄山两处,从地理位置上看,二者都处于蒙山之南。据《史记》记载:"或曰:老莱子亦楚人也,著书十五篇,言道家之用,与孔子同时云。"另据《正义》载:"太史公疑老子或是老莱子,故书之。列仙传云:'老莱子,楚人。当时世乱,逃世耕于蒙山之阳。'"这些记载与孝义村、峄山地理位置,老子、孔子相遇的传说基本一致,当为鲁南老子遗迹的最初来源。

4. 苏北中心

位于江苏省洪泽湖南岸的老子山为江苏北部最具代表的老子遗迹。当地老子生于淮水之滨之说应与彭祖有莫大关系,《史记》正义引《括地志》记:"彭城,古彭祖国也。外传云殷末灭彭祖国也。虞翻云名翦。神仙传云彭祖讳铿,帝颛顼之玄孙,至殷末年已七百六十七岁而不衰老,遂往流沙之西,非寿终也。"今徐州仍有彭园、彭祖祠、彭祖庙、彭祖墓、彭祖井等遗迹存世。《世本》记:"彭祖姓篯名铿,在商为守藏史,在周为柱下史,年八百岁。"由此,长寿、西行、柱下史的相同经历使彭祖与老子产生了联系,一些学者就此推断彭祖为祖孙若干代之共名,老子即为其后裔。而春秋时期泗水东经彭城,恰于今洪泽湖汇入淮水的史实,更为彭祖后裔的南下提供了可能,这应该是洪泽湖岸老子遗迹产生的契机。而至于老子是否为彭祖后代,抑或彭祖的传说误导了后人对老子的认识,仍待研究。

除以上中心外,老子遗迹在全国各地分布广泛,山、洞、台、庙以老子、老君为名者不计其数,以成因不同而零星分散。以山西临汾浮山县为例,据《唐会要》记载:"武德三年五月,晋州人吉善行于羊角山,见一老叟,乘白马朱鬣,仪容甚伟,曰:'谓汝语唐天子,吾汝祖也。今年平贼后,子孙享国千岁。'高祖异之,乃立庙于其地。"且今其境龙角山、老子祠、老子洞等遗迹多始于唐,当由唐以老子为祖而生。至于甘肃平凉崆峒山传为老子西行隐修之地,究其来源,当与道教以黄帝之时,老君下为师,号曰广成子,隐修崆峒的传说相关。而山东安丘摘药山本因山有柘树名为柘山,应与老子无涉,其境或因李姓氏族的迁入而逐渐产生了与老子的联系。而后世作为道教始祖的老子更得以云游四方,其遗迹遍及新疆、宁夏、广西、福建、云南等地也就不足为奇了。最近河北沙河市广阳山、河南焦作等地也纷纷冒出了与老子有关的传说与遗迹,对其成因仍需进一步分析与研究。

(二)沿交通线分布

老子遗迹的分布并非纷乱无序,在较为可信的豫、陕、甘中心带多沿水路交通线分布。其于洛阳以西中心带的分布与秦汉丝绸之路东段的南道和崤函孔道基本相符,而在洛阳周围则形成了沿伊、洛分布的局面,于淮河流域的分布亦有迹可循。

虽然考古已经证明自商周起中原地区已与西域有了往来,在甘肃泾水、渭水、西汉水等流域亦发现了先秦遗存百余处,但丝绸之路的真正开辟仍在秦汉。历史上由长安至玉门关、阳关的东段上存在着北、中、南三条主要通道,除中道开辟较晚,北、南二道至迟自秦汉已为西行要道,形成了北道沿泾水,南道沿渭水的基本格局。秦始皇西巡自今西安出发,沿渭水河谷西行,过今宝鸡市、陇县,北循泾水西行,因该道经秦回中宫而得名回中道,为秦汉时期较早驿道,汉武帝元鼎西巡,张骞出使的前段皆沿用此道。至东汉光武帝派将西征,沿回中道向西,于陇山开出通道,西达今甘肃,为南线的形成奠定了基础,魏晋南北朝时期法显、惠生等人西行皆沿此道。该道前段自今西安,沿渭水河谷,历今扶风、宝鸡、凤翔、千阳、陇县、陇关、天水、陇西、渭源、临洮进入西域,虽较北道迂远,但因开辟较早,沿途自然条件、后勤补给较好,在五代以前使用频繁。而古由中原进入关中多赖崤函孔道,由于黄土覆盖的豫西山区、丘陵地带广受黄河、伊水、洛水、汝水、颍水切割,西段仅有一条三门峡峡谷可以穿行,秦汉时期函谷—潼关一线遂为西入关中必经之路。

由此,今老子遗迹在洛阳以西中心带的分布与秦汉时期西行的陆路交通状况基本相符。以老子为春秋末人而论,时西行之路必不如秦汉之际了然,但古时陆路交通开辟极为艰难,从古至今尚未有大的变动,秦汉之际的道路必于前代基础上开辟而成,故对于老子是西行道路上的开拓者,抑或道教徒放置于化胡之路上的木偶还需进一步研究。

另一方面,老子遗迹在洛阳周围呈现了沿水路分布的特点。由洛水上溯,经洛宁、卢氏、洛南,达于华山南麓,由伊水上溯可达栾川境内熊耳山南麓。在豫、陕交界的洛水、伊水上游,秦岭东段的华山、熊耳山、伏牛山区老子遗迹南达西峡,西及周至,为鹿邑之外又一分布密集区。

而洛阳周围山体皆不宽厚,有孔道与外界相连,除上述洛、伊二水外,汝、颍诸水河谷亦可通行。由轘辕关道渡洛水,穿嵩山,可循颍水东流;由临汝道渡伊水,经临汝,可循汝水南下,二者皆汇入淮河。另自洛阳东行开封—徐州一线亦可南入淮河流域。春秋时期地处陈国的老子故里苦县南有濮水、颍水、汝水,北有睢水,便捷的水路连接了陕东豫西、苏北豫东两处老子遗迹中心,为老子的身世与生平研究提供了线索。

(三)于道教圣地集中分布

与其他诸子百家不同,作为道教教祖的老子,其遗迹受道教影响巨大。东汉以后,世人渐以老子所居之地为福地,所隐之山为洞天,今存老子遗迹鲜有不受道教影响者。鹿邑太清宫、洛阳上清宫、灵宝太初宫、周至宗圣宫、天水柏林观、成都青羊宫莫不以道教名观存世;扶沟烟雾山、栾川老君山、宝鸡伯阳山、临洮岳麓山、湖北武当山无不以道教名山自居。五斗米道、武当派、尹喜派、楼观道、华山派等道教派系亦由此产生。老子活动遗迹促进了道教圣地的形成,而道教圣地形成后又进一步建设了更多的老子纪念建筑或景观,可以说,二者是相辅相成的关系。

从地域上看,唐宋以前道教主要分布于今四川、湖北、河南、陕西等地。道教四大名山中龙虎、齐云二山,道教的兴盛当在唐代以后,而以鹤鸣、武当二山为中心的蜀郡地区自张陵创立五斗米道以来即为早期道教主要传播区域之一。川鄂中心以北,黄河流域的今甘肃、陕西、河南地区自古即为伏羲、黄帝等后世所谓道教始祖的活动区域。东汉至南宋的漫长岁月中,道教围绕着以今西安、洛阳为基点的两大政治中心,在渭水—洛水—伊水一线发展开来,与老子遗迹在豫、陕、甘中心带的分布相应。从时间上看,上述老子遗迹可考者以东汉、魏晋、唐宋创制居多,与道教产生、发展、兴盛期相一致。元代以后,道教于黄河流域逐渐衰退的同时,却于南方、边疆地区零星发展开来,使得今天的老子遗迹得以分散全国各地。从教义上看,老子遗迹所附传说多以炼丹、传道、助人、化胡、飞升、重生为基础,与道教"乐生"、"好善"的教义相合。老子遗迹在道教圣地的集中分布不仅反映了老子与道教的密切联系,为道教发展过程与传播区域的研究提供了资料,更见证了以道家、道教文化为核心的中华文明演进与传承的历史。

从古至今有关老子的传说不计其数,有关老子的遗迹遍布全国各地,以上仅选取了较具代表性的一部分。而前人对于老子其人的研究甚多,若求有所收获还需从道家思想的传承,道教的发展过程,各地遗迹、传说、习俗、信仰的形成与联系,古代交通线的演进,老子后裔的分布等诸多方面加以分析。是后人的记述影响了遗迹的分布,抑或遗迹的分布真实地反映了老子的行踪,历史的漫长与纷乱使得今天的老子遗迹分散凌乱,却无一走出了《史记》四百言的认识,一句"不知其所踪"给后世留下无尽的遐想与创造的可能。由老子追求和平、质朴与内在"生命深度"的思想,不愿著书传世、以自隐无名为务的态度看,名声在外、曾受孔子问礼的老子传授教学的可能性不大,以高龄离家弃子、登山涉水,为隐而隐于名山大川之举似乎更不合情理。而《老子》一书既存,其作者生必有地,居必有所,葬必有穴,国人对其人生轨迹的追寻从未停止,不论今存遗迹真假几何都将为中华文明的潺湲流转留下印记。

(原载《鹿邑中华李姓之根》,河南人民出版社 2010 年 12 月,与周媛合作)

文献篇

《史记》导读

【摘要】《史记》记载了上自黄帝时代,下至汉武帝元狩元年间约3000年的历史。全书共一百三十篇,有十二本纪、十表、八书、三十世家、七十列传。作者司马迁以其"究天人之际,通古今之变,成一家之言"的史识,使《史记》成为中国历史上第一部纪传体通史,并为历代"正史"所传承。裴骃的《集解》,司马贞的《索隐》,张守节的《正义》是《史记》最重要的注本。《史记》是我国最宝贵的历史文化遗产,同时也是全世界共同的精神财富。

【关键词】《史记》;内容;体例;价值;三家注

被鲁迅先生誉为"史家之绝唱,无韵之离骚"的《史记》,是我国第一部纪传体通史,也是第一部百科全书式巨著,已被译为许多国家的文字,在世界上具有很大影响。

一、作者简介

司马迁(前145或前135~?),字子长,西汉左冯翊夏阳(今陕西韩城)人,我国古代杰出的史学家、文学家和思想家。他的父亲司马谈,学识渊博,是西汉著名学者和史学家。受父亲影响,司马迁"年十岁则诵古文",读过不少书,10岁后又随入京为官的父亲移居长安,眼界进一步开阔。从20岁开始,司马迁满怀求知的欲望,不断到各地游历考察,足迹几乎遍及全国。这种经历,对于形成司马迁峭拔雄健的文风大有裨益。

元封三年（前108），司马迁被任命为太史令。他主持制定了相当精确的《太初历》，接着便继承父亲的遗志，正式开始编写《史记》。然而，天有不测风云。正当司马迁雄心勃勃地想在仕途上有一番作为时，天汉二年（前99），他却因为替败降匈奴的汉将李陵辩解而被汉武帝投进监狱，并于次年被处以最侮辱人格的宫刑。两年后，司马迁获释出狱，担任当时地位还很低微的中书令之职。

沉重的打击，使得司马迁痛不欲生，但是一想起父亲的临终嘱托和自己业已开始的编史工作，他又以常人难以想象的坚韧毅力，忍辱负重，全身心投入到著书之中。太始四年（前93），司马迁给好友任安写信，说自己已基本完成了《史记》的写作。此后又继续做了些修订、定稿工作。不过，当时他把自己的著作称为《太史公书》，而非《史记》。从西汉至东汉中期，基本上都用此名，有时也叫《太史公记》，或者简称《太史公》、《太史记》。东汉中叶以后，人们开始称之为《史记》，到魏晋时已经普遍这样称呼了。

二、编纂总旨

司马迁父子的终生奋斗目标，就是编写一部通史。其编纂总旨，用司马迁的话说，便是"究天人之际，通古今之变，成一家之言"。

"究天人之际"，就是研究"天"与"人"的关系。司马迁认为，天是天，人是人，天属于自然现象，与人事没有必然的联系；人必须按照自然规律办事，但不存在自然现象兆示吉凶祸福的问题，所谓的天道是不可信的。"通古今之变"，就是研究历史，察往知来，弄清人类社会发展变化的规律。他认为，万事万物都在变，而不是董仲舒说的"天不变，道亦不变"。"成一家之言"，就是既要继承先秦百家争鸣的传统，又要在史学领域有所创造，敢于提出自己的见解。

三、内容

《史记》是我国第一部纪传体通史，也是二十四史中唯一的通史。它记载了从黄帝到汉武帝时期约3000年的历史。全书包括十二本纪、十表、八书、三十世家、七十列传，共130篇，526500字。

本纪，是记载历代大事的，包括朝代本纪和帝王本纪，基本上都是编年体，乃全书的总纲。

表，是用简明的表格，概括排列错综复杂的史实，以表现历史发展的线索，是联系纪、传的桥梁，可与其他部分相互阐发。

书，是记载政治、经济、天文、地理等方面的制度或重大事件的。

世家，主要记载贵族诸侯的活动和事迹。

列传，是记载各个时期重要历史人物事迹的，包括官僚士大夫以及影响社会生活各有关方面的特殊人物，此外还记载当时边疆地区的各族和一些邻国的历史。列传可以分为单传（本传）、合传和类传三种。

这五种体例，既有分工，又有内在联系，详于此则略于彼，对比互见，密切配合，因而实际上是一个有机的整体。这种体例，乃是后世纪传体史书的典范。

关于《史记》的内容，有一个问题必须作一交代，那就是《史记》的补缺问题。曹魏张晏说："迁没之后，亡《景纪》、《武纪》、《礼书》、《乐书》、《兵书》（实为《律书》）、《汉兴以来将相年表》、《日者列传》、《三王世家》、《龟策列传》、《傅靳蒯成列传》。元、成之间褚先生补缺，作《武帝纪》、《三王世家》、《龟策列传》、《日者列传》，言辞鄙陋，非迁本意也。"（见《史记·太史公自序》与《汉书·司马迁传》注释）现在看来，《武帝本纪》是从《封禅书》中抄来的，其余几篇只是有残缺，于是褚少孙、冯商、扬雄、刘歆等人进行了修补。其中褚少孙所补，前边标有"褚先生曰"，尚可辨认，其余几位补充了哪些内容，已经难以确知了。

四、主要史例

史例，也就是作者选择、组织、论述史料的方法。近人靳德峻所著《史记释例》一书的《序》中说："《太史公书》为正史不祧之祖，体为始创……而《史记》一书全具史公史例，不知厥例，何以知史公之史法与史意？不知史公之史法与史意，何以究史公之史学乎？"因此，他总结出《史记》中应注意的"史例"有15种，并列举了大量的例证，进行深刻的剖析。概括起来看，《史记》的史例，最主要的有以下几种：

（一）寓论断于叙事

即作者在对客观史实的叙述过程中，常常通过诸如不同篇或同篇中不同部分之间的对比、当事人的语言、时人的评说等，来表明自己的观点，而不是发一段空洞的议论。尤其高明的是，这些对话、评说等，本身就是文章内容、情节的组成部分，不可缺少。例如，《高祖本纪》与《项羽本纪》、《李将军列传》与《卫将军骠骑列传》的对比，《叔孙通列传》中的对话、评说等，都很典型。

（二）互见法

即有关一个人的所有事实，有时并不全部写入本传，而是还分见于其他人的传中和《史记》的其他地方，以免重复累赘，同时可以更集中、更鲜明地塑造人物形象。互见可分为两种：一种是以事情系于一人，而在有关人物的传记里以"语在某某事中"作为交代，如《留侯世家》中有"语在淮阴事中"、"语在项籍事中"等；另一种是不作交代，如廉颇议救阏与之失不载于本传而载于赵奢传，《高祖本纪》与《项羽本纪》中有数事互见。

（三）显古隐今

司马迁在选材上是详今略古，而在写作方法上则是显古隐今，即对年代久远之事直言不讳，而对近现代的一些事情，则委婉含蓄地写，正如孔子著《春秋》一样。

五、价值

《史记》的价值主要表现在以下几个方面：

(一)史料丰富,记载可信

作者充分利用职务之便,大量查阅国家藏书室的各种文献资料,对所能搜集到的书籍,无不尽量采用。其选材,一般都经过认真的分析、比较、鉴别,并高度重视实地考察的成果。因而,《史记》的记载绝大多数经得起时间的考验。如商王世系和孙膑其人其事,过去曾有不少人持怀疑态度,但甲骨文的研究和汉简《孙膑兵法》的出土,证明这种怀疑是站不住脚的。对于常人不敢说的一些事情,司马迁也敢于记载,所以曹魏王肃称《史记》"不虚美,不隐恶",故"谓之实录"。

(二)作者的历史观比较进步

其表现一是反对用宗教迷信、"天人感应"的神学观点来解释历史。他对诸如贫富、贵贱、寿夭、善恶、天道、鬼神等社会现象,都有比较正确的看法。其二是反对暴政,敢于揭露和抨击统治阶级的残暴与腐败,而对广大民众的困苦艰辛甚至农民起义,则深表同情。如《酷吏列传》所记10人皆汉代人,而《循吏列传》所记的"好官"都是先秦人,形成鲜明对比。《酷吏列传》中评论王温舒说:"其好杀伐行威,不爱人如此。天子闻之,以为能,迁为中尉。"实在是对最高统治者的莫大讽刺。司马迁还将陈胜列入世家,将项羽列入本纪,反映了他的人民性。在此问题上,班固、刘知几等人是难望其项背的。其三是对工商业有正确的认识。针对当时重农抑商的政策,《货殖列传》中提出农、工、商、虞(掌管山林川泽出产的官员)都很重要,"此四者民所衣食之原也。原大则饶,原小则鲜。上则富国,下则富家"。又提出工商业的发展是无法抑制的,最好的对策只能是顺应潮流,因势利导,并及时解决发展中所出现的矛盾和问题。其四是收录人物范围广,评价客观公允。《史记》收录的人物,有帝王将相,也有巨商大贾、循吏儒生、游侠刺客、酷吏佞幸、星卜滑稽等等。在人物评价上,作者比较客观公正,当褒则褒,当贬则贬,不求全责备,不以成败论英雄。对陈胜、项羽等人的评价即如此。

(三)文学方面也有突出成就

《史记》不仅是史学巨著,而且是文学名著,所以鲁迅先生称之为"史家之绝唱,无韵之离骚"。书中的许多篇章,选材典型,结构合理,文笔生动,语言简练,议论精彩,尤其是对人物形象的刻画,入木三分,栩栩如生。《史记》之所以能流传至今,且备受海内外人士推崇,与其文笔的优美是密不可分的。

当然,由于作者所处时代、阶级及个人精力等方面的局限,《史记》也存在一些不足之处,如作者的英雄史观,未能完全摆脱神学迷信思想和历史循环论的影响,编纂上存在着粗疏失误之处等,但这些只不过是白璧微瑕而已。

六、注释与版本

《史记》注本很多,现存最著名的有三家:裴骃的《集解》,司马贞的《索隐》,张守节的《正义》。清代学者梁玉绳的《史记志疑》36卷,用功颇深,影响巨大。钱大昕称赞它可以与三家注媲美,并称四家注,不为过誉。

研究《史记》的外国学者也很多,如日本近代汉学家泷川资言的《史记会注考证》一书,引用中日两国学者有关著作百余种,其中有不少资料是国内见不到的。水泽利忠又作《史记会注考证校补》,进一步补充资料,并纠正错误。

现存最早的《史记》刻本是南宋黄善夫刊本,中华书局出版的《史记》就是以此为蓝本,同时参考了其他版本。这是目前最好的版本。

总之,《史记》是我国最宝贵的历史文化遗产,同时也是全世界共同的精神财富,很值得拜读。

(原载《大学生素质教育名著名作导介》,郑州大学出版社 1998 年版)

《三国志》导读

【摘要】《三国志》是西晋陈寿编写的一部主要记载魏、蜀、吴三国鼎立时期的纪传体国别史,详细记载了从汉献帝初平元年(190)到晋武帝元年(280)共90年的历史,全书一共六十五卷,《魏书》三十卷,《蜀书》十五卷,《吴书》二十卷。《三国志》选材广泛,取材严谨,评价公正,对研究三国史有重要的史料价值。南北朝时期的史学家裴松之为其作注,对我们解读此书,为后人研究三国史提供了极大便利。

【关键词】《三国志》;内容;体例;裴松之;注释

陈寿的《三国志》,是记载魏、蜀、吴三国鼎立时期历史的著作,也是著名的"前四史"之一,历来受到学者们的重视。

一、作者简介

陈寿(233~297),字承祚,蜀汉巴西郡安汉县(今四川南充北)人。自幼好学,精研《史记》、《汉书》。蜀汉时,担任观阁令史,入晋后曾任著作郎、治书侍御史等职。著作郎的职责是编纂国史,有条件接触大量史料。据《晋书》本传记载,陈寿编纂《三国志》正是在担任此职期间。大约是从晋武帝太康元年(280)开始,至惠帝元康三年(293)基本完稿,历时14年。需要说明的是,《三国志》乃私家编纂而非官修史书。

二、内容与体例

《三国志》记载了汉献帝初平元年(190)到晋武帝太康元年(280)之间共90年的历史。全书包括《魏书》30卷、《蜀书》15卷、《吴书》20卷,共计65卷。《魏书》篇幅最大,有帝纪4卷、列传26卷;《蜀书》和《吴书》则全部为列传。

从总体上看,《三国志》属纪传体断代史。据《隋书·经籍志》和晁公武《郡斋读书志》记载,唐宋时期所见到的《三国志》,篇目上尚有本纪和列传之分。今天通行的版本没有纪、传之分,大约是南宋以后学者们遵从朱熹以蜀为正统的观点删除了。但是曹魏的君主仍然称帝,这显然是删除未尽的痕迹。

三、价值

三国鼎立的时间虽然不长,但是由于政治分裂,割据蜂起,战火连绵,社会混乱,各种关系错综复杂,而且有关的记载支离破碎,疏漏矛盾之处甚多,所以编纂三国史是非常困难的。陈寿能够在这种条件下编出一部头绪清楚、文笔简洁又比较系统的三国史著,保存了许多重要史料,为后人研究三国史提供了极大便利。具体说,《三国志》的史学价值主要表现在以下几个方面:

(一)选录人物的范围较广

不仅有政治、军事方面的风云人物,而且还有学术思想、文化艺术、医卜星算等方面有影响的人物,并注意到不少特殊的历史问题。

(二)立言有识,取材严谨

除了因为政治上的原因,不得不对曹魏和西晋的一些敏感问题有所回护外,作者对其他事情的记载还是比较客观的。他选材一般都经过认真的考证、甄别,凡属荒诞、虚妄的,一律不用。所以,清代著名学者钱大昕的《三国志辨异序》说:"然吾所以重承祚者,又在乎叙事之可信。……予性喜史学,马班而外,即推此书。"

(三)评价人物比较公正

例如对曹操、刘备、孙权、诸葛亮、周瑜、关羽、张飞等人的评价,都很公允。

(四)文笔简洁质朴,有良史之风

《三国志》问世后,尚书郎范頵等人给皇帝上表说:该书"辞多劝诫,明乎得失,有益风化,虽文艳不若相如,而质直过之,愿垂采录"。中书令张华赞赏之余,还表示要将编纂《晋书》的任务交给陈寿。《文心雕龙》称赞道"《三国志》文质辩洽",可以与《史记》、《汉书》媲美。无怪乎一位名叫夏侯湛的学者,当看到陈寿的书后,马上将自己所著的《魏书》付之一炬,以免贻笑大方。

当然,《三国志》也有一些明显的不足之处,如内容过于简略、有较多曲笔和自相矛盾之处以及历史观比较落后等。

四、注释

阅读《三国志》，绝不能忽视各家的注释。其中最著名、最重要的，是裴松之的注。

裴松之(372～451)，字世期，闻喜(今属山西)人，南北朝时期著名史学家。因为《三国志》太过简略，多有疏漏，所以宋文帝刘义隆于元嘉三年(426)命裴松之作注。裴奉旨后，仅用三年时间就完成了这项艰巨的任务。其宗旨：(1)补阙。即补上那些应当存录而陈寿未予记载的史实。(2)备异闻。即对众说纷纭而一时又无法判断真伪的事情，则将各种说法——罗列，以便读者和后人考证。(3)惩妄。即纠正原书的讹误。(4)论辩。即评论原书及自己所引资料的得失。这种注法是开创性的，与注重诠释文意、解释名物制度的传统注法大不相同。裴松之的注文博采众说，字数超过原书三倍，所引用的书籍多达 200 种左右，远远超过原书，从而保存了大量的珍贵史料。而且这些书籍后来大多数都失传了，唯赖裴注得以保存片断。如曹魏的屯田、科学家马钧等，原书或过于简略，或只字未提，而裴注甚详。可以毫不夸张地说，裴注的价值绝不在原书之下，有些地方甚至远比原书重要。所以，宋文帝阅读后赞叹说："此为不朽矣！"

除了裴松之外，为《三国志》作注的学者还有不少，著名的如杭世骏的《补注》，梁章钜的《旁证》，赵一清的《注补》，卢弼的《集解》等。另外，为《三国志》补作"志"和"表"的学者也大有人在。如洪亮吉的《疆域志》，钱大昭和侯康各自的《艺文志》，陶元珍的《食货志》，黄大华的《三公宰辅表》，谢钟英的《大事年表》和《疆域表》，吴增植的《郡县表》等，都有一定的参考价值。

中华书局出版的点校本《三国志》，用宋明善本互校，改正了以往通行本的许多错讹，是目前最好的版本。

(原载《大学生素质教育名著名作导介》，郑州大学出版社 1998 年版)

《资治通鉴》导读

【摘要】《资治通鉴》是北宋著名史学家、政治家司马光主持编纂的一部编年体通史,全书294卷,约300多万字,另有《考异》、《目录》各30卷。《资治通鉴》上起周威烈王二十三年(前403),下迄后周显德六年(959),前后共1362年。后世对其最好的注本,是南宋胡三省的《资治通鉴音注》。

【关键词】《资治通鉴》;体例;价值;不足;注释

北宋司马光主持编写的《资治通鉴》,是我国第一部编年体通史,也是我国史学史上的一项伟大成就,具有很高的学术价值和历史地位。

一、作者简介

司马光(1019~1086),字君实,北宋陕州夏县(今属山西)人,著名史学家。

司马光特别喜爱读史,"自幼至老,嗜之不厌",造诣颇深,做官后也不曾中断对历史的研究,其理想就是"网罗众说,成一家言"。仁宗嘉祐年间(1056~1063),他将周威烈王二十三年(前403)到后周世宗显德六年(959)间的大事编成年表,称为《历年图》,扼要叙述历代治乱兴衰,于治平元年(1064)进呈英宗。两年后,又进呈8卷本的编年史《通志》,从战国写到秦二世。英宗读后十分欣赏,于是命司马光自选官属,在崇文院设置书局,专门编书,特许借阅龙图阁、天章阁、三馆、秘阁的珍贵图书,并且赐御府笔墨缯帛及果饵钱,以示鼓励。从此,司马光正式开始编纂《资治通鉴》。不过,当时并不叫此名,也不叫《通志》,而是称为《历代君臣事迹》。神宗即位后,认为该书"鉴于往事,有资于治道",故赐名《资治通鉴》,并亲自为之预作序言一篇。

　　王安石变法期间,因政见不同,司马光坚辞枢密副使之职,自请为西京洛阳御史台闲官,全力编著。1084年,终于完稿,前后历时19年。尽管有当时一流的学者刘攽、刘恕、范祖禹及自己的儿子司马康等人为助手,但他们实际上只作长编,核对材料,而总持大纲、确定义例、笔削取舍、文字润色、句法锤炼等,都是司马光亲自承担。他做事十分认真,数百万字的手稿,屡经修改,都是用规矩的楷书,没有一个草字,以致累得身心憔悴。全书义例一贯,风格一致,实在是集体合作与个人负责相结合的典范。

二、资料来源

　　《资治通鉴》系统地编纂了共计1362年的史实,是我国编年史中涵括时间最长的一部巨著。全书正文294卷,另有《考异》30卷,《目录》30卷,共354卷。这样一部巨著,所参考的材料自然很多。《文献通考·经籍考》引司马康的话说:"其在正史外……唐以来稗官野史暨百家谱录、正集、别集、墓志、碑碣、行状、别传,亦不敢忽也。"司马光《进资治通鉴表》也说:"遍阅旧史,旁采小说,简牍盈积,浩如烟海,抉摘幽隐,校计毫厘。"可见,他参考了大量的材料,除了《史记》、《汉书》等十七史之外,还有很多,包括宋朝的国家藏书,神宗又"赐以颖邸旧书二千四百卷",即他做颖王时的藏书。据统计,司马光所参考的书籍在300种以上,采用时又经过慎重的考订和选择,所以《资治通鉴》的史料非常丰富而且绝大多数真实可信。

三、编纂目的与方法

　　司马光呕心沥血编此巨著,其目的何在呢?他的《进资治通鉴表》说:从司马迁、班固以来,史籍繁多,浩如烟海,学者们尚且不能遍读,更何况是日理万机的君主呢?所以,他要"删削冗长,举撮机要,专取关国家盛衰,系生民休戚,善可为法,恶可为戒者,为编年一史,使先后有伦,精粗不杂",以便皇帝闲暇时阅读,从中汲取历史的经验教训,进而更好地治理国家,造福百姓。这是他的主要目的。此外,还有一个目的,那就是申述自己的主张,与变法派辩论。司马光认为"祖宗之法不可变"。他在政治上斗不过王安石,就请求到洛阳赋闲,专心著书立说,把自己维持旧法、反对新政的主张,在《资治通鉴》的史评中淋漓尽致地抒发出来。

　　《资治通鉴》是编年体史书,所以编纂时先由助手把正史、杂史上的史实,按照帝王在位年月,一条一条地摘录下来,时间有分歧的,要详加考订,日期无法确定的,排在月后;月份无法确定的,就排在年后或此事后。这些材料按照时间先后排下来,就成为长编,实际上就是初稿。司马光规定:"长编宁失于繁,无失于略。"然后,他亲自详加考订,删繁取要,编成有系统、有体例、有组织的史书。像范祖禹所作的《唐纪长编》,原有六七百卷,司马光删定后只剩81卷。

四、价值

《资治通鉴》的史学价值主要体现在以下几个方面:

(一)确立了编年体通史的地位和规模

编年体创自《左传》,后世仿效之作甚多,但流传下来的寥寥无几,很难弄清其体例。通史创自《史记》,后来梁武帝和姚思廉各撰有《通史》,但到北宋时二书皆已失传。《资治通鉴》既改善了编年体的组织,又充实了材料,而且改断代史为通史,成为我国第一部编年体通史,为后世编年史确立了地位和规模。

(二)系统化了古代的政治史料

编年体从产生之日起,就属于政治史的范畴。它是以年系人,把历史大事都记在帝王在位的年月中,逐年逐月记下来,历代治乱兴亡的脉络就清楚可见了,所以很便于帝王将相阅读。司马光搜集1300多年间的主要政治史料,加以剪裁组织,使之条理化、系统化,为统治阶级吸收借鉴历史的经验教训提供了便利,也为后人研究五代以前的政治史、军事史提供了便利。

(三)编纂方法有很大进步

司马光组织了一个精干的写作集体,先作长编,再删定成书,这种由粗到精、由繁到简的编史方法看似费时费力,而实际上是很稳当的,既可以发挥众家集体修史的优点,又能系统地体现史家的一贯主张,功夫相当扎实。他还作了《目录》和《考异》,这些都比前代史书有很大进步,对后世史书的编纂有很大影响。全书体例严谨,前后脉络清晰,擅长叙事,但又详而不芜,可谓事增文省。

(四)文章风格一致

司马光参考了数百种书籍,它们出自不同作者之手,而不同作者的文风是各不相同的。可是,《资治通鉴》全书的文字风格却相当一致,如出一人之手。而且司马光很少用晦涩难懂的语言,即使引用古人比较难懂的话,也全部译为通俗易懂的语言,因而读起来通顺流畅。

五、不足之处

(一)用年号编年的缺点

我国古代的年号问题非常复杂。有许多帝王在位期间多次改元,如汉武帝11个年号,武则天17个年号。有时一年要用两个甚至更多的年号。新君即位,基本上都要改年号。在分裂时期,各国都有年号,究竟用谁的年号,对史学家来说也是较难处理的敏感问题。司马光的办法是:分裂时期,选用一个国家的年号,如以南朝年号记北朝事;若一年中有几个年号,则用最后一个年号。此法有缺点,如隋炀帝大业十三年(617),便标为恭帝义宁元年,可是直到下一卷末,十一月,恭帝杨侑才称帝,并改元义宁，再下一卷便是唐高祖武德元年。这里前后涉及3卷，换了3个年号，而炀帝仍然在位，年号仍是大业，文中记的也是他在江都的事。此类例子，举不胜举。

（二）历史观比较落后

司马光作为封建统治阶级的一员，著书立说的目的，就是为统治阶级服务，所以一提农民起义就诬为"贼"和"寇"，还通过"臣光曰"为维护封建统治出谋划策，企图总结出一套行之有效的统治术，为封建制度服务。他在政治上属于保守派，其思想在史论中有充分反映。凡是历史上思想保守的人，他都赞成；凡是思想激进，主张采取革命手段、暴力方式的人，他都反对，如不赞成荆轲刺秦王，不赞成李广的勇敢而欣赏程不识的稳重。这种保守思想，对北宋政治有很大的影响。

六、注释

最好的注本，是胡三省的《资治通鉴音注》。胡三省（1230～1302），字身之，浙江台州宁海人，是一位博学多识又富有民族气节的史学家。宝祐四年（1256）进士。曾任县尉、县令等职，坚决主张抗元。宋亡后，他拒不任元官，毅然回乡隐居，全力注释《资治通鉴》，过着极其艰苦的生活。前后历时30年，才告完成。他不仅注音，而且注地名、人名、服饰、典章制度等，同时兼有校勘、考证、辨误、评论、劝诫之功，为人们解决了很多难题，因而不可不读。此外，袁枢的《通鉴纪事本末》，朱熹的《通鉴纲目》，严衍的《资治通鉴补》等书，也可资参考。

总而言之，《资治通鉴》是一部很有价值的史学巨著。我们阅读时，可以通读，也可以只读某一段，或者专攻某一方面或某一问题，并以《资治通鉴》为线索查找更多的原始资料，逐步深入地钻研下去。

（原载《大学生素质教育名著名作导介》，郑州大学出版社1998年版）

杭世骏著述考

【摘要】 杭世骏是清代著名学者,一生著述宏富,内容涉及经、史、子、集四部,共约20余种,近300卷。对这些成果进行梳理研究,有助于正确地评价杭世骏在中国学术史上的地位,更好地吸收、利用、总结其为后人所留下的珍贵的文化遗产。探讨其著述情况,对于了解清代的文化成就大有裨益。

【关键词】 杭世骏;著述

杭世骏(1696~1773),字大宗,号堇浦,晚年自号秦亭老民,浙江仁和(今杭州市)人,清代著名学者。乾隆元年(1736),授翰林院编修,参与校勘武英殿《十三经》、《二十四史》,纂修《三礼义疏》。乾隆八年(1743),因谏言事罢归。归里以后,潜心著述,晚年主讲广东粤秀书院、扬州安定书院。

杭世骏是清代一位重要的学者,著述宏富。王俊义先生认为,杭世骏在清代学术史上,虽算不上是第一流的学者,但无论是在政治或学术方面,都是一位有个性、有特点的人物,值得研究。可惜,关于他的生平经历及著述的史料记载甚少,《碑传集》及《清史稿》中都没有他的传记。[1] 其"没后,传状表墓之文阙如"[2]。迄今,国内外学术界对杭世骏的学术成就研究也极少,甚至可以说一文难求。本文依据

---

[1] 王俊义:《清代学术探研录》,北京:中国社会科学出版社,2002年。
[2] 许宗彦:《鉴止水斋文集》卷十七《杭太史别传》。

《中国丛书综录》分类法,著录其著述,并略作考辨。

一、经部

(一)三礼总义类

《续礼记集说》一百卷　此书是杭世骏因谏言事离开"三礼馆"后承续其纂修《礼记义疏》未竟之愿而辑,为其晚年之作,虽名为《续礼记集说》,实际上对《仪礼》亦有所探究。

凡《永乐大典》中有关"三礼"的内容,他悉数录出。除去已见于卫湜《礼记集说》者,依次成编,体例与卫书相同,故又名《续卫氏礼记集说》,书前的《自序》说:"在卫氏后者,宋儒莫如黄东发,《日钞》中诸经,皆本先儒,东发无特解也;元儒莫如吴草庐,《纂言》变乱篇次,妄分名目,乃经学之骈枝,非郑、孔之正嫡也。……宋元以后,千喙雷同,得一岸然自露头角者,如空谷之足音,跫然喜矣。"①显然,作者相当自信,一般学者根本入不了他的法眼,也说明后世学者欲与郑、孔抗衡十分困难。

《续礼记集说》书成,比卫氏《礼记集说》"减三分之二,不施论断"②,大体遵循《礼记义疏》"所引注疏,或仍其全文,或节其要义,有删无增亦无改"③这一取向。该书以资料繁多见称,所采凡217家,其中清代学者46家。在《续礼记集说·姓氏》中,杭世骏详细列举了自万斯大以来的礼学名家或涉及礼学的学者,基本涵盖了清初的《礼记》学成果。④ 其间虽纯驳不一,异同互见,但可使后人得以对比众说以研究其是非,可谓"礼家之渊海,足与卫书并传"⑤。

此书被《续修四库全书》著录,版本有光绪三十年(1904)浙江书局刻本,还有活字版本、昭文张氏抄本、校订抄本。⑥

(二)群经总义类

1.《经史质疑》一卷

《经史质疑》一卷,或作《质疑》一卷,或作《质疑》二卷。卷上为《礼记问目答冯成章李光烈邬汝龙李若珠陈铨李夔班杨纶陈介特周乾矩陈琏程玉章罗鼎臣》,卷下为《易经问目答罗鼎臣》、《春秋问目答冯成章杨纶》、《左传问目答李夔班李若珠杨纶》、《孟子问目答朱联兆》、《诸史问目答李若珠陈介特李光烈李夔班麦参常李家树罗鼎臣》。

《易经》条考上古薄葬,《左传》条考"八元""八恺",《孟子》条考五亩之宅,《诸

---

① 杭世骏:《道古堂文集》,乾隆四十一年刻光绪十四年汪曾唯增修本。
② 杭世骏:《道古堂文集》,乾隆四十一年刻光绪十四年汪曾唯增修本。
③ 《钦定礼记义疏》卷首,江南书局光绪戊子年(1888)十月刊本。
④ 陈祖武:《明清浙东学术文化研究》,北京:中国社会科学出版社,2004年。
⑤ 胡玉缙:《续四库提要三种》,上海:上海书店出版社,2002年。
⑥ 宋慈抱:《两浙著述考》,杭州:浙江人民出版社,1985年。

史》条考黄帝伐炎帝事、疑指南车、疑舜有三妃、非司马迁立《刺客列传》、雪韩信被诬千秋等,均发前人所未发,疑前人所未疑。

此书版本有《食旧堂丛书》本、《补史亭胜稿》本、《道古堂外集》本、《读画斋丛书己集》本、《丛书集成初编》本,还有道光《皇清经解》本、咸丰补刊本、鸿宝斋石印本、点斋石印本。

2.《石经考异》二卷

此书因"顾炎武《石经考》犹有采摭未备、辨正未明者,乃为纠讹补缺"①而作,分上、下卷。上卷分《延熹石经》、《书碑姓氏》、《书丹不止蔡邕》、《三字一字》、《正始石经非邯郸淳书》、《魏文帝典论》、《汉魏碑目》、《隋书经籍志正误》、《鸿都学非太学》、《魏太武无刻石经事》、《顾考脱落北齐二条》、《唐艺文志载石经与隋志不同》、《唐石台孝经》、《唐石经》、《张参五经文字》等十五目。下卷分《蜀石经》、《宋开封石经》、《宋高宗御书石经》等三目,"考证皆极精核"②,较顾炎武所考,更为完备缜密。

《石经考异》前有厉鹗、全祖望、符元嘉三人所作序言,与杭世骏之说互存参考。而汪祚、赵信、符曾诸人,亦各抒所见,互相订正,并列于书中。书中虽不乏相互抵牾之处,其论唐石经、蜀石经、开封石经亦罕见发明,然其对石经源流,却考证极其详尽,故其书亦不可废。

此书《四库全书》著录,版本有《杭大宗七种丛书》本、《道古堂外集》本、《明辨斋丛书》本、《食旧堂丛书》本、光绪十六年(1890)四川尊经书局刻《石经汇函》本。③

(三)小学类

《续方言》二卷　此书是续扬雄《方言》之作,分上、下两卷,无序、跋。《续方言》与《方言》一样,依《尔雅》体例,前后编次,不明标类目。从内容看,旨在辑录唐以前经史志传、字书词书中古方言词,以补扬雄《方言》之遗。

全书共收古方言词 522 条,博采《十三经注疏》、《说文》、《释名》诸书,而以《说文》、《方言》郭注、《尔雅》郭注、《释名》、《礼记》为最多。所收古方言词,一般标明出处,不另作说解。如"周谓潘曰泔。《说文》"、"如,即不如,齐人语也。隐公元年《公羊传》"、"江东呼刻断为契断。郭注《释诂》"、"羌,楚人语词也。王逸《离骚经·章句》"、"越人谓死为札。《周礼·司阙》郑司农注"等。

《续方言》为清代较早的一部方言著作,所收古方言词"群分类聚,使学者不劳翻阅诸书,而知当时谣俗语言之异,殊有裨于训诂之学"④。《四库全书总目提要》也认为《续方言》"大致引据典核","搜罗古义,颇有裨于训诂",于"近时小学家"中为

---

① 杭世骏:《石经考异》,清光绪十六年四川尊经书局刻石经汇涵本。
② 杭世骏:《石经考异》,清光绪十六年四川尊经书局刻石经汇涵本。
③ 贾贵荣:《历代石经研究资料辑刊》,北京:北京图书馆出版社,2005年。
④ 郑堂:《郑堂读书记补逸》卷七,北京:中华书局,1993年。

"最有根柢者"。然而,《提要》认为该书也有不足之处,这就是它并未完全搜罗扬雄《方言》之未备,对六朝以前方言多有遗漏,又有"本为扬雄《方言》所有,而复载之"的现象。

此书被《四库全书》著录,版本有光绪二十二年(1896)《道古堂外集》本、《杭大宗七种丛书》本、《艺海珠尘》本、《明辨斋丛书外集》本、《食旧堂丛书》本、《丛书集成初编》本、《昭代丛书》本。①

二、史部

(一)史评类

《诸史然疑》一卷　此书为世骏未成之稿,篇页无几,附载于《三国志补注》之末。凡《后汉书》十四条、《三国志》六条、《晋书》三条、《宋书》三条、《魏书》八条、《北史》六条、《陈书》三条。盖后人抄其遗稿,录之成帙。

杭世骏这四十三条读史笔记,皆纠正史之疏漏,考订颇为精核,有可采之处。如《四库全书总目提要》所言:"订讹考异,所得为多,于史学不为无补。"②然而,亦有失当之处,如"牛继马后"一条,责《晋书》不当袭旧史。全因《史通》之说,不免剿袭。书中还有自乱其例者,如"三老五更"一条,据《杨赐》、《伏恭》、《周泽》三传补杜佑《通典》之缺,蔓延于本书之外,与《后汉书》本不相关。

此书《四库全书》著录,版本有《知不足斋丛书》本、《杭大宗七种丛书》本、《道古堂外集》本、道光间《昭代丛书己集广编》本、《明辨斋丛书外集》本、《食旧堂丛书》本、《丛书集成初编》本,还有《续粤雅堂丛书》单刊补注本。③

(二)正史类

1.《史记考证》七卷

书前有杭世骏自序,略言作《史记考证》之来由,南监本大小不伦,世人以北监本为贵,然"其间讹误不可指数",乾隆帝"命儒臣重加校勘,条其同异,附于各卷之后"。总裁其事的张照与杭世骏商榷,他"竭驽钝以答之"。又言其以狂言获谴之后,同年齐召南惠寄《史记》,"一再览观,如逢故物,辛苦所存,不忍捐弃,录而存之,其名一仍武英殿之旧"。末题"乾隆十年"④,可见为其罢归后两年所作。

《史记考证》七卷,依《史记》篇目次序,对《史记》原文及"三家注"的文字、史实、年月、地名、人名等设条辨析,共八百五十二条。对各卷考证详略不尽相同,有疑则考,无疑则省。如对《十二诸侯年表》的考证达一百一十条,对《孝景本纪》、《律书》、《历书》、《陈涉世家》、《伯夷列传》等三十三卷的考证仅有一条,对《楚汉之际

---

① 宋慈抱:《两浙著述考》,杭州:浙江人民出版社,1985年。
② 杭世骏:《诸史然疑》,丛书集成初编本。
③ 徐德明:《清人学术笔记提要》,北京:学苑出版社,2004年。
④ 杭世骏:《史记考证·自序》,清乾隆五十三年补史亭刻道古堂外集本。

月表》、《外戚世家》、《吕不韦列传》等十六卷则未作考证。

杭世骏亦善用文献典籍如《春秋经》、《左传》、《战国策》、《吴越春秋》、《汲冢周书》、《竹书纪年》、《汉书》、《水经注》、《困学纪闻》、《容斋随笔》、《辨惑》、《日知录》等对《史记》及"三家注"考证勘误。盖言之，其"所列考证，均有根据，鲜有私见，洵可备乙部之参考也"。①

此书《续修四库全书》著录，版本有《道古堂外集》本、《补史亭胜稿》本、《食旧堂丛书》本。

2.《三国志补注》六卷

此书为杭世骏补裴松之《三国志注》之遗而作，因而广采异闻以增益其所未备。凡《魏志》四卷，《蜀志》、《吴志》各一卷，共六百五十六条。综其条例，约有十类，即音义、地理、典制、人物、史实、杂事、异闻、考证、校雠、典籍等。

裴松之《三国志注》本已"捃摭繁富，考订精详，世无异议"，而杭世骏"复掇拾残剩，欲以博洽胜之。故细大不捐，瑕瑜互见"②。如某人宅在某乡、某人墓在某里等琐碎之事，嵇康见鬼、诸葛亮祭风等神怪妖异皆入书中，不免芜杂诞漫，疏漏亦多。然其参校异同，亦多精核，如《魏文帝纪》之"王凌谢亭侯"条、《明帝纪》之"孔晏义"条、《臧洪传》之"徐众"条、《崔琰传》之"陈炜"条、《蜀志·先主传》之"谯周为从事"条、《后主传》之"不置史官"条、《诸葛亮传》之"躬耕南阳"条、《吴志·孙休传》之"二子之名"条、《黄盖传》之"黄子廉"条，对《三国志》及裴注颇有纠正。正如《四库全书总目提要》所云："书虽芜杂，而亦未可竟废焉。"

此书《四库全书》著录，版本有《补史亭胜稿》本、《道古堂外集》本、《粤雅堂丛书》本、《食旧堂丛书》本、《丛书集成初编》本。

(三)别史类

1.《晋书补传赞》一卷

此书一卷，共六篇，为补《文立》传、补《陈寿》传、补《王长文》传、补《李密》传、补《杜轸》传、补《何攀》传等。书多引用《华阳国志》，云"《国志》曰"。每篇传后均有杭世骏"赞曰"。如补《李密》传后赞曰："令狐孤童，依刘乃成。壹意色养，辟命不行。陈情一表，不妄有名。施于为政，卓尔循声。"评论极为中肯。

《晋书补传赞》的版本有《杭大宗七种丛书》本、《道古堂外集》本、《明辨斋丛书外集》本、《食旧堂丛书》本。

2.《金史补》

此书仿厉鹗《辽史拾遗》之例，"拟全书为百卷"③。为此，杭世骏建"补史亭"，

---

① 王云五：《续修四库全书提要》，台湾：商务印书馆，1972年。
② 杭世骏：《三国志补注》，丛书集成初编本。
③ 宋慈抱：《两浙著述考》，杭州：浙江人民出版社，1985年。

曾自作《补史亭记》述其原委,"疏证《北齐书》既毕,越明年,乃补《金史》"①。丁申亦言"先生以补金朝一史,所聚群籍已盈几堆塌"②。

《两浙著述考》言"今传钞本仅五卷,其余均未见,实未成也"③,其实不尽然,今存稿本《金史补》四卷,即《艺文志一》、《虱土志一》、《列传六十三》、《列传六十四》,存于国家图书馆。此外,还有不分卷之《金史补》和四十卷《金史补阙》存世,均为清抄本。

(四)史抄类

1.《汉书蒙拾》三卷

自宋人有《两汉博闻》、《史记法语》之作,后世读史者遂多抄撮史书以备修词之用,《汉书蒙拾》即属此类著作。

杭世骏取《汉书》中新颖罕见或难解之字句,一字至四字作为标题,详载原文及注说于下。次第依照原书,仍载各篇篇目。如《高帝纪第一上》之"城守"条载:"乃闭城城守。师古曰:'城守者,守其城也。守音狩。'"《昭帝纪第七》之"中牢"条载:"祠以中牢。师古曰:'中牢即少牢,谓羊豕也。'"

"蒙拾",源出刘勰《文心雕龙·辨骚》:"才高者菀其鸿裁,中巧者猎其艳辞,吟讽者衔其山川,童蒙者拾其香草。"后称摘取文词为"蒙拾",常用作书名,含有自谦之意。

此书版本有《杭大宗七种丛书》本、光绪间《道古堂外集》本、《融经馆丛书》本、鸿宝斋书局辑《文林绮绣》本、《食旧堂丛书》本,此外还有《明辨斋丛书外集》本。

2.《后汉书蒙拾》二卷

此书取范晔《后汉书》及司马彪《续汉书》诸志中新颖字句,分条摘出,而以原文及注说附载其下。体例与《汉书蒙拾》完全相同。《续修四库全书提要》说它"意在獭祭,取便修词,与史学颇无关设"④,未免过苛。

书前有杭世骏作《后汉书蒙拾序》,历举东汉文物之盛,然后说"昔黄东发研精六学而日钞百卷,论范者谓其寂漻;郝仲舆撰述九经而琐琐一编,采范者尚嫌肤末……文林之绮绣空张篇目,有班无范,蒙窥病之",故"倦游伏诵,温故知新,微文碎辞,详加甄录",表明了辑《后汉书蒙拾》之缘由。自序又云:"小友周嘉猷复拾刘昭之注,益余未及,斐然美备,有足多云。"⑤由此可知,《后汉书蒙拾》诸志注语中,周嘉猷有所增益,并非全部为杭世骏所辑。

此书版本有《杭大宗七种丛书》本、光绪间《道古堂外集》本、《融经馆丛书》本、

---

① 杭世骏:《道古堂文集》,乾隆四十一年刻光绪十四年汪曾唯增修本。
② 丁申:《武林藏书录》。
③ 宋慈抱:《两浙著述考》,杭州:浙江人民出版社,1985年。
④ 王云五:《续修四库全书提要》,台湾:商务印书馆,1972年。
⑤ 杭世骏:《道古堂文集》,乾隆四十一年刻光绪十四年汪曾唯增修本。

鸿宝斋书局辑《文林绮绣》本、《食旧堂丛书》本,此外还有《明辨斋丛书外集》本。

(五)传记类

《词科掌录》及《余话》 《词科掌录》十七卷,《余话》七卷,记雍正十一年(1733)至乾隆元年(1736)举博学鸿词事。书中载胡天游才名为词科第一;马曰璐藏书甲于大江南北;万经《礼记集说》在卫、陈二家之间;沉炳震合钞新旧《唐书》最为明备;方观承有用世之才;沉彤潜心经学,长于古文等,共录举博学鸿词、学问淹贯古今之士凡三百余人,多附小传及所作诗赋。

当然,此书也有疏漏,这主要表现在以下几个方面:第一,选入词馆抑或放还田里之十余人,未取之八十余人,行事均不见于录;第二,于荐举人数,以举主为分别,未能知其是否中选;第三,"有为部所驳,及病不就试,亦未详";第四,"只据荐举时出身,未及详后日之科目、官爵,以及著作"。①

此书版本为乾隆间道古堂刻本。

三、子部

杂学类

《订讹类编》及《续补》 《订讹类编》六卷,《续补》二卷,书中有杭世骏《订讹类编序》、《续补序》及刘承干《订讹类编·续补跋》。此书仿颜师古《匡谬正俗》之例,分门别类,订经史之误,所谓"见古人行事与古书纰缪处辄为摘记,参互考订,校正其非,积成卷帙","讹者辟焉,谬者纠焉,间附管见,就正大雅,使一误不至再误"。② 书中所录,除杭世骏读书心得,亦有其他学者所作考证,短者十余言,长者三四百字。

《订讹类编》约编订于乾隆十一年(1746),共512条;《续补》约编订于乾隆十七年③,共301条。《订讹类编》及《续补》均分为十七类,即义讹、事讹、字讹、句讹、书讹、人讹、天文讹、地理讹、岁时讹、世代讹、鬼神讹、礼制讹、称名讹、服食讹、动物讹、植物讹、杂物讹等。类下列条,条皆有题。

此书版本原有汉阳叶氏夙好斋精抄本,后有《嘉业堂丛书》本。《嘉业堂丛书》本盖据汉阳叶氏夙好斋精抄本刊印。

四、集部

(一)总集类

《道古堂全集》七十六卷 《道古堂文集》四十八卷,集中大量序、记、书信、论说、题跋、传状、碑铭等,内容丰富。其中有应酬之作,失之于烂,亦有有用之文,如某些传状,存录不少清初学者之生平史实,卷二十八《阎若璩传》、卷三十八《胡东樵先

---

① 王云五:《续修四库全书提要》,台湾:商务印书馆,1972年。
② 杭世骏:《订讹类编·续补》,陈抗点校,北京:中华书局,1997年。
③ 杭世骏:《订讹类编·续补》,陈抗点校,北京:中华书局,1997年。

生墓志铭》,详载阎若璩、胡渭之生平著述及其学术贡献。① 其文雅赡富丽,迥异凡近,"每言一事,辄循流溯源,穷究其所以然"②。如卷四《韩氏经说序》论经之流派,卷五《施愚山先生年谱序》谈年谱之体制,卷二十一《答任武成书》言起居注之义例,卷二十四《说纬》考纬书之源流等,皆辩证明晰。然其论辩之文,亦有未甚精核者。如卷二十二《论王充》,谓充悉书其祖父之劣行,扬己以丑其先,直名教之罪人。不悟当时矜门第重家学,而充出身寒微,恐世人薄其家世轻其书,故反复申白,亦情不得已。

《道古堂诗集》二十六卷,分《橙花馆集》、《过春集》、《补史亭胜稿》、《闽行杂录》、《赴召集》、《翰苑集》、《归耕集》、《寄巢集》、《修川集》、《桂堂集》、《岭南集》、《闲居集》、《韩江集》及《续集》、《送老集》等十四目,虽风格不甚高古,而"笔致爽秀,多可讽诵,非江湖涂抹辈所及"。李慈铭尤爱其《书后汉高纪后》一首,以为"卓识雄论,独出千古",并为之推论史事。

《道古堂集外文》一卷,收有《省试万宝告成赋》、《六宗考》、《诸史然疑序》、《三易论》、《榕城诗话序》、《石经考异引》等遗文;《道古堂集外诗》一卷,收有《梅花百咏》、《全韵梅花诗》等遗诗。

《道古堂全集》包含《道古堂文集》四十八卷、《诗集》二十六卷、《集外文》一卷、《集外诗》一卷。此全集《续修四库全书》著录,版本有汪沆振绮堂乾隆四十一年(1776)刻本、乾隆五十七年(1792)杭宾仁刻本、汪曾唯振绮堂光绪十四年(1888)增修本。

(二)诗文评类

《榕城诗话》三卷　此书是雍正十年(1732)杭世骏以举人充任福建同考官时所作,故以榕城为名。分卷上、卷中、卷下,前有乾隆元年(1736)汪沆序、雍正十年(1732)自序及全祖望题长歌。

汪沆序云:"《榕城诗话》三卷,予友杭君堇浦壬子入闽分校乡试时所辑也。凡山川之丽崎,人物城郭之隐赈,风土物产之异尚,朋友宴饮之往来赠答,三月中见闻所及,或因诗以存事,或因事以存诗,甄录不遗,掇拾必广,泂艺圃之新闻,词林之佳构矣。"③此书以事为主,随闻见而漫录之,不仅一方山川风物历历可见,且涉及当日人物交游、议论诗家掌故,亦有关乎批评者。

卷上载谢肇淛小像及著述,王渔洋佚文《与许子逊书》评许诗,卷中载黄任、郑方坤事迹及评论,卷下载刺闽俗迫害妇女之《闽风篇》,均为研究闽中文学之可贵资料。其失在持论不能无偏仄,如《四库提要》所言"其论诗以王士禛为宗,故如冯舒、冯班、赵执信、庞垲、何焯诸人不附士禛者,皆深致不满。于同时诸人,无不极意标榜,

---

① 王俊义:《清代学术探研录》,北京:中国社会科学出版社,2002年。
② 张舜徽:《清人文集别录》卷五,北京:中华书局,1963年。
③ 杭世骏:《道古堂文集》,乾隆四十一年刻光绪十四年汪曾唯增修本。

欲以仿士祯诸杂著"。所载亦有失体之处,如下卷《闽江考》一篇,约两千五百余言,讲地理之学,而非说诗,却入《诗话》,似借以取盈卷帙。

此书被《续修四库全书》著录,版本有《知不足斋丛书》本、《杭大宗七种丛书》本、乾隆间《道古堂外集》本、《明辨斋丛书外集》本、《食旧堂丛书》本、《丛书集成初编》本。

概言之,杭世骏一生著述甚丰,经部著作有《续礼记集说》一百卷、《经史质疑》一卷、《石经考异》二卷、《续方言》二卷;史部著作有《诸史然疑》一卷、《史记考证》七卷、《三国志补注》六卷、《晋书补传赞》一卷、《金史补》若干卷、《汉书蒙拾》三卷、《后汉书蒙拾》二卷、《词科掌录》十七卷及《余话》七卷;子部著作有《订讹类编》六卷及《续补》二卷;集部著作有《道古堂全集》七十六卷、《榕城诗话》三卷。这些著作均已刊行,目前仍存,然而杭世骏还有一些著述,如《古今艺文志》、《续经籍考》、《两浙经籍志》、《蒜市杂记》、《桂堂诗话》等,均已散佚。

(原载《河南理工大学学报》2009年第5期,与苗水芝合作)

人物篇

刘秀传

【摘要】 刘秀是东汉王朝的开国皇帝。新莽末年,海内分崩,天下大乱,身为一介布衣却有前朝血统的刘秀与兄长在家乡乘势起兵,并在昆阳之战中一举歼灭了新莽王朝的主力。经过长达十数年之久的战争,刘秀先后平灭了更始帝、赤眉军和陇、蜀等诸多割据政权,一统天下。东汉王朝建立后,刘秀加强中央集权,推行"偃武修文"的国策,发展生产、大兴儒学,从而奠定了后汉王朝近200年的基业。

【关键词】 刘秀

刘秀(前5~57),字文叔,东汉王朝的开国皇帝。庙号世祖,谥光武帝,公元25~57年在位。刘秀是南阳郡蔡阳县(今湖北枣阳西南)人,汉高祖刘邦的九世孙,其父亲刘钦曾任南顿县(治今河南项城西)县令,祖父刘回曾任巨鹿郡(治今河北平乡西南)都尉,曾祖刘外官任郁林郡(治今广西桂平西)太守,高祖刘买为舂陵(今湖北枣阳南)节侯,刘买的父亲为长沙定王刘发,刘发的父亲为汉景帝。刘秀9岁时就成了孤儿,是叔父刘良将他抚养长大的。

王莽天凤年间(14~19),刘秀来到京师学习《尚书》,学问大有长进。正在这时,全国各地爆发了一系列的农民起义,特别是赤眉、绿林起义,声势浩大,波澜壮阔,新莽政权已经呈现出败亡的迹象。

原来,从西汉中后期开始,土地兼并日益加剧,以致越来越多的农民失去土地,有些人成为地主豪强的佃农,更多的人被迫成为辗转沟壑的流民,甚至沦为奴婢。成帝时,因饥馑而死于道路的贫民数以百万计。哀帝即位后,大司马师丹建议限制皇亲国戚和官僚地主占有田地和奴婢的数量,丞相孔光和大司空何武等人还制订了具体的方案,但因遭到外戚丁氏、傅氏和权臣董贤等人的反对而作罢。农民的处境越来越坏,谏大夫鲍宣上书说:由于贪官污吏与豪强大姓的残酷剥削和压迫,再加上水旱灾害,民"有七亡而无一得","有七死而无一生",深刻反映了人民生活极端贫困、父子夫妇不能相保、群臣营私舞弊、外戚幸臣独得大量赏赐的现实。在这种形势下,今山东、河南、四川、陕西等地相继爆发了农民和铁官徒起义。

由于政局动荡不安,统治阶级中的一部分人认为汉朝气数已尽,江山即将易手,外戚王莽借机篡夺了汉朝政权。王莽为了缓和社会矛盾,实行托古改制。他改制的内容主要有:恢复古代的井田制度,禁止土地和奴婢买卖,推行五均六筦,改革币制,等等。由于这些措施损害了贵族、官僚、地主的利益,引起了社会经济的巨大混乱,不仅遭到权贵富人们的反对,而且也给广大人民增添了新的负担。再加上王莽实行严刑峻法,又对边境各少数民族无理用兵,结果民怨沸腾,社会危机进一步加深,农民的反抗斗争此起彼伏,最后酝酿成大规模的农民战争。

王莽末年的农民大起义主要分布在三个地区:在今湖北西北有王匡、王凤领导的绿林军;在今山东东部和江苏北部有樊崇等领导的赤眉军;在今河北一带则有大小数十支起义队伍,其中最大的一支称为铜马军。

天凤四年(17),新市(今湖北京山东北)人王匡、王凤受到饥民拥护,被推举为首领。他们聚集饥民,不时攻击附近地区。这支起义军以绿林山(在今湖北当阳)为基地,所以被人们称为绿林军。地皇二年(21),新莽荆州牧发兵2万人进攻绿林军,不想反被绿林军击败,绿林军乘胜攻克竟陵(今湖北潜江西北),转攻云杜(今湖北京山)、安陆(今湖北安陆东南)等地,部众增至数万人。次年,绿林山一带发生疫病,起义军分兵转移,一路由王常、成丹率领,西入南郡(治今湖北江陵),称为下江兵;一路由王匡、王凤、马武率领,北上南阳,称为新市兵。新市兵进攻随县时,平林(今湖北随州东北)人陈牧、廖湛率众响应,这支义军被称为平林兵。

绿林军起义爆发后,一些与新莽政权有矛盾的西汉宗室和地方豪强也纷纷起兵。宗室刘玄投奔平林义军,担任安集掾。宛人李通等大力宣扬图谶"刘氏复起,李氏为辅",劝说刘秀起兵反新莽政权。刘秀起初有些犹豫,但到了地皇三年(22),他与兄长刘𬙋抱着恢复汉室的目的,在舂陵(今湖北枣阳南)起事。他们发动宗族、宾客,联络附近各县的地主豪强,组成一支七八千人的武装,称为"舂陵军"。舂陵军占领棘阳(今河南新野东北)后,与新市军、平林军联合,准备进攻宛城(今河南南阳),在小长安(今河南邓州南),与王莽的前队大夫甄阜、属正梁丘赐交战,结果汉军大败,只得退守棘阳,并与向北折回的绿林军下江兵约定联手作战。

绿林军起义的第二年,山东琅邪人樊崇在莒县率领百余人起义,得到青、徐等州饥民响应,逢安、徐宣、谢禄、杨音等率部归附,队伍很快发展到几万人,主要活动于青州一带。为了在作战时与敌军相区别,他们将眉毛染成红色,所以人称"赤眉军"。

军中没有文书、旌旗、部曲、号令,仅相互约定"杀人者死,伤人者偿创",保持着淳朴的作风和良好的纪律。

地皇四年(23)初,绿林军趁王莽主力向东攻打赤眉军之机,在比水(在今河南泌阳境)击败王莽的军队,杀了甄阜、梁丘赐。接着,刘縯又在淯阳(今河南新野东北)击败了王莽的纳言将军严尤、秩宗将军陈茂,进而围攻宛城。此时,汉军的势力已发展到10余万人。在义军形势一派大好的情况下,南阳地主集团策划立刘縯为皇帝,遭到大多数农民军将领的抵制。但起义农民也因为受到"刘氏复起"图谶的影响,拥立比较懦弱的汉宗室刘玄为帝。同年二月,刘玄在宛城南面的沙洲上设坛称帝,恢复汉的国号,年号"更始"。刘縯任大司徒,刘秀任太常、偏将军。

刘玄政权为了阻止王莽军南下,保障主力夺取战略要地宛城,派遣上公王凤、大将王常、偏将刘秀等率领约2万人攻下昆阳(今河南叶县)、定陵(今河南郾城西,一说今舞阳东北)、郾县(今河南郾城南)。同时,命刘縯率兵进攻宛城。

王莽闻报,恐惧万分,急忙派大司空王邑赶赴洛阳,与大司徒王寻调集各州郡兵丁43万人,号称百万,以身高一丈、膀大腰圆的巨无霸为垒尉,驱猛兽助威,大举南进,与严尤、陈茂会合,进围昆阳,企图一举消灭汉军。

五月,王莽的军队到达颍川(治今河南禹州),前锋约10万人包围昆阳,迫使进至阳关(今河南禹州西北)的刘秀部撤回昆阳。当时,昆阳城内只有王凤、王常率领的八九千义军坚守,等待援兵。一些将领见王莽军声势浩大,想弃城散归荆州故地。刘秀劝阻说:"现在我们城中兵寡粮少,而城外的敌寇却十分强大,如果我们齐心协力抵御,或许还能取胜;一旦分散行动,势必难以保全。"众将认为刘秀讲得很有道理,这才安心固守昆阳。此时王莽的军队已逼近城北,汉军无路可走,于是决定由王凤、王常等率众守城,刘秀与李轶等13骑突围而出,前往定陵、郾县调集援兵。王寻、王邑围困昆阳城后,自恃兵多将广,断然拒绝了严尤放弃昆阳、直趋宛城、一举消灭刘玄所率领的汉军主力的建议,又反对"围城必阙"以动摇汉军军心的主张,一心妄想擒杀汉军首领,血洗昆阳,然后再消灭围攻宛城的汉军。所以,王莽的军队把昆阳城围了数十重,并挖掘地道,赶造攻城用的云车,企图强攻取胜。昆阳守军则拼全力抵抗,坚守危城。

刘秀等人到达定陵、郾县后,耐心说服诸营守将出兵救援,并于六月初一率步骑1万余人直奔昆阳。此时王莽军久战疲惫,锐气大减。刘秀亲自率领千余精锐为前锋,反复猛冲,斩杀王莽军千余人,汉军士气大振。之后,汉军又扬言已经攻克宛城,王莽军军心更加动摇。于是刘秀亲率3000名勇士悄悄地渡过昆水(今河南叶县辉河),出其不意地迂回到王莽军侧后,从西面猛击其中坚,突袭王邑、王寻的中军大营。王寻、王邑认为汉军不堪一击,同时又害怕州郡兵失去控制,因而传令各营不准擅自出战,自己仅率万余人马迎战。汉军勇猛冲杀,势不可挡,王莽军阵脚大乱,王寻也在乱军中被杀身亡。昆阳守军见城外的汉军取胜,乘势出击,内外夹攻,王莽军大乱,纷纷夺路逃命,互相踩踏,死伤惨重。又恰遇雷雨,滍水(今河南叶县沙河)暴涨，王莽军万余人被淹死，仅王邑、严尤、陈茂等率数千人逃回洛阳。

在昆阳之战中，汉军从根本上摧毁了王莽军的主力，为汉军进军洛阳、长安，推翻新莽政权创造了条件，成为中国古代战争史上以少胜多、以弱胜强的著名战例。

王莽军主力被歼后，各地纷纷起兵，诛杀新莽官吏，重新使用汉年号，以等待更始帝的诏命。一时间，革命形势一派大好。

由于刘秀在昆阳之战中立了大功，刘縯又夺取了宛城，他们的势力逐渐与农民军分庭抗礼。新市、平林的农民军将领看到刘縯、刘秀的声名日盛，便劝更始帝刘玄杀了刘縯。刘秀闻讯后不仅未逃，反而赶赴宛城谢罪。他丝毫不自夸昆阳之战的功劳，也不敢为哥哥服丧，饮食、言笑与往日没有两样，以此取得了农民军的信任。刘玄也深感内疚，于是封刘秀为破虏大将军、武信侯。紧接着绿林军兵分两路：一路由王匡率领进攻洛阳，一路由申屠建、李松率领进攻武关。同年九月，绿林军在各种反莽力量的配合下，顺利攻取长安，王邑败死。王莽逃至渐台，被商人杜吴杀死，从而结束了新莽政权的统治。刘玄准备迁都洛阳，于是任命刘秀为行司隶校尉，先行到洛阳整修宫殿衙门。十月，刘玄从宛城迁都洛阳，命刘秀以破虏将军行大司马事。接着，刘秀又奉更始帝之命去安抚黄河以北地区（今河北大部和河南北部），镇抚州郡。

到达河北以后，刘秀接受冯异提出的扩张势力、释放囚徒、废除苛政、与民休息、恢复汉制等夺天下之策，从而赢得了人心，又经过艰苦卓绝的战斗，终于站稳脚跟，并得到了信都、上谷、渔阳等地地主官僚集团的支持，如信都（治今河北冀县）太守任光、渔阳（治今北京密云西南）太守彭宠、上谷（治今河北怀来东南）太守耿况等都表示愿奉刘秀将令。次年五月，刘秀攻破邯郸，消灭了势力庞大、自称是成帝之子子舆的王郎。城破之后，在所缴获的王郎的文书中，发现了自己的部下写给王郎的数千封信件，对于这些勾结王郎、诽谤自己的书信，刘秀一封都不看，反而召集众将，当着大家的面将信件全部焚毁，并且说：这样做是为了让那些怀有二心的人打消顾虑。刘玄派使者封刘秀为萧王，命他回京。但是，已获得河北地区地主豪强大力支持的刘秀，羽翼渐丰，他借口河北未平，拒绝回京。此后，刘秀乘天下纷乱之机，广泛招揽人才，争取民心，扩充实力，逐渐摆脱了更始政权的控制。同年秋，又击败并收编了河北地区的铜马、高湖、重连等部农民起义军数十万人。在收编之初，降兵降将心中都忐忑不安，十分担心自己的前途和命运。刘秀知道他们的心思，于是命令他们各自回营准备好兵器，然后亲自乘轻骑巡视各营。降兵们见状，私下里异口同声地说："萧王对我们真是推心置腹，一点儿也不加以防范。我们怎么能不为他而死呢？"待大家心悦诚服之后，刘秀将这些降兵降将分配到诸将麾下。这样，刘秀大大扩充了实力，牢牢控制了河北地区，为建立东汉王朝奠定了基础。因此，关西地区称刘秀为"铜马帝"。不久，刘秀又消灭了大肜、青犊、上江、铁胫、五幡等部农民起义军，并派遣吴汉、岑彭等人杀害了更始政权的尚书谢躬，从此与农民军彻底决裂。更始三年（25）正月至六月，刘秀先后击败尤来、大枪等义军，占领大片土地，并打败了渡河谋攻河内的洛阳守将朱鲔。六月己未（二十二日），刘秀在群臣的拥戴下称帝于鄗（今河北柏乡北），重建汉政权，不久定都洛阳，史称东汉。

正当刘秀在河北地区艰苦奋战，扩充实力，积极准备重建刘汉王朝的时候，才疏学浅、胸无大志的更始帝刘玄却在挑起内讧、自掘坟墓，从而为刘秀留下坐收渔翁之利的良机。当时，赤眉军正在颍川、濮阳一带活动，刘玄派遣使者去招请赤眉军首领樊崇等人来洛阳。樊崇等人来到洛阳后，刘玄却态度冷淡，不愿与赤眉军真诚合作，只是许以空头官爵。樊崇等人大为不满，愤而离开洛阳，回归本部。然后，兵分两路，讨伐刘玄：一路由樊崇、逢安率领，攻克长社（今河南长葛东北），南击宛城；另一路由徐宣、谢禄率领，攻占阳翟（今河南禹州），进军梁县（今河南汝州西南）。

更始二年（24）二月，刘玄迁都长安。樊崇等人经过研究后决定继续西攻长安。这年冬天，樊崇、逢安等人由武关进发，徐宣、杨禄等人由陆浑关（今河南嵩县东北）进发。次年正月，两路大军会师于弘农（今河南灵宝）后，继续西进，到达华阴（今属陕西）时，赤眉军立15岁的西汉宗室刘盆子为帝。

面对越来越严峻的形势，更始帝刘玄的生活却日益腐化，昼夜宴饮，其亲信赵萌专权恣肆，以致起义军将领因此而离心离德，各谋出路。刘玄为了巩固自己的地位，杀害了申屠建、陈牧、成丹等起义军将领。王匡、张卬等率众投降赤眉军。

九月，赤眉军顺利攻占长安，刘玄投降，后被绞死。由于关中地主豪强隐匿粮食，组织武装坚壁顽抗，赤眉军在粮食断绝的情况下，不得不于建武二年（26）九月退出长安，向西进入陇东地区的安定、北地一带筹粮。不料，又因隗嚣等地主武装的袭击和大雪阻碍，被迫折回长安，途中遭遇大雪，有许多人冻饿而死。赤眉军再度陷入饥馑，并为地方豪强武装所包围。不久，被迫放弃长安，率众东归。此时，已建都于洛阳的刘秀为一举消灭赤眉军，决定在新安、宜阳屯驻重兵，凭借崤函险道，以逸待劳，预先切断赤眉军的归路，然后设法消灭赤眉军。

早在赤眉军攻破武关，目标直指长安时，刘秀见有机可乘，马上派邓禹率领大军西进关中，以便利用更始政权与赤眉军混战之机坐收渔人之利，自己则率领一部分人马在燕赵地区活动。得知赤眉军开始东撤后，刘秀立即命令冯异代邓禹为主将，急速西进，在华阴（今陕西华阴东）一带阻击赤眉军达60多天之久。次年正月，冯异撤至湖县（今河南灵宝西北）与邓禹部会合。邓禹邀功心切，迎战赤眉军，结果败走宜阳（今河南宜阳西）。冯异率军相救，大败而归，后收集散兵和当地豪强武装数万人，与赤眉军继续交战。二月，冯异先派遣一部分将士化装成赤眉军潜伏于路旁，然后以少数兵力诱使对方进攻，再以主力相拒，待其攻势衰减后，用伏兵突袭，赤眉军被打得溃不成军，8万余人被迫投降。余部向东南方向撤退。接着，刘秀亲率大军，与先期部署于新安（今河南渑池东）、宜阳的侯进、耿弇部会合，拦截向宜阳方向撤退的赤眉军余部。赤眉军屡战屡败，最后粮尽力竭，樊崇等人只得率10余万人投降刘秀。同年夏，樊崇、逢安再次起义，不久即被镇压。这样，前后延续10年的赤眉农民起义战争遂告失败。

刘秀打败赤眉军,控制了整个黄河中下游地区后,随即于建武五年(29)先后削平了盘踞渔阳郡的彭宠、南郡的秦丰和齐地的张步;次年又剪除了盘踞江、淮的李宪、董宪、庞萌,统一了关东,然后以笼络手段使河西的窦融归附。建武九年(33),又平定了天水的隗嚣。

建武十一年(35)春,刘秀挥兵攻打盘踞在蜀地称王的公孙述。公孙述针对汉军的强大攻势,采取了东依三峡、北靠巴山、据险防守的策略,派将军王元等人驻守河池(今甘肃徽县西北)、下辨(今甘肃成县西北),防御汉军南攻;又命翼江王田戎等人驻守荆门(今湖北宜昌东南),并架浮桥、修望楼,阻止汉军西进。刘秀采取南北合击、水陆并进、钳攻成都的作战方略,派大将岑彭、大司马吴汉、将军臧宫等率领水陆大军6万余人,骑兵5000余人,乘战船数千艘,溯江西进;命大将来歙等人出天水(今甘肃通渭西北)相机南进。

闰三月,岑彭焚烧浮桥、望楼,从水路突破,攻占夷陵(今湖北宜昌境),田戎被迫退守江州(今四川重庆)。六月,岑彭留下将军冯骏监视田戎,自己则率主力北上,攻克平曲(今四川合川西北)。与此同时,北面的来歙率军大败王元军,攻占下辨,乘胜南进。

公孙述见形势不妙,派遣刺客刺杀了来歙,企图以此阻止汉军南下,并争取时间迅速调整部署。他急派大司马延岑及王元等率军据守广汉(今四川射洪南)、资中(今四川资阳)等地;派将军侯丹率2万人屯守黄石(今四川江津境),以阻击汉军。岑彭也相应地调整了部署,留臧宫率降卒5万钳制延岑军,自率主力取道江州,溯江西上。八月,攻占黄石,击败侯丹军。接着,倍道兼行,攻克武阳(今四川彭山东),并派遣精锐骑兵直捣公孙述的腹地广都(今成都南)。此时,臧宫溯涪江突袭蜀军,歼敌万余人,迫使王元率部投降,延岑败逃成都。十月,公孙述派人在武阳刺杀了岑彭,汉军退出武阳。刘秀急命吴汉率军3万自夷陵沿江直上,接替岑彭。建武十二年(36)正月,吴汉进抵南安(今四川乐山),在鱼涪津(今四川乐山北)大败蜀军,然后绕过武阳,攻取广都。七月,冯骏攻占江州。九月,臧宫连克涪县(今四川绵阳东)、绵竹(今四川德阳北)、繁(今四川新都西北)、郫(今四川郫县)等城后,与吴汉会师,直逼成都。

面对汉军兵临城下的危急形势,公孙述招募敢死之士,袭击汉军,起初获得了小胜,便错误地认为汉军已是强弩之末。十一月十八日,公孙述贸然反击,派延岑进攻臧宫,自己则率数万人攻打吴汉。吴汉分出一部分士兵迎战蜀军,等敌人疲惫之后,再派遣数万精兵突然进击,蜀军大乱,公孙述战死。第二天早晨,延岑举城降汉。至此,刘秀取得了攻蜀战争的最后胜利。此战是中国战争史上溯三峡进军,并利用江河实施远距离迂回进击而取得成功的著名战例。

建武十六年(40),割据安定的卢芳先是归附于汉朝,不久逃往匈奴。这样,经过十几年的征战,刘秀终于消灭群雄,完成了统一大业。

建立东汉王朝以后,为了稳定和巩固统治,刘秀先后采取了许多措施。

在政治方面,他首先致力于整顿吏治,加强专制主义中央集权。鉴于西汉末年皇权旁落的教训,刘秀有意抑制功臣而重用文官。那些赫赫有名的开国功臣们虽然被封为侯,赐予优厚的俸禄,但是却不允许他们干预政事。对于诸侯王和外戚的权势,刘秀也多方限制,所以当时宗室诸王和外戚都比较遵纪守法,没有敢结党营私的。其次,在行政体制上,刘秀一方面进一步削弱三公(太尉、司徒、司空)的权力,将权力转移于台阁,由皇帝身边的尚书典守机密,出纳王命,使全国政务都经尚书台,最后总揽于皇帝;另一方面,又加强监察制度,提高御史中丞、司隶校尉和部刺史等官员的权力和地位。再次,建武六年(30)六月,刘秀又诏令全国各州撤并不合理的政区,精简官吏。全国共撤并了400多个县、十几个郡国,官吏减少至原来的十分之一。最后,减轻刑罚。这些措施强化了皇帝的权力,巩固了专制主义中央集权,达到了"总揽权纲"的目的,并在一定程度上提高了封建官僚机构的行政效率,促进了社会秩序的安定。

在经济方面,刘秀也采取了不少措施来安定民生,恢复残破的社会经济。例如,从建武二年至四年(26~28),他前后九次下诏释放奴婢,或提高奴婢的法律地位,严禁随意杀害奴婢。对于没有释放的官私奴婢,也在法律上给予一定的人身保障,规定擅杀奴婢的不得减罪,伤害奴婢的要依法治罪,又废除了奴婢射伤人处死刑的法律。建武六年(30),刘秀下诏废除了什一税,恢复三十税一的旧制,并且罢郡国都尉官,停止地方兵的都试,一度废除了更役制度。次年又下令将一部分军队遣散还乡,并征发刑徒屯田边境以代替戍卒等等。通过这些措施的实施,使大量的奴婢成为庶人,大量的流民返回农村,而且百姓的租赋徭役负担明显减轻,这无疑会有力地推动生产力的发展。建武元年(25),全国的户数和人口只有西汉末的十分之二,大约只有1200万人,田野荒芜,人口稀少,建武五年(29)时情况已有所好转,土地逐渐得到垦辟。到光武帝末年,载于户籍的户数增至427万余,人口达到2100多万。到和帝时垦田数量增加到7.3亿多亩,粮价较王莽末年大幅度下降。可见,社会经济已有了相当大的发展。所以,光武帝统治时期,史称"光武中兴"、"建武之治",这与刘秀躬行俭约、慎于政事、从谏如流有密切关系。当然,不可否认,东汉政权是建立在世家豪族的基础上的,因而刘秀在即位之后,就宣称要以"柔道"治天下,实际上就是要扶植和保护世家豪族的利益。为此,他有时不惜牺牲国家和百姓的利益,向地主豪强让步,以求得一时的安宁。这不能不说是其阶级和历史的局限性所造成的。另外,光武帝刘秀利用谶纬神学来加强思想统治的做法,也是很不可取的。

建武中元二年(57)二月,刘秀病逝,终年63岁。死后安葬于洛阳北边的黄河滩上。今孟津白鹤乡铁谢村西南2千米处有刘秀陵,占地100余亩,是省级文物保护单位,著名的旅游地。

(原载《中原文化大典·人物典》,中州古籍出版社2008年4月版)

袁绍传

【摘要】 袁绍出身于名门大族,自曾祖父起四代有五人位居三公。袁绍初为司隶校尉,于初平元年(190)被推举为反董卓联合军的盟主,与董卓交战;但不久联合军即瓦解。此后,在汉末群雄割据的过程中,袁绍先占据冀州,又先后夺取青、并二州,并于建安四年(199)击败了割据幽州的军阀公孙瓒,势力达到顶点;但在建安五年(200)的官渡之战中大败于曹操。在平定冀州叛乱之后,于建安七年(202)病死。

【关键词】 袁绍

袁绍(?~202),字本初,汝南郡汝阳县(今河南商水西北)人,东汉末年大军阀。出身于名门大族,自曾祖父起四代有五人位居三公。袁绍年轻时就以喜欢结交士人而著称,常常礼贤下士,因而远近的士人莫不争先恐后地前往袁府拜访,袁绍无论其身份贵贱,一律平等相待,因而他的门下养了大量的士人。袁绍曾任濮阳县长、侍御史、虎贲中郎将等职。中平五年(188),朝廷设立了西园八校尉,袁绍任中军校尉,统率一支近卫军。关于袁绍此时所任的职务,《后汉书》中有不同的记载。《五行志一》、《盖勋传》等处皆作"佐军校尉",《何进传》与《宦者列传》皆作"中军校尉"。因为《何进传》中将八校尉的名称与任职者记载得清清楚楚,所以本传从《何进传》与《山阳公载纪》的说法。

尽管担任了禁军将领,但是袁绍和其他校尉如曹操等人一样,都必须听命于总领八校尉的宦官蹇硕,连大将军何进也归他统管。这样,外戚、官僚士大夫与宦官的矛盾又尖锐起来。中平六年(189)四月,汉灵帝刘宏死去,皇子刘辩即位,这就是少帝。何太后临朝听政后,以袁绍的叔父袁隗为太傅,命他与大将军何进一同辅政。不久,太后的哥哥何进处死了蹇硕,独掌军权。这时,袁绍以窦武失败的教训劝说何进抓紧时间消灭宦官,并告诫他不可轻易进宫。何进犹豫不决,只是建议何太后解除掌握政权的宦官的职务,改由政府官员担任。但是,何太后坚决不答应。于是袁绍又建议征召四方猛将及各地豪杰领兵入京,以胁迫太后同意诛杀宦官。这显然是一个引狼入室、必将造成局面失控的馊主意,但愚蠢的何进却欣然接受了。他马上下令召前将军董卓、东郡太守桥瑁、武猛都尉丁原等率兵屯驻洛阳附近,并任命袁绍为司隶校尉,王允为河南尹,以控制首都及其附近地区的军政大权。八月,何进入宫报告太后,请求处死张让等大宦官,不想消息泄露,何进反而被张让所杀。袁绍当即率军捕杀宦官,不分老少一律处死,共杀死2000余人。

董卓入城以后,收编了何进部下诸军,成为京城最强有力的军阀,大权独揽。骑都尉鲍信劝袁绍趁董卓远来疲惫、立足未稳之机,一举将这个野心家除掉,以消除后患,但袁绍惧怕董卓,不敢采纳。不久,董卓想废掉少帝,另立新帝。袁绍持不同意见,不想竟遭到董卓的当众斥责,于是他愤然横刀冲出京城,逃奔冀州(治今河北临漳西南)。

董卓听说袁绍逃走,非常生气,想派兵追杀他,但侍御史郑太、城门校尉伍琼等人劝董卓笼络袁绍以便安定河北地区,于是董卓拜袁绍为勃海郡(治今河北南皮东北)太守。九月,董卓废掉少帝刘辩,将他贬为弘农王,改立年仅九岁的陈留王刘协为帝,这就是汉献帝。初平元年(190),关东各州郡的州牧和太守联合起兵讨伐董卓,袁绍被推举为盟主,自号车骑将军领司隶校尉,声势颇大。董卓得知袁绍起兵,就杀了袁绍的叔父袁隗以及在京的袁氏一门老小,并强迫汉献帝迁都长安,然后派大鸿胪韩融、少府阴循、执金吾毋班、将作大匠吴循等人去劝说袁绍等关东豪杰罢兵。结果,这些说客绝大多数被杀。当时,关东联军会集酸枣(今河南延津西南),尽管人多势众,但内部并不团结,诸位首领互相猜忌,各怀心事,冀州牧韩馥甚至故意扣压粮草,以便使联军早日失败。所以,联军终因粮尽而散。次年初,董卓被孙坚打败,只得撤回长安,不久被吕布所杀。与此同时,关东军内部的相互兼并也越来越激烈。袁绍设计迫使韩馥"主动""让贤",改由自己担任冀州牧,从而夺取了冀州的地盘。此后,他又先后夺取了青州和并州。初平四年(193),袁绍进攻黑山起义军,杀死数万人。

兴平二年(195),袁绍被任命为右将军。这一年,关中地区董卓的旧将相互攻杀,数月不停,汉献帝被迫出长安东行,又被郭汜、张济等所追逐,以致流亡到安邑(治今山西夏县西北)。别驾(官名,是刺史的佐吏,协助刺史总揽众务)沮授劝袁绍将汉献帝迎至邺城(治今河北临漳西南),以便挟天子以令诸侯,蓄兵马以讨不服。袁绍认为沮授说得很有道理,准备接受,但谋士郭图、淳于琼认为此举会给自己带来不必要的麻烦,"今迎天子,动辄表闻,从之则权轻,违之则拒命,非计之善者也"。沮授坚持己见,并劝袁绍及早动手,以免被他人抢了先。但袁绍认为立汉献帝并非自己的本意,因而坚决拒绝了这一高明的建议。

建安元年(196)七月,杨奉、韩暹把汉献帝带回洛阳。杨奉驻军于梁(今河南汝州西)。曹操闻讯,马上赶往洛阳,撵走了韩暹。汉献帝授给曹操代表皇帝征伐的大权,录尚书事。鉴于洛阳的残破,曹操于九月率兵护送汉献帝迁都于许(今许昌西南)。汉献帝封曹操为大将军、武平侯。在击败企图抢回汉献帝的杨奉之后,曹操以汉献帝的名义给袁绍下诏书,责备他拥有那么大的地盘、那么多的军队,却只是忙于培植自己的私人势力,肆意攻打不顺从自己的人,从没有听说过有勤王之举。袁绍则上书反驳了曹操的指责,并批评朝廷用人失当,赏罚不明,语气颇为傲慢。于是曹操任命袁绍为太尉,封邺侯。袁绍得到委任以后,耻于位在大将军曹操之下,便上表坚辞不受。曹操此时实力还很有限,不敢得罪袁绍,于是采纳了荀彧、郭嘉的计策,把大将军的职位让给袁绍,自任司空,行车骑将军。建安二年(197),曹操派将作大匠孔融持节拜袁绍为大将军,赐弓矢、节钺,虎贲百人,兼督冀、青、幽、并四州。袁绍这才欣然接受了任命。由此可见,袁绍是个志大才疏、目光短浅、斤斤计较的军阀,严重缺乏政治头脑。

袁绍每次得到诏书,都担心其中有不利于自己的内容,因而想把汉献帝迁到自己身边来,他派遣使者对曹操说:"许昌气候潮湿,洛阳城池残破,都不适宜作为都城,而甄城(今山东鄄城)城池完整,人口众多,经济殷富,所以应当把都城迁到甄城。"对此建议,曹操断然拒绝,毫无商量余地。田丰向袁绍献计说:"既然迁都于甄的计策无法实现,我们就应当尽早剪灭曹操,奉迎天子,以天子的名义号令天下,这才是上计,不然的话,我们终将为人所擒,那时就悔之晚矣。"但袁绍根本听不进去。

建安三年(198),袁绍又一次大举进攻幽州的公孙瓒。公孙瓒一方面派遣儿子公孙续向黑山起义军求救,另一方面准备亲自率领一支精锐骑兵从正面出击,沿着西山去切断袁军的退路。他手下的长史关靖劝阻说:"幽州将士人心思散,士气低落,之所以还没有分崩离析,是因为顾念家眷和主公你而已。如果能坚守不出,使战事旷日持久,或许会使袁绍自行撤退;相反,若是舍城出战,后无援兵,那么幽州的破灭就指日可待了。"公孙瓒这才没有轻率出战。袁绍步步进逼,公孙瓒步步后退,处境日益艰难,但公孙瓒始终坚守不出,并构筑了三道工事严防死守。建安四年(199)春,黑山义军首领张燕与公孙续统兵10万,分三路来救幽州。在援兵到来之前,公孙瓒派使者持密信送交公孙续,约公孙续无论如何都要设法从张燕那里借来5000铁骑从北面进攻,届时以举火为号,公孙瓒将率精兵从城内杀出,里应外合,与袁军决一死战。不想这封密信还没送到公孙续手中,就被袁绍的侦察兵截获。袁军事先设好埋伏,然后按照约定的时间举火为号,蒙在鼓里的公孙瓒以为援兵已到,立即率兵出城,结果大败而归。在易京(今河北雄县西北)城即将被攻破之时,公孙瓒见大势已去,自己上天无路,入地无门,于是缢死姐妹妻子,然后引火自焚。袁兵赶上来,将公孙瓒乱刀分尸。至此,袁绍完全占领了幽州之地,成为占据黄河下游四州之地的大军阀,领众数十万,是当时实力最强的割据者。

战场上的巨大胜利,使袁绍变得越来越骄傲自大,目空一切。主簿耿包看出袁绍的野心,密劝他从速称帝,以顺应天意民心。袁绍心中无数,便将耿包的建议交给幕僚们传阅,大家都认为耿包妖言惑众,应当处死。袁绍明白众人不赞同此建议,迫不得已只好违心地杀掉耿包以示自己无意称帝。然后挑选精兵10万,战马万匹,以审配、逢纪统领军事,颜良、文丑为将帅,田丰、荀谌和许攸为军师,准备一举攻下许昌,消灭曹操。曹操闻报,马上起兵2万进军黎阳(今河南浚县东),并分兵防守官渡(今河南中牟东北),准备抵御袁军。

袁绍的大将兼谋士沮授认为此时不宜攻曹,因为连年的战争,使得百姓疲惫,府库空虚,赋役繁重,这种局面持续下去是非常危险的,为今之计,应当先派遣使者前往许昌向天子献捷,以争取时间休养生息,发展经济;如果使路不通,就上表控告曹操阻断我拜谒天子的道路,然后派兵进驻黎阳,逐步经营黄河以南地区,同时大量制造车船,修缮器械,分派精锐骑兵不断袭扰曹操的边境地区,使他长期不得安宁,我军则以逸待劳,必可大获全胜。显然,这是个老成持重,稳扎稳打,足以使袁绍立于不败之地的持久战策略。但谋士郭图、审配等人坚决反对这种旷日持久之战的计策,认为凭借己方处于绝对优势地位的兵力,一举踏平许昌,消灭曹操,其势易如反掌,因而极力主张速战速决。沮授与郭图、审配展开激烈的争论。最终袁绍还是采纳了郭图的计策。郭图等人见沮授失宠,就想乘机进一步打击沮授以提高自己的地位,于是在袁绍面前落井下石说:"沮授兼统内外,威震三军,长此以往,势必形成尾大不掉的局面,这是兵书《三略》中极为忌讳的事;若不及早采取措施,袁氏将来可就危险了。"袁绍听了,觉得很有道理,当即决定将沮授所统领的军队一分为三,由沮授、郭图、淳于琼各领一军,但因事耽搁,又迟迟未付诸实施。

建安五年(200)春,左将军刘备攻杀徐州刺史车胄,占据了沛城,然后背叛了曹操。曹操十分忧惧,于是亲自统兵征讨刘备。谋士田丰认为这是进攻曹操的好机会,力劝袁绍乘曹刘激战之时,发奇兵突袭曹军后方,必可一举成功。但袁绍借口孩子生病,无法出战。田丰听后,举杖砸地,说:"唉!大势已去了!如今不期而遇难得的良机,却因小儿生病而错失,实在是太可惜了!"袁绍听后,十分忿气,从此疏远了田丰。

正在与刘备作战的曹操害怕袁绍渡过黄河抄自己的后路,因而集中兵力猛攻,以求速战速决,不久就攻克下邳(今江苏邳县东),打败了与袁绍联合的刘备,俘虏了他的妻子,并迫使其大将关羽投降,从而解除了后顾之忧。损兵折将的刘备仓皇逃走,去投奔河北的袁绍。曹军则退回官渡坚守。

曹军部署完毕后,袁绍才命令大军渡过黄河,进攻曹操。田丰认为良机已失,不宜轻率渡河南下。他劝谏袁绍说:"既然曹操已经击败刘备,凯旋而归,那么许昌就不再是空虚之地了;何况曹操一向善用兵,变化无穷,他的兵马虽少,但绝对不可轻视；在眼下的新形势下，不如采取持久战的策略，利用我们占据山河之固，拥有四州之众的优势，外结英雄，内修农战，然后挑选精锐，分为奇兵，乘虚轮番出击，袭扰敌军，敌救左则袭其右，救右则袭其左，整日疲于奔命，人民不得安居乐业，不出三年，就可以拖垮敌军，大获全胜；现在我军放弃必胜之策而与敌军决胜负于一役，一旦战局出现意外，那时后悔都来不及了。"但是，已经鬼迷心窍的袁绍根本听不进去这些逆耳的忠言。田丰不屈不挠，冒死直谏，袁绍认为他在动摇军心，便将他关押起来。然后，发布檄文，历数曹操擅权弄国的罪状，宣布大军要剿灭曹操，光复汉室。

二月，袁绍先派遣大将颜良进攻守在白马（今河南滑县东）的曹将刘延，自己则统率大军进驻黎阳，准备渡河攻打许昌。奋武将军沮授在临行前召集其宗族，将自家的资财都散发给他们，表示自己再也用不着这些东西了。他认为，袁绍虽然消灭了公孙瓒，但连年征战之后人困马乏，而且主骄将忲，准备不足，根本不是智勇双全、又可以挟天子以令诸侯的曹操的对手。

曹操得知袁军进攻白马，立即率兵从官渡赶去救援刘延。随军谋士荀攸建议曹操使用声东击西之计，以迷惑敌方。曹操欣然采纳。他先率兵到延津（今河南延津北），假装要渡河进攻袁绍的大后方，然后，悄悄地派骑兵直奔白马。袁军果然中计。直到曹军距离白马仅10多里时，颜良的军队才发现，于是仓促应战。刚一交战，曹操的部将关羽就出其不意地冲入袁军阵地，斩杀了袁军主将颜良。颜良一死，袁军顿时四散溃逃。之后，曹军沿黄河向西转移，准备坚守官渡。袁绍则率领大军渡过黄河紧追，其前锋还在延津南边构筑了营垒。沮授临上船时喟然长叹，说道："上盈其志，下务其功，悠悠黄河，吾其济乎！"不知自己还能不能回到河北，于是以身体患病为由请求还乡。袁绍坚决不同意，而且十分恼火，下令将沮授所统率的人马分出很大一部分交给郭图指挥。

当时，在延津南边扎营的主要是大将文丑和刘备所率领的五六千骑兵。袁绍命令他们向曹军挑战。曹操于是停止后撤，命令将士们解鞍下马，把辎重都停放在大路上，以引诱袁军。袁军士兵争先恐后地前来抢夺财物，场面十分混乱。曹操乘机以600名精锐骑兵猛攻，在混战中杀死了文丑，击溃了袁军，而后顺利地撤回官渡。

曹军连战连胜，士气日益高涨。而袁军连输两阵，损兵折将，士气大挫。在这种情况下，沮授又向袁绍进谏说："我们北兵虽然人数众多，但战斗力不及南方的曹军；曹军战斗力虽强，但粮草不足，其他军需物资也不如我军；曹军希望速战速决，而我军利在缓战，所以应当坚持打持久战的方针，直到将敌人拖垮。"但袁绍不接受他的意见，而是命令部队继续前进。

七月，袁军抵达官渡北面的阳武（今河南原阳东南）。八月，逼近官渡。袁军依河丘筑营，东西长达几十里，曹操也在南边扎营对阵。双方发生了数次小规模的交战，曹军失利，便坚守不出。袁军筑起高高的楼台作为堡垒，又堆了不少土山，居高临下，向曹营射箭，以致曹兵出入都要用盾牌做掩护。曹操命令部下制造了一种能发射石块的机械，很快就将袁军的楼台全部摧毁，军中称这种机械为"霹雳车"。袁绍一计不成又生一计,命令士兵挖掘地道,准备从地下摸进曹营,发动突然袭击。曹操则针锋相对,命令士兵在营垒四周挖出一道深沟以截断袁军的地道。在正面御敌的同时,曹操还派徐晃等将领率领一支奇兵袭击了袁军的运粮车队,将几千车军粮付之一炬。双方就这样你来我往,相持了百余日。

在这几个月中,因为曹军兵少粮缺,将士疲惫,许多人对战局感到悲观,有不少人写信给袁绍,秘密协商投降事宜,有些人索性直接逃入袁营。同时,曹军的后方也很不稳定,一方面,刘备率军在汝南(今河南平舆西北)一带活动,不断袭扰曹军后方;另一方面,一些郡县见风使舵,相继叛曹投袁。曹操心中也没底儿,因此他给留守许昌的谋士荀彧写信说自己打算放弃官渡,退守许昌。荀彧在回信中分析了当时的形势,指出:眼下谁先撤退,谁就会陷入被动;我军以寡敌众,已支撑了数月之久,现在战局正处于关键时刻,很快就会出现转机,所以还是咬牙坚持为是。曹操于是决定坚守官渡,静待时机。

过了不久,时机果然来了。十月,袁绍派遣淳于琼统率兵马1万余人北上去押运军粮。鉴于上次粮草被劫的教训,大将沮授建议另派蒋奇统率一支军队在淳于琼的外侧负责保护运粮队伍,以防曹军偷袭。袁绍拒绝接受这一建议。接着,谋士许攸也向袁绍建议:"趁曹军主力集中于官渡,后方相对空虚的机会,发精兵星夜行军,以迅雷不及掩耳之势偷袭许昌;一旦攻破许昌,曹操就彻底完蛋了;即使攻不克,也会使曹军首尾难顾,其失败同样是无法避免的。"对于这些建议,袁绍依然不予采纳。许攸感到袁绍如此傲慢轻敌,最终必定要败在曹操手下,再加上自己的家人被留守邺城的审配以犯法为由关进监牢,许攸越想越生气,一怒之下离开袁营,投奔了曹操。

许攸降曹后,便将袁军的机密全都抖搂出来,并向曹操献计,建议他发精兵偷袭当时屯驻在故市、乌巢(今河南延津境内)的淳于琼,烧毁袁军的粮草,这样袁军就必败无疑。曹操听了大喜,认为这正是出奇制胜的妙计。他立即留下大将曹洪守营,自己亲率精锐步骑5000余人,假扮成袁军,每人抱一捆干柴,趁星夜衔枚疾进,抄小路赶往乌巢。天快亮时曹军赶到目的地,马上包围了袁军,并放火焚烧粮草堆,袁军见状乱成一团。曹军猛冲猛打,很快就消灭了保护粮草的袁军,并斩杀了淳于琼。袁绍得知曹操进攻乌巢,认为曹营必定空虚,只要攻破其营寨,曹操就有去无回了,于是派遣大将张郃、高览率领人马前去劫营。不想,高、张二将在曹营遇到顽强抵抗,久攻不下。当他们听说乌巢失陷,淳于琼被杀,粮草已全部被烧的消息后,认为大势已去,便率领全军向曹操投降。其余的袁军人心惶惶,斗志全无。曹操乘胜追击,大败袁军。袁绍和他的儿子袁谭仅带领残兵败将800余骑逃回河北,来到驻守黎阳的蒋义渠部。入帐以后,袁绍拉着蒋义渠的手说:"我把身家性命都交付给你了。"蒋义渠腾出自己的营帐让袁绍居住。被打散了的将士们听说袁绍还活着,纷纷从各地汇集到袁绍帐下。其余的人在走投无路的情况下被迫投降曹操,曹操害怕其中有诈,便将他们活埋,先后被杀的袁军有七八万人。

在官渡之战中，曹操以2万人马打败了袁绍的10万大军，成为中国战争史上以弱军战胜强军的著名战例。从此，袁绍一蹶不振。

大军失败的消息传到邺城之后，有人对田丰说："今后，你必定会受到袁公重用的。"田丰回答说："袁公貌似宽厚而实际上内怀疑忌，完全不明白我的拳拳忠心，我又屡次因犯颜直谏而得罪了他。假若他在战场上大获全胜，心情高兴，那么我一定会被赦免；相反，如果作战失利，他心中必定十分怨恨，这时，埋藏在他心中的疑忌就会爆发。如今，既然他大败而归，那么我就没有活着出去的希望了。"袁绍回来后，说道："我未采纳田丰的建议，坚持出兵，如今战败归来，果然遭到他的嘲笑。"于是下令杀了田丰。由此可见，袁绍是个刚愎自用、心胸狭窄、不识好歹的人。

因为主力在官渡被歼，袁绍元气大伤，冀州的一些地方乘机独立，背叛了袁绍。袁绍当然不甘心，他发兵将背叛者一一平定。但是，官渡之战对袁绍的打击太大了，失利的阴影一直笼罩在他心头，使他十分郁闷，寝食难安，身体状况也一天不如一天了。建安七年（202）夏天，袁绍病死。此后，他的几个儿子为了争夺权力和地盘，连年火并，百姓流离失所。曹操乘机各个击破，到建安十年（205）终于消灭了袁绍的残余势力，完全占有了冀、青、幽、并四州，基本上统一了北方。

（原载《中原文化大典·人物典》，中州古籍出版社2008年4月版）

陈蕃传

【摘要】 陈蕃(？~168),字仲举,汝南郡平舆县人,著名学者皇甫规的学生。东汉末大臣,汉桓帝时为太尉,汉灵帝时为太傅。此人为官耿直,颇硬项。桓帝朝,因犯颜直谏曾多次左迁;灵帝朝虽得信任重用,却因和大将军窦武共同谋划剪除阉宦,事败而死。

【关键词】 陈蕃

陈蕃(？~168),字仲举,汝南郡平舆县人,著名学者皇甫规的学生。其祖父官任河东太守。陈蕃15岁时,曾经闲处一室,但室内室外却脏乱不堪。其父亲的一位朋友薛勤来访时,问陈蕃说:"小子为什么不把房间打扫干净,以便接待宾客呢?"陈蕃回答说:"大丈夫活在世上,应当扫除天下,怎么能做打扫一间房子这样的小事呢?"薛勤知道陈蕃有远大的志向和抱负,称赞他是旷世奇才。

陈蕃起初在本郡任职,后被察举为孝廉,担任郎中之职。母亲去世后,陈蕃辞官守孝。服丧期满后,刺史周景辟陈蕃为别驾从事,辅助刺史总理众事。没过多久,因为与刺史政见不合,在经过数次谏诤仍无法调和矛盾的情况下,陈蕃主动弃官而去。

建光二年(122),司隶校尉王龚改任汝南太守。他为政崇尚温和,好才爱士,曾礼聘本郡名士黄宪、陈蕃等人出来做官。黄宪坚决拒绝。陈蕃虽然答应了,但心高气傲的他看到王龚没有及时召见自己,就留下一张纸条,借口身体有病,扬长而去。王龚非常生气,准备将陈蕃除名。功曹袁阆得知此事,劝王龚继续礼遇陈蕃。此后,公府多次荐举陈蕃为孝良方正,陈蕃都坚辞不就。

汉安三年(144)八月,汉顺帝死,两岁的太子炳即位,这就是冲帝。因为皇帝年龄太小,所以由梁太后临朝执政,她任命李固为太尉,参录尚书事。李固上任以后,上表举荐陈蕃,于是朝廷征拜陈蕃为议郎,之后又任命他为乐安郡(治今山东邹平东南)太守。当时,李膺任青州刺史,素以厉行威政而声名远播,辖境的各郡官员闻风丧胆,大多数都自行辞官离去,只有陈蕃等少数人因为廉洁奉公而继续留任。陈蕃在任期间,清正廉明,礼贤下士,而且疾恶如仇。本郡临济县人周璆,是一位志行高洁的名士,前后有数任太守请他出仕,他都不肯出山,只有陈蕃能请得动他。陈蕃对周璆非常尊重,每次见面都敬称他的字,而不直呼其名。陈蕃还特意为周璆置备了一张卧榻,周璆在时就拿出来使用,不在时就收起来悬挂在空中。本郡还有一个名人叫赵宣,是个普通百姓,因为十分孝顺而著称于时。他在亲人下葬后不闭墓道,而是居住在墓道中,坚持守丧达 20 余年,孝名远播,州郡多次礼请他。乐安郡的有关官员也将此人推荐给太守陈蕃。陈蕃与赵宣见面时,问起其妻子儿女的情况,发现赵宣的 5 个儿子都是在他服丧期间所生,不禁大怒,厉声斥责了赵宣欺世盗名的无耻行径,并依法惩罚了他。

当时,在朝中大权独揽、威震天下的大将军梁冀,多次派遣使者给陈蕃送信,托他为自己办私事,陈蕃都避而不见。有一次,使者在万般无奈的情况下假称有重要公事求见,陈蕃信以为真,就接见了使者。但是,当他发现这是一场骗局时,勃然大怒,下令将使者打死。梁冀借口此事,把陈蕃贬为修武县令。后来,陈蕃又逐渐升迁为尚书。当时,零陵(治今湖南永州)、桂阳(治今湖南郴州)二郡发生了山民起义,朝廷的公卿大臣商议要派兵前去镇压。陈蕃上疏表示反对,他认为:零陵、桂阳二郡的百姓,与其他地区的百姓一样,都是皇帝的好子民,可是他们为什么要叛乱呢?难道不是因为当地贪官污吏的暴虐所造成的吗?当务之急,是严厉整顿吏治,坚决罢免那些为政苛暴、侵渔百姓的官员,改任奉公守法、勤政爱民的贤才,这样,就可以不费一兵一卒而消除叛乱。朝廷又诏令各州郡举荐孝廉、秀才。陈蕃也表示反对,他指出:眼下在光禄勋的三署(指五官署、左署、右署)内担任郎的有 2000 余人,在三公府的掾吏中有许多人都通过了三年的考核应当授官而没有授,朝廷应尽快对他们加以甄别,优秀的授予官职,不肖的一律斥退,完全没有必要再诏令各地举荐孝廉、秀才,从而助长行贿受贿、公然请托的不正之风。陈蕃的奏疏得罪了当权者,因而朝廷将他贬出京城,派到南方的豫章郡(治今江西南昌)担任太守。在豫章任职期间,陈蕃洁身自好,不苟言笑,从不接待宾客,郡中的士民也很害怕他,不敢与他交往。后来,陈蕃又被调入朝廷任尚书令之职,豫章郡前去送行的人竟然不敢送出外城门。

延熹二年(159),汉桓帝与宦官单超、具瑗、徐璜、唐衡等 5 人商定计划,决定派司隶校尉张彪率兵围攻独揽朝政近 20 年的大将军梁冀的府第,又派光禄勋袁盱持节收回梁冀的大将军印绶,改封梁冀为比景都乡侯。梁冀深知皇帝与宦官们决不会放过自己,眼见得大势已去,因而当天就与其妻子孙寿一同自杀身亡。之后,梁、孙两家的内外宗亲,全部被押入诏狱,然后不分男女老少一律弃市。梁冀的故吏宾客被免职、降职的有 300 余人。太尉、司徒、司空三公都被贬为庶人,朝廷为之一空。为了表彰诛灭外戚梁氏的功劳,汉桓帝封宦官单超等首谋的 5 人为侯,又大封新立的皇后邓氏家族,其侄刘康、刘秉为列侯,其宗族皆为列校、郎将等,赏赐无数。不久,桓帝又以参与诛杀梁冀为名,加封宦官侯览为侯,封小黄门 8 人为乡侯。从此,朝廷大权全归宦官掌握。面对这种前门驱虎,后门进狼的形势,白马县(治今河南滑县东南城关镇东)县令李云上疏反对任用宦官,桓帝大怒,下令将李云投入监牢,准备处死。此时已改任大鸿胪的陈蕃不顾一切地上书劝谏,全力为李云辩护,希望能挽救李云的性命。结果,李云还是被处以死刑,陈蕃也因此被免官回乡。

没过多久,朝廷又重新起用陈蕃,先任命他为议郎,几日后又任命他为光禄勋。当时,由宦官把持的朝廷随意封赏,毫无法度,以致宦官的势力越来越大。陈蕃对此忧心忡忡,因而上疏切谏,严厉批评了"近习以非义授邑,左右以无功传赏,授位不料其任,裂土莫纪其功,至乃一门之内侯者数人"的现象,建议释放宫女,并将选举之权交给尚书和三公负责,以便使褒责诛赏各有所归。桓帝读了陈蕃的奏疏后,十分赞赏,下令释放宫女 500 余人,并降低了一些封赏的规格。

自陈蕃担任光禄勋以后,就与五官中郎将黄琬一同掌管选官用人之事。他坚持任人唯贤、德才兼备的原则,丝毫不偏向富贵人家,又不断地劝谏皇帝以国事为重,励精图治,千万不可因沉湎于田猎逸游等活动而耽误了国家大事。这些做法,显然对富贵人家不利,因而受到他们的痛恨。一些出身于权贵之家的郎官纷纷在皇帝面前诬告陈蕃,陈蕃因此被免职为民。但是,朝廷很快又征辟陈蕃为尚书仆射,又转任太中大夫。

延熹八年(165),太尉杨秉死,朝廷任命陈蕃为太尉。陈蕃谦逊地辞让说,自己在能力方面不及胡广、王畅、李膺三人,建议改任他们中的一个。但桓帝坚决不答应,陈蕃只得就职。但是桓帝在任用清流的同时,又大量任用宦官,结果宦官苏康、管霸等人在重新得到重用之后,开始变本加厉地排挤、陷害朝中的忠臣良将。当时,河南尹李膺下令追查贪污腐败的北海前太守羊元群的罪状。羊元群以重金贿赂宦官,结果李膺反而遭到反坐,被捕入狱。大司农刘佑、廷尉冯绲也因得罪宦官,与李膺一同"输作左校",即被罚到掌管刑徒的左校去做苦工。陈蕃做了太尉以后,上书极力为李膺、冯绲、刘佑三人申冤。桓帝于是免除了三人的刑罚,没过多久又任命李膺为司隶校尉。

在此期间,又接连发生了几件事情,一下子将陈蕃推到了风口浪尖上。第一件事,是两个郡太守不顾朝廷的大赦令,执意处死两个与宦官有关的囚犯。原来,家住晋阳(今山西太原西南)的小宦官赵津与家住南阳的大恶霸张氾,百般巴结讨好宫中的宦官,然后仗着宦官的势力,肆意妄为,无恶不作。太原郡太守刘瓆和南阳郡太守成瑨,将这两个人捉拿归案,分别治罪。后来,虽遇朝廷颁布大赦令,但这两位太守还是坚持拷问到底,最后将他们处以死刑。宦官们对此非常怨恨,有关部门的官员按照宦官的意志,上奏说刘瓆和成瑨罪当弃市。第二件事,是山阳郡(治今山东东乡西北)太守翟超没收了大宦官侯览的财产,东海国(治今山东剡城)相黄浮诛杀了大宦官徐璜的侄子、求婚不成便报复杀人的下邳县令徐宣,翟超、黄浮二人都因此而被判处髡刑,输作左校。陈蕃与司徒刘矩、司空刘茂一起为刘瓆、成瑨、翟超、黄浮四人谏诤求情,桓帝很不高兴。这时,有关部门又乘机上奏章弹劾陈蕃、刘矩等三公。刘矩、刘茂见状,便不敢再说什么了。陈蕃又单独上疏,极力为刘、成、翟、黄四人辩护,请求赦免他们。桓帝读了奏章以后,更加生气,对陈蕃的话一个字也没有接受。朝廷众臣无不埋怨陈蕃。宦官们也因此更加痛恨陈蕃,每当陈蕃有人事委任方面的奏议,大权在握的宦官都以中诏的名义予以驳回,太尉府的许多官员都因此而获罪。只是因为陈蕃乃一代名臣,宦官们暂时不敢加害于他。后来,刘瓆、成瑨二人都死于狱中。

第三件事,是司隶校尉李膺捕杀了勾结宦官、教子杀人的术士张成。张成是河内郡(治河南今武陟西)豪强,善于观察天象,占卜吉凶,他以此交结宦官,连桓帝都向他请教过。据说,他推算出皇帝将向全国颁布大赦令,就指使他的儿子杀人。李膺派人将他的儿子抓起来审讯,不久朝廷果然下诏大赦。李膺非常愤怒,就不顾大赦令执意将他处死。宦官侯览等唆使张成的门徒上书诬告李膺等人收买太学生,串联郡国学生,互相联系,结成死党,诽谤朝廷,败坏社会风气。桓帝大怒,下诏逮捕党人并向全国公布罪行,要求天下共同声讨。这样,李膺和太仆杜密、御史中丞陈翔及陈寔、范滂等200多人均被逮捕。有的人逃脱了还遭到悬赏捉拿,被朝廷派出的使者四处追捕。太尉陈蕃上疏直言极谏,指责这样做是"杜塞天下之口,聋盲一世之人,与秦焚书坑儒何以为异"。桓帝更加生气,借口陈蕃选人不当,将他罢免,改任周景为太尉。后来,因为李膺等人在狱中交代党人时故意牵扯一些宦官的子弟,宦官害怕受牵连,再加上窦皇后的父亲窦武上书切谏并以辞职力争,桓帝这才于延熹十年(167)宣布赦免党人,不再治罪,但仍将他们全部罢官归家,并终身禁锢,不许再做官。这就是第一次党锢事件。

党锢事件发生后,引起了士大夫阶层的公愤。他们纷纷以各种形式表达对党人的支持和赞赏,并互相标榜,称窦武、陈蕃、刘淑为"三君",李膺、杜密等八人为"八俊",郭泰、范滂等八人为"八顾",张俭、翟超等八人为"八及",度尚、张邈等八人为"八厨"。在这里,"君"是指为当代人所崇敬者。"俊"是指人中英雄,"顾"是指品德高尚能影响他人的人,"及"是指能引导人们追随,"厨"是指能以财物救助别人者。这些被皇帝斥免禁锢的党人却深受社会各界人士的敬仰。例如,汝南征羌(今郾城)人范滂出狱归家时,家乡迎接他的车多达数千辆。又如,多年以来,太学中就流传着这样几句话:"天下楷模李元礼(李膺),不畏强御陈仲举(陈蕃),天下俊秀王叔茂(王畅)。"其中李膺名望最高,士人得到他的赏识,被誉为登龙门,从此身价十倍。

永康元年(167)十二月,桓帝死,窦后临朝听政。她下诏任命"忠清直亮"的前太尉陈蕃为太傅,录尚书事,与大将军窦武一同辅政。当时,国家新遭大丧,新君未立,各位尚书惧怕掌权的宦官,都托病不上朝。陈蕃写信责备他们这样做是不仁不义的,于是尚书们急忙回到自己所在的衙门各司其职。不久,窦后与其父窦宪商定立12岁的解渎亭侯刘宏为帝,这就是汉灵帝。灵帝即位后,窦太后给陈蕃下诏说:"太傅陈蕃,辅弼先帝,出内累年。忠孝之美,德冠本朝;謇愕之操,华首弥固。"因而加封陈蕃为高阳乡侯,食邑三百户。陈蕃上疏辞让,但窦太后不同意。陈蕃还是坚持辞让,奏章前后上了十次,最终也没有接受封赏。

陈蕃担任太傅之后,就与大将军窦武齐心协力,征用名贤,共参政事。天下之士,无不延颈以待,企望太平。但是灵帝的乳母赵娆,旦夕侍奉在太后身边,中常侍曹节、王甫等人与赵娆勾结,百般谄媚太后,取得了太后的信任。太后在他们的蛊惑下屡屡发出诏命,封官拜爵。这些宦官及其党羽,贪婪暴虐,多行不法。陈蕃对此极为痛恨,决心诛灭宦官曹节、王甫等人。他私下里对大将军窦武说了自己的想法,正巧窦武也有同样的想法,二人不谋而合。陈蕃大喜,兴奋地以手推席而起。为了更有把握地实现计划,陈蕃与窦武选用了一批志同道合的人,如任命尹勋为尚书令,刘瑜为侍中,冯述为屯骑校尉,窦武的侄子窦绍为步兵校尉;又征聘被免官的天下名士前司隶李膺、宗正刘猛、太仆杜密、庐江太守朱宇等人到朝廷任职,请前越巂太守荀翌为从事中郎,辟颍川陈寔为幕僚,大家共同制订计策。

陈蕃认为诛灭宦官是顺应天意民心之举,又觉得自己当年在窦太后被封皇后时曾鼎力帮助过她,太后必定会支持自己,于是上疏要求及早诛灭宦官,以绝后患。出乎陈蕃意料的是,太后竟然不答应。朝中大臣听说此事后,无不震恐。

汉灵帝建宁元年(168)五月,发生了日食。陈蕃又一次劝告窦武以发生日食为由,马上发兵除掉众宦官,以及在太后身边的赵娆等人。窦宪入宫请示皇太后,要求将宦官全部消灭。但太后只同意诛杀有罪之人,不同意全部处死。于是窦武在征得太后许可后先诛杀了颇有才略的中常侍管霸和苏康等人。接着,窦武又请求除掉曹节等人,但太后一直犹豫不决。这样,事情就长时间地拖了下来。

到了八月份,太白星(即金星)不正常地出现于西方天空。侍中刘瑜向来精通天文,认为这种现象是很不吉利的,因而十分忧虑。他给太后上书说:星象的变化表明,宫门当闭,将相不利,奸臣就在君主的身边,希望太后尽早采取防范措施。又给窦武、陈蕃写信,提醒他们从速做出决策,以防出现意外变故。窦武、陈蕃接到刘瑜的密信后,决定对宦官采取断然行动,于是任命朱宇为司隶校尉,刘佑为河南尹,虞祁为洛阳令。窦武又上奏罢免了主管诸宦官的黄门令魏彪,改由自己的亲信宦官、小黄门山冰担任。然后,让山冰上奏揭发一向诡计多端、臭名昭著的长乐尚书郑飒,并将他送往北寺狱关押。陈蕃对窦武说:像这样的坏蛋,你就应当将他直接斩首,还有什么好审讯的呢!窦武不听,坚持让山冰、尹勋和侍御史祝瑨联合审讯郑飒,郑飒的供词牵连到大宦官曹节、王甫。尹勋、山冰立即上奏要求逮捕曹节、王甫等人,奏折是通过刘瑜转奏的。

当时,窦武已经回家休息,未在宫中值班。主管中书的人,就先把此事告知长乐五官史朱瑀。朱瑀擅自打开窦武等人的奏折,偷看其内容,读完以后怒骂道:"宦官中作恶多端的,当然应当诛杀。我们这些人有什么罪过,却要被全部族灭呢!"骂完,他高声叫道:"陈蕃、窦武上奏太后要求废黜皇上,做大逆不道的事!"然后,连夜召见平素所宠信的年轻力壮的长乐从官史共普、张亮等17人,歃血为盟,发誓要诛杀窦武、陈蕃等人。曹节听到变故发生,惊恐地从床上一跃而起,急忙对灵帝说:"外面乱哄哄的,不知道发生了什么事情,请皇上赶快到德阳前殿去避一避。"他让灵帝拔出宝剑向前冲,又让乳母赵娆等拥卫皇帝左右,自己则带着作为通行凭证的符信,下令将所有的宫门一律关闭。做完这一切后,曹节又召集尚书台的官员们,用利刃胁迫他们制作诏板,任命王甫为黄门令,让王甫持符节到北寺狱,收捕尹勋、山冰等。山冰怀疑王甫所持诏书是假的,因而拒不奉诏,王甫当场杀害了山冰,接着又杀害了尹勋,并将他们的首级送到郑飒处。然后,宦官们联手劫持了窦太后,抢走了已盖过玉玺的文书,命令中谒者守卫南宫,关闭大门,断绝复道。又派郑飒等人手持符节,与侍御史、谒者等人一同去收捕窦武。窦武拒绝奉诏,反而快马加鞭,驰入步兵营,并与其侄子窦绍一同射杀了宦官派来的使者,然后召集北军五校士数千人,宣布宦官们已经造反,凡是尽力平叛的都可以得到封侯的重赏。宦官们则假传圣旨,命令少府周靖行车骑将军事,持节与刚从边疆凯旋回京的护匈奴中郎将张奂一道,率兵讨伐窦武。

天亮时分,王甫率领虎贲、羽林、都候等部士兵共一千余人,屯守于朱雀掖门外,与张奂等人会合。天亮以后,宦官们所召集的兵马就在京城内与窦武的人马对阵,双方都指责对方谋反。但出乎窦武意料的是,王甫的人马越聚越多,阵容越来越大,而自己的人马却越来越少。当时,王甫命令士兵们高声劝降窦武的部下,并且表示先降的有赏。因为这些近卫军将士一向害怕宦官,听了对方的劝降,便动摇了,纷纷逃归王甫。从天亮对阵到吃早饭时,窦武的人马几乎全部投降了。窦武无奈,只得与窦绍一起逃走。宦官们所率领的各部人马紧追不舍,最终将窦武叔侄团团围困。窦武叔侄走投无路,被迫自杀。宦官们将他们悬首示众,而后将窦氏的宗族、宾客、姻亲等全部诛灭,将窦太后软禁于云台,刘瑜、冯述也被灭族。此后,灵帝便完全受宦官控制了。

当时已经70余岁的陈蕃,听说宦官们先下手了,马上率领部属及弟子80余人,个个手持利刃冲入承明门,振臂高呼,为窦武喊冤。正巧,宦官王甫从宫内出来,碰到了陈蕃,当即命令部下捉拿陈蕃。陈蕃拔剑怒斥王甫,王甫的士兵不敢接近陈蕃。王甫只得调来更多的士兵,将陈蕃围了数十层,这才捉住了年近八旬的陈蕃,将他关入黄门北寺狱。早已恨之入骨的宦官们,迫不及待地在当天就杀害了陈蕃。

陈蕃死后,其家属被发配到比景县(治今越南广平省宋河下游高牢下村),宗族、门生、故吏全部被免职禁锢。陈蕃的朋友、陈留(治今河南开封东南)人朱震,听说陈蕃遇害,马上放弃了县令的职位,前去哭奠陈蕃,并收葬了陈蕃的尸体,还冒着生命危险把陈蕃的儿子陈逸藏匿起来,以免宦官斩草除根。后来,事情败露,朱震全家被关进大牢,倍受折磨,但他始终不肯说出陈逸的下落。陈逸因此才得以幸免于难,后来官任鲁国相。

　　陈蕃的著作有《谏封赏内宠疏》等文章11篇,分见于《后汉书》诸卷中,严可均将它们辑入《全后汉文》中。

（原载《中原文化大典·人物典》,中州古籍出版社2008年4月版）

何进传

【摘要】 何进(？~189),字遂高,南阳郡宛县(今河南南阳)人。东汉灵帝时的大将军。黄巾起义时,何进为大将军,总镇京师,因及时发现并镇压了马元义起义,被封为慎侯。为提高威望,何进请灵帝在京师讲武结营,置西园禁军校尉。灵帝驾崩后,蹇硕谋诛进而立皇子刘协,未果,反被进诛。何进从袁绍之言,博征智谋之士为己所用,自此独揽大权。然而何进不纳陈琳之谏,多结外镇军阀,翘首京师,与袁绍等谋诛宦竖。终于事泄,被张让等先下手为强,遭杀身之祸。

【关键词】 何进

何进(？~189),字遂高,南阳郡宛县(今河南南阳)人。其父何真,是当地一个靠屠宰起家的富户。在何进的生母去世后,何真经过惨淡经营,积攒了一些钱财,便续娶了二房,又生下了一男二女三个孩子。其中,男孩名叫何苗,后任车骑将军;长女生得十分标致,是远近闻名的大美人。何真一心想把女儿送进皇宫,以便攀龙附凤,改换门庭。后来通过在皇宫做宦官的同乡郭胜牵线搭桥,何家用金钱打通一道道关节,最终将女儿送进宫中。没想到这个姑娘入宫后,很快得到灵帝的宠爱,并被立为贵人。妹妹得宠,哥哥何进在仕途上便一帆风顺。他先任郎中,不久就升迁为虎贲中郎将,出任颍川(治今河南禹州)太守。光和三年(180),何贵人因生下皇子刘辩,被立为皇后。何进也被调入京城担任掌管机要的侍中,后来又任将作大匠、河南尹等要职。

中平元年(184)二月,张角领导的黄巾大起义爆发。三月,朝廷任命何进为大将军,率左右羽林五营将士屯驻都亭(今洛阳旧城内),修理器械,积极备战,以守卫京师。张角原计划在三月初五起义,为此,他特意派部属马元义到洛阳活动,准备里应外合,一举推翻东汉政权。但因叛徒唐周告密,东汉政府抢先下手,破坏了马元义的计划。时任河南尹的何进不遗余力地搜捕起义人员,杀害了马元义等1000余人,因此被封为慎侯。张角见起义计划败露,便下令提前至二月起义。中平四年(187),何进的弟弟、河南尹何苗因镇压农民起义有功而被任命为车骑将军,封济阳侯。

中平五年(188),东汉政府设立了西园八校尉,以小黄门(宦官)蹇硕为上军校尉,虎贲中郎将袁绍为中军校尉,屯骑都尉鲍鸿为下军校尉,议郎曹操为典军校尉,赵融为助军校尉,淳于琼为佐军校尉,此外还有左右校尉。灵帝认为蹇硕健壮而且有军事谋略,所以特意任命他为上军校尉,兼任元帅,统领司隶校尉以下的官员,连大将军何进也在他的管辖之下。何进对此极为不满。

东汉自和帝以后,外戚与宦官交替专权。延熹二年(159),桓帝与宦官单超、唐衡、徐璜、具瑗等5人合谋消灭了外戚梁氏,单超等5人同日封侯。从此,宦官独揽朝政,外戚与宦官的争斗也愈演愈烈,封建统治日趋黑暗。何进对宦官专擅朝政早已不满,灵帝重用蹇硕这件事又使他旧恨之上再添新恨。

不过,蹇硕虽然掌握了兵权,但心中仍然十分忌惮手握重兵的何进,于是想了个调虎离山之计,与几位中常侍一同向灵帝建议派何进率兵西征割据凉州(治今甘肃张家川回族自治县)的韩遂等。灵帝同意,还赐给何进兵车百辆,武士若干,以及代表征伐大权的斧钺等。何进知道这是蹇硕的主意,便以袁绍东征不归为借口拖延行期,始终不肯离开京城。中平六年(189)四月,汉灵帝死。因为灵帝在世时未立太子,这时该由哪位皇子继位便成了宦官集团和外戚集团斗争的焦点。当初,何皇后生了皇子刘辩,王贵人生了皇子刘协。后来,群臣请求灵帝立太子,灵帝认为刘辩举止轻佻,缺乏威仪,不适合做皇帝,相比之下天资聪颖的刘协更有帝王气派,董太后与宦官蹇硕等人都支持立刘协。但是,由于刘辩的生母得宠,其舅父何进又大权在握,因而灵帝不敢轻易废长立幼,舍刘辩而立刘协。这样一来,立太子的事就被搁置下来了。灵帝临死前,托蹇硕辅佐刘协为帝。蹇硕接受遗诏后,计划先诛杀何进,扫清障碍,然后立刘协为帝。他经过周密的准备,布置好伏兵,便派人去请何进入宫议事,企图一举消灭何进。何进毫无防范地来到皇宫门口。在蹇硕手下担任司马职务的潘隐与何进交情颇深,他不忍心眼看着何进送命,就主动迎上去,使眼色让何进不要入宫。何进明白危险就在眼前,急忙调转马头,疾驰回营,召集人马,拥兵自保,从此以身体有病为由拒绝入宫。

蹇硕的阴谋败落以后,何进召集大臣,拥立年仅14岁的外甥刘辩为帝,这就是汉少帝。同时,封刘协为勃海王。因皇帝年少,无力处理朝政,所以由何太后临朝听政,大将军何进与太傅袁隗共同辅政。

何进恼恨阴险毒辣的蹇硕谋害自己，也深知天下人痛恨宦官，诛灭宦官必定会得到朝野的广泛支持，所以他执掌政权以后就在悄悄地谋划，准备一举消灭宦官。他部下的中军校尉袁绍认为，此时正是铲除宦官的最佳时机，于是通过何进的亲信张津劝何进选拔更多的贤良之人，励精图治，为国除害。何进觉得很有道理。因为袁氏四世三公，声名显赫，其门生故吏遍布天下，势力极大，而且袁绍一向善于养士，英雄豪杰们都乐于为他所用，他的堂弟虎贲中郎将袁术也是位有气节的豪杰，所以何进对袁氏兄弟很器重，视之为得力干将。在笼络武将的同时，何进还大力招揽智谋之士，如逢纪、何颙、荀攸等人都成了他的心腹。

在何进磨刀霍霍的时候，手握禁军的宦官蹇硕也没有闲着。他对谋杀何进失败，拥立刘协不成，感到很不甘心，一直在伺机而动。他给宦官赵忠、宋典等人写信，要求他们关闭阁门，将何进及其同党一网打尽。由于宦官郭胜是何进的同乡，为何太后的入宫和何进的飞黄腾达帮了大忙，因而成为何太后的亲信。郭胜得知蹇硕的阴谋后，急忙与倾向于何氏的赵忠等人商议对策，决定不听蹇硕的命令，而是向何太后告密，并把蹇硕的亲笔密信交给何进。何进见时机成熟，当即命令黄门令搜捕蹇硕，并将他处死，然后顺理成章地接管了蹇硕所统领的禁军。

袁绍见何进总揽军政大权，认为这是彻底铲除宦官势力的大好时机，便向何进建议说：当年大将军窦武想诛灭宦官，结果自己反而被宦官所杀，他失败的原因是机密泄露，再加上禁军士兵害怕宦官，不敢与宦官作战；如今，大将军身为皇帝的舅父，而且兄弟二人共同掌握兵权，部下的将士都是俊杰名士，乐意为大将军效力，眼下正是诛灭宦官的天赐良机，我们稳操胜券不可坐失啊。袁绍还建议何进不要轻率入宫，以免发生危险。何进认为袁绍说得很对，当天就以身体有病为由不再入宫守丧，也不为灵帝送葬。在此期间，他与袁绍制订了诛灭宦官的具体计划，然后向何太后请示，但何太后坚决反对。何进不敢过分坚持己见，只得退一步请求先诛杀作恶多端的宦官。没想到何太后仍然不答应。何进无可奈何。袁绍不甘心就此罢休，坚持主张将宦官斩尽杀绝，以免后患。然而，何进的弟弟何苗和继母舞阳君都多次接受了宦官的厚赂，就不断地在太后面前为宦官们说好话，充当他们的保护伞。这两个人尤其是母亲的态度对何太后影响甚大，再加上宦官们势力庞大，其中有些人在宫中已经营数十年，被封侯的也不少，宫内宫外都有他们的爪牙，何进刚刚掌政，还没有完全控制局面，而且长期以来，他对宦官都怀着一种敬畏心理，所以迟迟下不了决心。

急不可耐的袁绍看到何太后是消灭宦官的障碍，害怕事情长期拖下去，自己与何进等一大批人都要成为宦官们的刀下之鬼，于是想方设法对太后施加压力，逼其就范。他向何进建议，要他召集四方的猛将和英雄豪杰率兵向京城进军，以胁迫太后同意诛杀宦官。何进认为这是个好主意。主簿陈琳认为这样做，正所谓倒持干戈，授人以柄，不仅不会成功，反而会成为招致祸乱的根源。曹操也认为这是个馊主意，必定会遭到失败。他主张惩办首恶，而不是斩尽杀绝宦官。但是，何进听不进这些正确意见,坚持下令召前将军董卓屯兵关中上林苑,东郡(治今河南濮阳东南)太守桥瑁屯兵城皋(今河南荥阳汜水镇),命武猛都尉丁原率兵火烧孟津,同时派大将军府的属吏王匡回到家乡太山郡(治今山东泰安东南)征发兵马。这些奉命而至的将领都声称要诛杀宦官,但何太后还是不从。

在双方僵持不下的情况下,何苗劝何进与宦官讲和。何进犹豫不决。袁绍怕何进变卦,力劝何进及早动手,以免宦官先发制人。何进于是决定任命袁绍为司隶校尉,假节,有便宜行事的权力;任命从事中郎王允为河南尹,负责维持京师治安。袁绍命董卓进驻驿站,声称要进攻平乐观。太后见形势危急,这才罢去各位中常侍和黄门的官职。这些被撤职的宦官们都忐忑不安地登门向何进请罪。袁绍再三劝何进趁此机会诛杀宦官,但何进始终下不了手。袁绍无奈,只好以何进的名义命令各州郡搜捕宦官的亲属。

何进久拖不决,消息早就泄露出去了。宦官们知道何进要杀自己,既怕又恨。他们当然不愿坐以待毙,便决定与何进决一死战。宦官首领张让的儿媳妇,是何太后的妹妹。他向儿媳叩头,请求临回乡前再入宫去侍奉太后、皇帝一次,以慰依恋之情,这样,将来即使身死沟壑,也没有什么遗憾了。何太后听到母亲转告此事后,十分感动,于是诏令被撤职的宦官们一律官复原职。

到了八月,何进见形势日益不利,便入宫面见太后,请求将中常侍以下的宦官全部处死。宦官们看到何进入宫,纷纷猜测说:大将军称病不临丧,不送葬,今日突然入宫,目的何在?是不是要对我们下手了?张让等人急忙派人偷听,把何进的话听了个一字不漏,完全了解了何进的想法,于是马上派中常侍段珪、毕岚等数十人,手持兵器,悄悄地从侧门溜进来,埋伏在隐蔽处。何进刚一出来,宦官们就诈称太后下诏,叫他再进去,还有要事相商。何进不知是计,刚回到省阁坐下,张让等人就上前责备何进,说他忘恩负义,过河拆桥,行事实在太过分了。这时,尚方监渠穆拔出宝剑,手起剑落,将何进杀死于嘉德殿前。可怜何进,最终为自己的心慈手软、优柔寡断付出了生命的代价。接着,张让、段珪等人伪造诏书,任命前太尉樊陵为司隶校尉,少府许相为河南尹。当诏书送到尚书省签署时,尚书对诏书产生了怀疑,就要求请大将军出来共同商议。宦官们把何进的头扔了过去,说:何进谋反,已经伏诛了。

何进的部将吴匡、张璋在外面听说何进被害,准备率兵入宫,为何进报仇。宦官们急忙将宫门关闭。袁术闻讯后率部赶到,与吴匡共同攻打宫门。宦官们死守宫门。傍晚时,袁术放火焚烧了南宫九龙门和东西宫。张让等人见形势不妙,欺骗太后说大将军造反,正在猛攻皇宫,劝太后和皇帝到北宫暂避。途中,尚书卢植手持长戈,挡住他们的去路,并怒斥段珪,段珪等人心中害怕,只得丢下太后,仓皇逃走。

这时,袁绍与叔父袁隗已杀了樊陵、许相,又捕杀了宦官赵忠等人。吴匡等将领怀疑何苗与宦官勾结杀死了何进,因而率兵攻杀何苗。袁绍见消灭宦官的大好时机来了,立即下令关闭北宫门,然后率兵入宫搜捕宦官,不论老少,一律格杀勿论,共杀死2000余人,一些没有胡须的人也被误杀。

张让、段珪挟持少帝与陈留王等数十人逃出洛阳,直奔黄河岸边的小平津。卢植等人紧追不舍,张让、段珪等宦官走投无路,被迫投河自尽。董卓也及时赶到,与文武百官一同奉迎天子还宫。

董卓进入洛阳后,废黜了少帝,立陈留王刘协为帝,这就是汉献帝。然后,又杀了何太后及其母亲舞阳君。显赫一时的何氏就这样灭亡了。

(原载《中原文化大典·人物典》,中州古籍出版社2008年4月版)

袁术传

【摘要】 袁术(？~199),字公路,汝南汝阳(今河南商水西北)人,袁绍堂弟。初为虎贲中郎将。董卓进京后以袁术为后将军,袁术因畏祸而出奔南阳。初平元年(190)与袁绍、曹操等同时起兵,共讨董卓。后与袁绍对立,被袁绍、曹操击败,率余众奔九江,割据扬州。建安二年(197)称帝,建号仲氏。此后袁术奢侈荒淫,横征暴敛,使江淮地区残破不堪,民多饥死,部众离心,先后为吕布、曹操所破,于建安四年(199)呕血而死。

【关键词】 袁术

袁术(？~199),字公路,汝南郡汝阳(今河南商水西北)人,司空袁逢的儿子,军阀袁绍的堂弟。自曾祖父起四世中有五人位居三公。他从小就以豪侠的气概而闻名,经常与那些公子哥儿们一起飞鹰走狗。后来,袁术收敛行为,颇能礼贤下士,后被地方官察举为孝廉。袁术从此就走上了仕途,先后担任郎中、折冲都尉、河南尹、虎贲中郎将等官职。

中平六年(189)四月,汉灵帝刘宏死去,皇子刘辩即位,这就是少帝。何太后临朝,以袁术的叔父袁隗为太傅,与大将军何进一同辅政。袁绍以窦武失败的教训劝说何进抓紧时间消灭宦官。何进犹豫不决,只是建议何太后解除掌握政权的宦官的职务,改由政府官员担任。但何太后不答应。袁绍又建议多召四方猛将及各地豪杰领兵入京,以胁迫太后同意诛杀宦官。何进便私自下令召前将军董卓、东郡太守桥瑁、武猛都尉丁原等率兵屯驻洛阳附近。八月,何进入宫报告太后,请求诛杀张让等大宦官,不想消息泄露,何进反被张让所杀。虎贲中郎将袁术闻讯后,率兵与何进的部将一起进攻皇宫,准备消灭宦官,为何进报仇。傍晚时分,袁术的部下放火烧毁南宫九龙门和东西宫,一时间火光冲天,宛如白昼。吓得宦官们赶忙带着太后、皇帝等逃往北宫。司隶校尉袁绍看到铲除宦官的时机成熟,当即率军捕杀宦官,不分老少一律处死,共杀死 2000 余人。

董卓望见洛阳城内火光冲天,知道出现了变故,马上率兵入城,收编了何进部下诸军,成为京城最强有力的军阀,大权独揽。不久,董卓想废掉少帝,另立新帝,于是任命虎贲中郎将袁术为后将军。袁术知道董卓是个心狠手辣、志大才疏的野心家,根本成不了大气候,相反,还会招来天下人的仇视,最终必将落得个身败名裂的下场,自己跟这种人掺和在一起,肯定没有什么好果子吃。为了躲避灾祸,袁术由京师洛阳出奔南阳。正巧,长沙太守孙坚起兵北上,声称要讨伐董卓。他先杀了对自己无礼的荆州刺史王叡,之后又杀了对义兵配合不力的南阳太守张咨。全郡上下十分震惊,从此孙坚的要求没有不及时得到满足的。继续北进至鲁阳(今河南鲁山)时,孙坚不期而遇南逃的袁术,并表示愿意听从袁术的调遣。这时,荆州牧刘表向朝廷上表保举袁术为南阳郡太守,于是,袁术轻而易举地得到了南阳郡。南阳郡人口达 243 万多,农业、手工业、商业都比较发达,袁术占领这里征敛无度,给百姓造成了极大的痛苦。

据有南阳之后,袁术又上表朝廷请求任命孙坚为行讨虏将军,领豫州刺史,让他率领荆州、豫州士兵讨伐董卓。孙坚率兵在阳人(今河南汝州西北)打败了董卓的军队,并将董卓的都督华雄等人枭首示众。正当孙坚乘胜前进的时候,有人在袁术面前挑拨离间说:如果孙坚占领了洛阳,你就无法控制他了,这就是所谓的前门驱狼而后门进虎。袁术听了,觉得很有道理,由此对孙坚产生了怀疑,而且下令停运孙坚的军粮。阳人距鲁阳 100 余里,孙坚星夜兼程,赶回鲁阳,向袁术表白心迹,据理力争。听了孙坚一番义正辞严、掷地有声的话语,袁术满面羞愧,如坐针毡,他当即下令恢复调发孙坚的军粮。孙坚说服了袁术,又快马加鞭赶回阳人,准备继续北进。董卓忌惮孙坚的勇猛顽强,因而派将军李傕等人来请求和亲,并许诺任用孙坚的子弟为刺史、郡守等。孙坚严词拒绝了董卓的请求,并率部攻占了距离洛阳 90 里的大谷关(一名水泉关,在今河南洛阳东南与登封交界的大谷口)。董卓见洛阳难守,便强迫汉献帝迁都长安。孙坚进入残破不堪的洛阳城,整修了被破坏的汉帝诸陵,然后率军退回鲁阳。

在孙坚北击董卓期间,袁绍趁孙坚主力远征,后方空虚之机,派遣大将周昕夺取了孙坚的豫州。袁术对袁绍充当关东义军的盟主本来就很不服气,此时见袁绍竟然欺负自己的人,心中更加生气,于是发兵攻打周昕。周昕大败而逃。不久,袁绍建议立刘虞为帝。袁术不喜欢受别人的约束,也担心立年长的皇帝对自己不利,于是以少帝睿智圣明,有周成王的天资,袁家作为世代忠良,不应该擅自废立皇帝这样冠冕堂皇的理由,拒绝了袁绍的建议。从此,兄弟二人结下无法排解的怨仇,各自拉帮结派,争取外援,千方百计地要置对方于死地。袁术结交的是幽州刺史公孙瓒,而袁绍也联络荆州牧刘表以牵制袁术。

因为豪杰们多依附于袁绍,袁术愤怒地说:"这帮小子不追随我,却要去追随我家的奴仆吗?"袁术又给公孙瓒写信,说袁绍不是袁氏的亲生儿子。袁绍闻讯大怒。

初平三年(192),袁术派遣孙坚攻打刘表。孙坚在攻打襄阳时,被刘表的部将射死。接着,公孙瓒派刘备与袁术合谋进攻袁绍,袁绍则与曹操联合反击,把刘备和袁术都打败了。初平四年(193),袁术进军陈留(今河南开封东南),与曹操交战正酣,刘表从襄阳进逼其根据地南阳,袁术首尾不能兼顾,结果被曹操击败,只得向襄邑(今河南睢县西)、宁陵一带退却。当退至扬州九江郡(治今安徽凤阳南)时,他杀害了刺史陈温①,自领其州,又兼称徐州伯,以寿春(今安徽寿县)为根据地。在此期间,董卓的部将李傕已占据长安,控制了汉献帝,他想结交袁术为外援,因而以朝廷的名义任命袁术为左将军,假节,封阳翟侯。

兴平二年(195)冬,因为董卓的旧将在关中地区长期混战,汉献帝出长安东行。李傕、郭汜、张济又紧追不舍。护驾的安集将军董承召集兵马抵御追兵,但屡战屡败,许多大臣被杀。后来,献帝流亡到安邑(今山西夏县西北)。袁术见汉帝岌岌可危,埋藏已久的野心终于暴露出来,他召集部下开会,说自己准备称帝以应天顺民。结果,有少数人站出来公开反对,其余的人则以沉默表示抗议。袁术见没有一个人支持,心中大为不悦。这时,远在江东的孙坚之子孙策也来信表示反对。袁术不予理睬,羽翼渐丰的孙策以此为借口宣布与袁术断绝关系。

建安二年(197),袁术在寿春称帝,自称"仲家",以九江太守为淮南尹,设置公卿百官,又郊祀天地。然后,派遣使者把称帝的消息告知徐州的吕布,并且为儿子向吕布的女儿求婚,想以结成儿女亲家的方式笼络吕布。吕布将袁术的使者送到都城许昌。袁术大怒,派遣部将张勋、桥蕤攻打吕布,结果大败而归。袁术又率兵攻打陈国(今河南淮阳)。陈王宠以善于弩射而著称,可以百发百中。国人素闻国王善射,其军队也善射,没有人敢造反,外敌也不敢入侵,因而陈国社会稳定,经济繁荣。周边地区为躲避战乱而跑到陈国的有数十万人。袁术曾经求粮于陈,国相骆俊断然拒绝,袁术十分恼怒,因而发兵攻陈。为了瓦解陈军,袁术先派人诱杀了陈王宠及其国相骆俊,陈国由此残破。这时,曹操亲自统率大军前来征讨袁术。袁术闻讯大惊,急忙逃往淮河以南,只留下大将张勋、桥蕤屯守蕲阳,抵挡曹操。曹操不费吹灰之力就击败袁军,杀死了桥蕤。张勋狼狈逃跑。袁术的兵力本来就弱,如今大将一死,军心涣散,了无斗志,有不少人乘机开了"小差"。

连年的天灾人祸,使江淮地区的农业生产受到很大影响,粮食产量锐减,军民都

---

① 此处从《后汉书》和《三国志》本传。裴松之引《英雄记》说:陈温为病死,袁术是赶走了自己所荐举的扬州刺史张瑀,然后自领其州的,与本传不同。

饱受冻馁之苦,甚至出现了大量的人吃人现象。令人难以置信的是,在如此严峻的形势下,袁术仍然一如既往地骄奢淫逸,暴殄天物。他出身于官宦人家,自幼娇生惯养,只知满足自己的穷奢极欲,根本不知道一切财物都来之不易。僭号称帝以后,袁术变得更加侈靡,其后宫的妃嫔有数百人,无不穿戴绫罗绸缎,打扮得珠光宝气,享尽山珍海味,而广大军民饱受饥寒之苦,饿殍遍野,他却丝毫不放在心上,还是一味地追求享受,以致府库空虚,民不聊生。在这种情况下,他的"新政权"当然也就无法生存下去了。

建安四年(199)夏天,袁术放火烧毁了自己的宫室后,率领文武百官和军队去投奔驻守在灊山的部将陈兰、雷薄。但是,陈兰、雷薄等人拒绝接纳他们。袁术陷入进退维谷、极度困难的境地。将士们见前途渺茫,纷纷逃走,另谋出路。在万般无奈的情况下,忧心忡忡又满腔怒火的袁术被迫将帝位让给袁绍,希望袁绍取代汉帝。袁绍不敢公开接受,但其内心深处何尝不想称帝呢?因而私下里欣然同意。

袁术见袁绍答应了,于是决定北上青州(治今山东淄博临淄北),去投靠袁绍的长子袁谭。曹操当然不愿看到这种局面出现,因而派刘备率兵截击。袁术无法突破刘备的防线,只得向寿春撤退。六月,袁术来到距离寿春80里的江亭时,军队已经断粮。他询问厨房的食品贮备情况,得知只剩下30斛碎麦。时值盛夏,一向养尊处优的袁术面对那些粗劣的食品实在难以下咽,想喝点蜂蜜解渴,又找不到,他坐在床上长吁短叹了很久,最后大喊一声说:"没想到我袁术竟然落到今天这步境地!"说罢,翻身倒地,口中狂喷鲜血,不久就呜呼哀哉,结束了他的一生。

袁术的妻子儿女无处安身,只得投靠袁术的故吏、庐江太守刘勋。不久,孙策击败刘勋,俘虏了袁术的妻儿。后来,袁术的女儿进了孙权的后宫,儿子袁曜在东吴为官,曾任郎中等职。

(原载《中原文化大典·人物典》,中州古籍出版社2008年4月版)

范滂传

【摘要】 范滂(137~169),东汉官员。字孟博,汝南征羌(今河南偃城东南)人。少厉清节,举孝廉。曾任清诏使、光禄勋主事,为官清正,敢于和恶势力作斗争,曾一度因为时政腐败而弃官。桓帝延熹九年(166),以党事下狱,释归时士大夫往迎者车数千辆。灵帝初再兴党锢之狱,诏捕滂,自投案,死狱中。

【关键词】 范滂

范滂(137~169),字孟博,汝南征羌(今河南偃城东南)人。他从小就有高尚的情操,受到家乡人的高度赞扬。后被察举为孝廉、光禄四行。所谓光禄四行,就是指光禄勋每年以敦厚、质朴、逊让、节俭四行来举拔诸郎为官。当时,冀州(治今河北柏乡北,后移治临漳西南,辖今河北南部及河南与山东一小部)地面发生饥荒,农民起义风起云涌。朝廷任命范滂为清诏使,派他前往冀州监察各郡县的官员。范滂一入州境,那些贪污腐败的郡守县令等官员便闻风丧胆,纷纷解下印绶弃官逃走。他弹劾官员的奏章,证据充足,没有不令众人心服口服的。后任光禄勋主事。当时,担任光禄勋的是名士陈蕃。有一次,范滂以正规的礼仪去拜见陈蕃,陈蕃并不了解他,只是把他看作普通的属员,因而未加制止。范滂见陈蕃未待己以殊礼,十分生气,因而弃官而去。

后来,太尉黄琼辟范滂为幕僚。不久,皇帝诏令三府属吏收集民间评论官员的歌谣,向朝廷报告。范滂借此弹劾刺史、郡太守等实权人物20余人。尚书责备范滂弹劾的官员太多，怀疑他有私心。范滂反驳说：自己所弹劾的，都是些贪婪残暴、祸国殃民的官员，绝不会冤枉任何人，这样做的目的，是为国除奸，使政治清明，就像农夫必须及时除去杂草，才能使庄稼长得茂盛一样；如果所言不实，自己愿受重罚。有关官员被范滂驳得无言以对。范滂看到政治黑暗，时局艰难，知道自己的理想无法实现，便投章自劾，辞官为民。

汝南太守宗资早就听说过范滂的大名，此时见他辞官回乡，便力邀他出任自己的功曹，并委以政事。范滂在任期间，严厉整治社会上的丑恶现象。凡是行为不轨、违背孝悌仁义的人，都要受到惩罚，丝毫不留情面，而且绝不迟延。与此同时，他公开举荐那些有高尚品德的人，可谓不遗余力。西平人李颂是范滂的外甥，出身于名门望族，却受到乡亲们的唾弃。大宦官唐衡为了拉拢范滂，就出面请宗资对李颂多加照顾，宗资于是让李颂做官。范滂认为李颂不适合做官，就把这件事情压下来，一直不任用李颂。宗资害怕被封为汝阳侯的宦官唐衡，又不敢得罪名士范滂，只好迁怒于主管文书的属吏朱零。朱零回答说："范滂所做出的裁决公正合理，准确无误，今天我宁可被你打死，也不能违背范滂。"宗资无奈，只得作罢。因为范滂得到太守宗资的重用，实际上掌握着汝南郡的选官用人大权，正如南阳郡的岑晊（字公孝）一样，所以当地人编了两首歌谣说："汝南太守范孟博，南阳宗资主画诺。南阳太守岑公孝，弘农成瑨但坐啸。"郡中的平庸之辈，没有不怨恨范滂的，甚至将范滂所重用的人称为"范党"。

延熹九年（166），司隶校尉李膺捕杀勾结宦官、教子杀人的方士张成。张成是河内郡（治今河南武陟西）豪强，善于观察天象，占卜吉凶，他以此结交宦官，连桓帝都向他请教过。据说，他推算出皇帝将向全国颁布大赦令，就指使儿子故意杀人。李膺毫不迟疑地派人将张成的儿子抓起来审讯。不久，朝廷果然宣布大赦。李膺非常生气，就不顾大赦令执意将张成的儿子处死。宦官侯览等人得知消息后，唆使张成的弟子牢修上书诬告李膺等人蓄养太学游士、交结诸郡生徒，共为部党，诽谤朝廷。桓帝大怒，下诏命令各郡国逮捕"党人"，并向全国公布罪行，要求天下共同声讨。这样，李膺和太仆杜密、御史中丞陈翔及陈寔、范滂等200多人均被逮捕。太尉陈蕃也以用人不当被免职。

当时，范滂被关押在黄门北寺狱。此前，监狱中早已存在着一个传统，那就是，凡是新入狱的犯人都要祭奠帝尧时期的优秀法官皋陶。狱吏特意提醒了范滂。范滂回答说："皋陶是个贤明的法官，是古时著名的正直之臣。如果我范滂无罪，那么他将向上天申明此事；如果我有罪，那么祭祀他又有什么益处呢？"大家听了，觉得很有道理，于是谁也不去祭祀皋陶了。当狱吏摆好刑具，准备拷打被关押者时，范滂以狱友们大多数疾病缠身为由，请求狱吏放过他们，让自己先上刑床。同郡的袁忠也争着要先受刑，最终还是范滂取得了"胜利"。一天，汉灵帝派大宦官王甫前来审讯"党人"。范滂等人的脖子、双手和双脚上都带着刑具，脑袋也被蒙上，全都站在台阶下的露天地里。站在前边的人犯，有的与王甫激烈地争辩，有的一句话也不回答。

范滂和袁忠从后面挤到前面来,要求先受审。王甫责备范滂作为臣子,不思报国,却结党营私,相互褒举,评论朝廷,诽谤时政。范滂针对王甫的指责,逐条驳斥。王甫被驳得无话可说,不禁为之改容,于是下令除去范滂身上所有的刑具。

因为李膺、范滂等人在狱中交代党人时故意"供出"一些宦官子弟,宦官们害怕受到牵连,再加上窦皇后的父亲窦武上书切谏并以辞职相威胁,尚书霍谞再三上奏折恳求,时任汝南太守的尹勋也上书为范滂、袁忠等人开脱,桓帝这才于次年下诏将"党人"赦归故里,并予以禁锢,终身不得做官。这就是第一次党锢事件。事件发生后,引起了士大夫阶层的公愤。他们互相标榜,称窦武、陈蕃、刘淑为"三君",李膺、杜密等八人为"八俊",郭泰、范滂等八人为"八顾",张俭、翟超等八人为"八及",度尚、张邈等八人为"八厨"。

当范滂被释,准备从京师起程南下回乡时,汝南、南阳二郡的士大夫前来迎接的人很多,仅各种车子就有数千辆之多。范滂不愿张扬,于是悄悄地回到故乡。

永康元年(167)十二月,桓帝死,12岁的解渎亭侯刘宏即位,这就是汉灵帝。由于皇帝年纪尚幼,无力处理国政,因而由窦太后临朝,外戚窦武为大将军,执掌朝政。窦武与太傅陈蕃起用党人,打算消灭宦官势力。后因事机泄露而失败,陈蕃被杀,窦武自杀。公卿以下官员凡是陈蕃、窦武所荐举的,以及他们二人的门生、故吏等皆被免官禁锢。

建宁二年(169),因为大宦官侯览倚仗权势,残害百姓,强抢民女,侵夺大量田宅,山阳郡督邮张俭强行没收了侯览巧取豪夺的资产,同时上书告发侯览的罪恶,请求朝廷诛杀侯览。侯览对张俭恨之入骨,因而指使张俭的一个同乡诬陷张俭与本郡24人结成朋党,图谋危害社稷。朝廷于是下诏收捕张俭等人。同年十月,宦官曹节也乘机指使有关部门上奏要求逮捕党人。朝廷又下诏命令各地急捕李膺、范滂、杜密等百余人。汝南郡负责督察、狱讼、捕亡等事务的督邮吴导奉命前往征羌县捉拿范滂。他来到征羌县后,左思右想,实在不忍心逮捕名满天下的正人君子范滂,因而怀抱皇帝的诏书,将自己关在驿舍里,伏在床上不停地哭泣。范滂听说此事以后,知道督邮必定是冲着自己而来的,为了不为难地方官员,他不仅未逃,反而主动到县狱投案自首。县令郭揖看到范滂后大吃一惊,当即解下印绶,要带着范滂一起逃走,并且责备范滂说:"天下如此之大,先生您为什么一定要到这里来呢?"范滂回答说:"只要我范滂死了,这场灾难就过去了,我怎敢为求自己活命而连累你,同时又让老母颠沛流离呢?"范母赶来与儿子诀别,范滂将老母托付给弟弟仲博,并希望母亲不要太过伤心。母亲大义凛然地回答说:"你如今与李膺、杜密齐名,死了又有什么可以遗憾的!已经有了美好的名声,又想得到长寿,难道这两样东西可以兼得吗?"范滂跪下来接受母亲的教诲,又拜了两拜,这才起身离去。走了几步,他又回头嘱咐儿子说:"我想让你做恶事,以免像我这样因为不做恶而遭刑戮,但是恶事又不可做;我想让你做善事,可是我又是因为行善而丧生的,实在不忍让你重蹈覆辙。"行路之人听到范滂的话,没有不伤感落泪的。不久,年仅33岁的范滂含恨死于狱中。范滂被捕后,他的妻子儿女被发配到边远地区。受此次党锢事件连累而被处死、流放、免官、禁锢的人数接近1000。熹平元年(172),宦官又指使司隶校尉段颎追捕党人和太学诸生千余人。熹平五年(176),朝廷又进一步诏令州郡,凡党人的门生、故吏、父子兄弟和五服以内的亲属,都免官禁锢。直到黄巾起义爆发后,灵帝下诏赦免党人,党锢事件才告结束。

在当时的历史条件下,范滂等人反对宦官集团的黑暗统治,在一定程度上反映了人民群众的愿望,得到了人民群众的大力支持。他们不屈不挠、顽强斗争的精神,令人钦佩,值得后人学习。

(原载《中原文化大典·人物典》,中州古籍出版社2008年4月版)

周磐传

【摘要】 周磐,字坚伯,是汝南郡安成县(治今河南汝南东南)人。为孝敬母亲而出仕,为官期间,廉洁奉公,力行德政,尽最大可能为百姓谋福利,赢得了百姓们的爱戴。周磐还是东汉时期古文经学派的代表人物之一,他一生培养了大批的弟子,为东汉的文化事业做出了重要贡献。

【关键词】 周磐

周磐,字坚伯,汝南郡安成县(治今河南汝南东南)人。他的祖父周业,在光武帝建武初年曾任天水郡(治今甘肃通渭西北)太守。周磐少年时游学于京师,刻苦钻研《古文尚书》、《洪范五行》和《左传》等典籍,进步很快。他举止有礼,品行端正,平日说话口不离《尚书》,深得京师儒生的敬重。

由周磐所攻读的经书可以看出,他属于古文经学派。汉代的经学分为古文经学派和今文经学派。西汉是今文经学占统治地位的时代,但古文经学自诞生之后就跃跃欲试,想取代今文经学的地位。从成帝时开始,两派的斗争越来越激烈。到东汉时期,古文经学已取得了与今文经学并驾齐驱的地位,在某些方面甚至超过了今文经学。更为重要的是,古文经学派得到了帝王的大力支持,因而研习古文经学的读书人在政治上处于比较有利的地位,可以担任各种各样的官职。

周磐自幼丧父,家境十分贫寒,他竭尽全力赡养母亲,但仍不能使老母亲免于饥寒之苦,自己就更不用说了。有一天,周磐诵读《诗经·汝坟》,当读到最后一章"鲂鱼赪尾,王室如毁。虽则如毁,父母孔迩"时,联想到母亲所受的苦难,他思绪万千,最后喟然长叹,久久不发一语。为了让年迈的母亲能过上比较好的生活,于是他决定出仕,接受地方政府的荐举,成为本郡的一名孝廉。

章和二年(88)二月,汉章帝死,年仅10岁的太子刘肇即位,这就是和帝。不久,周磐被任命为谒者。此后,他历任任城(治今山东微山西北)县长、阳夏(治今河南登封东南告城镇)县令、重合(治今山东乐陵市东北)县令。周磐在这三个县任职期间,始终廉洁奉公,力行德政,尽最大可能为百姓谋福利,因而赢得了百姓们的爱戴。后来,由于思念母亲心切,周磐毅然放弃官职,回归家乡侍奉年迈体衰的慈母。数年后,母亲病逝,周磐悲痛欲绝,哭得死去活来。在为母亲守丧的三年间,周磐严格遵照礼法行事,因为悲伤过度,致使身体健康受到极大的损害,他几乎因此而丢了性命。服丧结束以后,生活本应完全恢复正常,但是他仍然在母亲的坟墓旁边结庐而居,追随他在这里学习的弟子常有上千人。

中央的太尉、司徒、司空三公府多次征召周磐出来做官,都是以"有道"的名义特别征辟。周磐对友人说道:"当年,方回、支父爱惜精神,保养和气,不以荣利影响其养生之道。现在,我的双亲都不在世了,做官还有什么用处呢?"于是拒绝了三公的征召。建光元年(121),周磐已经73岁高龄,他在大年初一就召集众弟子,滔滔不绝地讲了一整天课,然后对自己的两个儿子说:"近日我曾梦见已经仙逝的老师东里先生,他与我在阴堂西南角说了一番话。"说到这里,周磐喟然长叹道:"莫非这个梦是我阳寿将尽的预兆?我死之后,只希望你们能为我置办一口薄桐木棺材,外加一个足以容纳棺材的椁,将尸身简单收殓,身上穿几套洗干净的衣服,头上用一方丝巾束发,然后在地上挖一个竖坑,不要墓道,将棺椁放进去就地掩埋即可;另外,你们务必要准备一些二尺四寸长的竹简,将《尚书·尧典》刻写一遍,再备一把刻刀和一支毛笔,一同放置在我的棺木之前,以示我永远不忘圣人的教导。"听了父亲的话,两个儿子都满腹狐疑,不知如何是好。他们根本不相信精神矍铄、体力充沛的父亲有必要这么早就准备后事,因而并没有把他的话真正当回事儿。没想到,在正月十五那天,周磐竟然在家无病而终。学者们都认为周磐是个知天命之人。

周磐是东汉时期古文经学派的代表人物之一,他一生培养了大批的弟子,为东汉的文化事业做出了重要贡献。同时,他侍奉母亲极为孝顺,又淡泊名利,这是发自内心的真实情感,与当时一些读书人矫揉造作、假借为亲人守丧之机欺世盗名、以求仕进的做法形成了鲜明的对照,从而为士人们树立了一个光辉的榜样。

(原载《中原文化大典·人物典》,中州古籍出版社 2008 年 4 月版)

应奉传

【摘要】 应奉,字世叔,是汝南南顿(今河南项城西)人,少时非常聪明,记忆力特佳,凡所经历的事情,没有忘怀的。后被大将军梁冀举为茂才。延熹年间(158~167),武陵(郡名,治所在今湖南常德市)蛮夷复寇乱荆州,应奉从车骑将军冯绲同征。武陵平定后,荐为司隶校尉。在任期间,纠查贪赃枉法之事,不避豪强贵戚,以严厉著称。后党锢事起,乃愤然以疾自退。著有《汉书后序》、《汉事》十七卷、《感骚》三十篇,今不存。

【关键词】 应奉

应奉,字世叔,汝南南顿(今河南感项城)人。他出身于官宦世家,曾祖父应顺(字华仲)在汉和帝时曾任河南尹、将作大匠等职,是大家公认的清正廉明、通晓政事、严于律己的好官。应顺生有10个儿子,都很有才学。他的中子应叠就是应奉的祖父,官至江夏郡(治今湖北新洲西)太守。应奉的父亲应郴,官至武陵郡(治今湖南常德西)太守。

应奉天资聪颖,从年幼时到长大成人,凡是他所经历的事情,所走过的地方,没有不暗记于心的。他的记忆力和接受能力都特别强,读书时可以一目五行,而且过目不忘。登上仕途之后,应奉最初做的是郡决曹史,负责审理案件。他巡行了辖境的42个县,审讯囚徒不下千人。回来以后,太守询问审案的详细情况,应奉有问必答,毫不迟疑,将每个囚犯的姓名、罪状和情节轻重,说得清清楚楚,滴水不漏。当时人们都感到十分惊讶,认为他实在是个奇才。大将军梁冀听说他的大名以后,特意举荐他为秀才。

此前,武陵郡少数民族人詹山等率领4000余人反叛朝廷,他们拘禁了县令,割据一方达数年之久,气焰十分嚣张,地方官府和官军都无可奈何。皇帝下令让公卿们商议对策。结果,大将军(或太傅)、太尉、司徒、司空等"四府"一致推举应奉前去镇抚,理由他颇有将帅之才。汉桓帝永兴元年(153),朝廷任命应奉为武陵太守。应奉到任以后,詹山等人主动归降,其部属也自行解散。之后,应奉大力兴办学校,举荐出身卑微的贤才出来做官,不久就收到了移风易俗的效果。可惜的是,他的任期还没有满,改变武陵落后面貌的目标尚未实现,就因为公事而被免职。

延熹年间(158~167),武陵的少数民族又一次侵扰荆州(治今湖南常德东北)。车骑将军冯绲认为应奉素有威望,深受各少数民族人民的信赖,因而上疏请求朝廷派他随自己一同出征。于是皇帝下诏任命应奉为从事中郎,与冯绲一同南下。应奉到前线以后,积极出谋划策,很快就打败了各少数民族的军队,凯旋回京。冯绲把功劳都推让给应奉,并举荐他为京畿地区负责纠察百官及所辖各郡官吏的长官——司隶校尉。应奉上任后,坚决打击违法乱纪之徒,即使是面对皇亲国戚、豪强大族也绝不手软,所以没过多久他治郡严厉的名声便传遍海内。

延熹八年(165),邓皇后因为恃尊骄纵,妒嫉成性,特别是与桓帝所宠爱的郭贵人相互倾轧而被废,打入暴室狱罚做苦役,不久就郁闷而死。邓氏家族的人都受到牵连,不少人被杀。当时,田贵人非常受宠,桓帝想立她为皇后。应奉认为田贵人出身卑贱,不宜越级被封为皇后。桓帝读了应奉的奏疏,认为他说得很有道理,于是改变初衷,不再提立田氏为后的事。后来,桓帝立贵人窦氏为皇后。

次年,司隶校尉李膺捕杀了宦官们所器重的术士张成,被宦官们诬陷为与太学游士、诸郡生徒等结为朋党,诽谤朝廷。结果,李膺与杜密、范滂等200余人被捕入狱,太尉陈蕃也被免职。延熹十年(167),在贾彪等人的劝说下,窦皇后的父亲窦武向桓帝进谏,请求释放党人。桓帝碍于情面与各方面的压力,只得同意放人,但是要求政府有关部门将党人的名字登记造册,终身禁锢,不得出来做官。这就是东汉历史上著名的第一次党锢之祸。应奉看到皇帝昏庸,政治黑暗,各种社会矛盾日益尖锐,知道国事已不可为,而且大厦将倾,独木难支,因而索性以身体有病为由,主动辞职回家。

赋闲在家的应奉面对着危机四伏的现实社会,常常陷入深思。他觉得现实的形势与战国末年的楚国很相似,自己的处境和心情也与著名爱国诗人屈原十分相似,抚今追昔,不禁黯然神伤。在悲愤交加的情况下,他奋笔疾书,写了《感骚》三十篇,共有数万字。

在家居期间,有不少人荐举应奉出来做官,他都未应允,直到病逝。应奉的儿子,就是著名的学者应劭。

(原载《中原文化大典·人物典》,中州古籍出版社2008年4月版)

服虔传

【摘要】 服虔,初名重,又名祇,后改名为虔,字子慎,河南荥阳(今属河南省)人。生活于公元2世纪左右。东汉末著名经学家,主要研习古文经《左传》,是汉代《左传》研究的代表人物之一。撰有《春秋左氏传解》、《驳何氏汉议》等著作,是东汉时期古文经学派的代表性人物,在经学史、史学史以及文化史上都有崇高的地位。

【关键词】 服虔

服虔,字子慎,最初名重,又名祇,后来改名为虔,是河南郡荥阳人。年幼时家境贫寒,他就以每天过清苦的生活来磨炼自己的意志,立志长大成人后要干一番大事业。年龄稍长之后,服虔来到当时全国的政治、经济、文化中心——京师洛阳,进入最高学府太学学习。服虔天资聪颖,又特别勤奋,因而学业上进步很快,并且以善于写文章而著称于世。

在汉代,经学有所谓今古文之争,服虔属于古文经学派,而且是当时旷日持久的大论战中的重量级人物。原来,自从汉武帝"罢黜百家,独尊儒术"之后,整个西汉时期,今文经学受到封建统治者的承认,被立于学官,在思想学术领域一直占据着统治地位,朝廷所立的五经博士,都是对某一经有着专门研究的今文经学家。古文经学则一直处于被贬斥的地位,未能立于学官。古文经虽有传本,但只是藏于朝廷秘府,或在民间流传。直到西汉末年,汉平帝在位时,得到王莽支持的古文经学,才被立于学官,以便与今文博士抗衡。

东汉建立以后，统治者又重新提倡今文经学，虽曾立古文博士，但为时很短，事实上等于废除了古文经学博士。东汉的今文经学除了讲灾异之外，还增加了谶纬之类的迷信说教。所谓谶纬，实际上就是假托天神、先圣之言，诡为隐语，预决吉凶之兆的一些迷信做法，是西汉末年从五行说演变而来的。光武帝刘秀就十分崇信谶纬，尽管遭到一些进步思想家、科学家的批评，但他仍然执迷不悟。光武帝死后，今、古文之争愈演愈烈。在这种形势下，汉章帝于建初四年(79)在白虎观召集儒生们进行辩论，以确定五经的异同。两派经学家展开了激烈的争论，结果谶纬学说得到肯定，今文经学受到最高统治者的支持，取得了胜利。从此，今文经学得到更充分的发展，但与此同时，它也变得越来越烦琐。一部经书的解说，往往有数十万字，多的甚至达到上百万字。如秦近君注解《尚书》时，仅对《尧典》这篇目二字，就解释了十余万字，令人无法卒读。而且今文经学用大量的迷信内容去附会经义，更显得荒诞无稽，这些都不可避免地使今文经学丧失了生命力。所以，从东汉中叶以后，古文经学的势力乘机迅速发展，并逐渐取得优势。服虔与贾逵、马融、许慎等著名学者一样，都是当时极富影响力的古文经学大师。

服虔主要研习古文经《左传》，是汉代《左传》研究的代表人物之一。从战国到西汉，《左传》除了有时被立学官于诸侯王廷之外，一直未得到最高统治者的认可，主要是在民间流传。直到刘歆研习《左传》后，《左传》才引起世人的关注，并开始与《公羊传》、《穀梁传》相提并论。哀帝即位以后，刘歆建议将《左传》立于学官，为此还移书太常博士进行论辩。最终，刘歆的目的虽未达到，但进一步扩大了《左传》的影响。平帝时，在王莽的支持下，《左传》等古文经终于被立于学官。东汉建立后，今、古文经学派关于《左传》的争论仍十分激烈。最初双方论争的代表人物是今文经学家范升和古文经学家陈元。二人反复论辩，前后达十余次，最后光武帝决定将《左传》立于学官，并任命古文经学家李封为《左传》博士。但是，今文经学派并不甘心，他们依然议论纷纷，表示反对，并多次在朝廷论争。不久，李封去世，《左传》博士被废，一直到东汉灭亡，《左传》也没有再立学官、置博士。但《左传》的影响却在不断扩大，先后出现了郑兴、郑众父子和贾徽、贾逵父子以及服虔这样的代表性人物。汉章帝对贾逵非常赞赏，极力支持他发扬光大《左传》之学。在这种情况下，以《左传》为代表的古文经学在整个经学领域已经明显占了上风，只是在形式上未立于学官而已。但是，以《公羊》之学为代表的今文经学并不认输。《公羊》学者李育"作《难左氏义》四十一章，并在白虎观会议上以《公羊》义向贾逵发难。后来，何休又在此基础上进一步非难《左传》和《穀梁传》，特意写了《公羊墨守》、《左传膏肓》、《穀梁废疾》三篇文章。面对今文经学派咄咄逼人的攻势，以服虔为代表的古文经学派学者当然不会坐视，他们立刻展开了强有力的反击，对《公羊传》大加鞭挞。服虔专门撰写了《春秋左氏传解》一书，这部《隋书·经籍志》著录为《春秋左氏传解谊》，篇幅长达31卷（《新唐书·艺文志》著录为《左氏解谊》三十卷），内容博大精深，在当时及后世影响甚大。相传经学大师郑玄准备为《左传》作注而未成，听说服虔也在为《左传》作注,而且观点大多与自己相同,便停下手来,并把自己已经完成的草稿全部交给服虔,使服虔得以完成《春秋左氏传解》一书。所以,这部书至少是两位经学大师智慧的结晶。可惜的是,该书在宋朝以后便逐渐失传了。针对何休所辩驳的汉事60条,服虔又利用《左传》一书中的内容逐条加以反驳。

灵帝即位后,服虔被举荐为孝廉,开始了仕宦生涯,经过几次升迁,到中平末年,他担任了九江太守。后来,因故被免职。不久,服虔因病去逝。

据《隋书·经籍志》等书记载,服虔的著作还有《春秋左氏膏肓释》十卷(《新唐书·艺文志》著录为《膏肓释痾》五卷)、《春秋成长说》九卷(《新唐书·艺文志》著录为七卷)、《春秋塞难》三卷、《驳何氏汉议》二卷(《新唐书·艺文志》著录为《驳何氏春秋汉议》十一卷)、《春秋左氏传音》三卷(《新唐书·艺文志》著录为《音隐》一卷,《旧唐书·经籍志》著录为《春秋左氏音隐》一卷)、《汉书音训》一卷、《通俗文》一卷等。此外,《后汉书·儒林传》记载他还作有赋、碑文、诔、书记、《连珠》、《九愤》等,共十余篇。

服虔是东汉时期古文经学派的代表人物之一,在经学史、史学史以及文化史上都有崇高的地位。

(原载《中原文化大典·人物典》,中州古籍出版社2008年4月版)

杨伦传

【摘要】 杨伦,字仲理,陈留东昏(今河南兰考北)人。少时为诸生,拜司徒丁鸿为师学习《古文尚书》。做官期间,由于不喜欢社会中丑陋的现象而辞官。之后开馆授徒。延光年间,杨伦再次出仕,任清河王傅,因为揭露安帝皇后的阴谋而被判罪罢官。顺帝时,杨伦前后多次被朝廷征召,但每次都因犯颜直谏而不容于当政者。他为人正直,为官清廉,敢于犯颜进谏,可谓是东汉为官之人学习的楷模。更加值得一提的是杨伦开馆授徒,对文化事业做出了很大的贡献。

【关键词】 杨伦

杨伦,字仲理,陈留东昏(今河南兰考北)人。年少时为诸生,拜司徒丁鸿为师学习《古文尚书》。后任郡文学掾,因为志向远大,曲高和寡,又十分看不惯现实社会中的丑恶现象,所以愤而辞职,从此不再应州郡的征召出来做官,而是在大泽(今江苏丰县北)之中开馆授徒,跟他学习的弟子多达千余人。汉安帝元初年间(114~120),陈留郡礼请他出来做官,太尉、司徒、司空三府也都来征召他,并派来公车迎接,但杨伦总是以身体患病为由坚辞不就。

元初四年(117),名士杨震接受朝廷的征召担任了太仆,不久又调任太常。此前,博士选举大多数名不副实,杨震上任以后就举荐了具有真才实学的明经名士杨伦等人,尽管杨伦不接受,但杨震此举仍受到了众儒生的高度称赞。

延光四年(125),朝廷特征杨伦为博士,并任命他为清河王傅。

三月,安帝在叶县病死。皇后阎氏等人担心京城出现变故,因而封锁消息,坚持回到京师后才发丧。由于太子刘保在上一年已经被贬为济阴王,一时间没有合法的继承人,阎皇后等人于是立北乡侯刘懿为帝,阎后则顺理成章地以太后的身份临朝听政。杨伦听说安帝驾崩,马上弃官奔丧,在皇宫门外号哭不止。阎太后心中不悦,就借口杨伦擅离职守,将他判以重罪。

同年十月,北乡侯死,宦官程顺、王康、王国等拥立11岁的济阴王刘保为帝,这就是汉顺帝。顺帝即位不久,就下诏赦免杨伦,并留他在恭陵守丧。服丧期满后,杨伦被任命为侍中。

当时,邵陵县令任嘉在职期间肆无忌惮地贪赃枉法,民愤极大,但是他不仅未受到惩罚,反而官运亨通,荣升为武威太守。后来,有关部门上奏弹劾任嘉贪污的赃款赃物价值以千万计,皇帝将此案交给廷尉审理。结果,受到牵连的文武大臣竟多达100余人。杨伦上书坚决要求严惩举荐任嘉之人,认为只有这样才是杜绝贪污腐败的良策,就像当年齐威王断然诛杀五个奸臣以及举荐他们为官的人,从而为自己的霸业奠定了基础一样。一些大臣认为杨伦的奏折言辞太过激烈,对皇上有大不敬之嫌,结果,杨伦被判处三年徒刑。但是,由于杨伦屡屡进献忠言,有功于国家社稷,所以汉顺帝又特意下诏赦免了杨伦的刑罚,只是将他免去官职,令其回乡居住。

阳嘉二年(133),朝廷又重新起用杨伦,任命他为太中大夫。数年后,执掌朝政的大将军梁商敬慕杨伦的大名,因而任命他为自己的长史。但是,梁商只有好士之名,却无用士之量。他先任用对策第一名的李固为从事中郎,却不能接受李固的正确意见。如今,又任用名满天下的杨伦,同样因为不能接受杨伦的劝谏,而将杨伦调出京城担任常山王傅。杨伦因病不能赴任。顺帝下诏书责令司隶催促杨伦尽快登程。杨伦行至河内郡朝歌县(今河南淇县)就止步不前了。他给皇帝上书说明自己的病情,并发誓宁愿被处死也决不北行一步了。顺帝于是下诏把"稽留王命,擅止道路,托疾自从,苟肆狷志"的杨伦押回京师,交给廷尉治罪,不久又下诏赦免了杨伦的罪过。

杨伦前后多次被朝廷征召,但每次都因犯颜直谏而不容于当政者。在最后一次被罢官为民后,他回乡隐居,每日闭门授徒,不与外界发生任何交往。朝廷多次征召,他总是婉言谢绝,或避而不见,直至病逝于家中。

杨伦一生为人正直,为官清廉,敢于犯颜进谏,可谓是东汉为官之人学习的楷模。同时,他从小饱读经书,手不释卷,学识十分渊博,又乐于提携后学,终生诲人不倦,教出了一批又一批的弟子,为社会培养了大量的有用人才,从而对当时文化教育事业的发展做出了自己的贡献。杨伦的作品今有两篇,这就是《上书案坐任嘉举主罪》和《辞补常山王傅》。

(原载《中原文化大典·人物典》,中州古籍出版社2008年4月版)

桥玄传

【摘要】 桥玄(109~183),字公祖,梁国睢阳(今河南商丘)人。少为县功曹,乞豫州刺史周景任为陈国从事,因追究陈相羊昌罪恶而著名。举孝廉,历洛阳左尉、齐相、上谷太守、汉阳太守、司徒长史、将作大匠。桓帝末,为度辽将军,保境安民,击败鲜卑、南匈奴、高句丽侵扰。灵帝初,任河南尹、少府、大鸿胪。建宁三年(170),迁司空,转司徒。光和元年(178),迁太尉。玄以国政衰弱,而己无能为力,遂称疾免官。光和六年(183)卒,年七十五。玄性格刚强,不阿权贵,待人谦俭,虽历高官,不以官爵私亲。为官清廉,家贫乏家业,卒后无葬资。时称为名臣。

【关键词】 桥玄

桥玄(109~183),字公祖,梁国睢阳(今河南商丘)人。汉安帝永初三年(109),出生于一个书香门第、官宦世家。本传记载,他的七世祖桥仁,拜同郡戴德为师学习《礼记》。梁人戴德,号大戴,曾任信都(治今河北冀县)太傅,是《大戴礼记》的编辑者,汉代最著名的礼学家之一。但是,同书《儒林传》却说,大戴的弟子是琅邪人徐良,不是桥仁。桥仁的老师是戴德的侄子戴圣(即小戴)。"大戴授琅邪徐良斿卿,为博士、州牧、郡守,家世传业。小戴授梁人桥仁季卿、杨荣子孙。仁为大鸿胪,家世传业,荣琅邪太守。由是大戴有徐氏,小戴有桥、杨氏之学。"二种说法略有分歧。显然,《儒林传》对《礼记》传承关系的记载更加详细清楚,可谓明白无误,所以,我们应当采用这种说法,认定桥玄是戴圣的弟子。因为受到名师的指点,桥仁在学业上进步神速,终成一代名家。他著有《礼记章句》一书,共四十九篇,影响甚大,时人称之为"桥君学",并成为其家学。汉成帝时,桥仁曾担任大鸿胪之职。桥玄的祖父桥基,官至广陵太守。父亲桥肃,官至东莱太守。

桥玄年轻时官任本县功曹。当时,豫州刺史周景巡行郡国来到梁国,桥玄主动前去拜谒,跪伏在地控诉了陈国相羊昌的种种恶行,并请求周景任命自己为部陈从事,彻底查清羊昌的犯罪事实。周景听后,认为桥玄是个敢想敢做的人才,就同意派他前往陈国查案。桥玄到任以后,将羊昌的宾客全部捉拿归案,经过严刑拷问后全部定以贪赃之罪。羊昌一向深得专断朝政的大将军梁冀的宠信,梁冀听说羊昌有难,立即给豫州刺史周景发信相救。周景秉承上司的旨意下文书紧急召见桥玄。桥玄将公文原封不动地退还,一个字也不看,同时加紧审讯,一刻也不放松。最终,羊昌被判有罪,用槛车解往京城处治。桥玄也因为此事而威名大振。

后来,桥玄被推举为孝廉,补授洛阳左尉。当时,梁不疑任河南(治今河南洛阳)尹,桥玄有公事登门拜访梁不疑,但梁不疑未予礼遇,他耻于为不疑所羞辱,因而弃官回归故里。但不久之后,他又应征出山,经过四次升迁便担任了齐国相这样的高官,其地位相当于郡太守。在齐国相任上,他因事被处以城旦之刑,这是一种四年徒刑,因天明就要起来做苦工,所以称为城旦。服刑期满之后,桥玄又被朝廷征用,先后做了上谷(治今河北怀来东南)太守和汉阳(治今甘肃甘谷东南)太守。在此期间,他仍然一如既往地全力搏杀豪强,严厉惩治贪官污吏,声威所至,不法之徒闻风丧胆。

汉桓帝末年,鲜卑人勾结南匈奴、乌桓以及高句丽等一同背叛汉朝,大肆攻扰边境各郡。丞相、御史、车骑将军、前将军等四府一致推举桥玄为度辽将军,假黄钺,前去抵御。桥玄到达任所以后,首先养精蓄锐,坚守不出,然后督率诸将讨击各侵边少数民族及高句丽等,将他们打得落花流水,取得了重大胜利。桥玄在职三年,边境平安无事。

永康元年(167),汉桓帝病死,外戚窦武与众大臣立12岁的解渎亭侯刘宏为帝,这就是汉灵帝。灵帝即位之初,太傅陈蕃力劝大将军窦武先发制人,及早除掉大宦官曹节、王甫等。曹节等人闻讯,假传圣旨收捕窦武等人。结果,太傅陈蕃为王甫所害,窦武兵败自杀。公卿以下官员凡是陈蕃、窦武所推举的,以及他们二人的门生、故吏等,都被免官禁锢。次年,党锢的规模进一步扩大,李膺、杜密、范滂等百余人被杀,天下豪杰及儒学有行义者,都被指为党人,因此而被处死、流放、免官、禁锢的又有六七百人。这就是东汉历史上的第二次党锢之祸。在此形势下,桥玄被调入京师担任河南尹,不久又转任少府、大鸿胪。建宁三年(170),升迁为司空,又转任司徒。他一向与南阳郡太守陈球有矛盾,积怨甚深。当他位居三公时,却极力推荐陈球出任九卿之一的廷尉之职,主管全国的刑狱。此举反映了桥玄高尚的品质和情操,一时间被传为美谈。

因为灵帝年幼，又很懦弱昏庸，以致大权旁落，国家政治江河日下，桥玄自忖大厦将倾，独木难支，于是向朝廷上奏疏，声称身体有病，并将当时发生的许多灾异现象归咎于自己，以此为由请求辞职。朝廷于是罢免了他的司空职务。

过了一年多时间，朝廷又拜桥玄为尚书令。当时，太中大夫盖升与灵帝有很深的交情，此前他在担任南阳太守期间，恃宠骄纵，恣行不法，所得赃款数以亿计。桥玄上奏折，要求罢免盖升，没收其财产，并予以终身禁锢。灵帝坚决不答应，反而将盖升提拔为侍中。桥玄见灵帝如此行事，便托病请求免去尚书令之职。于是朝廷改任他为光禄大夫。光和元年（178），桥玄又升迁为太尉。数月之后，又因病被免职，改任太中大夫，回家养病。

桥玄的小儿子刚满十岁，有一天，当他独自一人在门口游玩时，突然被三个手执器械的陌生人所劫持。歹徒们裹胁着孩子进入桥家，蛮横地向桥玄索要赎金，没想到遭到桥玄的断然拒绝。不久，司隶校尉阳球率河南尹、洛阳令及众多的士兵赶到，团团包围了桥家。阳球等人担心贸然进攻会连累桥玄的儿子，因而不愿围得太紧。桥玄见状，怒目圆睁，高声责令官兵迅速动手，绝不能因为顾忌孩子的性命安危而放过穷凶极恶的强盗。于是官兵发起猛攻，很快消灭了强盗，桥玄的儿子也在混战中被杀死。之后，桥玄来到皇宫谢罪，并请求诏告天下：从今以后，无论何时何地发生劫持人质的事件，官府都可以将罪犯和人质一起杀死，绝不能用钱财赎人，从而助长犯罪分子的嚣张气焰。灵帝将桥玄的奏章交给有关部门执行。原来，从安帝以来，因为法令逐渐废弛，京师地区绑架人质成风，即使是达官贵人之家，也常常被绑匪光顾。自从桥玄的幼子被杀、朝廷将他的奏章公布于众之后，京师地区绑架人质的现象很快绝迹。

桥玄为人刚正不阿，但性情急躁，有时甚至不顾大体，但是他平素为人谦逊，生活俭朴，颇能礼贤下士。他以善于识人而著称于世，特别是对于年轻的士人，其评价在社会上影响甚大。当年，曹操还没有发迹时，默默无闻，于是前去拜见桥玄。桥玄一见，觉得此人非同寻常，前途无量，因而对曹操说道："天下将乱，非命世之才不能济也，能安之者，其在君乎！"又说："吾见天下名士多矣，未有若君者也！君善自持。吾老矣！原以妻子为托。"从此，曹操声名鹊起。桥玄还担心曹操知名度不高，又特意建议他去见许劭（字子将）。许劭接纳了曹操，并给了他那两句彪炳史册的评语："子治世之能臣，乱世之奸雄。"

桥玄于光和六年（183）病死，享年七十五岁。他历任内外，位至三公，其子弟亲属却没有一个做大官的，死时家中一贫如洗，没有任何产业，甚至连棺椁都无处殡放。时人赞叹不已，公认桥玄是一代名臣，廉洁奉公的楷模。

（原载《中原文化大典·人物典》，中州古籍出版社2008年4月版）

樊宏传

【摘要】 樊宏(？~51),字靡卿,东汉南阳湖阳(今河南唐河)人。汉光武帝的舅舅。少时即有远大志向,王莽末年,农民起义爆发,樊宏与族人筑营自守,保护了一方百姓。东汉建立后,拜光禄大夫,后被封为寿张侯,建武二十七年(51)去世,谥号为"寿张恭侯"。

【关键词】 樊宏

樊宏(？~51),字靡卿,南阳郡湖阳(今河南唐河)人,是光武帝刘秀的舅父。他的祖先是周宣王时的大臣仲山甫。仲山甫因功被封于樊(今陕西长安南),因而以樊为氏,又称樊仲、樊穆仲,他的后人以樊为姓。樊姓是地方大姓。樊宏的父亲樊重,字君云,继承祖业经营土地和商业。樊重性情温厚,行事颇有法度,其家三代同堂,子孙朝夕执礼甚谨,就如同在衙门里一样。他经营产业,物无所弃;使用奴仆,总是能发挥每个人的专长,因而全家上下齐心协力,财富每年都有大幅度的增长,以至于拥有田地300余顷,新建了许多高楼大屋,兴建了不少水库陂渠,栽种的竹木成林,饲养的六畜满山遍野,其他东西如鱼虾果品、桑麻梓漆、兵弩器械等,都是"有求必给",足以闭门成市。这实际上是一个大田庄,平时是个自给自足的经济实体,战时则是一个独立的政治军事堡垒。作为资产过亿的富翁,樊重经常赈济宗族,恩加乡里。有一次,他的外孙何氏兄弟因为争夺财产而闹矛盾,樊重感到羞耻,于是拿出两项田地送给他们,以平息争讼,此举在湖阳县中被传为美谈。樊重活到80余岁高龄,临去世前留下遗嘱,要求把别人所借的数百万钱债一笔勾销,有关的契约文书全部焚毁。那些欠债的人听说以后,无不羞愧交加,于是争先恐后地前去樊家偿还债务,但是樊宏兄弟谨遵父命,始终不肯接受。

樊宏出身于如此豪富的家庭,从少年时就有远大的志向。王莽末年,农民起义接连爆发。刘秀的哥哥刘縯(字伯升)在家乡起兵以后,与族兄刘赐一同率领大军攻打湖阳,城中的守兵坚守不降。由于刘赐是樊宏的妻兄,所以湖阳守军囚禁了樊宏的妻子儿女,逼他出城去劝说刘伯升退兵。樊宏出城后不仅不劝汉兵解围,反而留在刘伯升军中助阵。湖阳守将大怒,准备杀死樊宏的妻子老小作为报复。大小官员们异口同声地劝阻说:"樊重父子,礼义恩德行于乡里,虽有罪,且当在后。"当时攻城的汉兵越来越多,声势越来越大,湖阳守军惶惶不可终日,因而不敢杀害他们。樊宏一家老小这才得以幸免于难。公元23年,刘玄称帝后,想任用樊宏为将,樊宏叩头辞谢说:"书生不习兵事。"更始帝心中不悦,竟将樊宏免职为民。樊宏回到家乡后,联合本家亲属修筑了营垒壕堑以图自保,附近地区闻讯前来依附的弱小农户有1000余家。当时,赤眉军攻占唐子乡(今唐河西南,与湖北枣阳接壤),杀了不少人,接着,又继续前进,准备攻打樊宏的营寨。樊宏派人带着肥牛、美酒和粮食,前去慰劳赤眉军。赤眉军的将领们此前早已听说过樊宏的大名,知道他是个仁慈厚道的人,这时看到樊宏送来的东西,都佩服地说:"樊君一向积德行善,是个大好人,如今看到如此对待我们,我们还怎么忍心去攻打他呢!"于是退兵而去。樊宏的家乡由此避免了一场灾难。

光武帝刘秀即位以后,任命樊宏为光禄大夫,班位与特进等同,略次于三公。建武五年(29),樊宏被封为长罗侯。建武十三年(37),樊宏的弟弟樊丹被封为射阳侯,其哥哥的儿子樊寻被封为玄乡侯,其族兄刘忠被封为更父侯。建武十五年(39),光武帝又改封樊宏为寿张侯,级别提高,所食的户数也有较大幅度的增加。建武十八年(42),光武帝到章陵县(今湖北枣阳南)祭祀祖先时,路过湖阳,顺便拜祭了外祖父樊重的墓,追封樊重为寿张侯,谥号为敬,并为他立庙于湖阳。以后,光武帝南巡时,几乎每次都要亲自去为樊重扫墓,而且还要给予赏赐。

樊宏为人谨小慎微,严于律己,仕途上不求飞黄腾达,但求平安无事。他时常告诫儿子说:"富贵盈溢,没有能得善终的;我并非不喜欢荣华富贵,只是天道恶满而好谦,前代的贵戚都是很好的例子;保身全己,难道不是乐事嘛!"每当朝会时,樊宏总是在规定的时间之前赶到,恭敬地俯伏在地等候,直到上朝时才起身。光武帝听说此事以后,经常敕令随从直到临上朝的时候再告诉樊宏,以免他提前赶到。樊宏有事上奏时,总是亲自动手书写,并亲手毁削草稿。皇帝征求意见时,他从来不当众回答。樊氏家族的人受到他的影响,没有一个敢违法乱纪的。客观地讲,樊宏作为东汉开国皇帝刘秀的舅父,位居侯爵的显贵,能够做到这一点,实属难得。所以,光武帝对他非常敬重。当樊宏病重时,光武帝亲自前往探视,并且特意留宿一夜,问他还有什么想说的话。樊宏叩头请求说:自己"无功享食大国,诚恐子孙不能保全厚恩,令臣魂神惭负黄泉,愿还寿张,食小乡亭"。光武帝听了他的话,非常悲伤,坚决不答应。

建武二十七年(51),樊宏病死。临终前,他嘱咐丧事要从简,任何陪葬品都不能用。考虑到棺枢入土之后,不宜再让人看见,因为一旦目睹亲人的尸身出现腐败现象,必定会使孝子们伤心,所以他要求与夫人同坟但异穴安葬。光武帝认为樊宏的遗命非常好,特意把樊宏的书信拿出来给文武百官们看,并且说道:"今不顺寿张侯意,无以彰其德。且吾万岁之后,欲以为式。"刘秀作为皇帝,要效法樊宏的葬法,那显然是不可能的,但此话表达了他对樊宏的尊重和赞赏。为了助葬,光武帝刘秀送礼钱千万,布万匹,并且为樊宏赐谥号为恭侯,赠给他印绶,还亲自前去为樊宏送葬。

樊宏死后,他的儿子樊鮌继承了寿张侯的爵位。过了很长时间,光武帝仍然十分悲伤,因而又加封樊宏的小儿子樊茂为平望侯。至此,樊家被封侯的共有五人。第二年,光武帝又赐给樊鮌的弟弟樊鮪及其堂兄弟七人5000万钱。

(原载《中原文化大典·人物典》,中州古籍出版社2008年4月版)

种暠传

【摘要】 种暠(103~164),字景伯,河南洛阳人。父亲曾任定陶县令,家有资财三千万。父亲去世以后,种暠将所有的家财都用以赈济宗族及邻里中的贫穷之人。后被河南尹推举为孝廉,又被征至太尉府,之后,种暠历任侍御史、州刺史、郡太守、中郎将、度辽将军、大司农,最后官至司徒。任职期间,种暠不畏强权,忠于职守,为百姓造福,深受百姓爱戴。

【关键词】 种暠

种暠(103~164),字景伯,河南洛阳人,是周宣王时大臣仲山甫的后裔。父亲曾任定陶县令,家有资财3000万。父亲去世以后,种暠将所有的家财都用以赈济宗族及邻里中的贫穷之人。他认为凡是追求名利之人,都是十分庸俗的人,因而从来不与他们交往。

刚进入仕途时,种暠担任本县的门下史。当时,河南尹田歆的外甥王谌,以善于识人而著称于世。田歆对他说:"我现在需要举荐六名孝廉,有不少达官贵人和皇亲国戚都写信推荐人,我不好违背他们的意愿,我想自己选拔一位名士以报效国家,请你帮我物色一下。"第二天,王谌在出门送别客人时,远远地望见了种暠,觉得他很不寻常,因而送客回来后就向田歆推荐了门下史种暠。田歆认为杰出的人才都到山泽之中寻求,怎么可能在繁华的都市洛阳找到呢?又怎么可能是洛阳的一个小官吏呢,因而根本不相信。王谌回答说:"山泽不必有异士,异士不必在山泽。"田歆当即在庭院之中召见了种暠,向他询问了许多有关职事方面的问题。种暠对所有的问题都对答如流，有条有理。田歆极为赏识，马上任命他为主簿，之后举荐他为孝廉。结果，种暠被太尉府选中，考试成绩名列前茅。

汉顺帝末年，种暠担任侍御史。当时，朝廷派遣到各地的八位使者如光禄大夫杜乔、周举等人，多次上奏弹劾违法乱纪的官员，但是，大将军梁冀和众宦官联手，互相配合，竭力为这些人开脱，结果这些案件都被搁置下来了。种暠认为自己的职责就是发现和弹劾不法官吏，如果不把这些作奸犯科的官员揪出来，那就是自己的失职，因此，他又一次上奏章弹劾那些已被八位使者所举报的官员，如蜀郡太守刘宣等人，认为他们罪大恶极，臭名昭著，不杀不足以平民愤，应当立即处死。汉顺帝没有采纳。郅恽又奏请皇帝敕令太傅（或大将军）、太尉、司徒、司空"四府"详细汇报近臣的父兄及其他亲属担任刺史、二千石却贪污腐败不胜任职务的人，但是只将不称职者免官而已，并不深究其罪行。汉顺帝这才接受了他的建议，同时提拔种暠到承光宫监护太子。

有一天，中常侍高梵乘坐一辆车从宫中出来迎接太子入宫。当时，太傅仁乔等人怀疑其中有诈，不想让太子去，但又害怕确实是皇帝召见太子，自己如果从中阻挠反而会误了大事，惹皇上生气，因而左右为难，急得出了一头大汗，却还是不知道该怎么办才好。这时，种暠手持宝剑挡住高梵的车，宁死也不许他带走太子。高梵知道自己没有任何凭信就来召太子入宫，从理从法上都说不过去，因而无话可讲，也不敢对种暠耍横，只得急驰回去向皇帝汇报。直到皇帝的诏书下达后，太子才得以启程入宫。仁乔事后感叹不已，非常钦佩种暠临事不乱的大将气度。皇帝也很欣赏种暠的老成持重，过了很长时间仍念念不忘。

后来，种暠出京担任益州（治今四川广汉北）刺史。种暠一向意气风发，疾恶如仇，喜欢做大事、立大功。他在职三年，始终以恩德和信义结交远方的各少数民族，努力提高他们的文化教育水平，因此，岷山地区的各部族都心悦诚服地归附了汉朝。白狼、槃木、唐□、邛、僰等部族政权，自从前任刺史朱辅死后就与东汉政府断绝了联系，种暠上任以后，他们又举族回归，成为汉朝的臣民。在此期间，永昌郡（治今云南保山市东北）太守用黄金铸成有花纹的蛇形，准备进献给大将军梁冀。种暠知道后马上将永昌太守逮捕，同时用加急快件向朝廷报告此事，但丞相和御史二府慑于梁冀的赫赫权势，不敢追查这个案子，以致永昌太守未受到应有的惩罚。更为不利的是，种暠在这件事上深深得罪了专断朝政的大将军梁冀。梁冀恨之入骨，必欲置之死地而后快。

不久，益州下辖的巴郡（治今重庆市北嘉陵江北岸）发生了服直领导的农民起义。当时，服直聚集数百名追随者，自称"天王"，宣布脱离汉朝的统治，并发兵四处攻掠。种暠与太守应承及时发兵围攻，但未能成功，反而死伤了不少官兵。梁冀见"报仇"的机会来了，马上下令将种暠和应承就地逮捕，押回京师治罪。太尉李固为人正直，他看到忠臣面临危险，当即上奏疏全力为种暠辩护。梁太后读了奏章以后，认为很有道理,于是赦免了种暠、应承的罪过,只是将他们免官为民而已。

后来,凉州(治今甘肃张家川回族自治县)羌人爆发起义,局势动荡不安,朝廷又起用种暠为凉州刺史。他到任以后,很快就稳定了局面,甚得百姓爱戴。当他调任新的职务时,凉州的许多官吏和百姓长途跋涉到京城来请愿,要求朝廷允许种暠留任。梁太后深受感动,欣然答应。种暠在凉州又留任了一年才升迁为汉阳郡(治今甘肃甘谷东南)太守。离任时,凉州各族的男女老少一直将他送到汉阳郡的地界才作罢。种暠一路对众送行者作揖道谢,走了数百里路也没有乘车。到达汉阳郡以后,他大力教化各族人民,禁止相互欺凌掠夺,同时想法设法加速当地经济的发展,取得了显著的政绩。

在汉阳任职期满以后,种暠被任命为使匈奴中郎将。当时,辽东乌桓反叛,形势紧急,种暠又被朝廷调到辽东郡(治今辽宁辽阳市)担任太守。乌桓人听说新太守种暠上任,马上望风归附,纷纷到郡界上迎接。没过多久,种暠因事被免职回家。

在随后的时间内,种暠再次被朝廷起用,先后担任议郎、南郡(治今湖北江陵)太守、尚书、度辽将军、大司农、司徒等官职,所到之处都有良好的政绩。六十一岁那年,种暠病逝。消息传到边境地区,并州、凉州的各族人民都深深地哀悼他。匈奴人听到噩耗后,举国上下,一片悲声。此后,匈奴单于每次来京城朝贺时,远远地望见种暠的坟墓,就下马哭泣祭祀,场面十分感人。

(原载《中原文化大典·人物典》,中州古籍出版社 2008 年 4 月版)

许慎传

【摘要】 许慎(58? ~147?),字叔重,汝南召陵(今河南郾城)人,是我国古代著名的经学家、古文字学家、文学家,所著《说文解字》一书,是我国语言文字学史上第一部分析字形、解说字义、辨识字音的不朽名著,具有极高的学术价值。此外,还著有《五经异义》十卷,《孝经古文说》一篇,《淮南子注》二十一卷,《春秋左传许氏义》一卷,《五经通义》一卷,《尔雅许君义》一卷,《汉书许义》一卷,等等。

【关键词】 许慎

许慎(58? ~147?),字叔重,汝南召陵(今河南郾城)人,是我国古代的古文字学家、经学家、文学家,所著《说文解字》一书,是我国语言文字学史上第一部分析字形、解说字义、辨识字音的不朽名著,具有极高的学术价值,至今仍受到中外学者的高度关注。

关于许慎的生平事迹,《后汉书·儒林传》中的记载极为简略,全文不到100字,所以其生平的具体情况,今天已无法考究。许慎大约生于东汉明帝时期,因为他的《说文解字·叙》写于汉和帝永元十二年(100),明帝死于公元75年,其间相距25年,而许慎在25岁以前写成《说文解字》一书的可能性不大。他大约死于汉桓帝时期,因为《后汉书》卷一一六《西南夷》中的《夜郎传》记载:桓帝时,牂牁郡人尹珍认为自己生于蛮荒之地,不知礼义,因而拜汝南郡的著名学者许慎、应奉为师学习经书图纬,学成以后回到故乡传道授业解惑。后来,尹珍官至荆州刺史。可见,许慎活到了桓帝之时。桓帝即位之年为公元147年,上距明帝末为72年,可见许慎活了八九十岁。

许慎天性诚实淳朴,自幼博学经籍,曾拜著名学者贾逵为师学习古文经学,大学问家马融对他很是推崇尊敬。当时,有一句广为流传的话,那就是:"《五经》无双许叔重。"足见人们对他经学造诣的评价之高!本传说他"为郡功曹,举孝廉,再迁除洨长"。许慎的儿子许冲在《上说文解字表》中,称其父的职衔为"太尉南阁祭酒"。许慎所做过的官职,文献记载的只有这么多。《汝南先贤传》说:"许慎为功曹,奉上以笃义,率下以恭宽。"可见,他在担任掌管人事及其他政务的功曹期间,对上司恭敬,待下属宽厚,是人们公认的好官,因而又被举为孝廉,并授予太尉南阁祭酒的官职。南阁祭酒是太尉的属吏,又叫阁下令史,是南阁的长官。后来,他又升迁为洨县县令。洨县原名肴成县,东汉时改为洨县,在今安徽固镇县东濠城北,东晋以后被废。

许慎之所以能流芳千古,蜚声中外,最重要的原因是他写成了一部不朽的巨著——《说文解字》。许慎在《说文解字·叙》中说,该书是在汉和帝永元十二年(100)写成的,至于何时开始写,他自己没有提。书稿完成以后,他并没有立即上奏朝廷,而是进一步修订整理,直到汉安帝建光元年(121),才由他的儿子许冲,将《说文解字》连同《孝经古文说》一起献给朝廷。当时,汉安帝赏给许冲40匹布作为奖励。此后,许慎大概又活了20多年,才因老病而死。

那么,许慎为什么要写《说文解字》一书呢?原来,在汉代时,经学有今文经学和古文经学之分。在西汉时期,今文经学占统治地位,被立于学官,是政府法定的经学。西汉后期,古文经学逐渐兴起,到东汉中叶达到很兴盛的阶段。许慎早年也是学今文经学的,后来又拜古文经学大师贾逵为师,学习古文经学,最终成为一个著名的古文经学家。他的《说文解字》一书,主要反映了古文经学派的观点,同时也吸取了一些今文经学派的观点,不过并不多,只是偶尔引用而已。如书中所引用的谶纬之说,就属于今文经学派的观点。

当时,传习今文经学的儒生,特别推崇用隶书写成的今文经,而对于用先秦文字书写的古文经,则大加诋毁,认为不可信。他们在解释字义时,往往根据隶书的形体,随意发挥,如说"马头人为长,人持十为斗。虫者,屈中也"等,毫无根据。因此,许慎决心撰写一部能正确解释文字字义的书,以纠正时人的错误。这样,我国第一部体例严整的字典就应运而生了。

《说文解字》全书正文14篇,连同自叙为15篇,分为540部,收字9353个,重文(也就是异体字)1163个,解说词有113441字。编撰的体例,用许慎自己的话说,就是"今叙篆文,合以古籀"、"分别部居"、"据形系联"。也就是,他所收录的文字,是以小篆为主,而把古文和籀文作为附见载在其中。为什么许慎要以小篆为主呢?这是因为小篆上承先秦的籀文,下启汉代流行的隶书、草书,根据小篆的形体,就可以大致看出造字的本义。

"分别部居"是指许慎把所收录的文字,按部首,也就是文字的偏旁分类,一共分为540类,即540个部首。这种按部首编写字书的方法,是许慎首创的,在文字学方面有极大的影响。后世的字典辞书,绝大多数都采用了这种方法,不同的只是把许慎的540部归并简化,减少到200余部,这样检字时会更加方便。

"据形系联"是指部首的编排次第,是根据字形的相近而编订的。如一部之下,接着是上部、示部、三部等,这些部首在形体上都有关联,所以放在一起。当然,也有一些部首在形体上相互之间没有什么联系,那是少数。这种"据形系联"编排部首的方法,比较复杂,也不容易记忆,因而后来的字典辞书一般都改成按部首笔画的多少为序进行编排,这样比较实用,查检起来也方便,使用者很乐于接受。

因为《说文解字》一书体例完整,内容丰富,价值颇高,所以一问世就受到学者们的重视。如促成今、古经文派融合的经学大师郑玄在注《三礼》时,就曾援引《说文解字》。此外,应劭所著的《风俗通义》、晋灼为《汉书》所作的注释,也都引用了《说文解字》一书。而且东汉以后的字典辞书,无不以《说文解字》为典范,并从中汲取许多营养。《说文解字》成为语言文字学中的一部经典,不但在我国语言文字学史上具有重要的地位,而且在世界语言文字学史上也有重大影响。国外有不少学者研究《说文解字》,日本等国甚至成立了《说文》学会等组织。

当然,毋庸讳言,由于时代和阶级的局限,许慎的这部书中也存在着一些不足之处,如对部首的分类、字义的解释等,都有个别不妥当、不确切的地方。但是,白璧微瑕,这并不影响该书的整体价值,更不能动摇该书在学术文化史上的崇高地位。

许慎的著作除《说文解字》以外,还有《五经异义》十卷,《孝经古文说》一篇,《淮南子注》二十一卷,《春秋左传许氏义》一卷,《五经通义》一卷,《尔雅许君义》一卷,《汉书许义》一卷,等等。

许慎墓在今郾城县城东9千米的许庄村东,现高5米左右。墓前有康熙四十六年(1707)和光绪二十八年(1902)所立的石碑。一年四季,文人学士前来顶礼膜拜者络绎不绝。

(原载《中原文化大典·人物典》,中州古籍出版社2008年4月版)

郅恽传

【摘要】 郅恽，字君章，汝南西平人，东汉初年名臣，为官清廉，颇有政绩，深得百姓爱戴。

【关键词】 郅恽

郅恽，字君章，汝南郡西平县人。12岁时生母不幸去世，从小就以孝敬父母而闻名遐迩的他悲痛欲绝，一次又一次地哭得昏死过去。在为母亲守丧期间，郅恽所执的礼仪比丧礼的规定更为严格，可谓达到了苛刻的程度，以致身体健康受到了严重的损害。长大以后，郅恽刻苦攻读《韩诗》、《严氏春秋》，精通天文历数。

王莽末年，各地的农民起义风起云涌，规模越来越大。郅恽仰观天象，认为汉家王朝必须得到上天的第二次授命，才可能继续统治天下，而在上天重新授命之前，凡是有德之人都有资格占据天下。当时，左队大夫逯并一向喜好养士，郅恽劝他及时起兵，夺取天下，并表示自己愿像伊尹辅佐商汤那样帮助他。逯并认为郅恽是个奇才，因而任命郅恽为吏。郅恽认为逯并不重视自己，因而坚辞不受。

此后，郅恽西入长安，上书王莽，劝他将政权还给刘氏，以免大祸临头。王莽大怒，当即下令把郅恽关入诏狱，罪名是大逆不道。但是，因为郅恽所依据的是经谶，王莽不好直接杀害他，于是派心腹宦官前去威胁郅恽，让他自称因身患癫狂之病，精神恍惚，不知所言。郅恽听了，怒目圆睁，厉声责骂，坚决否认自己有癫狂病。于是王莽将郅恽关押起来，准备等到秋后问斩。后来，幸遇大赦，郅恽才免于一死。他出狱后,与同乡郑敬一同南下,逃亡到广西苍梧隐居。

建武三年(27),郅恽又来到庐江,正巧遇到积弩将军傅俊率兵平定扬州。傅俊对郅恽早有耳闻,因而礼请他出山为官,并上表请求朝廷任命郅恽为将兵长史,授给他军政大权。郅恽上任后举行誓师大会,规定:"无掩人不备,穷人于厄,不得断人支(肢)体,裸人形骸,放淫妇女。"但是,傅俊的士兵仍旧盗掘坟墓,暴露骸骨,掠夺百姓。郅恽劝傅俊效法不忍心使白骨暴露于野的周文王,严饬军纪,绝不可以违背天意,肆意伤人害物,虐及枯尸,亵渎神灵,同时要求傅俊亲率士卒,收治伤者,安葬死者,哭奠受害者,以此表明个别士兵的不法行为并非出自傅俊的本意。傅俊接受了郅恽的建议。百姓们见傅俊痛改前非,都心悦诚服,因而汉军所到之处,皆望风披靡,扬州辖境很快就完全平定了。

建武七年(31),傅俊凯旋回京,朝廷论功行赏。郅恽认为凭借军功取得官位是一件令人感到羞耻的事,因而辞去官职回归故乡。西平县令听到这个消息后,马上携带重礼,以非常谦恭的态度,很高规格的礼节,诚心诚意地聘请郅恽到县衙中任职。起初,郅恽不愿再出来做官,因而坚决谢绝。但是,县令并不气馁,仍然一次又一次地前来礼请。最终,郅恽被县令的诚意所感动,接受了县令的邀请。郅恽有一个朋友名叫董子张,其父亲早先被一个同乡害死,子张一直想为父报仇,但始终未能如愿。后来,子张生病,病情甚重。郅恽闻讯,急忙赶去探望。当时,子张已处于弥留之际,根本无法开口说话,但当他得知好友郅恽前来探病后,马上睁开眼睛,以一种似乎心有未甘的眼神看着郅恽,口中哀叹不已,泪水也像断了线的珠子一样滚落下来。郅恽知道他是因为父仇未报而伤心落泪,于是站起身来,带着自己的门客将子张的仇人杀死,然后割下脑袋拿给子张看。子张见到仇人的首级,这才闭上眼睛气绝身亡。郅恽做完此事后,主动跑到县衙投案自首。县令见状愕然,一时间不知道该如何处置才好。郅恽敦促县令坚持正义,秉公执法,绝对不能心存偏袒。说罢,急奔监牢而去。县令连鞋子都没顾得上穿,就去追赶郅恽,一直跑到监狱才追上。他见郅恽铁了心要投案自首,就拔出利刃对着自己,要挟说:"你如果不同我一起出来,我就死在你面前。"以此表明心迹。郅恽无奈,只得从监牢中走出来。此后,郅恽因病辞去官职。

又过了一段时间,汝南郡太守欧阳歙聘请郅恽担任功曹之职,掌管人事和总务。按照汝南的旧俗,每年十月郡衙都要举行宴会,百里以内各县的官员均携带着牛肉和美酒到太守府参加宴饮。在宴会开始前,太守欧阳歙极力赞扬西部督邮繇延的人品和政绩,并表示要将他举荐到朝廷以资重用。郅恽当众揭露繇延为人贪鄙,外方内圆,朋党构奸,瞒上欺下,所到之处政治混乱,民不聊生,可谓天怨人怒,太守褒奖他就是以恶为善,官员们迎合太守就是以直从曲。欧阳歙听了,满脸羞愧之色,半天一句话也说不出来。直到门下掾郑敬出面打圆场,欧阳歙的脸色才略为缓和,并承认过错在己。郅恽声称自己也有很多失误之处,"罪莫重焉",请求太守欧阳歙将他与繇延一同关进大牢。欧阳歙认为这样会加重自己的过错,因而坚决不同意。在场的众官员则面面相觑,气氛相当尴尬。鉴于这种情况,太守宣布取消宴会,大家不欢而散。郅恽归府后,称病不出。繇延也离职回家。

郑敬平素与郅恽交情深厚,他看到郅恽因为言语太过直接而得罪了欧阳歙,就约郅恽一同辞职归隐。郅恽对欧阳歙还抱有幻想,拒绝归隐山林。于是郑敬独自一人隐居于弋阳山中(在今河南潢川)。几个月后,欧阳歙果然如郑敬所预料的那样又召回了繇相。郅恽这才下定决心,与郑敬一起隐居,时常以打鱼垂钓自娱。过了数十日,郅恽觉得像他们这样的"天生俊士",整天过着与鸟兽为伍的隐居生活,实在是一种人才浪费,因而想回到现实中去有所作为。但郑敬不愿从政,于是郅恽告别郑敬,离开了弋阳山。

郅恽首先来到江夏郡(治今湖北新洲西)客居,并在那里招收弟子,传道授业。不久,江夏郡察举郅恽为孝廉,授予他上东城门候的职务。有一次,光武帝外出打猎,车驾直到夜幕降临后才返回,郅恽拒不开门。光武帝令随从人员到城门洞中面见郅恽,要求他打开城门,但郅恽仍然不受诏。光武帝无奈,只好转回去从东中门入城。第二天,郅恽上书劝谏光武帝效法周文王,以国家社稷为重,不要再远离京城,夜以继日地在山林中狩猎游乐。光武帝读过奏折后,深表赞同,特意赐给郅恽一百匹布作为奖赏,同时贬东中门候为参封尉。后来,光武帝令郅恽为皇太子讲授《韩诗》。

建武十七年(41),郭皇后被废前,郅恽给光武帝上书,希望他慎重行事,不要给天下人留下议论江山社稷的话柄。郭皇后被废为中山王太后以后,太子刘强心中十分不安,害怕自己会因母亲的事受到牵连。郅恽建议太子上书自劾,主动请求辞去太子之位,从此专心奉养母亲,以免灾祸临头。太子上书后,光武帝爽快地答应了太子的请求。

郅恽后来升迁为长沙太守,又因故被贬为芒县(治今河南永城东北)县令。在芒县任职期间,郅恽又被贬为庶民。此后,他流落异乡他方,依靠教书谋生,并著书八篇,直到因病去世为止。他的儿子郅寿博学多才,善于写文章,曾任冀州刺史、尚书仆射等职。

今西平县柏城镇宝严寺塔西南有郅恽墓,墓冢不高,面积64平方米,墓前立有民国年间墓碑一通,可供人们参观瞻仰。

(原载《中原文化大典·人物典》,中州古籍出版社2008年4月版)

韩棱传

【摘要】 韩棱（41～98），字伯师，东汉名臣，颍川郡舞阳县人。出身于当地著名的世家大族，是弓高侯颓当的后代。韩棱为人孝道友爱，为官不畏权贵，足智多谋，是东汉时期著名的政治家。

【关键词】 韩棱

韩棱（41～98），字伯师，颍川郡舞阳县人，出身于当地著名的世家大族，是弓高侯颓当的后代。韩棱的父亲韩寻，在光武帝建武年间官任陇西郡（治今甘肃临洮）太守。

韩棱四岁时父亲就去世了，年幼的他侍奉母亲非常孝顺，对弟弟也极为关爱，由此赢得了乡邻和亲戚们的交口称赞。长大成人以后，他将父亲所遗留下来的数百万钱财全部都分给了堂兄弟们，乡亲们因此更加敬重他，公认他具有常人所无法比拟的高风亮节。

刚登上仕途时，韩棱担任本郡的功曹，除掌管人事外，还帮助太守处理全郡的政务。当时，郡太守葛兴因中风，无力处理郡中繁杂的事务，万般无奈，只好由韩棱在暗中代替他批阅公文，发号施令，前后历时二年多，没有人敢说半个不字。葛兴的儿子曾经写书信要委任官员，但韩棱断然拒绝。葛兴的儿子气急败坏，于是唆使对韩棱心怀不满的人向朝廷告发他擅断郡务。朝廷将此事交给有关部门调查审理。有关官员经过调查后认为韩棱隐瞒了葛兴生病的事实，以功曹的身份代替太守专断郡务达两年之久，显然属于僭越行为，应予严惩。于是，朝廷将韩棱免官为民，并禁锢终身。但汉明帝知道韩棱是个忠直的臣子,因而没过多久便下诏取消了对他的惩罚,使之可以重新出来做官。可想而知,韩棱很快又被朝廷重用,而且经过五次升迁便做了尚书令,与当时的仆射郅寿、尚书陈宠一样都以才识超群而著称于世。汉章帝曾经赐给各位尚书每人一把剑,只有这三个人被特意赐以宝剑。更为难得的是,章帝还亲手写道:"韩棱楚龙渊,郅寿蜀汉文,陈宠济南椎成。"时人解释说:因为韩棱渊深有谋,所以得到了楚地的龙渊宝剑;郅寿明达有文才,所以得到了蜀地的汉文剑;陈宠淳朴厚道,谦虚谨慎,从不炫耀自己的优点,所以得到了济南的椎成剑。

章和二年(88)二月,汉章帝病死,10岁的太子肇即位,这就是汉和帝。因皇帝年幼,由窦太后临朝,太后的哥哥、侍中窦宪执政。三月,朝廷任命前太尉邓彪为太傅,录尚书事。但是,窦宪想做什么事时,外令邓彪上奏,内请太后批准,邓彪只能俯首听命,根本没有实权。独断朝政的窦宪见整个国家都掌握在自己手中,大臣中没有谁能够抗衡,于是不免自我膨胀,得意忘形起来。为了铲除不依附于自己的人,他奉行"顺我者昌,逆我者亡"的政策,派人在京师洛阳上东门刺杀了齐殇王的儿子都乡侯刘畅。有关部门的官员都畏惧窦宪,不敢深入调查,只是将嫌疑推到刘畅的兄弟们身上。朝廷下诏派遣侍御史到齐国去查办此案。韩棱上疏认为凶手就在京师,没有必要舍近求远,千里迢迢地跑到齐国去追捕,否则的话,恐怕会遭到奸臣的讥笑。窦太后览奏后勃然大怒,严词责备韩棱。面对太后的淫威,韩棱坚持己见,毫不退缩。到案情真相大白于天下时,果然就像韩棱所说的那样。窦宪见自己的恶行已经败露,十分惶恐,主动向太后请求率兵出击北匈奴以赎罪。韩棱又上疏劝阻,但窦太后拒不接受,坚持派哥哥窦宪率兵出征。于是窦宪以车骑将军的身份,与执金吾耿秉一同率领大军出塞。当年夏天,窦宪、耿秉率兵与南匈奴兵联合作战,大败北匈奴,被迫投降的匈奴人达20余万。窦宪、耿秉乘胜进军,出塞3000余里,登燕然山(今蒙古人民共和国杭爱山),刻石纪功而还。回朝后,窦宪被任命为大将军,位次在太傅之下、三公之上,而此前大将军的位次一直在三公之下。

窦宪做了大将军之后,权倾内外,威震天下,又在永元二年(90)七月亲自率兵屯守武威。次年十月,和帝要到长安祭祀诸陵,诏令窦宪在长安(今西安)与车驾会合。等到窦宪从武威赶到长安时,尚书以下的官员都商议要朝拜他,并且准备伏地高呼万岁。韩棱义正辞严地说:"夫上交不谄,下交不黩,礼无人臣称万岁之制。"听了这话,参与商议的官员都羞愧地取消了这项计划。

韩棱在朝期间,坚持正义,不畏强权,多次与窦宪及其追随者作斗争,同时大力引荐德才兼备的官员,例如,应顺、吕章、周纡等人,都是当时名满天下的良吏。

永元四年(92),汉和帝与宦官钩盾令郑众密议,决定收回窦宪的大将军印绶,命令他到自己的封地去居住。不久,又迫令窦宪自杀。窦宪败亡后,韩棱负责审查他的罪状。为了能把事情彻底查清,韩棱从不轻易放过窦宪的任何一个党羽,以致忙得一连几个月也顾不上洗澡、休息。和帝见他如此忠于职守,忧国忘家,大为感动,特意赏赐三百匹布,以资鼓励。

此后,韩棱出京担任了南阳太守,政绩卓著。几年后,又入朝任太仆。永元九年(97)冬,取代张奋担任司空,第二年七月病逝。

(原载《中原文化大典·人物典》,中州古籍出版社2008年4月版)

骁勇善战的宦官秦翰

【摘要】 秦翰(952~1015),字仲义,河北获鹿(今河北获鹿镇)人,13岁入宫,开宝年间被擢为内侍高品,太平兴国四年(979)以后,长期任职边关,参与了抵御契丹、平叛益州、讨伐赵保忠等重要军事活动,富有谋略,作战勇敢,又善于领兵和团结将帅,功绩显著,很受太宗、真宗的赏识信用。官至入内部知、昭宣使、群牧副使,加领平州团练使。死后一再追赠贝州观察使、彰国军节度。

【关键词】 秦翰

秦翰(952~1015),字仲义,河北获鹿人。他13岁入宫,开宝中被擢为内侍高品,太平兴国四年(979)以后,长期任职边关,南征北战,东荡西杀,先后负伤49次,为北宋王朝立下了汗马功劳。可以毫不夸张地说,秦翰是宋代宦官中在军事方面最杰出的人才,即使与一般的将帅相比,他也是相当出色的。

抗击契丹　屡建功勋

契丹是我国古代一个著名的游牧民族,很早时就生活在今西喇木伦河和老哈河一带。10世纪初,耶律阿保机建立了奴隶制的国家,国号契丹,后来改称大辽。契丹建国后,不断向南扩张,占据了大片的地区,尤其是从后晋获得了大致相当于今晋北、冀北一带的燕云十六州。那里山高水深,地势险要,乃是中原地区北边的自然屏障,如为辽人所据,其骑兵就可以由此向南驰过广阔无垠的河北平原,直捣中原王朝的心脏。因此,中原王朝极为重视,志在必得。

太平兴国四年(979),宋太宗灭掉北汉,然后乘胜移师击辽,命崔彦进、宋渥等部四面攻打燕京城。这时,秦翰任崔部兵马都监。在宋军的猛攻下,燕京城人心惶惶,岌岌可危。正在这时,辽名将耶律休哥赶到,双方大战于高梁河,宋军惨败。宋太宗在逃命途中,命崔彦进部屯守关南(不久改名为高阳关)。

没多久,辽为了报复宋朝,遣韩匡嗣、耶律沙、耶律休哥等进犯镇州。刚刚抵达满城,宋军就派人请降,韩匡嗣信以为真,欣然欲受。耶律休哥劝道:宋军士气极旺,必为诈降;我们应当严阵以待以免中计。但韩匡嗣听不进去。很快,宋将刘廷翰在正面的徐河摆好阵式,崔彦进、秦翰部则衔枚疾进,绕至敌后。接着,李汉琼、崔翰等部也及时赶到。于是,宋军前后夹击,猛冲猛打,将疏于戒备的辽军打了个措手不及,其投西山坑谷中死者不可胜计。宋军追至遂城,取得了重大胜利。总计:杀敌万余,俘敌万余,获其将三名、马万余匹;此外,还有其他物品以十万计。韩匡嗣弃旗鼓而逃。这次战役使辽受到沉重的打击,也使得秦翰以英勇善战而闻名遐迩。宋太宗予以重赏,并称赞他可以委以重任。

雍熙中,秦翰出任瀛州驻泊,仍然主管先锋之事,后来又任镇、定、高阳关三路排阵都监。这几路乃是抗辽战争中的关键地段,秦翰在此任职达七八年之久。其间,宋辽双方多次交锋,互有胜负。

淳化四年(993),秦翰回宫任押班。不久,又被派往西边去对付党项族。

咸平二年(999)七月,由于北边形势日趋紧张,宋廷任命大将傅潜为镇、定、高阳关三路都部署,秦翰为排阵都监,田绍斌、石普等为先锋,准备迎击辽军。九月,击败辽军于廉良路,杀敌2000余人,获马500匹,得俘虏及物资甚多。很快,辽萧太后与圣宗率兵大举南下。宋缘边城堡告急书信雪片般飞来,将士们纷纷自发地厉兵秣马,要求决一死战。然而拥兵八万余的傅潜却畏敌如虎,闭门不出,将领如果请战,他就恶言相向。因此,辽军未遇什么抵抗就进入了祁州、赵州、邢州、洺州等地,镇定路被切断达一个多月。宋廷屡次遣使从小道去催傅潜出战,秦翰、范廷召等将领也再三催促,可傅潜就是不听,气得众将大骂。在迫不得已的情况下,傅潜分出一万步骑出高阳关迎敌,并答应出兵支援。可是,当他们被重重包围时,傅潜却不发一兵一卒,致使宋军大败而归。辽军乘胜分两路渡过黄河,直奔淄州、齐州。宋真宗闻报大怒,立即将傅潜撤职查办。

第二年正月,辽兵大肆掠抢后开始回撤。秦翰、范廷召、张凝等人奉命追杀,在莫州(今河北任丘)东30里处,抢先占据各要道,截断敌归路。夜里,辽军企图趁黑逃走,遭到迎头痛击,顷刻间便人仰马翻,溃不成军。此役宋军总计斩首万余人,尽数救回被掠百姓数万人,获马匹、兵器及其他物资不可胜计。剩余的敌军仓皇出境。宋真宗当即下诏褒奖秦翰等人,并将他提升为定州行营钤辖。正在这时,成都发生了声势浩大的士兵暴动,秦翰立即被派去镇压。同年十月,得胜回朝。

咸平四年(1001)七月,由于辽人集结兵力,准备秋季南下,宋廷任命王显为镇、定、高阳关三路都部署，秦翰与杨延朗（即杨六郎）、杨嗣、张凝等名将并为前锋钤辖，前去设防。十一月，辽军进至威虏军（今河北徐水西北）。杨嗣、杨延朗先率轻骑登上城西的羊山，准备拦击敌军，但是由于兵力单薄，反而为敌所困。秦翰立刻与李继宣部合兵一处，急驰增援。双方展开一场血战。辽军渐渐不支，被迫退守羊山。秦、李二部紧追不舍，在二杨的配合下，大败辽军。总计斩首两万余人，包括其大王统军铁林相公以下名王、将军15名，缴获敌羽林军大印两枚，以及许多战马和军用物资。辽军"余众奔北，号恸满野"。由于河北一带发生饥荒，宋军未加穷追。

此后，秦翰被调至西边。两年后，又重返抗辽前线。

景德元年（1004）九月，辽圣宗发动了一次规模空前的南侵，一直打到澶州（今河南濮阳），中外震骇。宋廷内一片慌乱：有人建议迁都金陵，有人建议到成都，宰相寇准等人则力主皇帝亲征。经过主战派再三剖析利害、极力劝告，宋真宗这才硬着头皮决定亲赴澶州。他命李继隆、石保吉为前锋，又派秦翰先赴澶州和魏府（今河南安阳）主持军事，特许其便宜行事。这在历来都是皇帝预授方略，将帅照计行事的有宋一代是不多见的，反映了他受信任的程度。

不久，秦翰又被派往邢名路任钤辖。他会合宋军主力，张犄角之势以抗辽军。宋真宗至澶州后，又调秦翰任驾前西面排阵钤辖，主管大阵之事。秦翰预料此处必有一场恶战，而且是关系到国家生死存亡的关键一战，所以他一上任就马不停蹄地率兵整修环城的防御设施。刚刚完工，便得到张皓密告：辽军将来偷袭。次日黎明，敌人果然蜂拥而来。辽先锋、统军使萧达览亲自督战，被宋将张环用床子弩射杀。萧达览是辽名将，智勇双全，所率皆锐兵，曾奉命设伏擒获了号称无敌的杨继业，以后又屡败宋军，被封为兰陵郡王，威名甚著。他一死，辽军士气受到很大影响，再加上其他地方也连遭挫折，形势日益不利，因此辽人决定讲和，想通过谈判来达到战场上所未达到的目的。于是，双方僵持于澶州一带。秦翰率兵日夜防守，盔甲不卸达70余日，直到双方订立盟约为止。盟约规定：两国为兄弟之国，宋每年遗辽"岁币"银10万两、绢20万匹。这就是著名的"澶渊之盟"。

辽军撤走后，秦翰继续留守澶州。一个多月后，才率领所部回京，因功被封为宫苑使、入内都知。

益州平叛　捷报再传

咸平三年（1000）正月初一，益州（今四川成都）守兵赵延顺等人为了反抗兵马钤辖符昭寿的压迫而发动兵变。他们杀掉符昭寿，惊走了知州、转运使等地方官，推举都虞侯王均为首领，建国号大蜀，年号化顺，并且开科取士，封官建制。其他各部士兵也闻风而动，纷纷来投，叛军力量迅速壮大起来。他们先克汉州，然后攻打绵州、剑州。宋真宗闻报大惊，唯恐四川再次出现难以收拾的局面，乃立即命令雷有终、秦翰、李惠、石普等人率兵8000前去镇压。

在雷有终等人抵达前，蜀州知州杨怀忠已调集众多的地方兵遏止了王均的攻势,甚至去攻打益州,因力量太弱,未能得手。雷有终一到就派石普配合地方兵收复了汉州,然后进驻益州城外的升仙桥。一天,王均开城伪遁,雷有终不知是计,率兵径直入城。一进城,官军就四处抢劫,一片混乱。这时,叛兵关闭了城门,又在道口设置路障。官军冲杀不出,大部被歼。李惠战死,雷有终、石普等人坠城逃走。

接着,王均发动反击,但很快便被击败,只好回城固守,双方陷入僵持状态。正在这时,秦翰以两川捉贼招安使的身份来到益州。他与雷有终商议在城北再筑一土山以便攻城,之后,亲督各军猛攻。官军先克城北羊马城,接着焚毁敌望楼,叛军从此心灰意冷,斗志丧尽,唯筑月城自固而已。秦翰督师五战五捷,身中流矢而不却,终于在十月一日凌晨攻入了益州,王均率领残部两万余人向南逃走。雷有终先派人在城中纵火以防埋伏,然后与秦翰一起登上城门楼指挥肃清残敌。他们又下令将数百名经确认曾在王均手下做过官的人一个一个地投进火中烧死,时人以为冤酷。

宋真宗听说秦翰督师攻城,五战五捷,身中流矢而不退,终于攻克益州,非常高兴,特下手诏慰劳。

克复益州后,秦翰马上率兵追击王均。在广都(今四川双流东南),杀敌千余人,俘虏7000余人,获马数千匹。王均急忙逃往陵州(治今四川仁寿),不料秦翰随即也赶到,只得继续逃窜,进入富顺。在富顺,王均穷蹙自缢,余部6000余人被杨怀忠所俘。至此,这场曾令统治者十分担忧的兵变,为时仅仅10个月便被彻底平息。秦翰因功被迁为内园使、恩州刺史。

驻守西陲　怀敌拓疆

北宋西边的对手主要是党项族所建立的西夏。党项族是羌族的一支,很早时就居住在今青海、甘肃一带。8世纪初,为吐蕃所迫,迁至今甘肃和陕西北部一带。其中迁至夏州(治今陕西横山西白城子)的部落,被称为平夏部。唐末,平夏部首领拓跋思恭率兵助唐镇压黄巢起义,被唐朝封为定难军节度使、夏国公,并赐姓李氏,据有夏、银、绥、静、宥五州之地。

北宋建立后,宋太祖加封定难军节度使李彝兴为太尉,继续承认其地位。彝兴贡马300匹,表示臣服。当传至其孙继捧时,党项族内部分裂,贵族们相互争战,一片混乱。于是李继捧于982年来见宋帝,献其所管之地及民户5万余帐,并请求举家迁居开封。宋太宗欣然接受,派兵占领了夏、银、绥、宥四州,又派人护送继捧家族内徙。

继捧的族弟继迁不愿内徙,他诈称乳母出殡,率领数十人马逃入夏州东北300里的地斤泽,抗宋自立。宋政府采取坚决镇压的政策,一度曾将继迁打得狼狈不堪。但是,李继迁很快就利用其家族在党项族中的威望,拉拢各部豪强势力,使自己的力量逐渐强大起来,而且与辽人结为同盟。在辽的支持下,李继迁大举攻宋,宋将无法遏制。于是宋太宗赐李继捧姓赵名保忠,命他前去夏州抵御。继捧到夏州后,起初连连得手,并且射伤了李继迁。但是没过多久,李继迁就转败为胜,大举反攻。宋政府被迫授给继迁银州观察使称号,赐姓名赵保吉。李继捧则因连吃败仗、进退维谷而叛宋降辽。

李继迁与宋讲和后不久,便寻找借口大肆掳掠宋边,又发兵猛攻庆州、原州、灵州等地。更令宋朝统治者忧虑的是,李继迁与李继捧勾结起来,准备联合抗宋。因此,宋廷任命李继隆为河西都部署,秦翰为监军,率兵前去讨伐。李继捧在夏州闻讯,十分不安,他一方面将家眷安排到城外安全的地方,另一方面上书宋太宗,说他与继迁愿同宋朝讲和,并献马50匹,请求罢兵。宋太宗闻奏,立即派人督促李继隆迅速推进。当大军进至延州(今陕西延安)时,秦翰担心李继捧逃跑或者顽抗,便乘驿马先行一步赶到夏州,矫诏安抚继捧以稳之。宋军临近时,秦翰又说服继捧以东道之礼出城迎接。于是,他们一起乘马出城。夜里,李继迁发动突然袭击,企图吞并继捧的人马。李继捧见势不妙,单骑逃回夏州,被指挥使赵光嗣关押起来。接着,赵光嗣打开城门,迎入李继隆。李继迁急忙逃走。

占据夏州后,秦翰建议杀掉继捧、追剿继迁,李继隆却认为继捧乃特殊人物,应由朝廷处置;李继迁远遁荒漠,不宜穷追。于是决定将李继捧押送回汴京。不久,宋太宗密诏拆毁夏州城以免再次为敌所用。夏州城是十六国时期赫连勃勃调发10万民众所建,城墙原高7丈,底宽30步,上宽10步,非常坚固。因为当初为了使它坚不可摧,统治者令民夫们"蒸土筑城",又用锥子对墙体进行试验,如果能插入一寸,民夫便立即被杀,而且连尸体也要被筑到墙里去。到了北宋时,由于夏州城已深在沙漠,李继迁又不时以之为依托侵扰宋朝,因此宋太宗下令摧毁它。李继隆、秦翰等认为夏州乃边防重镇,兵家必争之地,如果保留下来,可以借之御敌。为此,李继隆特派其弟继和陪同秦翰赴京请示:保留夏州城,增兵戍守银、绥以南的山地,以便切断敌人运粮之道,同时保护内附各族人民。但是宋太宗偏信宰相吕蒙正的话,拒不接受。

这次宋军能够顺利地占领夏州、俘获李继捧,使他未能像李继迁那样对北宋构成重大威胁,显然秦翰是立了一功的。因此,宋廷加封他为崇仪副使。

至道元年(995),秦翰被任命为灵、环、庆三州和清远军四路都监。他配合守将张延击退了李继迁对清远军的进攻。次年初,宋军运往灵州的40万石粮草在浦洛河被李继迁全部劫去。宋太宗大怒,立命李继隆为环、庆、灵等十州都部署,指挥五路大军围攻李继迁,准备一举全歼。但是,由于指挥不当,多数将领又误期,目的未能达到。一年后,李继迁遣使求和,且请以其为藩属,宋许之。在此期间,秦翰多次奉命赴继迁帐中谈判,甚得对方好感,因此他向太宗建议愿乘其不备之机,"手刺此贼,死无所恨!"太宗深嘉其忠勇,但不许所请。

咸平四年(1001)底,李继迁攻占清远军,气焰十分嚣张。宋廷立即将秦翰从抗辽前线调任为西面行营钤辖,与都部署王超一同率兵6万,前去抵御。次年正月,宋军深入敌境,焚毁庐帐200余、粮草8万余石,生擒敌将多名,斩首5000余人,俘虏900余人,获牛羊、器甲2万余。

不久,李继迁攻占灵州,准备以此为进一步进攻的基地。为了防止其继续深入,宋廷将王超调任永兴军(治今陕西西安)驻泊都部署,任命秦翰为邠宁泾原路(一说环庆泾原路)钤辖兼安抚都监。秦翰率领所部严密防范敌人来袭,同时巡视陇山以外,召集各部族首领,谕以恩信。由于秦翰生性温良谦谨,不拘小节,而且勇猛顽强,言而有信,赢得了边民的高度信任,因此不久就有3000余帐相继内附。可是,曾随李继迁在浦洛河劫夺宋军粮草的康奴族却自恃地势险要、人口众多,拒不内附。秦翰便会同泾原仪渭镇戎军部署陈兴、泾州驻泊部署许均,长驱直入,捣毁了康奴族的巢穴,斩首数千,获其牲口及马、牛、羊甚多。之后,秦翰又带领泾原路都钤辖兼知渭州曹玮以及陈兴去攻打桀骜不驯的章埋族。在镇戎军(治今宁夏固原)西北的武延咸泊川,击杀了章埋族酋长及其部属200余人,生擒300余人,夺铠甲、牛羊、骆驼、马以3万计。陇山内外诸部族受到极大震动,纷纷纳地投降,唯恐落后。宋真宗下诏嘉奖秦翰,并赏赐锦袍、金带、白金500两、帛500匹。

景德元年(1004),秦翰被调至抗辽战场。澶渊之盟订立后不久,又重返西边,任泾原仪渭路钤辖。这时李继迁已于一年前攻打吐蕃时中箭身亡,其子德明初立。宋朝边将一部分主张乘此良机攻灭德明,另一部分主张招降他。宋真宗倾向于后者,德明也有和好的愿望,于是双方开始接触。景德三年(1006)七月,李德明为了在谈判中处于有利的地位,调集各部兵马以为威慑,秦翰随即通知守军和各部族严加防范。两个月后,双方订立了和约。

此后几年,秦翰一直在西边。鉴于这一带一向缺少一道可资防御的屏障,以致敌人可以经常深入骚扰的教训,他决定在要害地段开凿一条巨大的壕沟。秦翰担心延误农时,增加百姓的负担,就只使用士兵劳作。经过数年的努力,终于大功告成,共计用工30万个。它为后来宋军的戍边提供了很好的条件。秦翰因功升迁为皇城使、入内都知。

皇城使,是皇城司的主官,由皇帝的亲信担任,主要职责是拱卫皇宫,以及周流民间,刺探臣民动静,位置十分重要。宋代实行以官寄禄之法,皇城使多数情况下仅为武官的升转之阶,并无实掌。真正负责本司事务的官员,一般以内侍都知、押班等充仕。由于秦翰长期忠心守边,劳苦功高,宋真宗特意授之以示特别宠信。秦翰上表辞让,真宗坚决不许。

大中祥符三年(1010),宋真宗准备到汾阴(今山西万荣西南)祭祀后土,命参知政事王旦、签署枢密院事陈尧叟前去安排。不久,又命秦翰参与其事。次年正月,真宗起驾前往汾阴,命秦翰主管御厨、翰林、仪鸾等,"凡行在诸司细务,悉得裁决,不须中覆(请示)"。在此期间,夏州有人骚扰宋边,宋真宗立刻派秦翰前去处理,顺便遍巡边部。秦翰尚未到,事件即告平息。任务完成后,他旋即赶回,继续负责赴夏州前所管的事情,直到四月事毕回京为止。

两年后,宋真宗计划到亳州朝拜太清宫,命秦翰等为行宫使,所掌一如祀汾阴时。

修葺大内　　暴病身亡

大中祥符八年（1015）四月二十三日夜，荣王元俨宫失火。当时北风正急，风助火势，火借风威，顷刻间就蔓延开来，内藏左藏库、乾元殿、乾元门、崇文院、秘阁等处也先后被烧着。直到次日中午，大火才被扑灭。宋真宗当即命参知政事丁谓领衔，秦翰、曹玮等人具体负责，修葺大内。

这一年闰六月，当秦翰正在指挥修葺工程时，不幸突发暴病，死于宫内的官署中，终年64岁。消息传出，禁军中有不少人为之泣不成声。宋真宗也潸然泪下，不胜悼惜之至。他下令赠给秦翰贝州观察使之职，葬礼加等。大内修葺完毕后，又遣使以袭衣、金带赐秦家，以示对秦翰的怀念和奖赏。大中祥符九年（1016），重赠秦翰彰国军节度使之职，并且诏命翰林学士、著名文学家杨亿撰写墓志铭。杨亿因为秦翰乐善好施，家无余财，上表拒收秦家的酬资，虽未得朝廷同意，而时人皆赞之，可见秦翰声望之隆。

（原载《宦官传》，河南人民出版社 1993 年版）

"苗刘之变"的罪魁宦官康履

【摘要】 康履是南宋宦官,初为康王府都监,曾从康王赵构(即高宗)使金营,后主管大元帅府机宜文字。高宗即位,恃宠用事,凌忽诸将。迁内侍省押班。扬州之变,从高宗逃往杭州,犹射鸭观潮为乐。"苗刘之变"时被杀。

【关键词】 "苗刘之变";康履

"苗刘之变",是南宋建炎三年(1129)三月,苗傅、刘正彦等人所发动的一场兵变,是由于宦官擅权作恶、凌欺众将引起的。在这场兵变中,许多宦官被杀,其余绝大多数被废黜或放逐,宋高宗也曾一度被迫退位,在朝野中产生了很大的震动。这场兵变的罪魁祸首便是康履。

临危扈从　初得康王宠信

宣和七年(1125)十月,金太宗分兵两路南下,准备会师于宋都开封。金兵来势凶猛,进展神速,惊得北宋君臣乱作一团。宋徽宗表面上下诏罪己,准备抗金,实际上一心只想逃往江南。为了行动方便,他在李纲、吴敏等人的劝告下,于年底将帝位传给太子赵桓,这就是宋钦宗。次年,改年号为靖康。

靖康元年(1126)正月,东路金兵渡过黄河,很快逼近开封城。宋钦宗一方面命令吴敏、李纲等组织军民抗击,另一方面又积极进行投降活动,双方使臣来往非常频繁。金军将领担心孤军深入,易于陷入重围,因此答应退兵,但提出如下的先决条件:宋纳犒军费黄金500万两、银5000万两、绢彩各100万匹、牛马各万匹;割让太原、中山、河间三镇给金;宋以亲王、宰相作为人质,送大军过河。宋钦宗与宰相李邦彦不顾李纲等大臣的坚决反对,马上接受了这个屈辱的条件,并立即派康王赵构和少宰张邦昌前往金营作为人质。

当时,双方虽然已经同意议和,但仍然是剑拔弩张,虎视眈眈,形势十分险恶。在这种情况下赴金营做人质,显然是件十分危险的事情,弄不好便有杀身之祸。因此,朝臣们畏之如虎,唯恐摊上这份倒霉的差事。张邦昌力主议和,万没料到自己竟然做了人质,心中叫苦不迭,却又无可奈何。令人意想不到的是:此时宦官康履和蓝珪居然表示愿意随同前往。这两个人都是康王府的都监、入内东头供奉官,非常善于投机钻营。他们的这一举动深深地感动了康王,赢得了康王的初宠。

后来,因为康王不讨金人欢喜,被宋廷用肃王赵枢代还,张邦昌则改以太宰的身份继续留在金营为人质。没多久,金军将领鉴于开封军民同仇敌忾、斗志昂扬,从四面赶来增援的宋军也越来越多,达到了20余万人,而且宋朝已经答应割地赔款,并满足了其更换人质的要求,因此,不待取足金银,就于二月初十开始退兵。

同年八月,金太宗又一次分兵两路侵宋,先后攻占了太原、真定、泽、潞等地,前锋逼近黄河。宋钦宗急忙派康王赵构和王云为割地请和使,前去求和。康履与蓝珪仍然随从。当赵构一行到达磁州时,磁州军民不久前在知州宗泽率领下,打退了金兵的一次进攻。宗泽等人告诉赵构,金兵已从邻近的魏县李固渡一带南渡黄河,请求他不要再往北走,应当立即起兵进援京城。他们还愤怒地打死了要赵构北去求和的王云,赵构只得留在磁州。未几,相州知州汪伯彦来邀,赵构便又退回相州(今河南安阳)。

不久,两路金军先后打到开封,并开始攻城。宋钦宗忙派人持蜡书到相州,任命康王赵构为天下兵马大元帅,陈遘为元帅,宗泽、汪伯彦为副元帅,要他们立即率兵入援开封,同时又诏诸路兵马也赶来援救。这时,康履和蓝珪一同在大元帅府主管机宜文字,他们害怕陷入金兵重围,劝康王按兵不动,继续留在相州。康王虽然心里赞同,但考虑到政治影响和欺世盗名的需要,仍"断然"拒绝了康、蓝二人的建议,"毅然"决定派出少量的部队前去救援开封。由于北宋王朝腐败无能,急于投降,当行动迟缓的康王兵马快到开封时,金军已带着被废的徽、钦二帝及宗室、大臣数千人北上,北宋宣告灭亡。

作威作福　埋下兵变祸根

靖康二年(1127)五月初一,康王赵构在南京应天府(今河南商丘)即位,重建了宋王朝。史称南宋,他就是宋高宗,年号建炎。康履和蓝珪凭借与赵构的旧情,在新朝廷中攫取了极大的权力。他们贪赃枉法,作威作福,其中尤以康履为甚。朝廷内外的文武大臣很少有不趋炎附势的,就连当时很有声望的中兴名将刘光世等人也不得不曲意逢迎、依附之。宋高宗听说后,下诏禁止宦官与统兵官交往,违者停职严惩。但是，康履充耳不闻，肆无忌惮。他根本不把一般将帅放在眼里，常与宦官曾择等凌辱众将，甚至在闲坐洗脚时，也令众将侍立左右，以示威势。众将虽然极为痛恨，但敢怒不敢言。这在当时战乱频仍、武将恃重的年代里，自然是招祸之道。可宋高宗不仅不对康履有所惩戒，反而将他提升为内侍省押班、金州观察使。康履更加骄横了。

建炎三年（1129）二月，金兵千里奔袭，直扑扬州，企图一举擒获宋高宗，扼杀南宋政权。宋高宗毫无戒备，仓促间不及通知文武百官就落荒而逃，从行的仅有康履、王渊等五六人，情形非常狼狈。可是金兵北撤以后，康履等人却更加以功臣自居，越发不把众文武百官放在眼里。

宋高宗从扬州逃到镇江，然后又来到杭州，并且建都于此。康履是此事的积极倡导者，招来了众将的切齿痛恨。而且在南下的途中，康履及其党羽竞相作乐，仿佛是一次平常的巡游，而不是可耻的败逃。当经过吴江时，他们居然以射鸭为乐，比赛射中的多寡。抵达杭州后，又与文武百官争先恐后地去观赏举世闻名的钱塘潮。宦官们的帷帐赫然遮道，阻断交通。广大军民看到在大敌当前、国家兴亡系于一发的时节，这些宦官们竟然寻欢作乐、胜似闲庭信步，无不义愤填膺。御营统制官苗傅咬牙切齿地说："这些家伙让皇帝流落于此，竟然还敢在这里大逞威风、横行霸道！"

苗傅出身将门，在赵构初建大元帅府时就隶于麾下，此后护驾南渡，颇有功勋，但是一直不得重用。与此相反，一些无功甚至有过的将领却因为巴结康履等宦官而官运亨通，苗傅对此十分不满。他的幕僚、中大夫王世修也对宦官的专权骄横、无法无天极为不满，于是就把这件事告诉了武功大夫刘正彦。刘正彦的父亲刘法是北宋战将，曾随宦官童贯北征契丹，由于童贯胡乱指挥，逼其出战而战死疆场。对此，刘正彦一直耿耿于怀。宋室南渡以后，刘正彦招降各路义军，功劳颇大，可是同苗傅一样未得到相应的奖赏，心中早怀怨恨，听了王世修的话，他愤恨地说："有机会咱们一起将这群王八蛋除掉！"

正在这时节，与康履过从甚密的王渊被任命为签书枢密院事，执掌军事大权。王渊是康履的亲信，在战斗中有恃无恐，不仅临阵脱逃，而且纵兵抢掠，大发横财。为了将所抢得的财物运到杭州，他挪用船只，抛下数千名急待乘船的士兵不管。当关于是否迁都杭州一事发生激烈争论时，他接受康履的授意，力主到杭州来，此时，显然又是因为康履的关系而得以破格提升，所以众将对他更加轻视，也更加憎恨。在众将的反对下，宋高宗只得收回成命，免去了王渊的新职。刘正彦因为王渊曾经夺了自己的兵权，怀恨在心，此时看到苗傅及众将反对王渊，就乘机与苗傅联合起来，串通了王世修、张逵、王钧甫、马柔吉等人，又联络了在皇帝身边主管浙西安抚司机要的时希孟和军器监叶宗谔等，制订计划，准备先杀王渊，然后铲除宦官。苗傅的部将张逵还对士兵们说："如果把王渊和宦官们杀了，咱们每个人都可以发财，而且不必担心皇帝处罚，法不责众嘛！"早已心怀不满的众士兵听了，深受鼓舞。

"苗刘之变" 奸宦一命归天

苗傅、刘正彦等人将一切安排妥当后,由苗傅出面对王渊说:"临安附近发现了强盗,请王大人率兵前去剿灭。"准备在王渊行军的途中将他消灭。可是这一计划被康履侦知,并立即告诉了王渊。王渊马上调集军队,严加防范。苗傅等人见状,果断地决定提前采取行动。正巧,这时刘光世升任殿前都指挥使,百官入朝听命。苗傅、刘正彦便在城北的桥下埋设伏兵,等到王渊下朝路过这里时,伏兵齐发,不由分说便将他拖下马来,以勾结宦官谋反的罪名,由刘正彦亲手将他杀死。之后,苗、刘二人率兵直奔皇宫,将王渊的首级高悬在宫门外示众,同时分兵四处在城内搜捕宦官,得百余人,统统杀掉。一些没有胡须的平民也因此遭殃,做了刀下冤魂。

康履侥幸逃脱后,急驰入宫报告。宋高宗闻讯大惊,不知如何是好。宰相朱胜非则急忙登上城楼,责问苗、刘擅杀之故。这时,把守宫门的中军统制吴湛打开宫门,引导变兵入内,然后向宋高宗报告说:"苗傅他们不是要造反,而是要为天下人除害。"

杭州知府康允之看到形势危急,请求宋高宗登上城楼以便安抚众将,文武百官也跟了上去。苗傅等人远远望见皇帝的仪仗,山呼万岁而拜。宋高宗凭栏大声询问兴兵的原由,苗傅厉声答道:"陛下信任宦官,赏罚不公。将士有功的不得赏,巴结宦官的升官发财……王渊遇敌不战,率先逃窜,却因为结交康履而得掌枢密院,我自陛下即位以来,功多而赏薄。我已经将王渊杀掉,宦官在外的也全部被诛灭了,请陛下交出康履、曾择二人,杀之以谢三军。"宋高宗不忍心,说道:"我将重重地降责这两个人,你们回营吧!"苗傅等人强硬地表示:不斩康曾,誓不还营。双方僵持了一个多时辰。宋高宗无计可施,只好向群臣问策。时希孟抢先说道:"宦官之为祸,到今天已达极点了。如果不把宦官除掉,天下的乱子就永无平息之日!"宋高宗说:"难道我身边可以没有宦官吗?"叶宗谔连忙插话说:"陛下何必顾惜一个小小的康履,不肯舍之以慰三军呢?"宋高宗无奈,只得命令吴湛带人去捉康履。吴湛在清漏阁里,搜出了康履,带到城楼下。康履望见宋高宗,声嘶力竭地呼号:"皇上为什么单单把我杀了?"苗傅得到康履,二话不说,一刀将他拦腰斩断,并且剁成碎块,然后枭首示众。宋高宗又封苗傅为庆远军、承宣御营使都统制,刘正彦为渭州观察使、副都统制,命其归营。

可是,苗、刘二人并不奉命。他们说:"陛下不应当做皇帝,否则将来钦宗皇帝回来怎么办呢?"宋高宗让朱胜非缒城楼而下,去好言相劝。苗傅坚持要隆佑太后(即宋哲宗废后孟氏)听政,并派人与金议和。宋高宗只好应允,当场下诏请太后垂帘听政。苗傅等人又进一步要求宋高宗依徽宗故事传位于皇太子。宋高宗犹豫不决。张逵大声催促说:"今日之事,应当为国家着想!"时希孟也在一旁"献计":"如果不能率领百官决一死战,那就只有接受军士们的要求。"宋高宗对朱胜非说:"我应当退位,但必须由太后下诏才行。"他看到城上城下大多数人并不反对他退位,知大势已去,只好派人去请太后。

苗傅、刘正彦一看到太后在城楼上出现,马上施礼,请她速做决定。太后乘小轿下楼,对苗、刘二人说:"徽宗皇帝重用奸臣蔡京、王黼,妄改祖宗法度;童贯轻启边事,招来金兵大举南下,以致铸成今日大祸,这难道与当今皇帝有什么关系吗?况且当今皇帝并无失德之处,只是被黄潜善、汪伯彦等奸人所蒙蔽而已。现在这些人已经都被处置了,难道二位统制不知道吗?"苗傅等人答道:"我们已经决定非请太后出来主政,同时册封皇太子为帝不可。"太后说:"现在大敌当前,让我一个妇人家抱个三岁的孩子听政,如何能够主持这个局面?敌国如果听说了,岂不更加轻视、欺侮我们吗?"苗傅等人坚决不让步。

在苗、刘二人的胁迫和朱胜非等人的劝告下,宋高宗不得不当场作诏,宣布让位于皇太子赵旉,同时请太后垂帘听政。诏书宣读完毕,苗、刘二将立刻退兵。当晚,宋高宗迁居显宁寺,只留下15名宦官随身侍候,其余的全部被驱逐出宫。蓝珪、曾择等人被流放岭南。曾择在流放的途中被苗傅派人追回杀死。随后,苗傅、刘正彦把持了朝政,改年号为明受,因此史称这次兵变为"明受之变",又称"苗刘之变"。

兵变的消息传出后,大将张浚、张俊、韩世忠、刘光世、吕颐浩等纷纷起兵,讨伐苗、刘。四月,苗、刘二人被迫同意宋高宗复辟,恢复建炎的年号。为了消除后患,张浚、韩世忠等人对苗、刘的人马发动了猛攻。几经鏖战,苗傅和刘正彦兵败逃走,不久双双为韩世忠所获,押送行在。七月,苗、刘二人被处死,兵变宣告结束。未几,蓝珪等宦官被召回,康履被追封了官职,连一个与康履同姓的宦官也得到了宠信、重用,宦官的势力又逐渐恢复起来了。

"苗刘之变",实际上是一场由宦官康履等乱政引起的军事政变,它一方面反映了南宋初年宦官擅权用事的情形,另一方面反映了当时统治集团内部宦官势力与军人势力之间的尖锐矛盾。在这场政变中,宦官势力遭到沉重的打击,南宋政权也受到了猛烈的冲击。

(原载《宦官传》,河南人民出版社1993年版)

资源开发篇

南阳市历史文化旅游资源开发

【摘要】 南阳市拥有丰富的历史文化旅游资源,如何开发利用这些资源,使之在有效保护的基础上,充分发挥作用,变资源优势为经济优势,这是一个值得深入研究的问题。本文在深入分析南阳市历史文化旅游资源的特点、开发优势、开发中所存在问题的基础上,提出了9条开发利用的策略与措施。

【关键词】 南阳;历史文化旅游资源;开发优势;存在问题;开发利用

近年来,在国家相关政策的有力推动下,我国旅游业迅猛发展,游客人数逐年增长。2004年,接待入境旅游人数达1.09亿人次,是1978年的60倍,旅游外汇收入达257.39亿美元;国内旅游人数达11.02亿人次,国内旅游收入为4711亿元。全年旅游总收入达到6840亿元人民币,相当于全国GDP的5.01%、第三产业增加值的15.78%,旅游业在国民经济中的地位得到显著提高。

在游客人数大幅度增长的同时,游客的层次和品位也不断提高,他们已不再满足于单纯的游览观光,而是渴望在旅游的过程中获得相关的知识,特别是历史文化方面的知识。因为"旅游属于文化范畴,是文化的一个内容"[①],"旅游,是一种文化现象"。无论学者们把旅游的动机分为多少类,也不管是哪一种划分法,"求知、求美、求新

---

① 沈祖祥:《旅游与中国文化》,北京:旅游教育出版社,1996年。

等文化方面的追求,总是一种主要的旅游动机。其他方面的动机,如人际关系、地位和声望……都和文化有关系。……旅游者求知、求新、求美的文化动机是出自人类的天性,出自人类'远方崇拜'的特征"①。还有学者认为:"旅游者进行旅游活动的本质内涵是为了满足自己的一定的文化享受目的,而旅游者的出游目的决定了旅游的本质特征。""人的旅游需求,说到底是一种文化需求。旅游通过游览、娱乐等特定手段,满足人的审美、娱乐、增加阅历、提高修养等方面的精神文化需求。因此,以人为绝对主体的旅游活动就与人类的社会文化有着千丝万缕、不可分割的联系。""旅游者以文化为内涵的旅游需求,是推动旅游发展的直接动力。"②随着社会和旅游业的发展,"现代旅游者更关注的往往是对视野的扩大和个性满足上的需要……大量的由'人文景观'所蕴涵的历史文化积淀正是这种精神文化需求所追逐的对象。近年来,国内外旅游市场蓬勃兴起的诸如修学旅游、宗教旅游、民情风俗旅游、历史古迹旅游、文物旅游、文学旅游等各种专项旅游,反映了当代旅游者追求历史文化积淀的发展趋势"。今后,"国内旅游者和国外旅游者一样,将会更加注重对旅游地的历史文化积淀的了解"③。

南阳市拥有非常丰富的历史文化旅游资源,正可以满足游客的这种需求。

一、南阳市历史文化旅游资源的特色

南阳市位于河南省西南部,与湖北、陕西两省搭界,总面积 26600 平方千米,下辖宛城和卧龙二区、邓州市及南召、方城、社旗、唐河等10县,人口1045.11万。

1. 历史悠久,文化积淀深厚

早在50万年前,南召猿人就在这块土地上生息繁衍。帝尧时,姜太公的先祖伯夷因为佐禹治水有功被封于吕,吕国的封地在今天南阳市的西郊。战国时期,南阳是闻名全国的冶铁中心。两汉时期,南阳郡的社会经济迅速发展,成为当时全国最为繁荣和富庶的地区之一。南阳还是东汉的陪都,史称"南都",著名文学家、科学家张衡的《南都赋》就是写南阳的。此后,南阳长期都是地区性的政治、经济、文化和交通中心。漫长的历史,在这块古老的土地上留下了丰富的历史文化旅游资源。南阳市现有国家级重点文物保护单位8处,省级重点文物保护单位64处,中国历史文化名城1处,省级历史文化名城(镇)3处,各种专题博物馆14处,其他重点文物保护单位632处。以中国历史文化名城南阳为中心,历史遗迹遍及全境。重要的如:武侯祠、医圣祠、张衡墓、府衙、汉画馆、内乡县衙、社旗山陕会馆、荆紫关古建筑群、邓州八里岗遗址、楚长城、菩提寺等。

---

① 王明煊、胡定鹏:《中国旅游文化》,杭州:浙江大学出版社,1998年。
② 魏向东:《旅游概论》,北京:中国林业出版社,2000年。
③ 邱敏:《南京旅游业要打好"六朝牌"——开发六朝历史文化积淀的思考》,《南京社会科学》2002年第8期。

2. 种类多,数量大,品位高

按照最新颁布的旅游资源分类国家标准[①],人文旅游资源分为4大类、14个亚类、84个基本类型。据不完全统计,在南阳市的历史文化旅游资源中,这4大类、14个亚类全有;84个基本类型中,除了边境口岸、悬棺等极个别类型外,其余的也都有,由此可见南阳市历史文化旅游资源种类之多,数量之大。而且,这些历史文化旅游资源中,有很大一部分都有极高的文化品位,如楚长城是"中国最早的长城"[②],被学术界誉为"长城之父"[③];内乡县衙是目前全国保存比较完整的县级官署,被誉为"神州大地绝无仅有的历史标本"[④]。

3. 知名度高,开发潜力大

南阳是国家级历史文化名城,具有较高的知名度。它还拥有众多的在国内外具有较高知名度的历史文化旅游资源,如武侯祠、医圣祠、张衡墓、内乡县衙、楚长城、社旗山陕会馆、南水北调渠首工程、博望古战场等,这些资源影响巨大,对海内外游客具有相当强的吸引力,开发前景广阔。

4. 历史人物众多,名人效应突出

"自古南阳多英才"。历史上南阳名人辈出,仅载入史册的就达2000多人。如:春秋时期的"五羖大夫"百里奚、"商圣"范蠡,西汉廷尉张释之、东汉光武帝刘秀、科学家巨匠与文学家张衡、医圣张仲景、南朝史学家范晔、唐代边塞诗人岑参,等等;近现代有冯友兰、冯淑兰(沅君)、冯景兰兄妹和诗人李季、"甲骨四堂"之一的董作宾、语言学家丁声树、作家姚雪垠、建筑学家杨廷宝、无产阶级革命家与军事家彭雪枫、五笔字型"王码"的发明人王永民等。另外,还有享誉当代文坛的以二月河、乔典运为代表的南阳作家群等,可谓数不胜数。

5. 科学研究价值高

南阳有许多历史、考古与艺术价值都很高的历史文化旅游资源。如被学者们称为"长城之父"的楚长城、汉画像石、南阳府衙、内乡县衙、社旗山陕会馆等。特别值得一提的是,近几十年间在淅川县出土了大量的非常精美的楚国青铜器,对于研究楚国历史、科学技术史、艺术史、丧葬制度史等都有很高价值。

二、南阳历史文化旅游资源开发的主要制约因素

1. 体制不顺,经营管理水平不高

南阳市的历史文化旅游资源性质各不相同,隶属关系也各不相同,如:有的隶属

---

① GB/T 18972—2003《旅游资源分类、调查与评价》.
② 肖华锟:《中国最早的长城——南阳楚长城》,《河南社会科学》1997年第4期。
③ 艾廷和:《长城之父》,《人与生物圈》2002年第3期。
④ 1988年12月23日,新华社新闻稿。转引自刘鹏九:《内乡县衙与衙门文化·序二》,郑州:中州古籍出版社,2000年。

于文化或文物部门,有的隶属于宗教部门,有的隶属于民政部门,有的隶属于基层政府,有的隶属于水利部门,有的隶属于公司,有的隶属于个人。这些部门或个人往往各自为政,相互间缺少沟通与协调,常常是遇到有利可图的事大家争着上,没有利益时大家都撒手不管。由于旅游业是个关联性极强的产业,与许多部门都有密不可分的联系,在旅游资源开发的过程中,不可避免地要涉及城建、文物、文化、宗教、环保、林业、工商、税务、物价等多个部门,如果没有一套行之有效的管理体制,就必然会造成管理混乱、人浮于事、效率低下的弊端。有一些景区景点在建设的过程中,对本单位、本部门的利益考虑得多,局部利益和眼前利益考虑得多,常犯急功近利的毛病。尤其是一些历史文化景点被承包给企业或个人,这些承包者为了获得更多的经济利益,总是想方设法在承包期内获得最大的经济利益,而对景区的软、硬件建设不予重视,更不用说关心景区的长远发展了。这种掠夺式的经营,对历史文化旅游资源的保护与可持续发展都是极为不利的。

2. 资金投入不足,旅游产品开发层次偏低

旅游业是一项前期投资大,回报时间长的产业,投资的多寡直接影响其发展水平。长期以来,由于经费所限等原因,南阳市的旅游投入一直很少,对历史文化旅游资源的开发利用与保护方面的投资当然也很有限,根本无法满足旅游业发展的需要,以致景区建设缓慢,开发深度和设施的完善也受到影响。一些景区旅游项目老化过时,却无力开发新的项目,使景区多年了无新意。还有一些景区景点(如汉画馆等)无力深入挖掘资源的历史文化内涵,参观内容单一、枯燥,缺乏趣味性、参与性,难以满足游客对历史文化的广泛需求。

3. 宣传促销力度不够,旅游形象不鲜明

作为一个产业和新的经济增长点,旅游业的发展水平和前景,归根到底是由市场决定的。目前,我国的旅游业早已由卖方市场转向买方市场,那种在家坐等游客上门的时代已一去不复返了。尽管近几年,南阳市委、市政府高度重视旅游宣传工作,设立专项基金,大力开拓游客市场,积极参加省政府组织的各种宣传促销活动,如"河南风"、"大篷车"等,并多次到郑州、武汉、西安、北京等地开展宣传促销活动,取得了明显效果。但是,在看到成绩的同时,也应该看到,由于起步较晚,经费有限,宣传促销的形式还不够丰富,因而总的效果仍不能令人满意,特别是与南阳市的历史文化旅游资源还很不相称,致使南阳市的旅游形象不够鲜明,景区景点的知名度也不够高。

4. 对旅游资源及环境风貌的保护不力

近几十年来,随着经济建设速度的加快,由于规划滞后、管理不善、开发不当、保护不力等原因,南阳的不少县(区、市)都出现了资源破坏、环境恶化的现象。如一些有很高价值的古城墙被拆毁,一些古城寨上的石块被附近居民拿去盖房,或者被捕捉全虫、土元的农民拆毁。淅川荆紫关清代古街被铺设了水泥路面,有些古建筑已破败不堪。还有许多古建筑如武侯祠、医圣祠、南阳府衙、内乡县衙、社旗山陕会馆

等都被淹没在林立的现代化建筑中,成为汪洋中的一座座"孤岛"。

三、开发对策

1. 理顺管理体制,不断提高管理水平

科学的经营管理体制是旅游区合理有效开发的基本保证,否则,就无法取得预期的效果。依据《河南省旅游管理条例》,结合省内外经验和南阳市旅游业的实际,在旅游管理上应坚持"政府主导,市场运作,景区独立自主经营"的方针。目前,市政府和绝大多数县(区、市)都成立了旅游局和由主要领导挂帅的旅游开发领导小组(或指挥部等),以强化政府对旅游业的统一领导和管理。因为旅游业关联性强,涉及到众多部门和行业,协调和管理工作难度很大,有许多事情如经费、征地、居民拆迁、基础设施建设等,必须政府出面才行,所以应不断加强政府的主导作用,正确引导、动员政府各部门和社会各方面的力量,加大投资力度,不断完善基础设施,进一步改善旅游环境,尽可能吸引外来资金,并及时处理旅游开发中所出现的各种问题,确保旅游业与相关产业的健康、快速发展。

各历史文化景区、景点,应在不改变所有权、不违反国家有关法律法规的前提下,分别成立相应的管理机构,具体行使管理与经营权力,同时接受旅游领导小组和旅游局的行业管理,有条件的单位还应实行独立核算,自负盈亏,也可尝试所有权与经营权分离的模式。

2. 加强保护,走可持续发展道路

旅游产业的生存发展与资源保护和环境质量改善具有密切的关系,加强对历史文化资源和环境风貌的保护,是促进历史文化旅游资源永续利用和文化旅游持续发展的重要保证。为了避免旅游业产生的消极影响,必须贯彻开发与保护相结合的原则,大力倡导绿色开发、绿色产品、绿色经营、绿色消费,尽可能营造良好的自然生态环境和社会人文环境,实现旅游业与国民经济、社会发展、生态环境三者之间持续健康的协调发展。由于旅游环境影响伴随旅游活动的全过程,因此必须实施旅游活动的全过程环境管理。全市的历史文化景区、景点在开发前都必须制订科学合理的发展规划,始终坚持保护第一,合理利用的方针。也就是说,要在有效保护的基础上,加大文化旅游开发的力度。内乡县衙和南阳府衙的开发,就是成功的典型。对于暂时不开发的历史文化旅游资源,应采取严格的保护措施,防止人为破坏。

3. 加大宣传力度,实施形象拉动战略

宣传促销工作在一定程度上决定着一个地区旅游开发的进程和成败,因此,必须引起当地政府部门的高度重视。旅游形象的形成是一个过程,需要针对目标市场,利用广播、影视、报刊、互联网等媒体,以及摄影赛、图片展、明信片、书籍、宣传册、报告会、记者招待会、笔会、书法赛、文艺活动、光盘等各种有效促销方式,加强宣传,把旅游产品推向社会,让现实的和潜在的旅游者能够真切地感受到南阳旅游的丰满形象。在宣传促销时,其市场定位应以国内客源市场为主,国际客源市场为辅,尽可能突出各景区的特色,又要重视整体,最大限度地满足国内外游客的多种需要。成功的旅游节庆活动和富有地方特色的旅游商品,都是旅游形象表现的载体,可以使游客历久不忘。如已经举办多届的中草药节、玉雕节等,都是比较成功的节庆活动;中华猕猴桃、玉雕制品、烙花产品,都是深受游客喜爱的旅游纪念品。

南阳旅游的吸引力与当地人密不可分,要实现跨跃式发展,就必须有当地人的参与。这不仅要求他们在旅游服务中创新,还要靠淳朴、丰富多彩的民风、民俗感动人,给游客以亲切、愉悦的感觉,使他们成为南阳旅游的一个新的增长点。旅游管理部门应当通过提高当地人对南阳旅游认识的教育,使他们真正拥有和认同南阳旅游的形象,从而自觉维护南阳形象,使南阳成为友好、安全和干净的旅游目的地。为此,各有关部门要高度重视文化旅游业的软件建设,加强旅游从业人员的职业培训,同时提高全体市民的旅游服务意识,全心全意地为广大游客服务。

4. 注重人才培养,不断提高科研、经营管理和服务水平

"旅游兴衰,关键在于人才"[①]。旅游景区要在旅游市场竞争中加快发展,需要各类旅游人才,包括旅游企业管理人才、行业管理人才、旅游服务人员及宣传促销、形象策划人才等,这是实现旅游业可持续发展的必备条件。目前,南阳市已形成了一支以汉文化为主要研究对象的科研队伍,成果突出。不过,面对如此丰富、内涵又极为深厚的历史文化旅游资源和竞争日趋激烈的旅游市场,眼下的这支队伍还显得势单力薄,所以南阳市及各县(区、市)都应高度重视人才培养问题,争取在现有的基础上进一步扩大研究队伍,不断提高科研水平,充分挖掘历史文化旅游资源的深刻内涵,争取多出高水平的成果,大幅度提高南阳历史文化旅游资源的知名度,为旅游业的快速发展提供理论指导。各级旅游主管部门和景区景点应与有关高校、科研机构建立良好的关系,定期举办"诸葛会",为旅游发展出谋划策;还要采取送出去学习和请进来传授的办法对从业人员进行专业培训,并设法吸引尽可能多的高层次人才,包括经营管理人才和导游员、解说员等。此外,应定期举办岗位培训,不断提高从业者的业务水平和服务技能,逐步建立公平竞争机制。

5. 突出重点,提高品位,实施精品战略

文化旅游产品的品位和档次越高,特色越鲜明,吸引力就越大,竞争力也就越强。在旅游业迅猛发展、市场竞争日益激烈的形势下,南阳市应依托市域内极为丰富的历史文化旅游资源,按照市场需求,着力开发精品旅游产品,树立一批在省内外甚至海内外有重要影响的品牌,对促进全市旅游业的发展,既是当务之急,也是长久之计。由于南阳市的历史文化旅游资源十分丰富,开发时绝不可一哄而上,遍地开花,而应当有计划、有重点地分期分批开发。近中期开发的重点是汉文化及与之交织在一起的三国文化,这些都是民族文化的精粹,品位高、特色鲜明,在海内外都有重大影响,应进行深开发,打造精品。同时,要采取措施控制新的低劣景点的建设,

---

① 刘锋:《中国西部旅游发展战略研究》,北京:中国旅游出版社,2001年。

拆除现有的低劣景点,将问题消灭在萌芽状态。

当今国内外旅游市场发展的一大趋势,是越来越多的游客在旅游中追求知识性、娱乐性和参与性。所以,南阳市文化旅游资源的开发要协调好学术性与普及性、专业性与群众性的关系,不断推出参与性、娱乐性强的旅游项目,以扩大旅游活动对游客的适应性。例如,可将独特的地方民俗风情、雅俗共赏的地方戏曲结合到旅游活动中,在旅游区增辟观赏木偶戏、宛梆、三弦书、大调曲、蛤蟆嗡、楚国歌舞等具有地方特色的戏曲文艺表演专场,在南阳市郊择地按照汉画像石的图案开展汉代杂技、游戏、歌舞表演,将"死文化"变成"活文化"。

6. 区域一体,共同发展

旅游业的发展应尽可能从区域综合的角度来考虑,树立大区域、大旅游、大市场的观念,实施区域一体化战略。在区域旅游合作上应建立资源共享、产品互补、客源互流、利益共享的区域一体化旅游网络体系,实现南阳与湖北、陕西二省以及与国内其他地区的旅游合作,联手推出有吸引力的旅游线,如三国旅游线、中国衙门文化旅游线、宛洛(洛阳)旅游线、河南名寺游、圣人足迹游、河南(或中国)古战场游、河南古镇游等。①

(原载《地域研究与开发》2006 年第 2 期)

---

① 尚家祥、姜建设、戴庞海、陈家振:《南阳市旅游发展总体规划》,郑州:郑州大学出版社,2005 年。

原阳县历史文化旅游资源的特色与开发条件分析

【摘要】 原阳县拥有丰富的历史文化旅游资源,其特色主要有:数量巨大,名人辈出,文化积淀深厚,大米名满全国,人文与自然交融,有形的上规模的资源较少,等等。在开发利用方面,原阳县拥有资源优势、区位交通优势、政策与环境优势等。当然,其劣势也不容忽视,重要的如现存景点小而散,人才匮乏,基础设施薄弱,在旅游市场的知名度和占有率等方面的劣势等。

【关键词】 原阳;历史文化旅游资源;特色;开发条件

原阳县地处豫北平原,北接新乡市,南隔黄河与省会郑州市相望,西傍工业重镇焦作,东南一角与古都开封为邻,地理坐标介于东经113°34′~113°52′、北纬34°53′~35°05′之间,区域面积1339平方千米,总人口68万,辖3镇14乡。

原阳县历史悠久,文化底蕴丰厚。其地商时为王畿之地,西周时属鄌、卫国,春秋属郑,战国属魏。秦时置阳武县,治今城关镇东南14千米,属三川郡。西汉初置原武县(治今城关镇)、卷县(治今圈城),与阳武同属河南郡。东汉属河南尹。晋省原武,卷、阳武二县属荥阳郡。北魏孝昌中复置原武县,与阳武、卷县同属广武郡。北齐省原武、卷及阳武三县。隋开皇中复置阳武县,开皇十六年(596)于阳池故城(今原武镇)置原陵县。唐初改原陵县为原武县。武德四年(621)阳武移治原武故城(今城关镇),二县先属管州后属郑州。五代时,阳武改属开封府。北宋熙宁五年(1072)废原武县,元祐元年

(1086)复置原武县,仍属郑州。金贞祐三年(1215)二县同属延州。元至正九年(1272)改属汴梁路。明洪武初析原武县置安城县,皆隶属于开封府,正统中又撤安城。清属怀庆府。1913年属豫北道。1927年直属河南省。1933年归属河南省第四行政督察区。1949年属平原省新乡专区。1950年,原武、阳武二县合并,取各县首字改名原阳县。1952年划归河南省,仍属新乡。

原阳地理位置重要,被称为"郑州市的后花园,新乡市的南大门"。近年来,县委、县政府确立了"依托大郑州,打造新原阳"的发展思路,强力实施开放带动和工业兴县战略,着力构建服务周边城市的旅游休闲基地、农副产品供应基地、商贸物流基地,构筑郑州与新乡的产业融合示范带,以推动原阳经济全面提速,整个社会和谐发展。

一、原阳县重要历史文化旅游资源

按照中华人民共和国《旅游资源分类、调查与评价》(GB/T 18972—2003)国家标准,简要介绍如下:

(一)人类活动遗址

谷堆遗址 位于城关镇北3千米的谷堆村,面积1.8万平方米,文化层厚约2米,省文物保护单位。1977年出土有大量灰色陶片和石器、骨器数件。陶片上饰有方格纹、绳纹、旋纹、附加堆纹等,可辨器形有鬲、罐、尊、盆等。以商代遗存为主,下层为龙山文化。

(二)军事遗址与古战场

1. 践土之盟遗址

鲁僖公二十八年(前632),楚晋城濮之战后,晋文公在践土(今原阳西南)修筑王宫,迎周襄王,并大会诸侯。历史上称为"践土之盟"。会上,周襄王命令王室大臣尹氏、王子虎和内使叔兴父策命晋文公为"侯伯",还赏赐给晋文公许多东西,其中有"大辂"、"戎辂"两种车辆及车辆上的服装和配备、红色的漆弓1件和100个红色箭镞、1000个黑色箭镞。此外,周襄王还赏赐300名"虎贲"勇士给晋文公。晋文公三次朝觐襄王以表示尊敬和感谢。从此,晋文公称霸诸侯。践土之盟遗址在县城西南28千米的祝楼乡王禄村北200米,群众俗称"老墩台",面积约900平方米。原为高2米,边长20余米的砖砌平台,后因黄河泛滥淤积,台近平缓,仅略高于四周平地。乾隆皇帝游历河南时,曾题"良心难昧"四字,以纪念晋文公的功德。

2. 博浪沙张良刺秦处

公元前218年,秦始皇东巡途中,在阳武县博浪沙遭到韩国贵族张良所遣力士的袭击,结果铁椎误中副车。刺杀行动虽未成功,但反映了人民反抗暴政的大无畏精神。东汉时,历史学家班昭从洛阳东游,曾在《东征赋》里记述在原阳的经历:"既免脱于峻险兮,历荥阳而过卷。食原武之息足兮,宿阳武之桑间。"如今张良击秦的博浪沙所在地原阳还有记载这一重要历史事件的碑刻。清康熙元年(1662),阳武知县谢包京在县城东关立碑一通,高 1.9 米,宽 0.8 米,碑额篆书"张子房击秦处",碑中书"古博浪沙"四字,以纪念此事。

3. 官渡古战场

官渡,是因为傍官渡水而得名。《史记》卷二十九《河渠书》载:"武帝元光二年,河徙东郡,更注勃海。禹之时不注勃海也。自是之后,荥阳下引河东南为鸿沟……"《史记索隐》云:"楚汉中分之界,文颖云即今官渡水也。盖为二渠:一南经阳武,为官渡水;一东经大梁城,即鸿沟,今之汴河是也。"

建安五年(200)七月,袁绍进军阳武,准备南下进攻许昌。八月,袁军主力由阳武继续南进,依沙堆立营,东西宽约数十里。曹操也立营与袁军对峙。两军发生大规模交战,主要战场就在阳武与中牟中间的地带。经过多次激战,最终曹操以 2 万之众击败袁绍 10 万大军,袁绍带 800 余骑北逃。此役为曹操统一北方奠定了基础,创造了中国以少胜多、出奇制胜的著名战例。

几年前,在原阳县大宾乡马头村出土了明代万历年间的皇经碑和乾隆年间的五佛寺重修碑,都明确指出大宾乡马头村为"官渡",建安五年(200)曹操与袁绍相拒于此。明万历二十四年(1596)的《皇经碑记》曰:"阳武县古官渡居民善行记。"清乾隆五十九年(1794)的《重修碑记》曰:"原村古官渡,汉建安五年秋九月袁曹会兵立此高阜,相拒匝月,曹操袭破辎重,袁绍远遁,阅千有余年,遗址犹存。"乾隆《怀庆府志》卷四记载:"阳武县,官渡,在县东南十里袁绍与曹操相拒处。"可见,在明清时期,人们就认为古官渡在原阳,这也更充分地证明,原阳与官渡水、官渡之战都有着很密切的关系,是官渡之战主战场的重要组成部分。

(三)废城与聚落遗迹

1. 圈城村遗址

位于原武镇圈城村,面积不详。因历代水患淤积,地表遗物很少,偶可见砖瓦残片。文献记载,此处为春秋战国时期的古卷地,西汉时所置卷县县治所在地。

2. 白塔村遗址

位于原武镇白塔村南,面积约 2500 平方米,地表散存陶片,可辨有罐、豆、板瓦等残片。相传为汉代周勃故里。

(四)园林休憩区域

博浪沙省级森林公园 位于原阳南部黄河滩区,与郑州隔河相望,属沙圪当林区和秦庄林区,总面积 750 余公顷(计划扩大为 1000 公顷以上),是集游览观光、休闲度假、文化娱乐、科普教育于一体的省级森林公园,其主要特色是万亩槐林、麋鹿散养基地、鸵鸟园、花卉园等。公园北依黄河堤,东接京珠高速公路,西连 107 国道,交通便利,资源丰富。其中,南部的沙圪当林区属于典型的黄河湿地,区内沙岗遍布,森林茂密,林木覆盖率达 70% 以上,春、夏、秋三季,凉风习习,空气清新,非常适合现代人回归自然的要求。北部秦庄林区属于黄河故道区,沙丘连绵,森林密布,四季有果,使人们流连忘返。

目前,公园大力建设植物景观工程,改造风景林 700 公顷,同时开发了水上乐园、葡萄沟、花卉园、鸵鸟园及鸟类观赏园、麋鹿散养基地、避暑山庄等旅游景点和设施,配套有 20 余处林内小木屋。

(五)动物展示地

麋鹿散养基地　　目前,原阳博浪沙森林公园拥有麋鹿 50 余只,是继北京南海子、江苏省大丰市之后,全国仅有的几处麋鹿散养基地之一,总投资 2990 万元。

麋鹿俗称"四不像",是原产于我国的一种特有的珍稀鹿科动物,国家一级保护动物,全国目前仅有 2000 多只,占全世界总数的一半。已出土的野生麋鹿化石表明,麋鹿起源于 200 多万年前,距今约 1 万到 3000 年前是其繁盛期。但是,在商周以后,这一物种却迅速衰落,特别是汉朝以后,减少的速度更快。元朝时,善于骑射的皇族把野生麋鹿从黄海滩涂捕运到大都(北京),供皇族子孙们骑马射杀。到清朝初年,中国仅剩一群约二三百只麋鹿圈养在 210 平方千米的北京南海子皇家猎苑。1866 年之后,英、法、德、比等国驻中国的公使及教会人士通过明索暗购等手段,从北京南海子猎苑弄走了几十头麋鹿,饲养在各国动物园中。1894 年,北京永定河泛滥,洪水冲垮了猎苑的围墙,许多麋鹿逃散出去,成了饥民的果腹之物。1900 年,八国联军攻入北京,南海子麋鹿被西方列强劫杀一空,麋鹿在中国本土灭绝。

20 世纪 80 年代我国又从英国引进麋鹿。河南的黄河流域原本就是麋鹿的生长地,为了重建麋鹿自然种群,使其尽快摆脱濒危状态,国家林业局决定在此建立麋鹿放归自然区,先行散养,借助人工扩大种群,使麋鹿的种群和数量持续增长,并逐渐适应自然环境,最后放归自然。原阳县的河南麋鹿散养基地于 2002 年 11 月经国家林业局批准从北京麋鹿生态实验中心引进 30 头麋鹿进行散养,并于 2003 年 4 月产下 6 只小麋鹿,且全部成活。

(六)佛塔

中国的比萨斜塔——玲珑塔　　玲珑塔,又名善护寺宝塔、徽塔,也叫雁塔,位于原阳县城西南 17.5 千米的原武镇东关,是一座仿木结构楼阁式砖塔,原为善护寺内的附属建筑物,清朝时善护寺失火,寺毁塔存。该塔建于北宋崇宁四年(1105),平面呈六角形,原高 47 米,今底层淤没,存高 43 米,每边长 5.8 米。塔原本 13 层,因为这里自古以来是黄泛区,塔的底层已被泥沙淤在地下,在地面上只能看到 12 层。古塔四周是成片的荷塘和鱼塘,更让这座古塔显得突兀、高大。据明万历辛丑年(1601)《重修宝塔记》记载,善护寺原本规模宏大,有大雄宝殿及众多僧人。重修宝塔由虔诚会首师君士和僧人悟节主持,善人赵仁偕、赵九时、赵九思等人施工。

该塔的轮廓为抛物线型,砖木结构建筑,斗拱、层檐、装饰假窗均为雕砖垒砌。每层角梁系木制,突出塔身外部,上有铁鼻,悬挂风铎。塔内置 0.6 米宽的旋梯,游人扶梯可登临塔的最上层,南望黄河波涛,北眺太行峰峦,东见浩瀚云海,西览万顷碧禾。塔顶铁刹、覆钵、相轮犹存。玲珑塔经受了 10 多次地震,1938 年还曾遭到日本侵略军的炮击。因其结构严谨科学,至今巍然屹立,足以说明我国古代劳动人民在建筑科学和艺术上的聪明智慧。

让人惊奇的是这座古塔很明显地向东北方向倾斜,不管是从远处眺望,还是从近处直视,倾斜的古塔好像随时都会倒塌。当地人传说,这座塔的方位正处于风口地带,为了抵御东北风,建塔的能工巧匠就故意使塔往东北方向倾斜,后来因为黄河泥沙浸泡,塔身向东北方向倾斜的角度就更大了,目前倾斜的角度已经达到了13度,并且还有继续倾斜的趋势。目前有关部门正在想办法减缓古塔倾斜的速度,留住这千年的珍贵文物。

(七)碑碣

1. 阎实口碑

位于师寨乡新集村东,为乾隆五十八年(1793)所立的观音布施碑。碑文说:"……原邑新集镇,古名阎实口,大河走之北,实南北孔道、风帆桅樯车马辐辏也……"明朝、清初的《原武县志》均有阎实口村名,却没有新集。清康熙二十九年(1690)和乾隆九年(1744)版《原武县志》中二村名皆有。今天却只有新集而没有阎实口。此碑对研究古禹河流向、地名沿革、古代水路交通等都有较高价值。

2. 阳武汛三堡创建大王庙碑

碑为横幅长条卧式,长1.83米,宽0.42米,深灰色石灰岩质,于1984年在县城西南12.5千米的刘固村学校(原三堡大王庙遗址)出土,清道光十七年(1837)丁酉春三月立,沿河总督粟毓美撰文,卫粮通判表启瑾书丹。碑文为小楷体,总计2100字,书法优美,端庄工整,文中记载了黄河防汛的情况和粟毓美的治河主张,对研究清代原武、阳武、封丘等县黄河滩区的串沟史、黄河砖坝史和河工史都是珍贵的资料。

3. 至圣先师孔子赞并序碑

位于县城原阳一中院内(阳武县文庙遗址),清康熙二十五年(1686)立,该碑盘龙首,高2.15米,宽0.85米,厚0.25米。康熙帝撰文,户部尚书、文华殿大学士张玉书丹。其艺术价值和历史价值都很高。

(八)历史人物

原阳历史悠久,名人辈出,其中最著名的有战国时期的毛遂、汉唐时期的十二丞相等。

1. 毛遂

毛遂(前285~前228),战国时赵地卷(今原阳县师寨乡路庄村)人,为平原君门下食客。前257年,平原君受命赴楚,毛遂自荐请求随从,在楚国谈判时凭借胆略与才华说服楚王参与合纵抗秦的大业。成语"毛遂自荐"、"脱颖而出"、"因人成事",均出于此故事。今天路庄还保留有毛遂庙,并新修了自荐亭。

2. 陈平

陈平(?~前178),西汉阳武(今河南原阳东南阳阿乡阿村)人。他少时家贫,好黄老之术。陈胜起义,他投奔魏王咎,任太仆。后从项羽入关,任都尉。旋归刘邦,任护军中尉。他足智多谋,锐意进取,在刘邦建立汉王朝的过程中,曾六出奇计,辅佐刘邦定天下。汉初被封为曲逆侯。惠帝、吕后时任丞相。吕后死,身为丞相的陈平与太尉周勃定计,铲除了专权的诸吕,又一次托起了维护汉代宗室的重任。汉文帝时,曾升为右丞相,后改任左丞相。汉文帝二年(前178)十月,陈平卒于长安。死后葬于户牖乡库上里,陈平祠至今尚存。

3. 张苍

张苍(前256~前152),西汉阳武(今河南原阳)人,西汉初年历算家,为我国自然科学的发展做出了杰出的贡献。《史记·张丞相列传》记载:"张丞相苍者,阳武人也。好书律历。秦时为御史,主柱下方书。有罪,亡归。及沛公略地过阳武,苍以客从攻南阳……"西汉建立后,他先后担任过代相、赵相等职。因为帮助刘邦平定燕王臧荼叛乱有功,被封为北平侯,食邑1200户。以后又迁升为计相、主计。曾与绛侯周勃等尊立代王为孝文皇帝。后任丞相十余年。张苍博学多才,在历法、算学方面取得了很大的成就:提出和制定了一套比较完整的关于度量衡方面的理论,把算学研究成果直接用于国计民生;在历法方面,他提倡采用《颛顼历》;又增订、删补了《九章算术》,这些算法要比欧洲同类算法早1500多年,对世界数学发展产生过重要影响。

张苍活了105岁,死后葬于故里张大夫寨,此村名就是因为张苍曾任秦御史大夫而得。

4. 周勃

周勃(?~前169),汉初大臣,沛县(今属江苏)人。祖先原为卷县(今河南原阳西南)人,后迁到沛县。《史记》卷五十七《绛侯周勃世家》说:"绛侯周勃者,沛人也。其先卷人,徙沛。"周勃少时家贫,靠编织养蚕用的蚕箔为生,还常给办丧事的人家吹箫。当初刘邦在沛县起事时,周勃就以中涓亲近侍从的身份,随沛公攻打胡陵,打下方与。又攻打丰邑,在砀郡打击秦军并攻破城池。因为在反秦战争及楚汉相争中屡立战功,被任命为将军,封绛侯。汉初又从刘邦平定臧荼、韩王信、陈豨和卢绾等人的叛乱。惠帝时为太尉。刘邦死前预言:"安刘氏天下者必勃也。"刘邦死后,吕后专权。吕后死,周勃与陈平合谋夺取军权,诛灭诸吕,"分部悉捕诸吕男女,无少长皆斩之"。迎立文帝刘恒即位,任右丞相。

5. 周亚夫

周亚夫(?~前143),绛侯周勃次子,初封条侯,后嗣爵绛侯。文帝时初任河内守。后元六年(前158)匈奴大举入侵,长安告警,文帝任命他为将军,屯军细柳(在今陕西咸阳西南)。有一次文帝车驾至营门,为军吏所阻,派使者持节诏亚夫,亚夫令军吏开壁门,车驾才得以入营,且需减速。亚夫以军礼拜见,文帝也成礼而归。文帝对从臣说,到其他将军的军营,车驾可径自出入,就像儿戏,而细柳营则不能,军纪如此严肃,敌人怎敢侵犯,亚夫才是位真将军啊。不久迁亚夫至中尉,负责京城治安。景帝嗣位后,任他为车骑将军。后元三年(前154),亚夫以太尉统兵,不到三月就平定吴楚七国之乱。五年后升任丞相。后因谏废栗太子等事忤旨,梁孝王又屡次说他坏话,以致遭到景帝猜忌。中元三年(前147)被免去丞相职务。后元元年(前143),其子被人告发私买官物拟为亚夫作葬器,事连亚夫,召诣廷尉对质。廷尉逼其供认谋反,亚夫不服,绝食五日,呕血而死。1986年,原国防部长张爱萍为周亚夫故里题词"治军严明,一统大业"。

6. 韦思谦

韦思谦(？～689),本名仁约,以字行,原阳县陡门乡韦城村人。为人刚正不阿,唐高宗时,任监察御史,曾"明目张胆",毫不畏惧地奏免了中书令褚遂良。后来,褚遂良官复原职,将他贬到地方任县令,但他仍然不改初衷。武则天时,官至宰相。今存韦思谦祠,属县级重点文物保护单位。其二子承庆、嗣立皆位至丞相。《旧唐书》载:"前后四职替代,又父子三人,皆至宰相,有唐以来,莫与为比。"

7. 韦承庆

韦承庆(639～705),字延休,韦思谦子。事继母以孝闻,举进士,官太子司议,屡进谏言。长寿中,累迁凤阁侍郎,三掌天官选事,铨授平允,寻知政事。神龙初,坐附张易之,流岭表。起为秘书少监,授黄门侍郎,未拜卒。有文集60卷,今存诗7首。

8. 韦嗣立

韦嗣立(654～719),字延构,韦思谦子,承庆异母弟。第进士。武则天时任莱芜县令、凤阁侍郎、同凤阁鸾台平章事,深得武则天信任。当时酷吏横行,人人自危,他却敢于挺身而出,犯颜直谏。提出"兴学校、洗枉滥",但未被采纳。神龙中,为修文馆大学士,与兄承庆代相。尝于骊山构别业。中宗临幸,令从官赋诗,自为制序,因封为逍遥公。睿宗时,拜中书令。开元中,谪岳州别驾,迁陈州刺史卒,死后追谥为"孝"。

9. 娄师德

娄师德(630～699),字宗仁,唐朝丞相,谥贞公,原武人。一生以"伟岸大度,气量宽厚"著称,曾推荐唐代名相狄仁杰为丞相。成语"唾面自干"即由娄师德宽厚大度的故事而来。今原武镇东关有"娄师德纪念馆",师寨镇安庄村南有娄师德墓。

10. 杨再思

杨再思(？～709),唐朝丞相,原阳县原武镇杨大寨村人。杨再思为三朝元老,被封为"郑国公"。其为人"巧而圆滑,能得人主微旨"。赠特进、并州大都督,陪葬乾陵。

原阳籍的丞相,除了上述9位之外,还有北汉的杨桧,宋代的李穆、万俟卨等,限于篇幅,此处不赘述。

(九)墓葬

1. 周亚夫墓

位于原武镇小村南,墓冢高大,翠柏成林,俗称"柏林冢"。周亚夫祠在今磁固堤村。

2. 张苍墓

位于原阳县城关镇东北 2 千米谷堆村，为河南省重点文物保护单位。墓东西长 40 米，南北宽 30 米，高 1～2 米，周围槐林茂密，郁郁葱葱。墓前有清康熙年间阳武知事安如泰刻立的"汉丞相北平侯公张苍之墓"碑 1 通，圆首，镌有云龙图案，中刻"汉丞相北平侯张公讳苍之墓"。1978 年，政府又建碑楼加以保护。另有"张苍纪念堂"大殿和"西汉丞相张苍故里"大型石碑。清代人卢济生写诗道："功烈显前汉，衣冠藏古邱。尚存贡品在，那禁牧樵游。揽辔思陈迹，凭高想壮猷。遥遥千载下，惆怅对松愁。"充分表达了对张苍功绩的无限追思和怀念之情。

3. 娄师德墓

位于原阳县城西北 12.5 千米的师寨乡安庄村西南。原墓有石碑 2 通，上刻"唐封阁老平章娄贞公之墓"，"文革"初被破坏，现残。现存墓冢东西长 7.5 米，南北宽 6 米，高 2.5 米。

4. 明代画像石棺墓

位于城南 6 千米的靳堂乡夹滩村南河大堤以北，1979 年发现，为明嘉靖三十九年（1560）所葬。高 1 米，穴为南北向，穴中有画像石棺，上宽 66 厘米，下宽 57 厘米。前堵上刻灵堂图案，灵堂牌位刻楷书"明故李公讳佐室人冯氏之墓"，并有小楷书记录死者生卒年月，孝子孝孙姓名及镌字工匠姓名等，四周雕饰蔓草图案。石棺两侧用减底线刻画孝子、义妇、烈女、友悌等人垂手而侍图 24 幅，刀工精细，线条明晰，人物个个神态各异，栩栩如生。石棺天板长 2.35 米，前宽 89 厘米，后宽 71 厘米，上刻叶状菱形方格图案多幅，方格图案中均有梅花一朵。石棺后堵，刻一悬山顶石建筑，其门半开，门中一老者做启门状。该石棺在造型、结构、石刻等方面均具特色，为研究明代石棺提供了重要的实物资料。

县内的墓葬还有邱庙汉墓群、[宋]张谷墓、阳阿宋墓群、[宋]邢恕墓、[元]陈端墓、西衙寺明墓群（俗称太监坟、"石马坟"）、[明]堵天颜墓、[明]王嚞墓、[清]赵宾墓，等等。

（十）乡土建筑

1. 夏家大院

夏家大院位于原阳县城，建于明末清初，坐东向西。整个民居建筑群有房屋 150 间，占地 5000 余平方米，共分四个院落。主院位于建筑群中部，又分三进院落，房屋 74 间皆为楼阁式建筑。青砖蓝瓦，五脊六兽，古朴典雅，浑厚庄重。现为原阳县文物管理所办公所在地。1991 年辟为"原阳历史名人馆"，2000 年公布为"河南省重点文物保护单位"。

夏家大院建于明末清初，是阳武县最大财主的一处私宅。因房主人为夏姓，故称"夏家大院"。1949 年原阳解放时，夏家已经"绝后"，只剩一位"寡妇"支撑家业，故当地又把这座院落称为"夏寡妇院"。夏寡妇的丈夫名叫夏绵祖，字飚生，号绳武，生于光绪二十四年（1898）五月二十四日，卒于民国十三年（1924）五月初九，年仅 26

岁,未留下后代。夏绵祖在堂兄弟中排行十四,晚辈俗呼夏寡妇为"十四婶",约在1956年去世,年近60岁。夏绵祖之父名叫夏联奎,字捷三,教授文林郎,癸巳科(1893)举人。清同治十二年(1873)三月二十七日生,民国七年(1918)十一月二十六日卒,享年55岁。绵祖之父只是在湖北做过地方官。据传,天津、开封、卫辉府、辉县、武陟、沁阳均有夏家的"当铺",辉县、武陟木栾店有夏家的别墅和大花园。原阳县城南有其小花园。夏家还加入了全国的金融机构"同和裕"。

夏家大院是一处黄河流域保存完整的古代民居建筑群,其建筑风格是北方标准式的"四合院"建筑形式,且布局严谨,装饰典雅,做工精细,深厚庄重。尤其是各种木雕,更是刀法娴熟,精致细腻。木雕隔扇上有"金玉其相"、"追琢其章"、"桂森举立"等字,偏门上砖雕有"善宜"、"施吉"、"戬合"等字样。这些对研究黄河流域的民风、民俗及建筑风格均有较高价值,是黄河中下游为数不多的民居建筑群。

(十一)祭拜场馆

1. 陈平祠

位于县城东北9千米的阳阿乡阳阿村,祠堂至今保存完整。据历史资料记载:陈平祠创建于汉武帝建元三年(前138),明洪武二十三年(1390)重修,清乾隆二十二年(1757)又做了补修。原祠规模宏大,建筑面积达6000多平方米,有戏楼,前殿塑陈平立像,有碑刻20余通,可惜多已毁去。现存有大殿3间,卷棚3间,前后相连,硬山顶,总面积159平方米,为清代建筑。还有明天顺年间的"汉曲逆侯陈公故里"碑,明嘉靖二十六年(1547)的"陈丞祖雪诬辩"等六通碑刻。其中"陈丞相雪诬辩"碑的大量材料,证明了历史上所谓陈平"居家时常盗其嫂"的传说是以讹传讹,并纠正了某些文献记载的谬误。

2. 韦思谦祠

位于陡门乡韦城村,始建于明,清道光二十五年(1845)重修。坐北朝南,门楼、正殿3间,东西厢房各5间,均硬山灰瓦顶。祠内有清代重修碑记1通。可惜原匾额、画像已毁。

此外,还有周亚夫祠等。

(十二)堤坝段落

黄河金堤 位于福宁集乡福宁集村东,现存金堤长7000余米,宽10~20米,高1~4米,夯土层与夯窝明显,夯土层厚0.1米左右。金章宗明昌五年(1194)八月,黄河徙阳武光禄村,"河决故堤"即此处。

北魏著名地理学家郦道元在编著《水经注》时,曾亲自到古禹金堤实地考察。

(十三)民间集会

原阳各地普遍设有集市,都是根据农历确定日期,重要的如大宾农历每月逢二有会,西合角、黑洋山、盐店庄逢三有会,师寨、阳阿逢四有会,太平镇、马庄逢五有会,福宁集、路寨、新城逢六有会,蒋庄、磁固堤、延州逢七有会,包厂、齐街逢八有会,韩董庄逢九有会,韦城逢双日有会。这些集会对当地百姓和城市居民都有较强吸引力。

（十四）黄河文化与大河风光

原阳县位于黄河中下游交界处，境内黄河河段长达70余千米，是中华文明起源地的重要组成部分，也是中华民族摇篮的一部分，有深厚的黄河文化沉淀。

这里还有雄伟的黄河大堤和优美的大河风光，如曲流、河漫滩、河流阶地等，还有发育得很典型的河流风沙地貌，沙丘密布。特别是150年前黄河改道东行后，故道逐渐形成一潭清水，波澜不惊，百草丰茂，鱼儿成群，水鸟嬉戏。岸边绿树环绕，良田万顷。每到春季，油菜花、桃花、梨花、槐花等相继开放，灿烂夺目，鸟语花香；夏秋季节，田间地头则果实累累，一派喜人景象。

（十五）历史纪念建筑

1. 原武县建党纪念地

位于原武镇西街原武镇第二中学院内东南角，现有房屋3间。1943年，中共地下党员卞诚在原武中学发展组织，建立原武中学党支部，这是原阳县第一个党支部，卞诚任党支部书记。

2. 原武县抗日民主政府成立纪念地

在官厂乡官厂村李家祠堂。1945年3月15日，中国共产党领导下的原武抗日民主政府在此成立，县长为卞诚。之后，县政府领导全县人民进行抗日游击战争，一度攻克了原武县城，开辟了原阳解放区。

3. 抗日救国会旧址

位于祝楼乡王村，原为天主教堂，1940年共产党员卞诚在此建立秘密组织"抗日救国会"，发动抗日救亡运动，宣传进步思想，并创办"青年救国会刊"。现保存完好。

（十六）建筑小品

1. 文庙石刻

阳武县文庙始建于元，今无改观，仅存元代石狮一对，位于原阳一中院内，两石狮相对，高约1.5米，颇具特色。另存碑刻4通："重修阳武儒学记"，高2米，明嘉靖三十六年（1557）立；"至圣先师孔子赞并序"，高2.15米，清康熙二十五年（1686）立；"颜子、曾子、子思、孟子赞"，高3.6米，清康熙二十八年（1689）立；"重修文庙碑记"，高2米，康熙四十四年（1705）立，碑文记载了重修文庙的情况和人们对孔子及其弟子的赞美之辞。

2. 大王庙碑刻

位于蒋庄乡堤东村北。原大王庙规模可观，有大殿、戏楼等建筑，今已毁。现存清乾隆、嘉庆、道光、光绪年间碑刻8通，如"重修大王庙记"、"大王老爷圣会演戏三年完满碑记"等，基本保存完好。

此外，还有重修河渎庙拜厦碑、蒙城重修关帝庙等神落成碑，重修关帝庙碑、大张寨石坊、西寨石坊、太平镇石坊、奶奶庙石狮等。

(十七)宗教与祭祀场所

1. 吕寨村清真寺

位于路寨乡吕寨村,清代建筑,乾隆二十九年(1764)、道光五年(1825)重修。坐西朝东,面积约1200平方米。现存山门3间,南北讲堂各3间,配房8间,均为硬山灰瓦顶;望月楼1座,平面呈正方形,重檐歇山琉璃瓦顶;大拜殿1座,面阔3间,进深5间,硬山卷棚勾连搭琉璃瓦顶,殿前有月台。寺内有道光五年(1825)重修碑记1通。

2. 仁村堤村清真寺

位于陡门乡仁村堤村,为清代建筑,道光九年(1829)、光绪三十二年(1906)重修。现存门楼1间,大殿3间,南北讲堂各3间,水房3间。均为硬山灰瓦顶,大殿为琉璃瓦顶,有脊饰。寺内存有清代修寺施财碑记2通。

(十八)旅游商品

1. 土特产类:主要有"天下第一米"——原阳大米、原阳大杏、花生、中华油桃、野菜、槐花、玉米面、玉米糁、蜂蜜、莲藕、樱桃、核桃、山野菜等。此外,还有大量的风味食品。如:原阳烩面、凉粉、毛遂酒、金银花茶、金银花酒、黑米酒、食用菌、粉皮、粉条、黑米醋、黄河鲤鱼以及真空保鲜黑玉米、黑花生、黑毛豆及黑麦仁、珍珠黑小米、黑薯条等系列黑色食品。其中,原阳大米种植面积达45万余亩,年产优质大米1.3亿多千克,素以颗粒晶莹,软筋鲜甜,无毒、无害、无污染而饮誉海内外,被誉为"中国第一米"、"天下第一米"。

2. 中草药:主要有二花、红花、金银花、槐米、鹿茸、柴胡、丹参、酸枣仁、山楂、远志、地黄、野菊花等。其中金银花已被开发成茶、酒系列饮品。

3. 工艺品类:主要有柳编、根雕、木雕、盆景、革编、藤编、麦秆编、草编、泥塑、书画、奇石、鸵鸟制品等。

原阳县的历史文化旅游资源还有很多,重要的如大米市场、白石桥、书画专业村(拥有书画家庭80余户,另有国家、省、市级书画协会会员100余名,书画从业人员3000余名,市场销售份额占全国十大古玩城之一的郑州市古玩城书画市场的80%,年产值近千万元)、范岗冶铁遗址以及众多的休闲娱乐场所、民间演艺活动(如盘鼓)、大米节、引黄水利工程等等。

二、原阳县历史文化旅游资源特色评价

(一)历史文化积淀深厚,资源数量巨大,种类繁多

按照中华人民共和国《旅游资源分类、调查与评价》(GB/T 18972—2003)国家标准,人文旅游资源共分8个主类,14个亚类,84个基本类型。原阳县的历史文化资源占据了8大主类、14个亚类,20多个基本类型。至于资源单体,那就更多了,至少在100个以上。如果再加上自然旅游资源,那就更多了。可以说,原阳旅游资源的丰度和密度都是很高的。

（二）名人辈出，如星汉灿烂

原阳历史悠久，名人辈出。重要的如毛遂、毛宝、十二丞相等，特别是唐朝的韦氏，一门三相，非常难得。应充分利用这些名人的高知名度，来大力发展原阳的文化旅游业。

（三）汉文化特别突出，独具优势

在原阳的众多文化中，汉文化显得尤为突出，优势独具。在原阳籍十二名相中，汉代有4位，官渡之战也发生于东汉时期。博浪沙刺秦虽发生于秦代，但主谋是西汉名臣张良，与汉代关系密切。著名史学家班昭游历原武、阳武，还留下了不朽的《东征赋》。时至今日，原阳还有大量的汉代遗存，如陈平祠、张苍墓、周勃故里、周亚夫墓及祠、圈城遗址、邱庄汉墓群等。博大精深的汉文化，自然应当是本县文化旅游开发的主题、特色和重点所在。

（四）原阳大米，驰名中外

原阳大米因黄河水有机化合物和多种微量元素含量丰富，以及盐碱地改良后的特种地质和昼夜温差大的特殊气候，共同孕育出了原阳大米无污染、无公害、颗粒晶莹透亮、软筋香甜、味道纯正、适口性强的特点，并因此而闻名全国。原阳大米蛋白质（粗淀粉）、氨基酸和微量元素的含量都高于风靡世界的泰国米，而令世人恐惧的脂肪含量则低于泰国米。1990年，被指定为北京第十一届亚运会专供食品，在"七·五"星火博览会和第一、二届农业博览会上连获金奖，1996年3月被中国绿色食品发展中心批准为绿色食品，2002年10月"原阳大米"获全省唯一一家认证商标。1992年，在首届中国农业博览会上夺得金牌，被誉为"中国第一米"、"天下第一米"，1996年获准使用绿色食品标志。原阳大米是河南省名牌产品，并获得了国家质检总局原产地标记保护，近年来又获准出口加拿大等国。

（五）自然与人文融为一体，相映成辉

原阳县的旅游资源显然以历史文化资源为主，但自然资源也有独特之处，特别是南部壮丽的黄河风光和二三万亩森林，林木葱葱，沙丘遍地，还有碧波荡漾的湖泊池沼，气象万千。该区内又有丰富的人文旅游资源，二者交相辉映。这样的资源组合，有利于连片开发，形成规模效应。

（六）资源分布零散，无形的多，有形的、上规模的、保存完好的较少

原阳县的历史文化资源数量虽多，但散布于各个乡镇，不利于连片开发。再加上有很大一部分资源已毁于水患、战火或人祸，因而地上规模较大、保存完好的有形资源相对较少，这种情况显然会增加开发利用的难度，使得资金投入量更大，建设周期更长。

三、原阳县历史文化资源开发利用条件分析

（一）优势

1. 资源优势

原阳县拥有丰富的历史文化旅游资源,又有优美的大河风光和近3万亩森林,人文与自然融为一体,观赏与游览价值颇高,而且适合当前旅游市场需求变化的大趋势,具有很高的开发价值,这为本县的旅游开发奠定了良好的资源基础,前景广阔。原阳县适合开展寻古探幽、休闲观光、城郊游等活动,对来自城市的游客具有较强的吸引力。

2. 交通区位优势

原阳县位于黄河北岸,县城距离省会郑州市60余千米,距豫北重镇新乡市不足30千米,距开封、洛阳、安阳、焦作等城市也不远。县域内有京珠高速公路、国道107及省道豫05、06、16穿境而过,对外交通条件十分便利。

3. 政策环境优势

我国旅游业已经进入快速发展阶段,旅游市场规模迅猛扩大,旅游已经成为当今社会三大消费热点。我省的文化旅游业在各级领导的高度重视下,也有了长足的发展。安阳殷墟"申遗"成功后1个月接待海内外游客240万人次,反映了历史文化旅游对广大游客的强大吸引力。原阳县委、县政府的高度重视和支持旅游开发与建设工作,多年前就制定了大力发展生态经济的决策,以生态经济建设为轴心,积极引进项目资金,拓宽经营渠道,实行规模经营,精心打造"新乡南大门,郑州后花园"。

(二)劣势

1. 资源性劣势

原阳县的历史文化旅游虽然很丰富,但布局分散,规模大、保存完整的资源很有限,因而开发难度较大,须找好开发主题和切入点,集中力量开发几处上规模的景区,绝不可遍地开花。

2. 基础条件劣势

原阳县为省级贫困县,基础设施建设相对薄弱,特别是通往各景区、景点的公路级别低,路况差,有些景点不但大型客车无法到达,甚至连小车也无法抵达,至于食宿、购物、休闲娱乐等设施则更为匮乏,这种情况将严重影响原阳旅游业的发展,急需加大投资力度,迅速改善基础设施。

3. 市场劣势

原阳县历史悠久,知名度也较高,但作为旅游目的地,其市场知名度还非常低,需要花大力气进行市场开发投入。

4. 人才劣势

旅游是技能和劳动力双重密集的产业,对从业人员的专业文化素质要求较高。伏羲山旅游区现在还没有专职的旅游从业人员,因此在旅游经营中会遇到不少困难,需要加强培训和人才引进的工作。

四、建议

1. 全县和各景区、景点的开发建设都要规划先行;

2. 政府主导,为发展文化旅游业提供全方位的支持;

3. 精心打造汉文化品牌,利用域内丰富的汉文化资源,做大景区,同时高度重视生态环境建设,将各景区建成环境优美、主题鲜明、文化内涵深厚的精品景区;

4. 近期可结合南部森林公园建设,重点开发公园附近的景区、景点,以便尽快形成规模,提高知名度,扩大市场份额;

5. 加快人才培养的步伐,确保开发利用的顺利进行;

6. 多方筹资,不断加大投入力度,确保开发;

7. 利用一切可能的形式和手段宣传原阳的历史文化旅游资源,树立良好的市场形象,对重点客源市场和重点人群,要有针对性的措施手段。

(原载《原阳与官渡之战研究》,大象出版社2009年1月版)

固始县移民文化资源开发利用设想

【摘要】 河南固始是中国移民圣地。历史上,因战争、生活所迫等各种原因,固始及其周边地区的人曾多次向南方的闽、粤等地迁徙,规模比较大的就至少有四次,这些南迁的人口对当地的开发建设做出了重大贡献。在历史发展进程中,这些客居异乡的人又以闽、粤为基地不断向其他地区及海外播迁,将固始及中原文化带到世界各地。他们从来没有忘却家乡,一直怀有强烈的固始情节,都认为自己的祖籍是"光州固始",这为固始成为"中原第一侨乡"和"寻根"文化的打造奠定了坚实的基础。为了更好地开发利用固始移民文化资源,为地方经济文化建设服务,需要全面总结固始移民文化的历史特点,深入分析其开发利用的优劣势,在此基础上制订开发利用的具体措施,如:(1)成立河南省固始移民文化研究中心,为"中原第一侨乡"提供学术支撑;(2)设立专门机构负责固始"根"文化的宣传推介和联络工作,不断加大对固始"侨乡"文化和"根"文化的宣传力度;(3)举办"中国·固始根亲文化节";(4)建立中原移民博物馆;等等。

【关键词】 固始;移民文化;开发利用

河南固始是中国移民圣地。在历史上,因战争、生活所迫等原因,固始及其周边地区的人曾多次向南方的闽、粤地区迁徙,他们及其后裔对迁入地的开发建设做出了重大贡献。先人们艰辛的迁徙历程为后人留下了宝贵的文化遗产和精神财富,今天我们除了赞叹先民们的光辉业绩,继承和发扬他们吃苦耐劳、勇于开拓的进取精神之外,更要挖掘移民文化的丰富内涵并合理地加以开发利用,以推动固始经济文化的快速发展。

一、固始移民的历史及其特点

固始地处河南省东南隅,北临淮河,南依大别山,自然环境优越,拥有"百里不求天"的沃野,再加上位于豫、鄂、皖交界处,一直是南下北上、东来西往的交通要道,有"吴头楚尾"和"豫南扬北"之称,受到历代统治者的重视。夏、商、周三代三封潘国于其地,明嘉靖二十一年(1542)《固始县志》卷二《舆地志》载"固始县,古潘国",潘国古城至今犹在固始县城附近。春秋中期,潘国为楚国所灭,孙叔敖在此修陂塘、兴水利,使固始百里无旱涝之忧,为经济社会发展创造了优越的条件,孙叔敖因此被楚庄王任命为令尹。春秋后期,固始为吴国攻取,"昭王十二年(前504)吴复伐楚,取番"(《史记·楚世家》)。此后,但凡中原有战事,就会殃及固始。固始及其周边地区的先人因为朝代更替、兵祸战乱、生活逼迫等原因大量外迁,移向闽、粤等尚未开发的荒凉之地,他们把先进的中原文明带到了所迁之地,促进了当地社会经济的发展。有些外迁之人在家乡太平之时,又返乡定居,促进了固始对外界文化的吸收与交流,为固始的社会发展注入新鲜活力。

固始历史上较大规模的向外移民至少有四次,分别发生在西晋末年、唐初、唐末和两宋之际。

第一次发生在西晋末年。据乾隆《福州府志》卷七十五《外纪一》引路振《九国志》云:"永嘉二年(308),中州板荡,衣冠始入闽者八族,林、黄、陈、郑、詹、邱、何、胡是也。"这些从中州入闽的衣冠族中,有谱牒明确记载从固始迁出的有黄、郑、詹诸姓。黄姓,据《黄氏族谱》载:"其先四十三世南陆,居河南光州固始……七十三世,由和平迁福建邵武。"郑姓,据《永春夹漈郑氏族谱》载:"其始祖郑昭,字元质,晋年间由光州固始入闽。"詹姓,《安溪詹氏族谱·序》称:"(詹氏)出于姬姓,始封于詹,以国为氏,其先世居于河南光州固始。"其他姓氏如福建客家的林氏等也认为自己"聚族于河南光州"。

第二次发生于唐朝初年。总章二年(669)闽南"蛮獠啸乱",唐高宗令时任朝议大夫、归德将军的固始人陈政率府兵3600名,副将许天正以下123名将佐,前往镇抚。陈政先胜后败,退守九龙岭,奏请朝廷增援。朝廷令陈政的两兄长陈敷、陈敏率58名固始将校及5000余名士兵前往救援,行至浙、闽交界处,陈敏、陈敷二将先后染疫而亡,陈政的母亲魏氏携其子陈元光领军继续南行,与陈政会合,最终打败了蛮獠。为了镇抚地方,随军将校、眷属就地安家,开发闽南,形成了唐初由政府主导的一次大规模向闽南移民的浪潮,移民的起始地就是河南光州固始。据槟城刊印宋代《开漳世谱》载,当时随陈氏入闽的有许、马、李、朱、欧、张、沈、林、卢、刘、涂、廖、汤、郑、吴、周、戴、柳、陆、苏、欧阳、傅、司马、杨、詹、仲、萧、胡、赵、蔡、叶、颜、潘、钱、孙、魏、韩、王、梁、何、方、庄、唐、邹、丘、冯、江、石、郭、曹、高、钟、徐、汪、洪、章、宋等姓氏,加上陈氏共58姓。此外,还有将士妻眷姓氏:司空、种、宁、翟、甘、姚、邵、尹、尤、阴、狐、金12姓,合为70姓。

第三次发生在唐朝末年。唐末豪雄并起,天下大乱,固始三王(王潮、王审邦、王审知)趁势而起,依附王绪、刘行全。后与王绪不和,取而代之,领兵南走闽南,据有福建五州之地。"三王"在闽南崇尚节俭、招徕流民、劝课农桑、保境安民,对开发闽南做出了重要贡献。《固始县志》载王潮"观农桑,定租税,交好邻道,保境息民,闽人安之"。王审邦"为泉州刺史,善儒术,通春秋,明吏治,流民还者,假以牛犁,与完庐舍。中原乱,公卿多来依之"。王审知"为威武州节度使,俭约自持,常着麻履,府舍卑陋未尝营葺,宽利薄赋税,公私富实,境内以安。梁封闽王,凡十八年"。当时随"三王"入闽的姓氏可考者有50余,郭启熹根据固始县史志研究室所编《历史姓氏》、杨清江(泉州文库办公室副主任)所撰《随"三王"入闽诸姓考》认为有王、陈、林、刘、郭、谢、吴、张、黄、周、许、杨、苏、邹、詹、薛、姚、朱、李、郑、程、严、董、吕、孟、连、湛、虞、庚、戴、蔡、庄、邓、柯、沈、萧、卓、何、缪、赵、高、施、曾、卢、廖、马、傅、韩、释等。

第四次发生在北宋末年。靖康之乱后,固始及周边乡民为避战乱,纷纷南徙寻亲投友。

这些固始人因战争、生计所迫外迁闽、粤,其后裔以闽、粤为基地不断向台湾、东南亚及海外地区播迁。据1953年台湾人口统计资料显示,台湾100个500户以上的大姓中有63姓的族谱明确显示来自河南光州固始。这63个姓氏共有67051户,占当时台湾总户数的80.9%。现在,海外的华人及华侨后裔很大一部分人认为自己是唐初、唐末固始移民后裔。

根据史实,我们可以发现固始移民具有以下特点:(1)迁出地较为集中,集中于今天的闽、粤和台湾地区;(2)涉及的姓氏相对较少,以陈、王二姓为主,兼及其他一些姓氏,据学者考证唐朝两次主要迁徙不过100多个姓氏;(3)影响深远,特别是陈政、陈元光父子和"三王",在中国历史上有比较大的影响,在东南地区几乎家喻户晓;(4)尽管也有一些由固始中转的其他地区移民,但从总体上看,固始主要是作为移民的发源地,而不是像山西洪洞和重庆等地那样是移民的中转站。

当然,在上述姓氏中还有一些姓氏的祖籍地学术界存在争议,例如,有的学者认为陈氏源自河东而不是固始,所以大部分姓氏还需要学术界的进一步考证,以增加可信度。

二、固始移民文化资源开发利用的优劣势条件分析

兵法云,"知己知彼,百战不殆",文化资源的开发也是这样。固始在移民文化和根亲文化资源的开发利用中,首先要了解自身的优劣势,扬长避短,有的放矢,才能真正"放大根亲优势,增强软实力",更好地打造"中原第一侨乡"品牌。

(一)优势

固始在移民文化和根亲文化资源的开发利用方面具有得天独厚的区位优势和优越的人文环境。

1. 区位优越，交通条件日益改善

固始位于河南省东南隅，豫、皖、鄂交界处，境内有宁西铁路、沪陕高速、312国道、省道339横贯东西，S216、S204纵贯，在它周围有京九铁路、京广铁路、京珠高速和国道105组成的交通网络，使得固始与郑州、合肥、武汉、西安等周边大中城市的交通较以前有了根本性的改善。正在建设中的石武高铁经过信阳，建成后对固始交通条件的进一步改善也将产生重要的影响。而且，随着国家和地方各项交通工程的陆续开工建设，固始的交通条件必将越来越便利。

2. 得天独厚的生态环境

固始南拥大别山，北临淮河，县域内河流纵横，山川秀美，具有山绿、水秀、石奇的自然景观特点，有"中国地理教科书"之称。

3. 难得的发展机遇

"中部崛起"和"文化强省"、"旅游立省"战略的实施，为固始开发根亲文化资源提供了千载难逢的契机。"中原崛起"战略是一个系统工程，把"农业先进、工业发达、文化繁荣、环境优美、社会和谐"作为实现的总目标。大力开发利用河南固有的丰富的文化资源势在必行。2007年1月，在香港"中原文化与中原崛起恳谈会"上，徐光春书记将中原文化分为18个方面作了全面、准确、系统的阐述，认为"姓氏文化"是中原文化的重要组成部分，在全球掀起寻根到河南、朝觐到河南、拜祖到河南的热潮，这些都为固始打造根亲文化品牌提供了良好的机遇。2008年，徐光春书记又提出了"旅游立省"的发展战略，得到各方支持，近年来"五一"黄金周和国庆长假河南旅游的盛况，以及全省旅游收入的高速增长，充分证明此战略是完全正确的，必将产生巨大的影响。

4. 古代移民文化资源在省内具有一定的垄断性

目前，河南开展寻根朝觐旅游的县市比较多，著名的如新郑、荥阳、淮阳等地，浙川等地则开发了一些以现代水利移民为背景的景区、景点，但全省以古代移民文化为主要特色的旅游目的地还十分少见。再加上南迁固始移民及其后裔影响巨大，其足迹遍及台湾、"南洋"及欧美各地，著名的如郑成功、施琅、陈嘉庚等人都为祖国做出了不可磨灭的贡献，声名远播。无数闽台同胞、海外侨胞、世界客属，由古至今谱载口授，代不失传：牢记乡关祖地，勿忘"光州固始"。固始是无数闽台同胞、海外侨胞、世界客属心目中的祖根地，是欧美和东南亚各地"唐人街"的一大血缘和历史源头。因此，固始开发古代移民文化，在省内及周边地区具有一定的优势，甚至具备垄断性。

5. 知名度高，人力资源充足

陈政、陈元光父子和"三王"名闻天下。固始茶叶绿色环保，品质优良，以九华山、仰天雪绿、十八盘为代表的固始绿茶多次在国内外茶评茶展中摘金夺银，已成为信阳毛尖的标志性品牌。"固始鸡"因外观秀丽、肉嫩汤鲜、风味独特、营养丰富而驰名中外,具有产蛋多、蛋大壳厚、遗传性稳定等特点,为蛋肉兼用鸡。固始总人口近170万,为河南第一人口大县,在全国也名列前茅。高知名度和众多的人口,为固始开发移民文化资源、发展根亲旅游提供了雄厚的人力资源,也为固始经济发展提供了可靠的人力保障。

6. 县委、县政府高度重视和正确决策

固始县委、县政府高度重视开发根亲文化资源、打造中原侨乡品牌,为开发利用固始移民文化资源提供有力的保障。他们以"让根亲文化扬名固始"为主旨,以"放大(发挥)根亲优势,增强软实力"为指导思想,带领全县人民大力挖掘固始根亲文化资源,打造固始"中原第一侨乡"品牌,为固始更好地开发利用移民文化资源奠定了坚实的基础,提供了可靠的保障。

7. 人民群众积极性高涨

固始人民经历了大规模外出打工的热潮(曾有50万外出农民工)之后,已有越来越多的人开始反思,并返回家乡创业,实现了人才回归、资金回流、企业回迁,大大促进了县域经济的发展。目前,广大固始人民对开发根亲文化资源,打造固始文化名片,加快发展地方经济文化事业充满信心,满腔热情,自觉自愿地投身于此项事业之中,这种情形从老百姓对寻根拜祖者的热情款待就可见一斑。广大人民群众的大力支持对固始移民文化的开发无疑是永不枯竭的动力源泉。

(二)劣势

固始在开发利用移民和根亲文化资源中还存在一些不利因素或劣势。重要的如:

1. 目前交通还不够便捷

近年来,固始的交通条件有了非常明显的改善,但与经济比较发达的兄弟县市相比,差距还比较大。宁西铁路和沪陕高速公路距离县城都比较远,经过县城的重要干线只有国道312。这种交通条件,根本无法满足现实和未来的需要,对于大规模开发显然是不利的。

2. 县域经济实力比较薄弱

近几年来,随着中原崛起战略的深入实施,固始县经济有了大幅度提高,但就整体经济水平来说还显得较为薄弱,无法保证足够的资金投入,这对移民文化和根亲文化资源的开发利用有一定的制约。

3. 专业人才匮乏

文化资源的开发需要大量的专业人才,涉及学术研究、开发建设、经营管理、解说导游、宾馆酒店、市场营销、形象策划等许多方面,如果没有足够的专业人才,是无法满足需要的,必须采取"请进来,送出去"的方式,尽快培养一批又一批人才。

4. 资源的富集度和影响力不及竞争对手

固始与洪洞、重庆等全国其他著名移民地相比较,在开发上起步较晚,拥有的移民文化资源也不够丰富,在全国的影响力相对较弱。

三、固始移民文化开发利用的几点设想

近年来,固始县委、县政府为开发利用移民文化和根亲文化资源,促进地方经济社会又好又快地发展,在移民文化资源的挖掘研究、对外交流、寻根联谊、姓氏招商、旅游观光等方面都做了大量卓有成效的工作,使"根亲"在固始经济、社会发展中的作用不断提升。为了使移民文化和根亲文化资源更好地服务固始、助推固始,进一步提升固始在河南、中部乃至全国的影响力,迫切需要在现有基础上进一步挖掘潜力、整合内涵、扩大宣传,真正做到让"根亲扬名固始",为此笔者就进一步开发利用固始的移民文化和根亲文化资源提出若干想法,供有关方面参考。

(一)成立高水平的实体性研究机构

成立"河南省固始移民文化研究中心",为省级科研机构,具有足够的编制和专项经费,负责组织省内外有关专家定期或不定期开会,就固始移民文化的有关问题不断深入调查论证,为"中原第一侨乡"提供学术支撑,增加固始"根"文化的可信度。

(二)尽可能搜集和保护有关实物资料

广泛调查、搜集与固始及中原移民有关的实物资料(包括遗址、遗迹等),对有关姓氏的族谱进行整理,对有价值的祠堂、庙宇、碑刻等文物进行有效保护、修缮,为固始成为"中原第一侨乡"和闽台及海外侨胞寻根祭祖提供实物根据。

(三)不断加大推介工作的力度

设立专门机构负责固始"根"文化的宣传推介和联络工作,利用各种媒体不断加大对固始"侨乡"文化和"根"文化的宣传力度,通过各种途径与闽台及海外固始移民后裔保持经常联系,使"中原侨乡"走向全国和世界,同时吸引他们回到祖根地拜祖、旅游、投资。

(四)开发移民文化资源的部分具体项目

除了已建的陈元光广场、王审知大道、寻根博物馆、中华寻根楼之外,还可考虑以下项目:(1)在寻根博物馆基础上建立"中原移民文化博物馆",规模比目前的要大得多,功能是向世人展示整个中原地区的移民文化和实物;(2)建设移民文化广场,要体现中原文化和中原移民所影响地区的文化元素;(3)通过影视、戏曲、书刊等形式重现当年移民的经历与贡献;(4)办好"中国·固始根亲文化节",进一步扩大规模和在国内外的影响力;(5)建设移民文化园;(6)建设南迁各姓宗祠(集中布局,以形成有规模的景区);(7)建设仿古民俗村,重点表现汉、唐、宋、元、明、清民俗,部分重现当时平民百姓及富裕人家的日常生活;(8)重视与其他文化资源及自然旅游资源的联合开发,比如,可以推出以九华山妙高寺为亮点,以寻根文化、宗教文化和茶文化为主题的旅游线路;(9)从各方面加强固始与移民后裔的经济文化联系,精心打造文化强县和经济强县。

总之,固始移民文化资源的开发利用虽然面临的困难不少,但前途光明,大有可为。相信在县委、县政府和各级领导的正确领导下,通过全县人民的共同努力,固始的移民文化资源开发利用必定能够取得越来越多的成就,从而有力地推动地方经济文化建设,成为固始、信阳、河南乃至全国的一张富有特色的文化名片。

(原载《固始移民与闽台文化研究》,九州出版社2010年版,与潘能龙合作)

旅游策划创新中所存在的问题及对策探讨

【摘要】 随着我国旅游产业的迅猛发展,各级政府和有关部门对策划与规划也日益重视,因而策划、规划从业人员越来越多,影响越来越大,竞争也日趋激烈。于是"创新"往往成为吸引眼球、击败对手、争取项目的制胜法宝,创新的成败也往往决定着一个地区旅游业的兴衰和景区的生死存亡。不过,在创新策划与规划的过程中确实出现了不少问题,如:有关部门对策划与规划资质把关不严;盲目求大求洋;策划或规划项目与景区主题及文化内涵不协调;严重破坏资源和环境;评审流于形式;等等。针对这些问题,应相应地采取一些对策,如:严把资质关;严格遵守有关的法律法规;高度重视对策划从业者的培养和管理工作;严格遵循科学策划与规划程序和原则;建立并严格执行全程监督和终身责任追究制度;严把评审关;等等。

【关键词】 策划;规划;创新;问题;对策

近些年来,随着我国旅游产业的迅猛发展,各地掀起了一轮又一轮的"策划热"、"规划热"。这些策划和规划无疑对各地旅游业的发展发挥了极为重要的作用,各级政府和有关部门对策划与规划也日益重视,因而规划、策划从业人员越来越多,影响越来越大,相互间的竞争也日趋激烈。于是在一些旅游业比较发达的地区,"创新"往往成为旅游业上台阶、上水平、宣传促销、塑造形象、开创新局面的重要手段,同时也是规划和策划从业人员吸引眼球、击败对手、争取课题的制胜法宝,其创新的成败往往决定着一个地区旅游业的兴衰或景区的生死存亡。毋庸讳言,在当前的旅游创新策划与规划中确实暴露出了不少问题,如果这些问题不及早解决,必将极大地阻碍旅游业的发展,造成惨重的损失,甚至会带来致命的威胁。

一、策划、旅游策划与创新旅游策划

(一)策划

策划的定义很多,有代表性的如:

周黎民先生认为:"策划,也称作策画,是出主意、想办法、出谋划,它与谋略、创造、运筹、决策紧密相关。"[1]

日本著名策划大师星野匡说:"所有的策划或多或少都有所谓虚构的东西,从虚构出发,然后创造事实,加上正当的理由,而且要光明正大地去做,这就是策划。"[2]

刘振明先生认为:"策划的含义应该是:为实现特定的目标,提出新颖的思路对策,并制订出具体实施方案的思维活动","策划归根结底是一项创造性的思维活动"。[3]

美国"哈佛企业管理丛书"中的《企业管理百科全书》认为:策划是一种程序,在本质上是一种运用脑力的理性行为。基本上所有的策划都是关于未来的事物,也就是说,策划是按照事物因果关系,衡量未来可采取之途径,作为目前决策之依据。策划是预先决定做什么,何时做,如何做,谁来做。策划如同一座桥,它连接着我们目前之地与未来我们要经过之处。

威廉·纽曼(William H. Newman)的《组织与管理技术》一书认为:一般来说,策划即是在事前决定做何事。因此,策划是业已设计妥善之行动路线。

哈罗德·孔茨(Harola Koontz)和希瑞·奥多纳(CgrilD, Donnell)的《管理原理——管理功能的分析》一书认为:策划是管理者从各种方案中选择目标、政策、程序及事业计划的机能。因此,策划也就是左右将来行动的路线的决策。它是思维之过程,是决定行动路线之意识,是以目的、事实及深思熟虑所作判断为基础的决定。

各家的观点各有优劣,综合其优点,可形成这样一种定义:策划就是策略、谋划,是为达到一定目标,在调查分析有关材料的基础上,遵循一定的程序,对未来某项工作或事件进行系统、全面的构思和谋划,制订和选择切实可行的执行方案,谋划对策,并根据目标要求和环境变化对方案进行修改、调整的一种创造性的运筹过程。

(二)旅游策划

根据上述策划的概念,可以这样理解:旅游策划是旅游策划者为实现旅游组织的目标,以旅游资源为基础,通过对旅游市场和旅游环境等的调查、分析和论证,创

---

[1] 周黎民:《公关策划》,武汉:华中理工大学出版社,1997年。
[2] 王承英:《策划为王》,成都:四川大学出版社,1998年。
[3] 刘振明:《商用谋略:策划老手》,北京:燕山出版社,1997年。

造性地整合旅游资源,别出心裁地设计和策划旅游方案,谋划对策,然后付诸实施以便使旅游资源与市场密切结合,从而获得最佳经济效益、社会效益和生态效益的运筹过程。有专家认为,旅游策划的本质是思想、文化、创造、发现、理想等。

旅游策划的内容非常丰富,主要包括发展战略策划、形象策划、公关策划、广告策划、产品策划、品牌策划、旅游商品策划、服务策划、节庆活动策划、旅行社策划、饭店策划、景点策划等等。

(三)创新旅游策划

弄清了旅游策划的含义,创新旅游策划就容易理解了,那就是:在创新原则指导下所做的"求新"、"求异"、"求最"、"求需"的旅游策划。

二、当前旅游策划与规划创新中所存在的主要问题

(一)有关部门对策划与规划资质把关不严,造成鱼目混珠

近年来,不少地方和景区动辄以高额资金来征集策划方案、规划方案,于是众多的单位和个人蜂拥而上,都想分得一杯羹。这些单位和个人中的一部分既无资质,又根本不懂旅游,也不懂有关的历史文化,甚至从来没做过策划活动,就贸然投标,其结果只能是临时抱佛脚,仓猝上阵,粗制滥造,信口开河,严重脱离实际。如果有关部门把关不严,更糟糕的是,如果主管领导又偏爱那些喜欢拉大旗做虎皮、胡乱吹牛皮的所谓专家的"最大"、"最高"、"第一"、"唯一"之类方案,那结果就可想而知了。

例如,河南方城某景区,有人竟别出心裁地在海拔近400米、三面绝壁耸立的最高峰顶策划了一个儿童游乐场,完全不考虑此处为闻名全国的风口之一,时常是飞沙走石!

又如,河南省南阳某山水景区,风光秀丽,尤其是5千米的峡谷中分布着十几级瀑布,非常壮观。但是,在尚未开发建设、根本不具备开放条件的情况下,承包者就听信"专家"的"策划",迫不及待地在报刊上发布广告,并通过电视做宣传。结果游客到来后,发现基础设施尚是空白,伤亡事故频发,因而叫苦连天,怨声载道,并通过各种途径做了大量的反面宣传,使景区形象大受影响,至今十余年过去了,因为游客量有限,该景区各方面的效益都不尽如人意。

(二)盲目求大求洋,劳民伤财,损失惨重

有些策划者和规划者片面追求区域或全省、全国、亚洲甚至世界之最,严重脱离实际,结果造成严重的经济损失和环境灾难。如前几年洛阳龙门石窟景区建设的"中华龙宫"(在龙门石窟南30米处,占地面积108亩,投资2000多万元)、河南新郑始祖山建设的身长达21千米的"华夏第一祖龙"(计划投资3.1亿元)、河南永城的世界最高刘邦立像(总高度达197米,投资3000万元)、河南鲁山县的世界第一大佛(总高度为153米,名叫"佛山金佛",为铜质,造价达数亿元)等。前三者已被拆除,后者经数年的波折后才得以开光,但还不敢大张旗鼓地宣传。还有专家为河南新郑

黄帝故里策划了世界最高黄帝塑像的方案,幸而最终付诸实施。此外,郑州还斥资1.8亿建成了106米高的炎黄巨像。海南在南海填海造地,耗资数亿建起了一座108米高的南海观音。这些项目都引起了不少争议。

(三)对当地历史文化了解不深,所策划或规划的项目与景区主题及文化内涵不协调

可能是出于策划者或规划者的疏忽,也可能是秉承领导的旨意,一些景区出现了不少与景区主题及文化内涵严重脱节的项目。如永城市汉兴园景区,所有的建筑物都是明清风格,这显然与汉文化的主题有较大差距。当领导意识到问题时,4000多万元的投资已经花出去了。又如,由于陵园的土地见涨,河南的不少景区,如西峡寺山森林公园、禹州周定王陵、荥阳三皇山、南阳独山森林公园、登封少林寺等景区都在区内或周边的"风水宝地"策划建设了公墓区,严重破坏了景区环境氛围,令游客兴致大败。

(四)策划和规划队伍规模小,素质普遍较低,经验主义者多,科学主义者少,还有不少热衷于造假的

我国古代的策划事业已很发达,像《战国策》、《孙子兵法》、《孙膑兵法》、《三略》、《六韬》、《盐铁论》等书中,对策划的理论方法都有不少精彩的论述。但是,我国的科学策划起步较晚。改革开放以来,出现了不少策划咨询公司和软科学机构,涌现出一批策划师,但是总的来看,策划人员素质不高,科学性不强,大多处于经验策划阶段,成功率比较低。还有些人热衷于造假,国内不少景区频频爆出的造假事件,如著名的"周老虎"、遍布全国的"湖怪"等,其背后显然都有"高人"在策划。这些策划有时在短期内确实可以起到扩大影响、增加收入的目的,但毕竟纸里包不住火,时间久了一旦败露,吃亏的只能是地方和景区。因此,急需加强策划理论的研究,强化策划人才培养,建立健全企业策划机制。

(五)严重破坏资源和环境,造成难以挽回的损失

在河南比较著名的如"中华龙宫"、建于山脊林地的长达21千米的"华夏第一祖龙"、屹立于豫东最高峰保安山顶的世界最高刘邦立像。还有些景区看到别处冬季游生意兴隆,于是不顾自身条件,毁掉大面积林木植被修建滑雪场、高尔夫球场,建成后才发现门可罗雀,而且因地形、气候等原因,运营成本极高,严重入不敷出,只得草草关门了事。但对环境造成的破坏却是短期内难以恢复的。

(六)策划和规划缺少创意

创意是策划和规划的灵魂,在创新策划与规划中应始终坚持"创意至上"的原则。一个好的创意可以提高游客对策划和规划项目的记忆度和关注度。创新的生命在于"创",就是独创、创新,最忌人云亦云,模仿抄袭。在现实生活中,大多数的策划和规划方案都存在着创意不足的问题,像昆明世博园这样的创意和策划难得一见。

(七)评审流于形式,失去应有的作用

在很大一部分评审会上,课题组成员与评委都是老朋友,亲如一家。评委们往往只是象征性地、不痛不痒地提几条不足或建议,发言的主要篇幅则放在肯定、赞美上,最后大家一致举手通过,各方皆大欢喜,基本起不到监督、把关、补充完善、提高的作用。如果课题组再邀请几位德高望重的权威专家或级别较高的领导干部"加盟",那么一般评委就更不敢多提宝贵意见了。还有很多时候,作为东家的地方政府或景区负责人,因为考虑到政绩、面子、招商引资、工期等因素,也极力要求评委们高抬贵手。

除上述几条之外,在创新策划和规划中还存在着其他一些问题,如缺乏系统性(不配套)、某些政府领导和景区负责人过分迷信策划师的"点石成金"之功、不按策划和规划的程序及原则办事、对方案不进行不可行性研究,等等。限于篇幅,此处不再赘述。

三、对策研究

(一)严把资质关,防止劣质方案滥竽充数,贻误领导视听

目前,旅游规划的资质认证已在全国普及,并有严格的升降级制度。"中国旅游策划师"资格的认证工作也在一些地方开始开展,所用依据为中国策划学会和中国策划学院联合颁布的《策划师资格认证标准》和《策划师资格认证工作规程》。有关部门应尽快制定具有法律效力的有关国家标准及管理办法,从制度上保证旅游策划和规划的科学、有序。

(二)严格遵守有关的法律法规,坚决维护法律法规的尊严

与旅游有关的法律法规包括《森林保护法》、《文物保护法》、《水法》、《环境保护法》、《动植物保护法》、《海洋保护法》、《风景名胜区管理条例》……凡是与旅游有关的法律法规都要严格遵守,坚决不给无知无畏的法盲型创新策划与规划者以可乘之机。

(三)高度重视对规划、策划从业者的培养和管理工作,全面提高其能力和素质

成功的创新策划或规划,人才是关键。鉴于策划和规划的特殊性,其从业人员除了要具有较深的旅游学、策划学、生理学、市场营销学功底之外,还应掌握历史学、民俗学、文化学、社会学等学科的相关知识。课题组负责人尤其应如此。

要培养高素质的创新人才,高校各有关专业应加大培养力度,多出高质量人才,在培养时须设法大力开发其创造力。创造力通常是指一个人或一个集体产生新观念的能力,如发现新事实、提出新概念、创立新理论、发明新技术、设计新产品等,它是人类大脑思维功能和社会实践能力的综合体现。创造力与智力是不同的概念:智力由观察力、记忆力和理解力构成,标志着一个人获得、存储和选择信息的能力;而创造力是在智力的基础上,通过培训他们的想象、直觉、灵感及综合探测能力,从已知的领域进入未知领域。智力高的人,其创造力却不一定出色。创造力主要由以下三方面的要素能力构成:发现问题和提出问题的能力;策划和制订解决问题方案的

能力;正确评价和准确判断事物的能力。

(四)严格遵循科学策划、科学规划的程序与原则,确保创新的成功

沈祖祥先生认为,科学的旅游策划包括以下几个阶段:界定问题、拟订计划、调查分析、策划创意、写作策划书、修改实施。[①] 旅游策划的原则主要有:个性原则、可持续原则、创新原则、系统原则、主题原则、道德原则、心理原则、效益原则、最优原则、弹性原则、全胜原则、操作原则、艺术原则,等等。

陈放先生认为科学的旅游策划包括以下几个环节:环境调研分析(主要是市场需求与市场竞争分析)、确定策划目标、拟订备选方案(包括确定指导思想、拟写策划书等工作)、策划方案的筛选、策划方案的实施、策划方案的评估和改进。旅游策划原则包括:可行性原则、创新性原则、信息性原则以及特色原则、保护原则、弹性体原则、大旅游产品原则等。

(五)建立并严格执行全程监督和终身责任追究制度,增强有关各方人员的责任心

有关部门应对策划和规划的全过程(包括实施阶段)进行监督,使各个环节环环相扣,责、权、利明确,同时为课题组提供充分的便利和服务,以保证策划和规划工作的顺利开展。特别是,要严把评审关,避免一味地唱赞歌,走过场。一旦出了问题,可依法追究课题组和评审人员的经济责任甚至刑事责任,也可在媒体上公布有关人员及其所属单位的信息,提醒人们注意。其目的是增强各有关方面人员的责任心,避免人浮于事,误国误民。

(六)高度重视方案的不可行性研究

策划或规划方案完成以后,并非就大功告成了,而是还要进行监督管理,并邀请有能力、有经验、认真负责的专业部门做不可行性研究,待这些阻碍策划或规划实现的障碍完全被克服以后,方案才真正成为可行的方案,才可能避免走弯路和造成严重损失。

总而言之,在当前的创新旅游策划与规划中,确实出现了一些问题,只有认真地理清这些问题,充分地认识其危害,然后设法加以解决,我们的旅游业才可能更加健康、顺利地发展,从而为国家和地方经济文化建设做出更大的贡献。相反,如果这些问题得不到有效的解决,那么国家和地方的旅游业就必将遭受损失,甚至是非常严重的损失,这对国家和地方的经济文化建设是十分不利的。

(原载《河南工程学院学报》2009年第2期)

---

① 沈祖祥、张帆:《旅游策划学》,福州:福建人民出版社,2000年。

精心打造华商之都，大力发展文化旅游

【摘要】 商丘是中国历史文化名城，拥有极为丰富的历史文化资源，特别是作为三商之源的垄断性资源，很适合打造华商文化之都（或华商之都），大力发展文化旅游产业。如何开发利用这些资源，使之在有效保护的基础上，充分发挥作用，变资源优势为经济优势，这是一个值得深入研究的问题。本文在分析商丘市历史文化旅游资源特点、优势的基础上，提出了塑造富有个性的商丘城市形象的若干设想。

【关键词】 商丘；华商文化资源；优势；设想

商丘是中国历史文化名城，拥有极为丰富的历史文化资源，特别是作为三商之源的垄断性资源，很适合打造华商文化之都（或华商之都），大力发展文化旅游产业。

一、商丘打造华商文化之都，发展文化旅游业的优势

（一）区位优越，交通便捷

商丘市坐落于豫东平原地区，处在豫、鲁、苏、皖四省接合部，地势平坦，气候适宜，物产丰富，这种区位和自然条件有利于吸引省外及海外的游客。

商丘是欧亚大陆桥陇海铁路和京九铁路、连霍高速和济广高速、310国道和105国道的交会处，六条交通干线在此形成了三个"十"字构架，使商丘成为四省接合地带的重要交通枢纽，为人员进出和物

资流动提供了良好的条件。

(二)资源丰富,品位高,海内外影响大

商丘市是国家级历史文化名城、中国优秀旅游城市、省级园林城市,文化底蕴深厚,旅游资源众多,特别是人文旅游资源。全市现有各类文物点300余处,其中国家级文物保护单位7处,省级文物保护单位44处,市级文物保护单位50处,县级文物保护单位200余处;各类博物馆7家,馆藏文物共计3万余件。商丘古城1986年被国务院批准为全国历史文化名城,永城市芒山镇2007年被省政府批准为河南历史文化名镇。商丘民间艺术、工艺、戏曲、民俗文化丰富多彩,共有河南省民间艺术之乡2个,河南省特色文化村3个,民间艺术表演团体694个。全市非物质文化遗产保护项目近70个,其中国家级非物质文化遗产保护项目1个、省级非物质文化遗产保护项目7个。

旅游资源类型含8个主类、22个亚类、71个基本类型,共有1069个旅游资源单体,名胜古迹多,文化积淀丰厚,自然生态环境优美。建于明朝正德年间的商丘古城是国家级历史文化名城,城郭、城河、城墙三位一体,是我国目前保存最为完整的古城之一;被称为"中国十大考古新发现"之一的永城芒砀山汉墓群,出土有中国罕见的西汉"金缕玉衣"和被世人称为"敦煌前之敦煌"的汉墓壁画;保存有春秋五霸之首的齐桓公与诸侯聚会议事的葵丘会盟台;阏伯台距今4000多年,是世界上最早的天文观星台;梁园区国家级森林公园和黄河故道生态旅游区被业内人士誉为"古老的水上长城"。历史上的"钻木取火"、"玄鸟生商"、"羿射九日"、"守株待兔"、"揠苗助长"、"涸辙之鲋"、"望洋兴叹"、"庄周梦蝶"、"朝三暮四"、"临危不惧"、"江郎才尽"等重要史实和典故都发生在这里。历史上有许多名人,如枚乘、司马相如、李白、杜甫、张巡、范仲淹、晏殊、苏轼、欧阳修等,都在商丘活动过。

在所有这些资源中,作为三商之源,商丘与商有关的资源最具垄断性,优势也最明显,有很多方面,如年代的久远性、文化的根源性等等,其崇高的地位和影响是淅川、社旗、郑州、偃师、安阳等地无法比拟的。这些对于打造三商之源、华商之都城市品牌,加速发展文化旅游业极为有利。

(三)领导重视,机遇难得

文化旅游,是消费者旨在体验文化底蕴、获取知识的一种旅游活动。目前,世界范围的文化旅游热潮方兴未艾。早在数年前,美国旅游学专家朱卓任教授就说过:"行将在全世界普及的四种新兴旅游活动形式中,生态旅游位居首位,其次为文化旅游、参与旅游和休养旅游。"[①]可见,文化旅游是行将在全世界普及的四种新兴旅游活动形式之一。因为人类在追求高度物质文明之后就必然会趋向于文化精神价值的满足。随着消费者教育水准的不断提高,求知欲望尤为强烈。近年来,到欧洲、中东和亚

---

① 高立鹏:《森林旅游:离我们是近还是远》,《科技日报》(绿色周刊)1999年3月2日。

洲来进行文化旅游的人不断增多,而且各阶层的人都加入到文化旅游者的行列。

关于西方国家文化旅游发展的趋势,吴承忠先生的《西方国家历史文化旅游发展的现状和趋势》一文①较好地回答了这个问题。该文在总结历史文化旅游特点的基础上,进而预测了西方历史文化旅游将有如下发展趋势:(1)文化吸引物的管理、筹资与营销变得更专业化;(2)在全球化和区域化的背景下,政府和企业的强力推动使文化吸引物供应过剩,同时文化产业内部合作的缺乏,最终将导致竞争的加剧;(3)广泛运用网络、信息、虚拟等高新技术;(4)必须采取新的手段来适应游客体验不断变化的特点。

多年以来,中央政府高度重视文化产业的发展,河南省政府也提出了建设文化强省、旅游强省的战略,商丘市委、市政府则提出了经济强市、文化名市、旅游强市、和谐兴市的发展战略,要将商丘由文化资源大市建设成文化产业大市、由文化大市建设成文化强市,并且真抓实干,毫不松懈。

目前,文化产业成为我省新的经济增长点,2006年实现增加值395亿元,增长17.1%,高于全省生产总值的增速,对经济增长的贡献越来越大;同时旅游业也得到迅速发展,2006年全省共接待海内外游客1.3亿人次,实现旅游总收入1039亿元,均比上年增长30%。商丘市2006年共完成景区建设投资1.18亿元,累计接待国内外游客351.9万人次,其中接待国际游客4380人次,比2005年增长33.1%;接待国内游客351.4万人次,比2005年增长了26%。旅游总收入7.58亿元。其中,国际旅游创汇折合人民币578.1万元,比2005年增长32.4%;国内旅游收入7.52亿元,比2005年增长30.8%,发展速度居全省前列。

(四)环境越来越优美,知名度和美誉度不断提高

商丘是国家级历史文化名城、中国优秀旅游城市、全国平原绿化先进市、省级卫生城市、省级园林城市,计划到2009年建成国家级园林城市,还是"中国特色魅力城市200强"、"中部最佳投资城市",生态环境优美,投资环境宽松,对海内外游客和投资商都有很强的吸引力。近年来,商丘依靠自身的历史文化资源优势,通过举办国际华商文化节、木兰文化节、姓氏寻根、华夏文明之火采集、商丘文化天津行、商丘文化温州行以及其他旅游推介活动,大大提高了知名度和美誉度。在历史上,这里曾出现过许多著名的人物,还有大量的名人在此活动过,可以说名人名城效应突出,市场潜力巨大。

(五)基础较好,许多景区建设已初具规模

商丘市发展旅游业,起步虽晚,但发展速度较快,而且开发的景区、景点基本上都是文化性景区景点,如芒砀山文物旅游区、商丘古城旅游区、木兰文化旅游区等。大多数景区、景点的交通、通信条件都比较好,供水、供电、购物、食宿、娱乐等设施比

---

① 吴承忠:《西方国家历史文化旅游发展的现状和趋势》,《人文地理》2004年第6期。

较完备,有关部门对环境保护工作也越来越重视。这些景区都具备一定的接待能力,取得了一定的经济效益和社会效益。

二、打造华商文化之都,发展文化旅游,塑造富有个性的商丘城市形象的若干设想

(一)加强对历史文化资源的保护,走可持续发展的道路

旅游产业的生存发展与资源保护和环境质量改善具有密切的关系,加强对历史文化旅游资源和环境风貌的保护,是促进历史文化旅游资源永续利用和文化旅游持续发展的重要保证。为了避免旅游业产生的消极影响,必须贯彻开发与保护相结合的原则,大力倡导绿色开发、绿色产品、绿色经营、绿色消费,尽可能营造良好的自然生态环境和社会人文环境,实现旅游业与国民经济、社会发展、生态环境三者之间持续健康的协调发展。由于旅游环境影响伴随旅游活动的全过程,因此必须实施对旅游活动的全过程环境管理。各文化景区、景点在开发前都必须制订科学合理的发展规划,始终坚持保护第一,合理利用的方针。也就是说,要在有效保护的基础上,加大文化旅游开发的力度。对于暂时不开发的历史文化旅游资源,应采取严格的保护措施,防止人为破坏。

商丘的文物资源以前破坏比较严重,特别是芒砀山地区。近年此种局面得到了根本扭转,但仍需采取措施长期保持,以防止反弹。

(二)建设一些必要的项目

1. 华商文化园

集休闲、娱乐、健身于一体的游憩公园。园内有山水园林、休息广场、雕塑、情趣小品、仿古街区、客栈、茶社、酒肆、布庄、铁器店、棋社、说书馆、斗鸡场、斗蟋蟀场、露天茶庄、歌舞表演、风味小吃街、商标广场等,表现形式要生动多样。

2. 华商文化博物馆

分朝代展示华商的历史文化,有商业思想、经商实物、商人事迹、工商业成就、规章制度、著名商号、票号、手工业工场、公司、工厂、会馆、经商习俗与禁忌等等。

3. 华商名人馆和华商名人蜡像馆

华商包括古今工商业华商精英。名人馆按时代顺序布展,包括文物、图片、文字介绍。

华商名人馆可以采用雕塑、蜡像、图片、多媒体,以及配有声、光、电的高科技场景,展出数千年间有影响的华商名人,展现这些名人的风采和主要事迹,弘扬华商的诚信、爱国、艰苦创业精神,利用华商名人的文化遗产开发文化产业,为建设文化强市、文化强省做出贡献。名人馆将融知识性、趣味性、娱乐性、参与性于一体。

华商名人蜡像馆,主要展示古今杰出华商的风采,供人们参观学习,且备入选者及其后人前来参观。

4. 华商文化广场

已建成。今后应多开展与"商"有关的活动,以营造其人气。

5.古城、古街区、古建筑、古遗址等文物古迹的保护和维修,恢复古城的历史风貌

保护文物资源是商丘发展文化旅游的基础,也是打造商丘城市形象的关键和保证。恢复归德古城的历史风貌。恢复古城的历史风貌,是营造浓厚的华商之都氛围的重要举措。

(三)举办一些活动,以营造华商文化之都的氛围

1.国际华商文化节

继续举办。

2.国际华商联谊会

定期或不定期举行,一定要热情、诚恳、不卑不亢。

3.中华商业文化博览会

可以分区、分专题举行,如茶文化博览会、酒文化博览会、饮食文化博览会、黄河奇石文化博览会、盐文化博览会、珠宝文化博览会、瓷器文化博览会、铁器文化博览会、笔文化博览会、图书文化博览会、手工业文化博览会、现代工业文化博览会、车舆(古代)文化博览会、舟船文化博览会、汽车文化博览会、服饰文化博览会、家居文化博览会、钱币文化博览会、商文化园、市井文化博览会,等等。

4.木兰文化节、火文化节

继续举办,精益求精。

(四)以"商"为龙头,整合各类历史文化资源

这些资源包括火文化、汉梁文化、明清文化、大汶口文化、仰韶文化、龙山文化、儒家文化、道家文化、佛教文化、木兰文化、宋文化、民俗文化以及近现代文化等等。

(五)加大宣传力度,塑造特色鲜明的文化商丘城市与旅游形象

宣传促销工作在一定程度上决定着一个地区旅游开发的进程和成败,因此,必须引起当地政府部门的高度重视。旅游形象的形成是一个过程,需要针对目标市场,利用广播、影视、报刊、互联网等媒体,以及摄影赛、图片展、明信片、书籍、宣传册、报告会、记者招待会、笔会、书法赛、文艺活动等各种有效促销方式,加强宣传,把旅游产品推向社会,让现实的和潜在的旅游者能够接受商丘文化旅游的形象。在宣传促销时,其市场定位应以国内客源市场为主,国际客源市场为辅,尽可能突出各景区的特色,又要重视整体,最大限度地满足国内外游客的多种需要。成功的旅游节庆活动和富有地方特色的旅游商品,都是旅游形象表现的载体,可以使游客历久不忘。

(六)加强人力资源建设,构建文化产业人才高地

"旅游兴衰,关键在于人才"。旅游景区要在旅游市场竞争中加快发展,需要各类旅游人才,包括旅游企业管理人才、行业管理人才、旅游服务人员及宣传促销、形象策划的人才等,这是实现旅游业可持续发展的必备条件。商丘首先应加强自身的研究力量,营造深厚的学术氛围,深入挖掘历史文化旅游资源的深刻内涵,争取多出

高水平的成果,大幅度提高商丘文化旅游的知名度,为旅游业的快速发展提供理论指导。其次,旅游主管领导和各景区、景点应与有关高校、科研机构建立良好的关系,定期举办"诸葛会",为旅游发展出谋划策;还要采取送出去学习和请进来传授的办法对从业人员进行专业培训,并设法吸引尽可能多的高层次人才,包括经营管理人才和导游员、解说员等。此外,应定期举办岗位培训,不断提高从业者的业务水平和服务技能,逐步建立公平竞争机制。

(七)加大投资力度,确保打造华商之都城市形象和文化旅游开发的成功

历史文化景区开发,打造华商之都城市形象,需要强大的资金支持,充足的资金投入,这是成功的根本保障。即使在景区、景点和各种设施建成之后,仍需长期投入巨额资金,用于提高知名度、美誉度、经济效益、社会效益和生态效益。

首先,要想方设法加大投资力度,增加对交通和服务等基础设施的投入,并保证质量。同时,按照"谁投资、谁所有、谁受益"的原则,鼓励全社会投资旅游业,逐步形成投资主体多元化的旅游经济体制。其次,重视在各级政府和部门的立项工作,以争取更多的专项资金支持。最后,还要采用集资、入股、承包、引进外来资金等方式,吸纳集体和个人的资金。但必须处理好各方面的利益分配问题,使责、权、利协调统一。

(本文是作者在2007年12月17日"中国商丘·华商之都"城市品牌定位研讨论证会上的发言,《人民日报(海外版)》2008年4月15日摘发)